"十四五"职业教育国家规划教材

汽车电器构造与检修

主　编　王爱国
副主编　李　琤　安宗权　李　源　王　波
主　审　娄　洁

华中科技大学出版社
http://press.hust.edu.cn
中国·武汉

内 容 简 介

本书的主要内容包括:汽车供电系统原理与检修、汽车起动系统原理与检修、点火系统原理与检修、照明与信号系统原理与检修、汽车仪表与报警系统原理与检修、附属电气设备原理与检修、汽车安全系统原理与检修、汽车空调系统原理与检修、车载网络技术原理与检修、汽车电气设备总线路分析等十个项目。

本书既可作为高职高专院校汽车检测与维修技术、汽车电子技术、汽车制造与试验技术等专业的教材,也可供汽车维修人员、汽车行业技术人员等阅读参考。

图书在版编目(CIP)数据

汽车电器构造与检修/王爱国主编. —武汉:华中科技大学出版社,2021.11(2024.1重印)
ISBN 978-7-5680-7591-6

Ⅰ.①汽… Ⅱ.①王… Ⅲ.①汽车-电气设备-构造-教材 ②汽车-电气设备-车辆修理-教材
Ⅳ.①U472.41

中国版本图书馆 CIP 数据核字(2021)第 246834 号

汽车电器构造与检修　　　　　　　　　　　　　　　　　　　　　　　王爱国　主编
Qiche Dianqi Gouzao yu Jianxiu

策划编辑:	康　序
责任编辑:	康　序
封面设计:	孢　子
责任监印:	徐　露
出版发行:	华中科技大学出版社(中国•武汉)　电话:(027)81321913
	武汉市东湖新技术开发区华工科技园　邮编:430223
录　　排:	华中科技大学惠友文印中心
印　　刷:	武汉邮科印务有限公司
开　　本:	787mm×1092mm　1/16
印　　张:	23.75
字　　数:	635 千字
版　　次:	2024 年 1 月第 1 版第 5 次印刷
定　　价:	65.00 元

本书若有印装质量问题,请向出版社营销中心调换
全国免费服务热线:400-6679-118　竭诚为您服务
版权所有　侵权必究

前言 QIANYAN

随着我国汽车工业的高速发展,汽车新技术也在不断更新,汽车电器在整车中的比例逐步提高,控制系统也越来越复杂,如车载网络系统等。社会在需要大量的汽车类人才的同时,对从业人员的技能要求也在不断提高,因此需要编写符合现代汽车技术发展要求的教材,用于专业人才培养。

《汽车电器构造与检修》是汽车类各专业的核心课程之一,内容由十个项目组成,分别为:汽车供电系统原理与检修、汽车起动系统原理与检修、点火系统原理与检修、照明与信号系统原理与检修、汽车仪表与报警系统原理与检修、附属电气设备原理与检修、汽车安全系统原理与检修、汽车空调系统原理与检修、车载网络系统原理与检修、汽车电气设备总线路分析等。每个项目都对学习者提出了项目要求、知识要求、能力要求,同时每个项目由若干个任务组成,按照相关知识分析和项目实施来组织教学。

本书按照理实一体化思路编写,定期更新内容;注重知识体系的实用性,体现可操作性,反映了现代汽车工业的新知识、新技术、新工艺和新标准;融入了全国职业院校技能大赛汽车赛项的电路分析、故障诊断思路、故障处理方法等内容。同时,书中也融入了1+X汽车运用与维修(含智能新能源汽车)职业技能等级知识点和技能点,并将工匠精神的培养融入教材编写中。

本书是安徽省省级大规模在线开放课程和省级线下精品课程的配套教材,教学资料齐全,配备PPT课件、教案、电子书、AR、微课、动画、拓展资料等丰富的教学资源,并融入优秀毕业生的成长经历、大国工匠的感人事迹等典型事迹,培养学生的爱国情怀。

本书由安徽机电职业技术学院、芜湖职业技术学院、昆明冶金高等专科学校等单位联合编写。王爱国担任主编,李琤、安宗权、李源和王波担任副主编,娄洁担任主审;李琤编写项目1,郭顺编写项目2,邹家鹏编写项目3,李源编写项目4,蔡志军编写项目5,刘明岩编写项目6,安宗权编写项目7,姜能惠编写项目8,王波编写项目9,王爱国编写项目10,校内生产型企业和校外实习基地提供维修案例和检测数据等。

由于时间仓促,加之水平有限,书中难免存在错误和不妥之处,敬请广大读者批评指正。

本书配套的线上内容,可以访问汽车电子技术国家级教学资源库《汽车电器》:http://qcdz.36ve.com/index.php/CourseCenter/course/b-course-info? courseId = 7f4d7bf7-1b20-3d07-a304-3197e8294183

编 者
2021年5月

目录 MULU

项目1　汽车供电系统原理与检修 ··· 1
　任务1　蓄电池的结构原理与型号认识 ·· 2
　任务2　蓄电池的使用与维护 ··· 9
　任务3　蓄电池常见故障检修 ·· 15
　任务4　交流发电机的结构原理与检修 ·· 20
　任务5　电压调节器的结构原理与检修 ·· 34
　任务6　迈腾B8充电电路故障与检修（全国技能大赛比赛车型） ································ 39
　【拓展项目】车用新型蓄电池 ·· 45

项目2　汽车起动系统原理与检修 ·· 48
　任务1　起动机结构、型号及工作原理 ·· 49
　任务2　起动机控制电路分析 ·· 56
　任务3　起动机的使用与检测 ·· 61
　任务4　起动系统常见故障诊断 ··· 68
　任务5　迈腾B8起动机无法起动故障与检修（全国技能大赛比赛车型） ······················· 73
　【拓展项目】减速起动机 ··· 78

项目3　点火系统原理与检修 ·· 80
　任务1　普通点火系统的结构原理与检修 ··· 81
　任务2　微机控制点火系统的结构原理与检修 ··· 90
　任务3　迈腾B8发动机无法工作故障与检修（全国技能大赛比赛车型） ······················· 98
　【拓展项目】电子节气门 ·· 102

项目4　照明与信号系统原理与检修 ··· 106
　任务1　照明系统的结构原理与检修 ·· 107
　任务2　迈腾B8远光灯不亮故障与检修（全国技能大赛比赛车型） ···························· 120
　任务3　转向信号系统的结构原理与检修 ·· 123
　任务4　迈腾B8转向灯不亮故障与检修（全国技能大赛比赛车型） ···························· 129
　【拓展项目】前照灯新技术——自适应前照灯 ·· 134

项目5　汽车仪表与报警系统原理与检修 ·· 136
　任务1　汽车仪表系统的原理与检修 ·· 137
　任务2　汽车报警装置原理与检修 ··· 145
　任务3　迈腾B8仪表系统故障与检修（全国技能大赛比赛车型） ······························ 152
　【拓展项目】哈弗汽车仪表 ··· 154

项目6　附属电气设备原理与检修 ·· 159
　任务1　风窗玻璃清洁装置的结构原理与检修 ··· 160
　任务2　电动车窗和天窗的结构原理与检修（迈腾B8车窗电路分析） ······················· 167

任务 3　电动座椅的结构原理与检修　174
任务 4　电动后视镜的结构原理与检修(迈腾 B8 电动后视镜电路分析)　180
任务 5　电控门锁系统的结构原理与检修(迈腾 B8 中央门锁电路分析)　188
【拓展项目】汽车防盗系统　198

项目 7　汽车安全系统原理与检修　201
任务 1　汽车 ABS 系统原理与检修(迈腾 B8ABS 电路分析)　202
任务 2　汽车 ESP 系统原理与检修　212
任务 3　汽车安全气囊系统原理与检修(迈腾 B8 安全气囊电路分析)　218
【拓展项目】智能型安全气囊介绍　228

项目 8　汽车空调系统原理与检修　230
任务 1　汽车空调结构与工作原理　231
任务 2　汽车空调维护与检修　256
任务 3　迈腾 B8 空调系统原理与检修(全国技能大赛比赛车型)　265
【拓展项目】双区自动空调　271

项目 9　车载网络技术原理与检修　275
任务 1　车载网络基本原理　276
任务 2　CAN 总线原理　284
任务 3　其他总线传输系统　297
任务 4　车载网络系统的故障检修　304
任务 5　迈腾 B8 车载网络系统原理与检修(全国技能大赛比赛车型)　313
【项目拓展】速腾轿车的车载网络系统　322

项目 10　汽车电气设备总线路分析　325
任务 1　汽车电路分析基础知识　326
任务 2　汽车电路识读与故障检修　330
任务 3　迈腾 B8 汽车控制电路分析(全国技能大赛比赛车型)　358

优秀学子技能成才榜样案例　370

参考文献　371

项目 1
汽车供电系统原理与检修

◀ **项目要求**

掌握汽车供电系统的主要部件(蓄电池、发电机、电压调节器等)的结构和工作原理,学会分析电路。在汽车供电系统的故障检修中,应遵循咨询、计划、决策、实施、检查和评估六步法:①咨询——根据故障案例,查阅相关的维修技术资料;②计划——针对故障现象制定相应的工作计划可行性方案;③决策——对可行性方案进行论证;④实施——进行故障的检修;⑤检查——对所排除故障进行检查确认;⑥评估——工作总结,对故障现象进行深度分析。

◀ **知识要求**

1. 掌握蓄电池的作用、结构和工作原理。
2. 掌握发电机的组成及工作原理。
3. 掌握电压调节器的作用及调节原理。
4. 掌握供电系统电路分析及故障诊断方法。
5. 掌握迈腾 B8 电源故障诊断方法。

◀ **能力要求**

1. 万用表、示波器、故障诊断仪等常见设备的使用。
2. 维修资料的查阅、电路原理图的识读和分析。
3. 常见故障的诊断与排除。
4. 5S 管理和操作。

任务1　蓄电池的结构原理与型号认识

一、相关知识

（一）蓄电池的作用

蓄电池是一种将化学能转变为电能的装置，属于可逆的直流电源。在汽车上，蓄电池与发电机并联向用电设备供电。在发动机工作时，用电设备所需电能主要由发电机供给。蓄电池的功用为：①发动机起动时，向起动机和点火系统供电；②发电机不发电或电压较低时，向用电设备供电；③发电机超载时，协助发电机供电；④发电机端电压高于蓄电池电动势时，将发电机的电能转变为化学能储存起来；⑤吸收发电机的过电压，保护车用电子元件。

（二）蓄电池的基本构造

起动型铅酸蓄电池由3只或6只单体电池串联而成，每只单体电池电压约为2 V，串联成6 V或12 V以供汽车选用。它主要由极板、隔板、电解液、外壳、连接条和极柱等组成，如图1-1-1所示。

1. 极板

极板是蓄电池的核心部分，蓄电池充放电过程中，电能与化学能的相互转换依靠极板上的活性物质与电解液中的硫酸的化学反应来实现。极板分为正极板和负极板两种，它由栅架和活性物质组成，如图1-1-2所示。正极板上的活性物质是二氧化铅，呈棕红色；负极板上的活性物质是海绵状纯铅，呈青灰色。蓄电池在充电与放电过程中，电能和化学能的相互转换是依靠极板上活性物质和电解液中硫酸的化学反应来实现的。

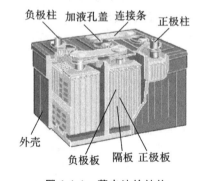

图1-1-1　蓄电池的结构

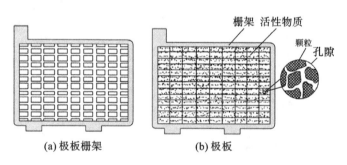

图1-1-2　极板

正极活性物质脱落和栅架腐蚀是影响蓄电池使用寿命的主要原因。出于对使用期限的考虑，正极板要厚一些，负极板厚度一般为正极板厚度的70%～80%。

为了增大蓄电池的容量，一般将多片正极板（4～13片）和多片负极板（5～14片）分别并联，组成正极板组和负极板组，如图1-1-3所示。安装时，将正负极板组相互嵌合，中间插入隔板，就组成了单体电池。在每个单体电池中，负极板的数量总是比正极板要多1片。正极板都处在负极板之间，最外面两片都是负极板。正极板活性物质较疏松，机械强度低，这样把正极板夹在负极板中间，可使其两侧放电均匀，在工作时不易因活性物质膨胀而翘曲，不易造成活性物质脱落。

2. 隔板

为了减少蓄电池内部尺寸，降低蓄电池的内阻，蓄电池内部正、负极板应尽可能靠近。但为了避免二者相互接触而短路,正、负极板之间要用绝缘的隔板隔开,如图 1-1-4 所示。隔板材料应具有多孔性结构,以使电解液自由渗透,而且化学性能应稳定,具有良好的耐酸性和抗氧化性。常见的隔板材料有木材、微孔橡胶、微孔塑料、玻璃纤维纸浆和玻璃丝棉等。

图 1-1-3　蓄电池极板组结构

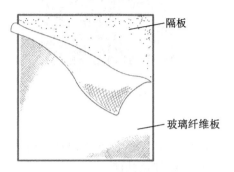

图 1-1-4　隔板

隔板一面平滑,另一面有凹槽。由于正极板在充放电过程中化学反应激烈,为保证电解液能顺利地上下流通,安装时,带沟槽的一面应朝向正极板。这样还能保证活性物质脱落时,能沿槽迅速沉至底部。

3. 电解液

电解液是蓄电池内部发生化学反应的主要物质,由纯净硫酸和蒸馏水按一定的比例配制而成,密度一般为 $1.24\sim1.31\ \text{g/cm}^3$,使用时应根据当地最低气温或制造厂的要求来进行选择。电解液的纯度是影响蓄电池性能和使用寿命的重要因素,工业用硫酸和普通水中一般含有铁、铜等有害杂质,绝对不能加入蓄电池中,否则容易自行放电,并且容易损坏极板。因此,蓄电池电解液要用规定的蓄电池专用硫酸和蒸馏水配制。

4. 外壳

外壳用来盛放电解液和极板组,并使蓄电池构成一个整体。外壳应耐酸、耐热、耐寒、抗震动,并具有足够的机械强度。常用的外壳材料有硬质橡胶和聚丙烯塑料两种,由间壁将其分为三个或六个相互分离的单体,底部有凸起的筋条支撑极板组,凸筋之间的空间用来容纳极板脱落的活性物质,以防极板短路,如图 1-1-5 所示。

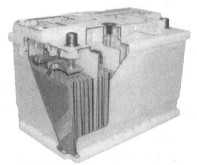

图 1-1-5　外壳

5. 其他零部件

1) 连接条

连接条的作用是将单体蓄电池串联起来,提高蓄电池的端电压。起动型铅酸蓄电池的连接条用铅锑合金制成,有传统外露式、穿壁式和跨越式三种,如图 1-1-6 所示。前者用在硬橡胶外壳上,后两者用在塑料外壳上。

传统外露式是指连接条外露在蓄电池盖的上面;穿壁式是指在电池的中间壁上打孔,使极板组柄直接穿过中间壁将各单体电池连接起来;跨越式是指连接条下部在蓄电池的平面上,或埋在蓄电池盖下,连接条的连接部分跨接在各单体电池的中间壁上。

2) 极柱

极柱的作用是与外部电路连接,用接线将蓄电池的电压引出,第一个单体电池的正极板连接条与正极柱相连,最后一个单体电池的负极板连接条与负极柱相连。极柱有圆锥形和 L 形

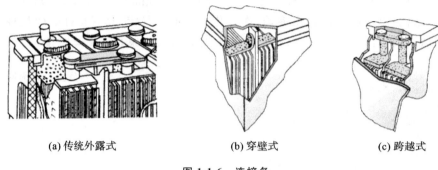

(a) 传统外露式　　　　　(b) 穿壁式　　　　　(c) 跨越式

图 1-1-6　连接条

等,如图 1-1-7 所示。为便于识别,极柱的上方或旁边标刻有"＋"(或 P)、"－"(或 N)标记,或者在正极柱上涂红色油漆。

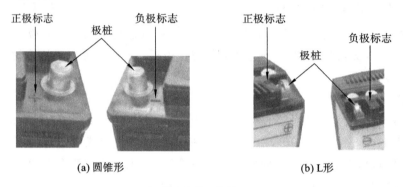

(a) 圆锥形　　　　　　　　　(b) L形

图 1-1-7　极柱

3）加注孔盖

加注孔盖用橡胶或塑料制成,旋在蓄电池盖的加注孔内。加注孔盖上有通气孔,下端有特制的隔板,其作用是将通气孔与单体电池上面的空间部分隔开,以防汽车颠簸时,电解液经通气孔溅出。

加注孔盖上的通气孔应保持畅通,及时排出蓄电池内部的 H_2 与 O_2,以防蓄电池过早损坏或爆炸。若在加注孔盖上安装一个过滤器,还可以避免水蒸气逸出,减少蒸馏水的消耗。

（三）蓄电池的型号

蓄电池型号是指由一个或几个字母与数字组合成的符号,分别表示用途、结构特征,并将这些符号按一定的规律排列组合成一种标记。按机械行业标准 JB/T 2599—2012《铅酸蓄电池名称、型号编制与命名办法》规定,铅酸蓄电池型号由三部分组成,如图 1-1-8 所示。

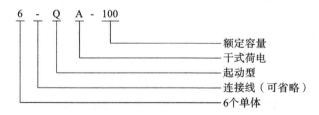

图 1-1-8　蓄电池型号示意图

其排列及其含义如下。

第一部分表示串联的单体蓄电池数,是指在一只整体蓄电池槽或一个组装箱内所包括的串联蓄电池数目(单体蓄电池数目为1时,可省略)。

第二部分表示蓄电池用途、结构特征代号,用字母标注。例如,起动型蓄电池用Q表示,固定型蓄电池用G表示,密封式蓄电池用M表示,免维护式蓄电池用W表示,干式荷电蓄电池用A表示,湿式荷电蓄电池用H表示。此部分内容不可省略。

第三部分表示标准规定的额定容量,用阿拉伯数字表示,其单位是安培小时(A·h),在型号中单位可省略。

例如,型号为6-QAW-100S的蓄电池,是指由6个单体串联而成,标准电压为12 V,额定容量100 A·h的干式荷电免维护蓄电池。

当需要标志蓄电池所需适应的特殊使用环境时,应按照有关标准及规程的要求,在蓄电池型号末尾和有关技术文件上做明显标志。此外,蓄电池型号末尾允许标志临时型号。

(四) 蓄电池的工作原理

1. 蓄电池的两极化学反应

蓄电池的工作原理就是化学能和电能的相互转化,它分为充电和放电两个过程,如图1-1-9所示。当铅酸蓄电池接通外电路负载放电时,正极板上的PbO_2和负极板上的Pb都变成$PbSO_4$,电解液中的硫酸变成了稀硫酸。充电时,正、负极板上的$PbSO_4$分别还原成原来的PbO_2和Pb,电解液中的液体还原成硫酸。

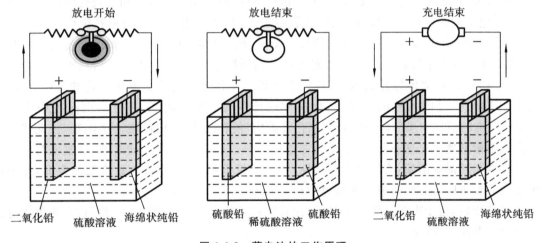

图1-1-9 蓄电池的工作原理

1) 放电过程

当铅酸蓄电池的正、负极板浸入电解液中时,正、负极板间就会产生约2.1 V的静止电动势。此时若接入负载,在电动势的作用下,电流就会从蓄电池的正极经外电路流向蓄电池的负极,这一过程称为放电,蓄电池的放电过程是化学能转换为电能的过程。

放电时,正极板上的PbO_2和负极板上的Pb,都与电解液中的H_2SO_4反应生成硫酸铅($PbSO_4$),沉附在正、负极板上。电解液中H_2SO_4不断减少,密度下降。放电过程总的电化学反应为

$$PbO_2 + 2H_2SO_4 + Pb \longrightarrow 2PbSO_4 + 2H_2O$$

理论上,放电过程可以进行到极板上的活性物质被耗尽为止,但由于生成的$PbSO_4$沉附于极板表面,阻碍电解液向活性物质内层渗透,使得内层活性物质因缺少电解液而不能参加反应,故在使用中蓄电池的活性物质利用率只有20%～30%。因此,采用薄型极板,增加极板的多孔性,可以提高活性物质的利用率,增大蓄电池的容量。

2) 充电过程

充电时,蓄电池的正、负极分别与直流电源的正、负极相连,当充电电源的端电压高于蓄电池的电动势时,在电场的作用下,电流从蓄电池的正极流入,负极流出,这一过程称为充电。蓄电池充电过程是电能转换为化学能的过程。

蓄电池充电时,则按放电过程相反的方向变化,正极板上的 $PbSO_4$ 恢复为 PbO_2,负极板上的 $PbSO_4$ 恢复为 Pb,电解液中的 H_2SO_4 增加,H_2O 减少,电解液密度增大。充电过程总的电化学反应为

$$2PbSO_4 + 2H_2O \longrightarrow PbO_2 + 2H_2SO_4 + Pb$$

2. 蓄电池的充放电特性

1) 蓄电池的放电特性

蓄电池的放电特性是指恒流放电时,蓄电池端电压 U_f、电动势 E 和电解液密度 $\rho_{25℃}$ 随放电时间变化的规律。完全充足电的蓄电池以 20 h 放电率的电流进行恒流放电的特性曲线如图 1-1-10 所示。

放电时,由于蓄电池内阻的影响,蓄电池端电压 U_f 低于其电动势 E,即

$$U_f = E - I_f R_0$$

式中,I_f——放电电流(A)。

放电开始时,蓄电池端电压 U_f 从 2.1 V 迅速下降,这是由于放电之初极板孔隙内的 H_2SO_4 迅速消耗,电解液密度迅速下降所导致。随着极板孔隙外的电解液向极板孔隙内渗透速度加快,当其渗透速度与化学反应速度达到相对平衡时,极板孔隙内的电解液密度的变化速率趋于一致,端电压将随整个容器内的电解液密度降低而缓慢下降到 1.95 V。随后端电压又迅速降低到 1.75 V,此时应立即停止放电,并称此电压值为单体电池的终止电压。若继续放电,端电压会急剧下降,这是因为放电终了时,化学反应已深入极板的内层,并且放电过程中生成的 $PbSO_4$ 较原来的活性物质的体积大且积聚在孔隙内,使孔隙变小,电解液渗透困难,由此造成极板孔隙内电解液密度迅速下降,端电压随之急剧下降。继续放电则为过放电,过放电时极板孔隙中会生成粗结晶硫酸铅,充电时不易还原,即造成极板硫化,严重影响蓄电池的寿命,并导致蓄电池的容量下降,因此,过放电对蓄电池极为有害。

放电停止后,由于电解液渗透的结果,使孔隙内外的电解液密度趋于一致,蓄电池单体电池电动势会回升至 1.95 V。

由于恒流放电,在单位时间内所消耗的 H_2SO_4 的数量保持一致,因此,电解液的密度 $\rho_{25℃}$ 呈线性变化。一般来说,电解液密度每下降 0.04 g/cm³,蓄电池放电量大约为额定容量的 25%。

由此可见,蓄电池放电终了的特征如下。

①单体电池电压下降至放电终止电压,以 20 h 放电率的电流进行恒流放电,单体电池电压降至 1.75 V。

②电解液密度下降至最小的许可值,大约为 1.11 g/cm³。

此外,放电所允许的终止电压与放电电流的大小有关,放电电流越大,放电的时间越短,允许的放电终止电压也越低。

2) 蓄电池的充电特性

蓄电池的充电特性是指以恒流充电时,蓄电池充电电压 U_c、电动势 E 及电解液密度 $\rho_{25℃}$ 等随充电时间变化的规律。蓄电池以 20 h 充电率恒流充电时的特性曲线如图 1-1-11 所示。

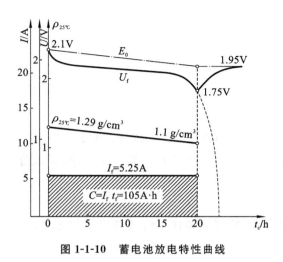
图 1-1-10　蓄电池放电特性曲线

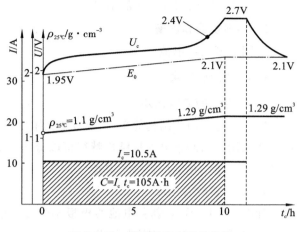
图 1-1-11　蓄电池充电特性曲线

由于充电电源必须克服蓄电池内阻的电压降，因此，充电电压 U_c 要高于蓄电池的电动势 E，即

$$U_c = E + I_c R_0$$

式中，I_c——充电电流（A）。

充电开始时，蓄电池电压迅速上升，这是因为在极板孔隙内发生了化学反应，生成的 H_2SO_4 使得极板孔隙内的电解液密度迅速上升，故端电压随之迅速上升。随着极板孔隙内的电解液向外扩散的速度加快，当孔隙内 H_2SO_4 的生成速度与扩散速度达到相对平衡时，蓄电池的端电压不再迅速上升，而是随整个容器内电解液密度的缓慢上升而逐步提高。

当蓄电池单体电池电压达到 2.3~2.4 V 时，极板上 $PbSO_4$ 已基本被还原成活性物质，这时充电接近终了。若继续通电，则电解液中的水开始分解，产生氢气和氧气，并以气泡的形式释放出来，电解液呈"沸腾"状态。由于氢气生成的速度较水解速度慢，故在负极板处积聚了较多的氢离子 H^+，使极板相对电解液产生了附加电位（约 0.33 V），导致单体电池的充电电压高达 2.7 V 左右。

从理论上讲，当单体电池电压升至 2.7 V 时，应终止充电，否则将造成过充电。过充电将产生若干气体并在极板孔隙内造成压力，会加速极板物质脱落，所以应避免长时间过充电。但在实际使用中，往往在达到最高电压后仍继续充电 2~3 h，以保证蓄电池完全充电。

充电停止后，附加电位消失，孔隙内电解液密度迅速下降，且与整个容器内电解液密度趋于一致，因而单体电池电压又迅速降至 2.1 V 左右。由于恒流充电，电解液密度 $\rho_{25℃}$ 随充电时间变化线性上升，当单体电池电压达到 2.4 V 时，其值达到最大。

可见，蓄电池充电终了的特征如下。

① 蓄电池的端电压上升至最大值（单体电池电压为 2.7 V），且 2 h 内不再变化。
② 电解液密度上升至最大值，且 2 h 内基本不变。
③ 蓄电池剧烈地放出大量气泡，电解液"沸腾"。

二、任务实施

（一）任务实施的要求

1. 任务实施的目的

（1）认识蓄电池的类型与结构。

（2）能正确识别蓄电池的型号。

2. 实训仪器和设备

不同类型的蓄电池。

（二）实施步骤

1. 蓄电池的结构认知

铅酸蓄电池由于结构简单、价格便宜、内阻小，可以短时间为起动机提供强大的起动电流而被广泛采用。铅酸蓄电池按结构特征可以分为普通铅酸蓄电池、干式荷电铅酸蓄电池、湿式荷电铅酸蓄电池和免维护铅酸蓄电池等。

1）普通铅酸蓄电池

如图1-1-12所示，新蓄电池的极板不带电，使用前需按规定加注电解液并进行初充电，初充电的时间较长，使用中需要定期维护。

2）干式荷电铅酸蓄电池

干式荷电蓄电池是指极板处于干燥的已充电状态和无电解液储存的蓄电池。它的外观、内部零件结构及使用效果与普通蓄电池基本相同。新蓄电池的极板处于干燥的已充电状态，电池内部无电解液。在规定的保存期内，只需按规定加入电解液，静置20～30 min即可使用，使用中需要定期维护。

3）免维护铅酸蓄电池

免维护铅酸蓄电池又称MF(maintenance-free)铅酸蓄电池，是指在汽车合理使用期间，不需要对蓄电池进行加注蒸馏水、检测电解液液面高度、检测电解液密度等维护作业，只需要观察电量指示器了解其电量情况，如图1-1-13所示。

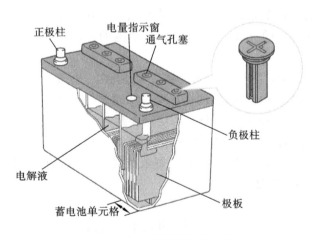

图1-1-12　普通铅酸蓄电池

图1-1-13　免维护铅酸蓄电池

当然，日常还有其他电解质蓄电池，如胶体电解质蓄电池、燃料电池(fuel cell)、钠-硫蓄电池等。

2. 蓄电池的型号识别

如图1-1-14所示为风帆蓄电池的外形，由其型号6-QA-135可知：该蓄电池由6个单体串联而成，额定电压是12 V；为起动型干式荷电蓄电池；其20 h放电率额定容量是135 A·h。

图 1-1-14　风帆蓄电池 6-QA-135 外形

【任务小结】

1. 蓄电池是一种既能将化学能转换为电能,也能将电能转换为化学能的可逆低压直流电源。

2. 发动机起动时,蓄电池向汽车供电;发动机停止运转或怠速时,汽车也由蓄电池供电;当汽车出现供电需求超过发电机输出电量时,蓄电池参与协同供电;蓄电池可以缓和电气系统中的冲击电压。

3. 铅酸蓄电池主要由极板、隔板、电解液、外壳、连接条和极柱等组成,单体电池电压约为 2 V,铅酸蓄电池按结构特征可以分为普通铅酸蓄电池、干式荷电铅酸蓄电池、湿式荷电铅酸蓄电池和免维护铅酸蓄电池。

4. 蓄电池正极板上的活性物质是二氧化铅,负极板上的活性物质是海绵状纯铅,在放电过程中,正、负极板上的活性物质转化为硫酸铅。

5. 电解液由蒸馏水和纯硫酸组成,其相对密度为 1.24～1.31 g/cm³。

6. 蓄电池的型号中第一部分表示蓄电池的单体数,第二部分表示蓄电池的类型和特征,第三部分表示蓄电池的额定容量。

7. 蓄电池放电终了的特征是单体电压降低到最低允许值,电解液密度下降到最低允许值。

8. 蓄电池充电终了的特征是单体电压上升到最大值,电解液密度上升到最大值,电解液呈"沸腾"状况。

任务 2　蓄电池的使用与维护

一、相关知识

(一) 蓄电池的容量及其影响因素

1. 蓄电池的容量

蓄电池的容量标志着蓄电池对外供电的能力。完全充足电的蓄电池,在允许的放电范围内所输出的电量称为蓄电池的容量,即

$$Q = I_f \cdot t_f$$

式中,Q——蓄电池的容量(A·h);

I_f——放电电流(A);

t_f——放电时间(h)。

蓄电池的容量与放电电流的大小以及电解液的温度有关，蓄电池出厂时规定的额定容量是在一定的放电电流、一定的终止电压和一定的电解液温度下测得的。

1）额定容量

额定容量是检验蓄电池质量的重要指标之一。GB/T 5008.1—2013中规定，以20 h放电率的放电电流在电解液初始温度为(25 ± 5) ℃，密度为(1.28 ± 0.01) g/cm³（25 ℃）的条件下，连续放电到规定的单体终止电压1.75 V，蓄电池所输出的电量称为蓄电池的额定容量，记为Q_{25}。

例如，6-QA-60型蓄电池，在电解液初始温度为25 ℃时，以3 A的放电电流持续放电20 h，单体电压降到1.75 V，其额定容量$Q_{25}=3\times20$ A·h $= 60$ A·h。

2）额定储备容量

额定储备容量是国际上通用的另一种蓄电池容量表示方法。它是指完全充电的蓄电池在电解液温度为25 ℃条件下，以25 A电流放电到单体终止电压为1.75 V时所能维持的时间。

3）起动容量

起动容量表示蓄电池在发动机电力起动时的供电能力，用倍率和持续时间表示。起动容量分为两种：常温起动容量和低温起动容量。

常温起动容量为电解液初始温度为25 ℃时，以5 min放电率的电流放电，放电5 min至单体电池电压降至1.5 V时所输出的电量。5 min放电率的电流数值约为其额定容量的3倍。

低温起动容量为电解液初始温度为-18 ℃时，以5 min放电率的电流放电，放电2.5 min至单体电压降至1 V时所输出的电量。

2. 影响蓄电池容量的因素

蓄电池的容量与很多因素有关，除了活性物质的数量、极板的厚薄、活性物质的孔隙率等与生产工艺及产品结构有关的因素以外，主要的影响因素是使用条件，如放电电流、电解液的温度和电解液的相对密度等。

1）极板的构造

极板的面积越大，能参与电化学反应的活性物质就越多，其容量也就越大。采用薄极板、增加极板的片数以及提高活性物质的孔隙率等方式，都有利于提高蓄电池的容量。

2）放电电流

放电电流越大，蓄电池的容量就越低。因为放电电流越大，单位时间所消耗的硫酸就越多，极板孔隙内由于硫酸消耗较快造成孔隙内电解液密度下降越快。大电流放电时，极板表面活性物质的孔隙极易被生成硫酸铅堵塞，使孔隙内实际参加化学反应的活性物质的数量下降。因此随着放电电流的增加，蓄电池的容量会减小。蓄电池容量与放电电流的关系如图1-2-1所示。

由于发动机起动时属于大电流放电，如果长时间接通起动机，蓄电池的端电压就会急速下降至终止电压，导致输出容量减少甚至蓄电池过早损坏。因此，在起动发动机时应注意：一次起动时间不应超过5 s；连续两次起动应间隔15 s以上，使电解液充分渗透到极板孔隙内层，以提高极板孔隙内活性物质的利用率和再次起动的端电压，延长蓄电池的使用寿命。

3）电解液的温度

电解液温度较低时，电解液的黏度增大，致使渗透能力下降，造成蓄电池容量降低。此外，温度越低，电解液的溶解度与电离度也越低，加剧了蓄电池容量的下降。蓄电池容量与电解液温度的关系如图1-2-2所示。电解液温度每下降1 ℃，蓄电池容量下降约1%（小电流放电）或2%（大电流放电）。因此，适当提高电解液的温度（<40 ℃），将有利于提高蓄电池的容量及发

动机的起动性能。在寒冷地区冬季起动汽车时,由于低温和大电流放电,蓄电池端电压下降较多,容易造成起动困难,故应安装蓄电池保温装置。

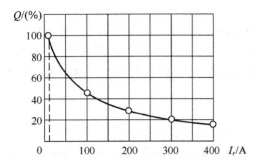

图1-2-1 蓄电池容量与放电电流的关系

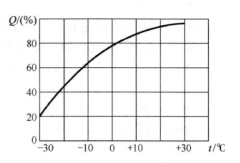

图1-2-2 电解液温度与蓄电池容量的关系

4)电解液的密度

适当增加电解液的密度,可减小内阻,有利于提高电解液的渗透能力,使蓄电池的容量增加。但当电解液密度较高时,由于电解液的黏度增加,使内阻增加,引起渗透能力降低,从而导致容量下降。此外,电解液密度较高时,易造成极板硫化而导致容量下降。实践证明,电解液密度偏低,有利于提高放电电流和容量以及延长蓄电池的使用寿命,冬季在不使电解液结冰的前提下,也应尽可能采用低密度的电解液。

(二)蓄电池的充电

1. 蓄电池的充电种类

根据充电目的的不同,蓄电池的充电可分为初充电、补充充电、预防硫化过充电、去硫化充电和锻炼循环充电等类型。

1)初充电

新蓄电池或修复后的蓄电池在使用之前的首次充电称为初充电,其目的是恢复蓄电池存放期间,极板上部分活性物质缓慢硫化和自放电而失去的电量。因此,初充电对蓄电池的使用性能极为重要。初充电的特点是充电电流小,充电时间长。初充电的程序如下。

(1)加注电解液:新蓄电池在出厂时没有装电解液,电解液是由使用者加注的。要按制造厂的规定,加注一定密度的电解液,使液面高出极板上缘10~15 mm。加注电解液后,蓄电池应静置3~6 h,待温度低于35 ℃时才能进行充电。

(2)连接蓄电池:将蓄电池的正、负极分别与充电机的正、负极相连。

(3)选择充电电流,进行充电:采用两阶段恒流充电法充电时,第一阶段充电电流为额定容量的1/15,待电解液中有气泡冒出、单体电池电压达2.4 V时,转入第二阶段,将充电电流减小一半,直至蓄电池充足电为止。充电过程中应注意测量电解液的温度,当温度超过40 ℃时,应将充电电流减半,如温度继续上升达45 ℃时,应停止充电,待冷却至35 ℃以下时再充电。

(4)调整电解液密度:充好电的蓄电池应检查电解液的密度,如不符合规定,应用蒸馏水或1.4 g/cm³的稀硫酸进行调整,并调整液面高度至规定值。调整后,再充电2 h,直到电解液密度符合规定为止。

2)补充充电

补充充电是指对使用中的蓄电池在无故障的前提下,为保持或恢复其额定容量而进行的正常的保养性充电。一般汽车用蓄电池应每隔1~2个月从车上拆下来进行一次补充充电,补充充电可采用定流充电,也可采用定压充电。汽车在使用中,如发现下列现象之一时,必须及时进行补充充电:①电解液相对密度降至 1.15 g/cm³ 以下时;②冬季放电量超过 25%,夏季超过 50%时;③前照灯灯光比平时暗淡,起动无力时;④单体电池电压降到 1.70 V 以下时。

3) 预防硫化过充电

蓄电池在使用中,常因充电不足而造成硫化,为预防硫化,蓄电池应每隔 3 个月进行一次预防硫化过充电。先用补充充电的电流值将电池充足,然后间隔 1 h,将电流值减半,继续充电至电解液"沸腾",这样反复数次,直到蓄电池刚接入直流电源充电就"沸腾"起来,这时就可以结束充电了。

4) 去硫化充电

当极板硫化较严重时,需要进行去硫化充电。先倒出容器内的电解液,用蒸馏水反复冲洗数次,然后加入蒸馏水,用初充电电流进行充电,并且随时测量电解液密度。当密度上升到 1.150 g/cm³ 时,再加蒸馏水冲淡,继续充电至密度不再上升为止。然后进行放电,反复进行到在 6 h 内电解液密度值不再变化时为止。最后按初充电的方法充电,调整电解液密度至规定值,此时就可以结束充电并交付使用了。

5) 锻炼循环充电

在汽车上由于发电机经常对蓄电池进行充电,因而蓄电池常处于部分放电的状态,即仅有一部分活性物质参加电化学反应。为了避免活性物质长期不工作而收缩,在每工作一段时间(一般为 3 个月)后,应对蓄电池进行一次锻炼循环充电,即按正常的充电方法将蓄电池充足,然后以 20 h 放电率放完,再按正常充电方法充足。

2. 蓄电池的充电方法

蓄电池的充电必须根据不同的情况选择恰当的方法,并且正确地使用充电设备,以提高工作效率,同时延长充电设备和蓄电池的使用寿命。通常蓄电池的充电方法有定流充电、定压充电和脉冲快速充电三种。

1) 定流充电

定流充电是指在充电过程中,充电电流保持不变(通过调整电压,保证电流不变)的充电方法。它广泛用于初充电、补充充电和去硫化充电等场合。

为缩短充电时间,充电过程通常分为两个阶段:第一阶段采用较大的充电电流,使蓄电池的容量迅速恢复,当蓄电池电量基本充足,单体电池电压达到 2.4 V,开始电解水产生气泡时,转入第二阶段,将充电电流减小一半,直到电解液密度和蓄电池端电压达到最大值且在 2~3 h 内不再上升,蓄电池内部剧烈冒出气泡时为止。

定流充电有较大的适应性,可以任意选择和调整充电电流,因此可以对各种不同情况及状态的蓄电池充电。定流充电的不足之处在于需要经常调节充电电压,充电时间长。

2) 定压充电

定压充电是指在充电过程中,充电电压保持恒定不变的充电方法,它是蓄电池在汽车上由发电机对其充电的方法。

在定压充电初期,充电电流较大,充电 4~5 h 后即可达到额定容量的 90%~95%,因而充电时间较短,充电电流 I_c 会随着电动势 E 的上升而逐渐减小到零,使充电自动停止,不必人工调整和照管。但是在充电过程中,充电电流大小不能调整,所以不能保证蓄电池彻底充足电,也不能用于初充电和去硫化充电。

3) 脉冲快速充电

定流充电和定压充电统称为常规充电,其充电时间过长,给使用带来不便,故采用脉冲快速充电。脉冲快速充电必须用脉冲快速充电机进行。采用脉冲快速充电,补充充电只需要 0.5~1.5 h,大大缩短了充电时间,提高了效率。

脉冲快速充电的过程是：先用 0.8～1 倍额定容量的大电流进行恒流充电,使蓄电池在短时间内充至额定容量的 50%～60%,当单体电池电压升至 2.4 V,电解液开始冒气泡时,由充电机的控制电路自动控制,开始脉冲快速充电,首先停止充电 25 ms(称为前停充),然后再放电或反向充电,使蓄电池反向通过一个较大的脉冲电流(脉冲深度一般为充电电流的 1.5～3 倍,脉冲宽度为 150～1000 μs),然后再停止充电 40 ms(称为后停充),而后按照正脉冲充电→前停充→负脉冲瞬间放电→后停充→正脉冲充电……循环进行,到充足电为止。

脉冲快速充电具有充电时间短、空气污染小、省电节能的优点。但其输出容量较低,不能将蓄电池完全充足,且对蓄电池的寿命有不利的影响。

(三) 蓄电池的正确使用和维护

1. 三抓

(1) 抓及时、正确充电:①放完电的电池应在 24 h 内送回充电间;②装车使用的电池应定期补充充电,冬季的放电程度不超过 25%,夏季的放电程度不超过 50%;③带电解液存放的蓄电池应定期补充充电。

(2) 抓正确使用操作:①发动机每次起动时间不超过 5 s,起动间隔时间 15 s,最多连续起动 3 次;②车上蓄电池应固定牢靠,安装搬运时应轻搬轻放。

(3) 抓清洁保养:①保持蓄电池表面清洁;②及时清除蓄电池表面的酸液;③经常疏通通气孔。

2. 五防

五防包括:①防止过充和充电电流过大;②防止过度放电;③防止电解液液面过低;④防止电解液密度过大;⑤防止电解液内混入杂质。

二、任务实施

(一) 任务实施的要求

1. 任务实施的目的

(1) 掌握蓄电池充电设备的使用方法及充电电路连接。
(2) 能正确对蓄电池进行补充充电。

2. 实训仪器和设备

蓄电池、充电机等。

(二) 实施步骤

1. 蓄电池充电注意事项

蓄电池充电时应严格遵守以下安全注意事项:①严格遵守各种充电方法的充电规范;②连接充电机与蓄电池时,要注意极性,正对正,负对负,以免损坏蓄电池;③在充电机工作时,不要连接或脱开充电机引线;④在充电过程中,要注意各个单体电池电压和电解液密度,及时判断充电程度和技术状况;⑤在充电过程中,要注意各个单体电池的温升,以免温度过高,影响蓄电池的使用性能;⑥室内充电时,要打开蓄电池加液孔盖,使气体顺利逸出,以免发生事故;⑦充电室要安装通风设备,严禁在蓄电池附近产生电火花、明火和吸烟;⑧充电时,导线必须连接可靠。

2. 蓄电池充电的接线方法

1) 定流充电的接线方法

(1) 对容量不同、电压不同的蓄电池同时充电时,可以按图 1-2-3 所示连接方法接线,选择各种充电电流时,可分别调节变阻器。此方法适用于大容量的充电机对大批量蓄电池充电。

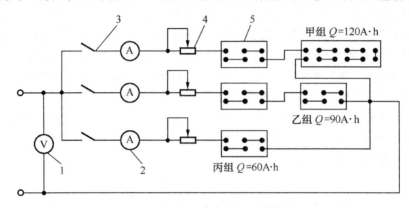

图 1-2-3　按容量分组的定流充电电路

1—电压表；2—电流表；3—充电开关；4—变阻器；5—蓄电池

（2）用小容量充电机对蓄电池充电时,可根据充电机的最高电压将几只蓄电池串联起来[可串联的 12 V 蓄电池个数 $N=$ 充电机的额定电压$/(6\times2.7)$]进行充电,但各蓄电池的容量应尽可能相同,否则充电机电流应以小容量的蓄电池来计算,接线方法如图 1-2-4 所示。调节充电电流时,只要转动电压调节旋钮即可得到不同的充电电流。本实验即按此种方法进行。为观察不同充电阶段蓄电池的情况,可分别选用放完电的、进入第二充电阶段的和进入充电终了阶段的 3 只蓄电池观察。

2）定压充电的接线方法

蓄电池容量不同但额定电压相同,且充电机输出电压受条件限制时,可用定压充电方法充电,并且可按图 1-2-5 所示进行接线。

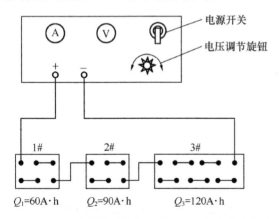

图 1-2-4　不同容量不同电压的蓄电池定流充电电路

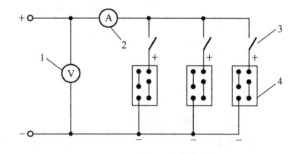

图 1-2-5　定压充电电路

1—电压表；2—电流表；3—充电开关；4—蓄电池

3．蓄电池的补充充电

1）普通铅酸蓄电池的补充充电

（1）从汽车上拆下蓄电池,清洁蓄电池外部的脏污以及极柱上的氧化物,疏通加液孔盖上的通气小孔。

（2）旋下加液孔盖,检查电解液的液面高度,如不符合规定要求,应添加蒸馏水,但如果确定是电解液逸出导致液面下降,则应用密度为 1.40 g/cm³ 的稀硫酸调配,电解液液面应高出极板上缘 10～15 mm。

(3) 用高率放电计检查各单体电池的放电情况,要求蓄电池的各个单体电压读数基本一致。

(4) 将蓄电池与充电机连接,充电机的正、负极分别接蓄电池的正、负极,准备充电。

(5) 补充充电常采用改进恒流充电法。分两个阶段:第一阶段的充电电流约为蓄电池额定容量的 1/10,充至单体电池电压达 2.3~2.4 V;第二阶段的充电电流约为蓄电池额定容量的 1/20,充至单体电池电压达 2.5~2.7 V,电解液密度达到规定值,并在 2~3 h 内基本不变,蓄电池内产生大量气泡,电解液呈"沸腾"状态。此时表示蓄电池已充足电,整个充电时间约需 13~16 h。

(6) 将加液孔盖拧紧,擦净蓄电池表面,便可使用。

2) 免维护蓄电池的快速充电方法

(1) 对于免维护蓄电池,通过顶端的电量检查孔观察其颜色为黑色时即代表亏电,需要补充充电。

(2) 如图 1-2-6 所示为博世快速充电机,将充电机的正、负极分别与蓄电池的正、负极柱相连接。

(3) 将充电机容量旋钮调整为蓄电池对应的额定容量值,起动开关进行充电。此时充电指示灯正常状态为绿色闪烁,电流表指针指向一定示数。

(4) 随着充电进行,电流表指针示数会逐渐减小。当电流表指针示数为零,充电指示灯变为绿色常亮时,表示充电结束。此时观察蓄电池顶端的电量检查孔颜色应为绿色。

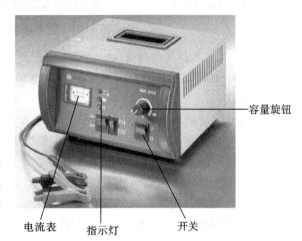

图 1-2-6　博世快速充电机

【任务小结】

1. 蓄电池容量的单位为安培小时(A·h),常用的容量有额定容量和起动容量。
2. 影响蓄电池容量的影响因素有:极板的构造、放电电流、电解液的温度和电解液的密度。
3. 蓄电池的充电方法有定流充电、定压充电和脉冲快速充电。
4. 蓄电池的充电种类有初充电、补充充电、预防硫化过充电、去硫化充电、锻炼循环充电等。
5. 蓄电池使用过程中,要注意正确的使用和维护,发动机每次起动时间不超过 5 s,起动间隔时间 15 s,最多连续起动 3 次。

任务3　蓄电池常见故障检修

一、相关知识

(一) 蓄电池的检查

1. 普通铅酸蓄电池性能的检查

1) 蓄电池液面高度的检查

检测蓄电池液面高度的方法有三种:玻璃管测量法、液面高度指示线法、加液孔液位判断法,如图 1-3-1 所示。

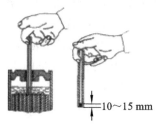  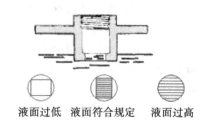

(a) 玻璃管测量法　　　　　　(b) 液面高度指示线法　　　　　(c) 加液孔液位判断法

图 1-3-1　蓄电池液面高度检查法

2）蓄电池放电程度的检查

蓄电池放电程度的检查可用密度计测量电解液相对密度和用高率放电计检查蓄电池放电程度两种方法。

（1）用密度计测量电解液相对密度的操作方法。如图 1-3-2 所示。电解液的密度与放电程度的关系是电解液密度每下降 0.01 g/cm³ 相当于蓄电池放电 6%。

（2）用高率放电计检查蓄电池放电程度。

12 V 蓄电池充电后，电解液密度在 1.24 g/cm³，将高率放电计（见图 1-3-3）接入 10～15 s，通过其放电程度来检测蓄电池的充电量。

① 电压能保持在 10.5 V 以上，表明存电量充足，蓄电池无故障。
② 电压能保持在 9.6～10.5 V，表明存电量不足，蓄电池无故障。
③ 电压降到 9.6 V 以下，表明存电量严重不足或蓄电池有故障。

3）蓄电池开路电压检查

测量蓄电池开路电压时，蓄电池应处于稳定状态，蓄电池充、放电或加注蒸馏水后，应静置半小时后再测量。蓄电池开路电压可用万用表的电压挡测量，将万用表的正、负表笔分别与蓄电池的正、负极相接即可，如图 1-3-4 所示。

 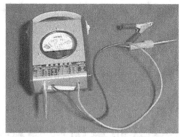 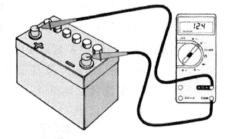

图 1-3-2　用密度计测量电解液相对密度　　　图 1-3-3　高率放电计（一）　　　图 1-3-4　蓄电池开路电压检查

2. 免维护蓄电池的检查

对于全密封型免维护蓄电池，由于无加液孔，所以不能采用传统的密度计来测量电解液密度以判断其技术状况，为此，只能通过顶端的检查孔观察其颜色来判断蓄电池的技术状况，如图 1-3-5 所示。

（二）蓄电池常见故障诊断与排除

蓄电池常见故障分内部故障和外部故障：内部故障有极板硫化、自行放电、极板短路、极板活性物质脱落、极板栅架腐蚀、极板拱曲等；外部故障有外壳裂纹、极柱松动、封胶干裂等。

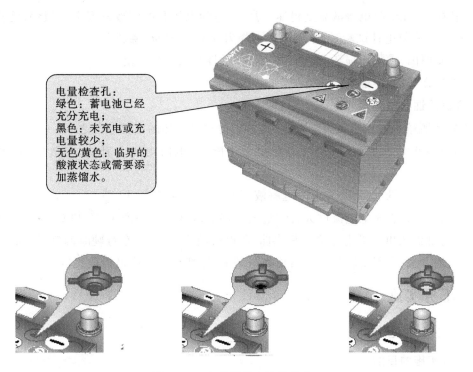

图 1-3-5 免维护蓄电池的检查

1. 极板硫化

内阻显著增大,极板上生成白色粗晶粒硫酸铅的现象,称为硫酸铅硬化,简称"硫化"。硫化主要发生在负极板上,是导致蓄电池寿命终止的主要原因。

极板硫化的特征:①极板颜色不正常;②放电时端电压下降快,充电时端电压上升快,电池容量降低;③电解液密度低于正常值,充电时电解液密度增加很慢;④充电时单体电压上升很快或单体电压过高(2.8~3.0 V);⑤易早"沸腾"。

极板硫化的主要原因:①蓄电池长期充电不足或放电后不及时充电,温度变化时,硫酸铅发生再结晶;②蓄电池液面过低,极板上部发生氧化后与电解液接触,也会生成粗晶粒硫酸铅;③电解液密度过高;④电解液中含有较多杂质;⑤气温变化剧烈。

极板硫化的处理方法:①程度轻的采用过充电法;②较严重的采用小电流长时间过充电法;③严重的采用水处理法。

防硫化措施:①保持蓄电池经常处于充足电状态,汽车上的蓄电池定期送充电间彻底充电,放完电的蓄电池在 24 h 内送充电间充电;②电解液高度应符合规定。

2. 自行放电

(1) 现象:充足电的电池,30 天内每昼夜容量降低超过 2%为自行放电故障。

(2) 特征:电池不用时,电能自行消耗。

(3) 主要原因包括:①使用因素电解液杂质过多、电解液密度偏高、电池表面不清洁、电池长期不用;②结构因素,使用了含锑的栅板。

(4) 防自行放电措施:①用专用硫酸配制电解液;②配制用器皿应为耐酸材料,且要防脏物掉入;③电池盖、塞应谨慎装好;④经常清洁蓄电池表面,保持蓄电池干燥。

3. 极板短路

(1) 现象:发动机无法起动;蓄电池无电压。

(2) 特征：①充电时电解液温度迅速升高；②电池电压和电解液密度上升很慢；③充电末期气泡很少；④高率放电计试验时，电压迅速下降为 0 V；⑤易早"沸腾"。

(3) 主要原因：①隔板损坏；②极板拱曲；③活性物质大量脱落。

(4) 处理方法：解体检查。

4. 极板活性物质脱落

活性物质脱落一般在正极板上发生，是蓄电池过早损坏的主要原因之一。

(1) 现象：正常放电时，电池的容量显著下降；充电时电压上升快，但放电时，电压迅速下降。

(2) 特征：①容量下降；②充电时电解液浑浊，有褐色物质浮出。

(3) 主要原因：①充电电流过大；②"过充"时间长，电解水→产生 H_2 和 O_2 →冲击极板上的活性物质；③低温大电流放电造成极板拱曲；④电解液不纯；⑤汽车行驶时颠簸、振动。

(4) 处理方法：①程度轻的清洗后更换电解液；②严重的更换极板或报废。

二、任务实施

(一) 任务实施的要求

1. 任务实施的目的

(1) 了解蓄电池的检测仪器。

(2) 掌握蓄电池的检测方法。

2. 实训仪器和设备

蓄电池、万用表、高率放电计、蓄电池测试仪。

(二) 实施步骤

1. 蓄电池的外部检查

(1) 检查蓄电池封胶有无开裂和损坏，极柱有无破损，壳体有无泄漏，有则应及时修复或更换。

(2) 用温水清洗蓄电池外部的灰尘泥污，再用碱水清洗。

(3) 疏通加液盖通气孔，用钢丝刷或极柱接头清洗器除去极柱和接头的氧化物，并涂一层薄薄的工业凡士林或润滑脂。

2. 静止电动势(开路电压)检测

若蓄电池刚充过电或车辆刚行驶过，应接通前照灯远光 30 s，消除表面充电现象，然后熄灭前照灯，切断所有负载，用万用表测量蓄电池的开路电压，根据表 1-3-1 判断放电程度。

表 1-3-1 蓄电池电压与放电程度对比表

蓄电池开路电压/V	≥12.6	12.4	12.2	12.0	≤11.7
高率放电计检测蓄电池电压/V	10.6~11.6	9.6~10.6			≤9.6
高率放电计(100 A)检测蓄电池单体电压/V	1.7~1.8	1.6~1.7	1.5~1.6	1.4~1.5	1.3~1.4
放电程度/(%)	0	25	50	75	100

3. 高率放电计测试

（1）对于如图1-3-6(a)所示的只能检测单体蓄电池电压的普通高率放电计，测量时将两个放电叉紧压在单体电池的正、负极柱上，若电压稳定，根据表1-3-1判断放电程度；若在5 s内电压迅速下降，或某一单体电池电压比其他单体低0.1 V以上时，则表示该单体电池有故障。

（2）对于如图1-3-6(b)所示的新式12 V高率放电计，将两放电针压在蓄电池正、负极柱上，保持5 s，若电压稳定，根据表1-3-1判断放电程度；若电压迅速下降，说明蓄电池已损坏。

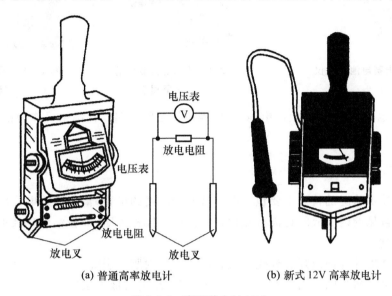

(a) 普通高率放电计　　(b) 新式12V高率放电计

图1-3-6　高率放电计（二）

4. 利用专用测试仪测试

图1-3-7所示为博世便携式蓄电池测试仪BAT131。该测试仪适用于测试6 V、12 V和24 V蓄电池（铅酸蓄电池、胶体蓄电池和AGM蓄电池），既可以在车中检查蓄电池，也可以在未安装于车内情况下进行检查。

（1）测试前蓄电池无须充电，将正极端子（红色）和负极端子（黑色）连接到蓄电池上，则测试仪的显示屏上出现下列显示，如图1-3-8所示。

（2）输入冷起动电流值。使用∧和∨键，在50～1550 A之间调节电流值。

（3）输入蓄电池标准。使用∧和∨键在5个蓄电池标准中进行选择：①DIN，为50～900 A；②IEC，为50～1000 A；③SAE，为85～1550 A；④EN，为80～1500 A；⑤JIS，为日本工业标准。

（4）输入蓄电池温度。使用∧和∨键将蓄电池温度设为<0 ℃或>0 ℃。

> **注意：**
> 蓄电池测试的重要前提是输入标准及其随附的冷起动电流。正确的输入是测试结果准确可靠的关键所在。蓄电池的外壳上印有9位数号码，最后三位数表示1/10的冷起动电流。在EN蓄电池标准下，544 059 036表示冷启动电流为360 A。

（5）一旦设置好所有参数，即可开始进行蓄电池测试。图1-3-9所示为蓄电池测试后的显示屏信息。

蓄电池最终的测试结果信息有如下几种：①蓄电池状态良好；②蓄电池充电/重复进行蓄电

| 图 1-3-7 博士蓄电池测试仪 | 图 1-3-8 蓄电池检测仪的显示屏显示 | 图 1-3-9 蓄电池测试仪的检测结果 |

池测试;③蓄电池不可用;④更换蓄电池/蓄电池单体之间短路。此结果可作为蓄电池是否故障的判断依据。

【任务小结】

1. 蓄电池技术状况的检查主要包括电解液液面高度的检查、蓄电池放电程度的检查等。
2. 蓄电池常见的内部故障有极板硫化、自行放电、极板短路、极板活性物质脱落、极板栅架腐蚀、极板拱曲等。
3. 蓄电池常见的外部故障有外壳裂纹、极柱松动、封胶干裂等。
4. 蓄电池极板硫化的原因主要是长期充电不足,或电解液不足等。

任务4 交流发电机的结构原理与检修

一、相关知识

发电机是汽车上的主要电源,它与蓄电池并联,由汽车发动机驱动,如图 1-4-1 所示。现代汽车装备的发电机几乎都是交流发电机,由于三相同步交流发电机采用硅二极管进行整流,故通常又称之为硅整流发电机。交流发电机的功用是当发动机所需电压高于蓄电池电压时,能及时向蓄电池充电,并向全车除起动机外的所有用电设备直接供电。

（一）交流发电机的分类

1. 按交流发电机的总体结构分

(1) 普通交流发电机:使用时需要配装电压调节器的发电机。
(2) 整体式交流发电机:发电机和调节器制成一个整体的发电机。
(3) 带泵交流发电机:和汽车制动系统用真空助力泵安装在一起的发电机,多用于柴油机。
(4) 无刷交流发电机:无电刷和滑环的发电机。
(5) 永磁交流发电机:转子磁极用永磁铁制成的发电机。

2. 按外形和通风方式分

常见的交流发电机在前端带轮的后面紧接着的是风扇,风扇露在机体外面,如图 1-4-2(a)所示。它将机内的空气通过前端盖上的通风孔吸出来,使冷空气得以从后端盖的通风孔进入发电机内,冷却转子和定子线圈。另一种交流发电机从外面看不到风扇,机壳做成网格状,里面的线圈清晰可见,如图1-4-2(b)所示。这种交流发电机称为内置双风扇式发电机,它的风扇直接装配在转子爪极上,前后各一个,能直接把机内的热空气排出机外,冷却效果好,常用于灰尘较少的轿车。

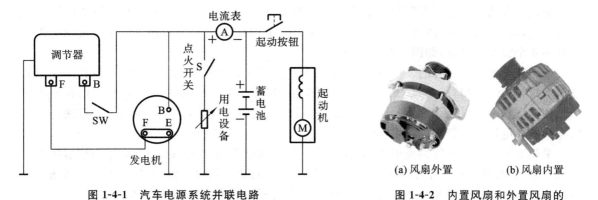

图 1-4-1　汽车电源系统并联电路

图 1-4-2　内置风扇和外置风扇的交流发电机

(a) 风扇外置　　(b) 风扇内置

3. 按定子绕组间的连接方式分

汽车用交流发电机的定子绕组都采用三组,如图1-4-3所示。它产生三相交流电。三组绕组的连接有两种:三角形连接(△)和星形连接(丫)。

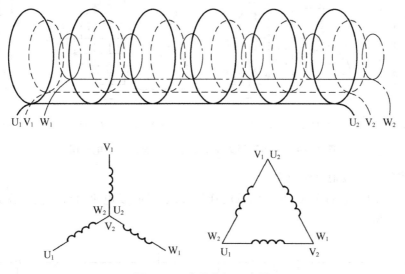

图 1-4-3　定子绕组示意图

三角形连接是把图1-4-3中的三组绕组的6个端头顺序地连接起来,即 U_1—W_2,V_1—U_2,W_1—V_2相接。这3个接点分别与一对整流二极管相接,组成整流桥。这种连接更适用于输出电流较大的发电机。这种连接的交流发电机的定子绕组总是在形成闭合回路,对消除输出端完全截止时产生的瞬变过程是有利的。

星形连接是把图1-4-3中的三组绕组的始端连接起来,即 U_2—V_2—W_2 相接,该点称为中性点。另外的三个端头,即 U_1、V_1、W_1 分别各接一对整流二极管,组成整流桥。这种连接与外电路的连接方式灵活,被多数发电机采用。

4. 按磁极对数分

汽车用发电机的定子绕组都采用3组,但转子的磁极对数却不一定是6对,也有可能是有4对。当然,4对磁极的每组绕组中只能包含4个单线圈,3组线圈共有12个线圈,这种结构只适用于发电量小、体积小和重量轻的发电机。

5. 按安装二极管数目分

交流发电机按所用二极管数量的不同可分为6管、8管、9管和11管。不同管数的发电机无法互换,因为它们不但内部线路不同,与汽车电路的接线方法也不一样。汽车交流发电机最少要用6个整流二极管,如图1-4-4(a)所示。

采用8个整流二极管的发电机,就是把星形连接定子绕组的中性点引出来,与其他3个相端头一样,也接一对整流二极管,一起组成整流桥,如图1-4-4(b)所示。因为中性点并非零电压,它既然能使充电指示继电器动作,就说明它能输出电能。在高转速下,采用这种接法的8管发电机的发电量比6管发电机提高约15%。

采用9个整流二极管的发电机,是在6管星形连接的发电机的基础上,从每一相端头上各接出一条线,分别串接一个小功率二极管后汇为一点,向励磁绕组供电,如图1-4-4(c)所示。这种接法与内置式调节器相结合,可以使发电机的结构更为紧凑,对外的接线更少。

采用11个整流二极管的发电机,其实就是把9管发电机与8管发电机结合起来,如图1-4-4(d)所示。它综合了二者的优点:既能在高转速时比6管发电机的发电量增大15%,又能得到更为紧凑的结构,对外的接线端子还可以做到最少。

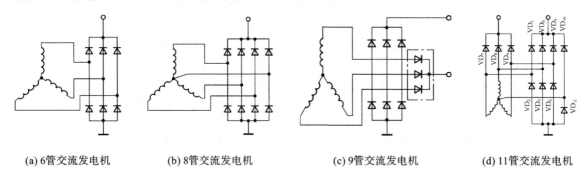

(a) 6管交流发电机　　(b) 8管交流发电机　　(c) 9管交流发电机　　(d) 11管交流发电机

图1-4-4　采用不同数量二极管的交流发电机电路图

6. 按励磁绕组的接地点位置分

按励磁绕组(两只电刷引线)和发电机的连接方式不同,发电机可分为内搭铁式和外搭铁式两种,如图1-4-5所示。

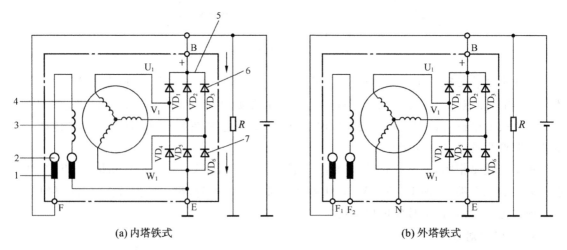

(a) 内搭铁式　　(b) 外搭铁式

图1-4-5　内搭铁式与外搭铁式交流发电机电路图

1—电刷;2—滑环;3—励磁绕组;4—三相定子绕组;5—整流桥;6—正极二极管;7—负极二极管

（1）内搭铁式发电机：励磁绕组在发电机内部与壳体直接相连而搭铁，即两只电刷的引线一根与后端盖上的磁场接线柱"F"相连，另一根直接与发电机外壳上搭铁接线柱"E"相连。

（2）外搭铁式发电机：励磁绕组的两只电刷都和壳体绝缘，通过调节器搭铁，即两电刷的接线柱均与发电机外壳绝缘，分别用"F_1"和"F_2"表示。

（二）交流发电机的构造

1. 有刷交流发电机的构造

现在汽车上的交流发电机仍然以有刷交流发电机为主，三相同步交流发电机主要由转子、定子、电刷与电刷架、风扇、皮带轮、前后端盖等组成，如图1-4-6所示。

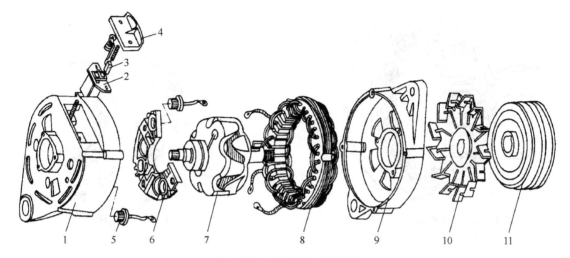

图1-4-6　交流发电机结构图

1—后端盖；2—电刷架；3—电刷；4—电刷弹簧压盖；5—硅二极管；6—散热板；
7—转子；8—定子总成；9—前端盖；10—风扇；11—带轮

1）转子

转子的功用是产生磁场，转子主要由转子铁芯、励磁绕组、爪极和滑环组成，如图1-4-7所示。爪极有两块，每块上都有6个鸟嘴形磁极，两块爪极安装在转子轴上，爪极间的空腔内装有转子铁芯和励磁绕组。励磁绕组绕在铁芯上，铁芯压装在两块爪极之间的转子轴上。滑环由彼此绝缘的两个铜环组成，压装在转子轴的一端并与转子轴绝缘。励磁绕组的两端分别由内侧爪极上的两个小孔引出，一端焊接在滑环的内侧铜环上，另一端则穿过内侧铜环上的小孔焊接在外侧铜环上，两个铜环分别与发电机的两个电刷接触。当两个电刷与直流电源接通时，励磁绕组中便有电流流过，并产生轴向磁通，使一块爪极磁化为N极，另一块爪极磁化为S极，从而形成6对相互交错的磁极。

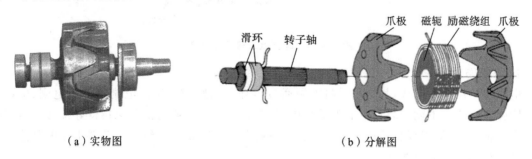

（a）实物图　　　　　　　　　（b）分解图

图1-4-7　转子

2）定子

定子的功用是产生交流电,其结构如图1-4-8所示,由定子铁芯和定子绕组组成。定子铁芯由内圆带槽的环状硅钢片叠成,定子绕组为三相对称绕组,安装在定子铁芯的槽内。三相绕组采用星形连接,绕组引线端子共有4个,三相绕组各引出一个,中性点引出一个。

3）整流器

整流器的作用是将定子绕组产生的三相交流电整流成为直流电。6管交流发电机的整流器是由6只硅整流二极管组成的三相全波桥式整流电路,如图1-4-9所示,6只整流管分别压装（或焊装）在两块板上。

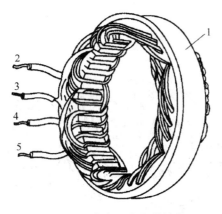

图1-4-8 发电机定子的结构
1—定子铁芯；2、3、4、5—定子绕组引线端

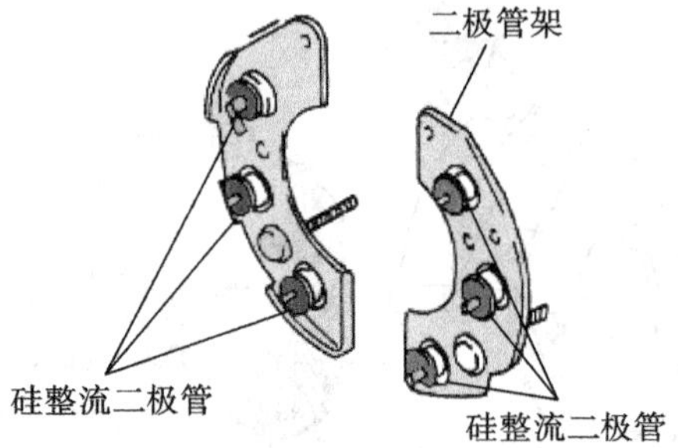

图1-4-9 整流器

交流发电机整流二极管有正极管和负极管之分。外壳为负极、中心引线为正极的二极管,称为正极管,管壳底注有红色标记。3只正极管的外壳压装或焊接在元件板上,由一个后端盖绝缘的元件板固定螺栓通至机壳外,成为发电机的电枢接线柱"B"或"＋"极。外壳为正极、中心引线为负极的二极管,称为负极管,管壳底注有黑色标记。3只负极管的外壳压装或焊接在另一元件板上,与电机外壳一起成为发电机的负极,其安装如图1-4-10所示。

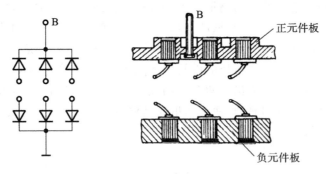

图1-4-10 硅整流二极管安装图

4）电刷与电刷架

电刷主要由石墨制成,其作用是将电源通过滑环引入励磁绕组。电刷组件由电刷、电刷架和电刷弹簧组成。电刷安装在电刷架的孔内,借弹簧张力使电刷与滑环保持良好接触。每只电刷都有一根引线,该引线直接连接到IC调节器内部,从而将励磁绕组与调节器工作电路连接起来。其结构如图1-4-11所示。

发电机的电刷总成有内装式和外装式之分,如图1-4-12所示。内装式是将电刷架安装在后端盖内部,故如果电刷损坏,必须解体发电机,现已逐渐被淘汰。外装式是将电刷架用螺钉安装在后端盖壳体外表上,方便检修和更换。

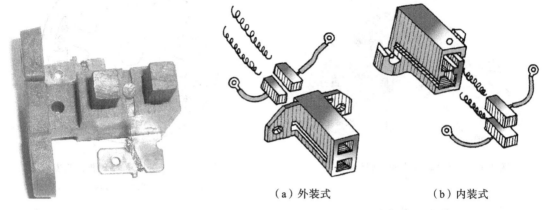

（a）外装式　　　　　（b）内装式

图 1-4-11　电刷与电刷架　　　　　图 1-4-12　电刷总成

5）风扇、皮带轮

为保证发电机在工作时不致因温升过高而损坏,应在发电机上装配风扇,风扇一般用钢板冲制而成或用铝合金压铸而成。

对于只有一个风扇的发电机,其风扇均装在前端盖和皮带轮之间,如图 1-4-13 所示。对于有两个风扇的发电机,其安装形式有两种：一种是在前后端盖内的转子爪极两侧各焊接一个；另一种是在前端盖和皮带轮之间安装一个风扇,另一个风扇安装在后端盖和转子爪极之间。发电机后端盖上有进风口,前端盖上有出风口,当发电机旋转时,风扇也一起旋转,使空气高速流经发电机内部对发电机进行强制冷却。

发电机的前端装有传动皮带轮,它通过发动机曲轴带动皮带轮旋转。皮带轮通常用铸铁或铝合金制成,也有用薄钢板卷压而成的,分为单槽、双槽和多楔形槽三种,利用半圆键装在风扇外侧的转轴上,再用弹簧垫片和螺母紧固。

6）前后端盖

如图 1-4-13 所示,前后端盖起固定转子、定子、整流器和电刷组件的作用。端盖一般用铝合金铸造,一是可有效防止漏磁,二是铝合金散热性能好,三是能够减轻发电机的质量。前端盖铸有支脚、调整臂和出风口,后端盖上铸有支脚和进风口,还装有电刷总成。

2. 无刷交流发电机的构造

由于交流发电机用电刷和滑环使励磁绕组构成回路,不可避免会产生机械磨损而引起故障。无刷发电机提高了发电机的工作可靠性和使用寿命,维修保养方便,下面介绍两种无刷交流发电机。

1）感应子式无刷交流发电机

这种发电机的定子铁芯内圆上开有 4 个大槽和 12 个小槽,4 个大槽将 12 个小槽均分为 4 个部分,每部分包含 3 个小槽。在 4 个大槽中,绕放 4 个励磁绕组,在小槽中绕放电枢绕组,如图 1-4-14 所示。转子由凸齿状冲片铆成,当励磁绕组中有直流电流通过时,其周围产生磁场,转子被磁化。由于转子凸齿在旋转时和定子铁芯相对位置不断变化,使得定子上的电枢绕组产生大小和方向不断变化的感应电动势。将各电枢绕组产生的电动势按相加原则串联起来,再经整流器整流后便得到直流电。由于发电机工作时在电枢绕组中产生的是单相交流电,所以其整流器是由两个硅二极管组成的单相全波整流器。

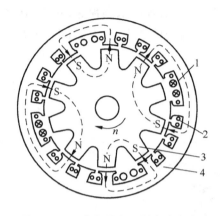

图 1-4-13 风扇、皮带轮、前后端盖

图 1-4-14 感应子式无刷交流发电机
1—励磁绕组；2—电枢绕组；3—转子；4—定子

2）爪极式无刷交流发电机

这种交流发电机的结构与普通交流发电机大致相同。图 1-4-15 所示为国产 JFW14X 型无刷交流发电机的外形图和分解图，其励磁绕组是静止不动的，因此励磁绕组的两端引出线可以直接引出，省去了电刷和滑环，爪极在励磁绕组的外围旋转。

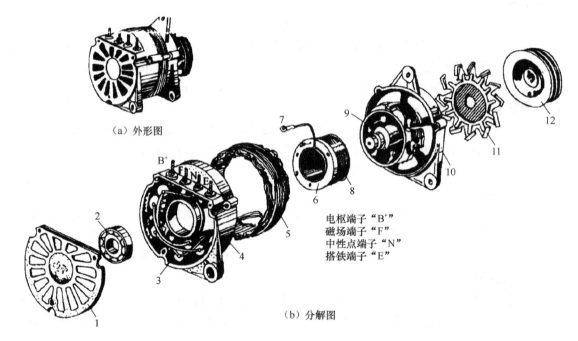

图 1-4-15 国产 JFW14X 型爪极式无刷交流发电机外形及其分解图
1—防护罩；2—后轴承；3—元件板和硅二极管组；4—励磁绕组支架及后轴承支架；
5—定子总成；6—磁轭；7—励磁绕组接头；8—励磁绕组；9—爪极及转子轴总成；
10—前端盖；11—风扇叶；12—传动带轮

爪极式无刷交流发电机的结构原理和磁路如图 1-4-16 所示。其特点是励磁绕组 7 通过一个磁轭托架 2 固定在后端盖 3 上。两个爪极中只有一个爪极直接固定在发电机转子轴上，另一个爪极 4 则用非导磁连接环 6 固定在前述爪极上。当转子轴旋转时，一个爪极就带动另一个爪极一起在定子内转动。

当励磁绕组中有直流电通过时，其磁路为：左边爪极的磁极 N→主气隙→定子铁芯 5→主气隙→右边爪极的磁极 S→转子磁轭 8→附加气隙→托架 2→附加气隙。

转子旋转时,爪极形成的 N 极和 S 极的磁力线在定子绕组内交替通过,定子槽中的三相绕组就感应出交变电动势,在回路中形成三相交流电,经整流后变为直流电。这种交流发电机两个爪极之间的连接制造工艺较困难。此外,由于磁路中增加了两个附加气隙,故在输出相同功率的情况下,其励磁绕组的励磁电流必须增大。

(三) 交流发电机的工作原理

1. 发电原理

交流发电机定子的三相绕组按一定规律分布在发电机的定子槽中,内部有一个转子,转子上安装着爪极和励磁绕组。当外电路通过电刷使励磁绕组通电时,便产生磁场,使爪极被磁化为 N 极和 S 极。当转子旋转时,磁通交替地在定子绕组中变化,根据电磁感应原理可知,定子的三相绕组中便产生交变的感应电动势,而后经整流器整流为直流电输出,这就是交流发电机的工作原理,如图 1-4-17 所示。

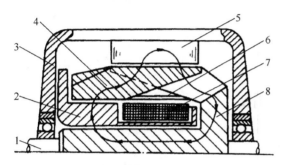

图 1-4-16　爪极式无刷交流发电机的
　　　　　结构原理和磁路

1—转子;2—磁轭托架;3—后端盖;4—爪极;
5—定子铁芯;6—非导磁连接环;7—励磁绕组;
8—转子磁轭

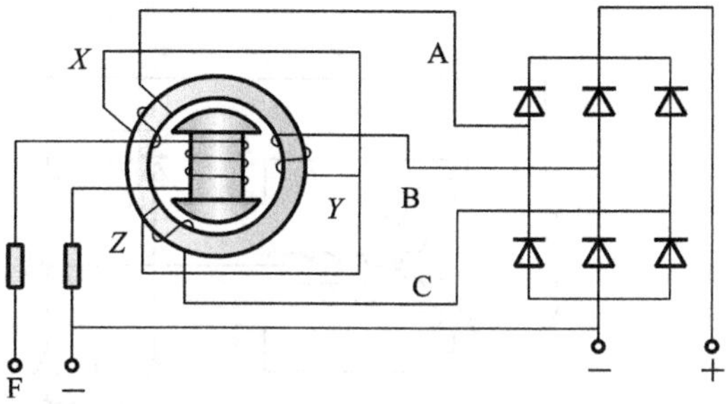

图 1-4-17　交流发电机的工作原理

三相定子绕组电动势分别用 e_A、e_B 和 e_C 表示,其瞬时值分别为

$$e_A = \sqrt{2}E_\phi \sin\omega t$$

$$e_B = \sqrt{2}E_\phi \sin(\omega t - \frac{2}{3}\pi)$$

$$e_C = \sqrt{2}E_\phi \sin(\omega t - \frac{4}{3}\pi)$$

式中,E_ϕ ——每相绕组电动势的有效值(V);

ω ——电角速度(rad/s);

t ——时间(s)。

每相绕组电动势的有效值为

$$E_\phi = 4.44 K f N \Phi$$

式中,K ——绕组系数(车用发电机 $K=1$);

f ——感应电动势的频率(Hz);

N ——定子绕组的匝数;

Φ ——磁极磁通(Wb)。

对已知发电机,上式中的 K、N 都已确定,以电动机常数 C 代替。这样,上式也可以写成

$$E_\Phi = Cn\Phi$$

式中,C——电动机常数;

n——转子转速(r/min)。

此公式表明,在与发电机结构有关的常数不变的前提下,每相绕组的电动势有效值的大小和转子的转速及磁极的磁通成正比。

2. 整流原理和过程

在交流发电机中,整流器是利用硅二极管的单相导电性能进行整流的。在图1-4-18所示的三相桥式全波整流电路中,3个正二极管的正极引出线分别同三相绕组的首端相连。在某一瞬间,只有与电位最高的一相绕组相连的正二极管导通。同样,3个负二极管的负极引出线也分别同三相绕组的首端相连。在同一瞬间,只有与电位最低的一相绕组相连的负二极管导通。这样反复循环,6只二极管轮流导通,在负载两端便得到一个较平稳的脉动直流电压。在发电机空载运行时,如将三相绕组和二极管内阻的电压降忽略不计,发电机的直流电动势数值为三相交流线电压的1.35倍,是三相交流相电压的2.34倍。每一只硅二极管在一个周期内只导通1/3的时间,流过每个管子的电流为负载电流的1/3。

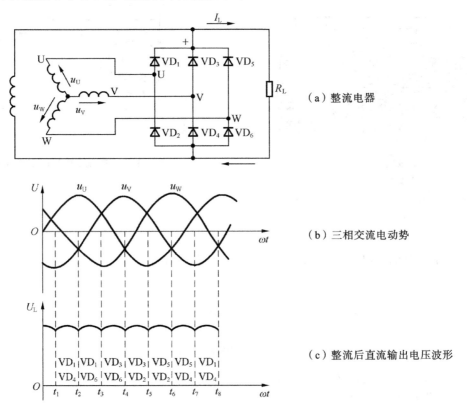

图1-4-18 整流电路和电压波形图

有些交流发电机将三相绕组中性点引出,标记为"N"接线柱,它和发电机外壳之间的电压称为中性点电压,它是通过两个中性点二极管整流后得到的直流电压,等于发电机直流输出电压的一半,即 $U_N = U/2$。中性点电压一般用来控制各种用途的继电器,如磁场继电器、充电指示继电器等。

3. 交流发电机的励磁方式

交流发电机开始发电时,需由蓄电池供给励磁电流,此时为他励。当发电机电压达到蓄电池电压时,即由发电机自己供给励磁电流,也就是由他励转变为自励。由于交流发电机转子的爪极剩磁较弱,所以发电机在低速运转时,加在硅二极管上的正向电流也很小。此时二极管上的正向电阻较大,较弱的剩磁产生的很小的电动势很难克服二极管的正向电阻,使发电机正向电压迅速建立起来。这样,发电机低速充电的要求就不能满足。因此,汽车上发电机必须与蓄电池并联,开始由蓄电池向励磁绕组供电,使发电机电压很快建立起来并转变为自励状态,蓄电池被充电的机会就多一些,有利于蓄电池的使用与维护。

(四) 国产交流发动机的型号

根据 QC/T 73—1993《汽车电气设备产品型号编制方法》的规定,国产硅整流交流发电机的型号组成如图 1-4-19 所示。

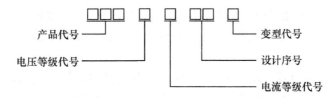

图 1-4-19 国产硅整流交流发电机的型号组成

1. 产品代号

按产品的名称适当选择其中 2~3 个单字,并以该单字汉语拼音的第一个大写字母组成。产品代号用 2 个字母组成时,则按先后顺序排列;若产品代号需用 3 个字母组成时,则将表示产品特征的字母放在基本名称的字母之后。例如:

JF——普通交流发电机。

JFZ——整体式交流发电机。

JFB——带泵式交流发电机。

JFW——无电刷式交流发电机。

2. 电压等级代号和电流等级代号

电压等级代号和电流等级代号分别用 1 位数字表示,含义如表 1-4-1 和表 1-4-2 所示。

表 1-4-1 电压等级代号

分组代号	1	2	3	4	5	6
电压等级/V	12	24	—	—	—	6

表 1-4-2 电流等级代号

分组代号	1	2	3	4	5	6	7	8	9
电流等级/A	~19	≥20~29	≥30~39	≥40~49	≥50~59	≥60~69	≥70~79	≥80~89	≥90

3. 设计序号

设计序号按产品设计先后顺序,由 1~2 位阿拉伯数字组成。

4. 变型代号

以调整臂位置作为变型代号。从驱动端看,调整臂在中间的不加标记,在右边的用 Y 表示,在左边的用 Z 表示。

例如,桑塔纳轿车上使用的 JFZ1813Z 型发电机为整体式交流发电机,电压等级为 12 V,额定电流为 80~89 A,第 13 次设计,调整臂在左边。

发电机作为发动机的部件,由发动机选用。发动机作为汽车的部件,由汽车选用。一种型号的发电机被选装在某种型号的发动机后,由于该发动机可以适用于多种汽车,因此,可能出现某一型号的发电机可以覆盖几个车型。例如,JFZ1813Z 型发电机,既适用于上汽的桑塔纳车型,也适用于一汽的奥迪和高尔夫、捷达等车型。

(五) 交流发电机的正确使用与维护

(1) 汽车交流发电机均为负极搭铁,蓄电池搭铁极性也必须与此相同,否则会使交流发电机的整流二极管烧坏。在蓄电池更换或补充充电后装车时,要格外注意。

(2) 发电机必须与专用调节器配套使用,如用别的调节器临时代换则必须满足代换条件。

(3) 发动机熄灭后,应将点火开关(或电源开关)断开,否则蓄电池将长时间向励磁绕组和调节器磁化线圈放电,易烧坏线圈和浪费电能(有磁场继电器者除外)。

(4) 发电机运转时,不能用短路试火法检查发电机及调节器的故障。

(5) 当整流二极管与定子绕组相接时,不允许用兆欧表或交流电检查发电机及调节器的绝缘情况。

(6) 发现发电机不发电或发电量减小时,应及时找出故障,并予以排除,不可拖延。假如有一只二极管短路,发电机仍继续运转,就会烧坏其他二极管或烧坏定子绕组。

(7) 发电机与蓄电池之间的导线一定要连接可靠(特别是蓄电池极柱处),如突然断开,将产生过电位,易损坏电子元件。

二、任务实施

(一) 任务实施的要求

1. 任务实施的目的

(1) 学习拆解检修及装配交流发电机作业的基本方法。

(2) 掌握交流发电机的检修方法。

2. 实训仪器和设备

汽车交流发电机、万用表、维修工具。

(二) 实施步骤

1. 发电机的拆解与组装

1) 发电机的分解

以桑塔纳 2000 交流发电机为例进行拆装,首先用专用扳手固定发电机 V 形带轮,旋下紧固螺母,将发电机从车上拆下,如图 1-4-20 所示。

(1) 拆下前端盖连接螺栓,分解前端盖、带轮、转子、后端盖、整流调压器。

(2) 拆下定子绕组端头,从后端盖上取出定子。

(3) 拆下电刷架,取出电刷总成、二极管、整流子及电容器。

(4) 拆下带轮固定螺母,取下带轮、半圆键、风扇、轴套,使转子和前端盖分离。

2) 发电机的装复

(1) 按照拆解的相反顺序,进行组装,注意不要漏装各绝缘垫片,注意元件板、"+"接线柱、"F"接线柱与壳体之间的绝缘垫圈不能漏装。

(2) 装复后用万用表电阻挡测量"B"接线柱与端盖间电阻,应为∞。测量两散热板之间及绝缘散热板与端盖之间电阻,均应为∞。若上述电阻较小或者为零,表明漏装了绝缘垫片或套管,应拆开重装。

(3) 检查发电机前、后端盖上的安装挂脚位置是否符合拆解前做的标记。

(4) 装上前、后端盖紧固螺栓,并分几次拧紧。注意各螺栓的拧紧切不可一次完成,而应轮

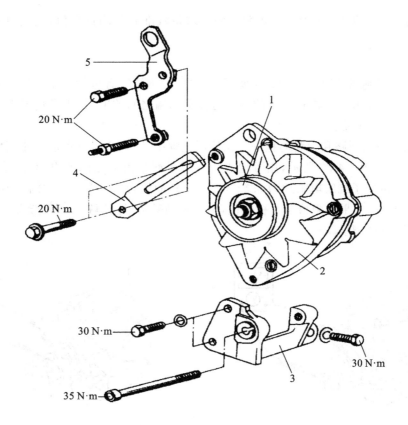

图 1-4-20 发电机拆装分解图
1—带轮；2—发电机；3、4、5—支架

流进行,操作过程中应不断转动转子,若转子运转受阻或者内部有摩擦,应调整拧紧力矩。

(5) 装配完毕后,发电机应能灵活运转。

(6) 按正确方法将发电机安装在车上,并调整好 V 形带张紧度。

2. 发电机拆解前的检测

使用万用表对发电机外接线柱进行测量,可以初步判定发电机的状态。对于普通发电机拆解前的测量,建议使用指针式万用表,其测量结果依使用万用表型号不同,略有差异。常用发电机各接线柱间电阻值如表 1-4-3 所示。

表 1-4-3　常用发电机各接线柱间电阻值

发电机型号	"F"与"E"间电阻/Ω	"B"与"E"间电阻/Ω		"N"与"E"或"B"间电阻/Ω	
		正向	反向	正向	反向
JF11、JF13、JF15、JF21、JF132 N	4～7	40～50	≥10×10³	10～15	≥10×10³
JWF14(无刷)	3.5～3.8	40～50	≥10×10³	10～15	≥10×10³
夏利 JFZ1542	2.8～3.0	40～50	≥10×10³	10～15	≥10×10³
桑塔纳 JFZ1913	2.8～3.0	65～80	≥10×10³	10～15	≥10×10³

3. 交流发电机解体后的检修

发电机拆解后,先用布或棉纱蘸适量清洗剂擦洗转子绕组、定子绕组、电刷及其他机件,然后再检测转子、定子的电阻值及绝缘电阻。为了取得较准确的测量数值,建议使用数字万用表测量。

1) 转子的检修

(1) 励磁绕组绝缘情况的检查。在使用过程中,励磁绕组有可能发生绝缘不良的故障。可按图 1-4-21 所示,用万用表检查转子的滑环与转子轴端之间的电阻,正常情况下应为∞;否则,说明励磁绕组短路,应更换。

(2) 励磁绕组间断路和短路的检查。在使用过程中,励磁绕组有可能发生断路和短路的故障。其检测方法如图 1-4-22 所示,用万用表检查转子两个滑环之间的电阻,阻值等于标准值,一般 12 V 发电机转子绕组电阻约为 3.5~6 Ω,24 V 的约为 15~21 Ω。如果电阻值为"∞",则表示励磁绕组断路;如果电阻值小于标准值,则表示励磁绕组间短路。励磁绕组间短路时,就需要压出转子轴,更换绕组。

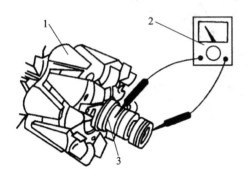

图 1-4-21 检查励磁绕组绝缘情况
1—转子;2—万用表;3—滑环

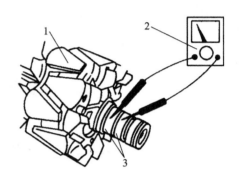

图 1-4-22 检查励磁绕组间的断路及短路情况
1—转子;2—万用表;3—滑环

(3) 滑环的检修。滑环应光滑平整,若有划伤或沟槽可用 00 号砂布打磨,如图 1-4-23 所示;用游标卡尺测量滑环的外径,滑环厚度不能小于 1.5 mm。如果磨损伤痕深度超过 0.2 mm,应更换转子或滑环。

(4) 转子轴的检查。转子轴检测方法如图 1-4-24 所示。用百分表检查轴的弯曲度,弯曲度不得超过 0.05 mm(径向跳动公差不超过 0.1 mm),否则应予校正。爪形磁极在转子轴上应固定牢靠,间距相等。

图 1-4-23 滑环的检修

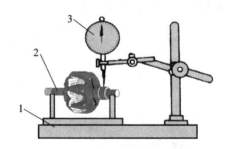

图 1-4-24 检测转子轴的径向圆跳动
1—测试仪;2—电枢;3—百分表

2) 定子的检修

(1) 定子绕组绝缘情况的检查。如图 1-4-25 所示,用万用表检查定子铁芯与定子绕组引线端 2、3 和 4 之间的电阻,正常情况下均应为∞。如果电阻较小,则表示定子绕组对铁芯短路,应更换。

(2) 定子绕组断路情况的检查。如图1-4-26所示,用万用表依次检查定子绕组引线端1和2、1和3、2和3之间的电阻,均应为150~200 mΩ。如果电阻过大,则表示定子绕组虚接或断路,应更换。

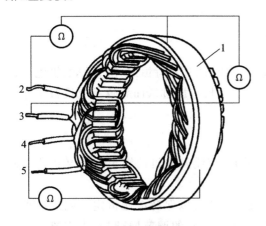

图1-4-25 定子绕组绝缘情况的检测
1—定子铁芯;2、3、4—引线端;5—中间引线端

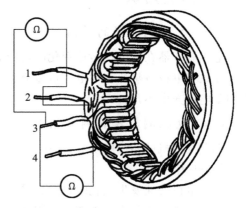

图1-4-26 检测定子绕组的断路情况
1、2、3—引线端;4—中间引线端

3) 检查整流板

用电烙铁断开定子绕组与整流板(元件板)的连线,使用万用表检测二极管。若二极管的正向电阻为8~10 Ω,反向电阻为10 kΩ左右,则该二极管良好。若两次测得的阻值均为∞,则该二极管断路。若两次测得的阻值均为0 Ω,则该二极管短路。

4) 检查电刷

电刷表面不得有油污,且应在电刷架中活动自如,电刷架应无裂纹,弹簧应无腐蚀或折断的现象。电刷外露长度的检测如图1-4-27所示,用卡尺检查电刷长度,标准长度为13 mm,使用极限为5~7 mm(以桑塔纳为例)。超过极限值时,应更换。

5) 其他零件的检查

检查轴承轴向和径向间隙均不应大于0.20 mm,滚珠、滚道应无斑点,轴承应无转动异响;检查前后端盖、皮带轮等应无裂损,绝缘垫应完好。

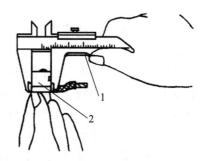

图1-4-27 检查电刷长度
1—卡尺;2—电刷

【任务小结】

1. 交流发电机由转子、定子、整流器、端盖与电刷总成等部分组成。
2. 交流发电机的转子产生旋转的磁场,定子产生三相交流电。
3. 交流发电机的定子绕组通常有三角形连接(△)和星形连接(Y),整流器为三相桥式整流电路。
4. 交流发电机的整流器的作用是把交流变直流,其二极管数目有6管、8管、9管和11管。
5. 交流发电机的励磁方法为先他励,后自励。
6. 交流发电机的拆解检修包括转子的检修、定子的检修、检查整流板、检查电刷、其他零件的检查。

任务5　电压调节器的结构原理与检修

一、相关知识

（一）电压调节器的作用

电压调节器在发电机转速变化时，自动控制发电机电压，使其保持恒定，防止发电机电压过高而导致用电设备烧坏和蓄电池过量充电，同时也防止发电机电压过低而导致用电设备工作失常和蓄电池充电不足。

（二）电压调节器的调节原理

汽车发电机的感应电动势，正比于发电机转速与磁通，交流发电机的输出电压又正比于发电机的感应电动势。

在发电机转速发生变化时，如果相应地改变磁极磁通，就可以保持电压恒定。磁通的大小随发电机励磁电流的大小而变化。因此，交流发电机电压调节器的调节原理是：当交流发电机的转速改变时，调节器通过调节励磁电流大小来改变磁极磁通量，从而控制发电机输出电压，使之保持恒定。

（三）电压调节器的分类

电压调节器按工作原理可分为触点式电压调节器、晶体管电压调节器、集成电路电压调节器和计算机控制电压调节器；按搭铁极性可分为内搭铁、外搭铁，分别配内搭铁发电机和外搭铁发电机。

机械触点式电压调节器是通过一对或两对触点反复开闭来改变励磁电路的电阻，以调节励磁电流的。

晶体管电压调节器、集成电路电压调节器等是利用大功率三极管的导通和截止，接通和断开励磁电路，来改变励磁电流大小的。这种调节器没有触点，使用过程中无需保养和维护，结构简单，体积小，重量轻，目前已经取代触点式电压调节器。

随着汽车电子技术的迅速发展，现代汽车已广泛使用同时装有交流发电机和集成电路电压调节器的整体式交流发电机。有的还安装了微处理器，利用微处理器控制交流发电机的输出电压。

（四）几种常见的交流发电机电压调节器

1. 晶体管电压调节器

晶体管电压调节器是利用晶体三极管的开关作用，控制发电机励磁电路的通断。在发电机转速发生变化时，晶体三极管调节励磁电路的电流，使发电机电压保持稳定。这种调节器没有触点，使用过程中无须保养和维护，结构简单，体积小，质量轻，目前已经逐步取代触点式电压调节器。

现在国内外晶体管电压调节器的电路设计原理大致相同，结构也基本相同，都是由1~2个稳压管、1~3个二极管、2~3个三极管、若干个电阻和电容等元件组成。将上述元件用印制电路板连成电路，外壳由薄而轻的铝合金制成，表面有散热片，外有3个接线柱，即"＋"（或火线、电枢）接线柱、"－"（或搭铁）接线柱和"F"（或磁场）接线柱，分别与发电机的3个接线柱对应连接。

1) 外搭铁式晶体管电压调节器

图 1-5-1 所示为 JFT106 型晶体管电压调节器的原理图。该调节器为 14 V 负极外搭铁式，可以配用 14 V、750 W 的 9 管交流发电机，也适用于 14 V、功率小于 1000 W 的 6 管发电机，调节电压为 13.8～14.6 V。

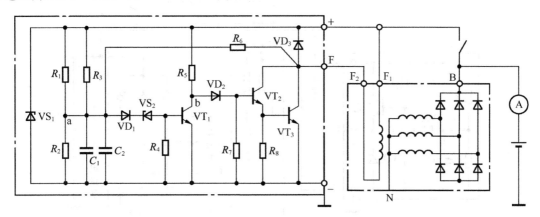

图 1-5-1　JFT106 型晶体管电压调节器原理图

(1) 结构。电阻 R_1、R_2、R_3 构成分压器，R_4 和稳压管 VS_2 构成电压敏感电路，三极管 VT_1 与复合连接的三极管 VT_2、VT_3 构成两个开关电路，VT_1 起开关控制作用。R_4、R_5、R_6 和 R_7 是晶体管的偏置电阻，保证三极管正常工作。

二极管 VD_3 反向并联在励磁绕组的两端，起续流作用。当 VT_3 截止时，由于励磁绕组中的电流突然变小，将产生较高的自感电动势，此时利用 VD_3 构成自感电流的闭合回路，有效保护了 VT_3 管。

VD_2 为温度补偿二极管，用来减少温度对调压器调压值的影响。二极管 VD_1 接在稳压管 VS_2 之前，当交流发电机端电压过高时，能限制稳压管电流，使稳压管不致因电流过大而被烧坏。当发电机端电压降低时，二极管 VD_1 能迅速截止，保证稳压管可靠截止。

R_8 是正反馈电阻，用来提高 VT_3 的导通和截止的速度，使调节电压稳定。

电容器 C_1 和 C_2 用来降低开关频率，减少功率损耗。稳压管 VS_1 接在发电机的输出端，当负载发生变化时，使调节电压保持稳定。

(2) JFT106 型晶体管电压调节器的工作原理。接通点火开关，发动机起动点火前及着火后发电机电压低于调压值时，蓄电池电压经点火开关作用在分压器两端，稳压管 VS_2 承受反向电压。由于蓄电池电压低于调压值，反向电压低于 VS_2 的反向击穿电压，因此，稳压管 VS_2 截止，三极管 VT_1 也截止，b 点电位近似于电源电位，二极管 VD_2 承受正向电压而导通，于是三极管 VT_2、VT_3 也导通，接通了发电机励磁绕组的电路。其电路为：蓄电池正极→点火开关→F_1→励磁绕组→F_2→调节器 F 接线柱→VT_3 的集电极→VT_3 的发射极→搭铁→蓄电池负极。

发动机转速逐步上升，发电机转速也随之上升。当发电机电压升高到规定的调压值时，作用在分压器 a 点的电压，即稳压管 VS_2 承受的反向电压，超过其反向击穿电压而被反向击穿导通，三极管 VT_1 也导通。VT_1 的导通使 b 点电位降低，二极管 VD_2 承受反向电压而截止，使 VT_2、VT_3 也截止，切断了发电机的励磁电路，励磁电流中断，发电机磁场消失，发电机电压下降。当电压下降到调压值以下时，稳压管 VS_2 又截止，于是 VT_1 也截止，VT_2、VT_3 又导通，发电机电压重新升高。这样反复循环，控制励磁电路的通断，使发电机在转速变化时，能保持电压恒定。

2) 内搭铁式晶体管电压调节器

部分东风 EQ1090 系列汽车上装用的是 JFT105 型晶体管电压调节器，这种调节器为 14 V

负极内搭铁式,其电路原理如图 1-5-2 所示。该调节器工作原理与 JFT106 型晶体管电压调节器基本相同,其电路结构较 JFT106 型晶体管电压调节器更为简单,故不再重复叙述。

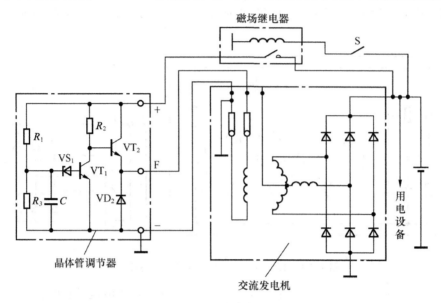

图 1-5-2 JFT105 型晶体管电压调节器原理图

2. 集成电路电压调节器

集成电路电压调节器是利用集成电路(IC)组成的调节器,其基本工作原理与晶体管电压调节器一样,都是利用晶体三极管的开关特性控制发电机的励磁电流,来达到稳定发电机输出电压的目的。集成电路电压调节器除具有晶体管电压调节器的优点外,还具有体积小、质量轻、耐高温(可在130 ℃高度下正常工作)、更加耐振、使用寿命长等特点。集成电路电压调节器也有内搭铁式和外搭铁式之分,以外搭铁式的使用较多。

图 1-5-3 所示为 JFT151 型集成电路电压调节器原理图。当发电机电压低于规定值时,稳压管 VS_1 截止,VT_1 也截止,VT_2 在 R_4 的偏置作用下导通,励磁电路接通,发电机电压上升;当发电机电压高于规定值时,稳压管 VS_1 被击穿导通,VT_1 也导通,VT_2 则被短路而截止,励磁电路被切断,发电机电压下降。如此反复使发电机电压保持恒定。

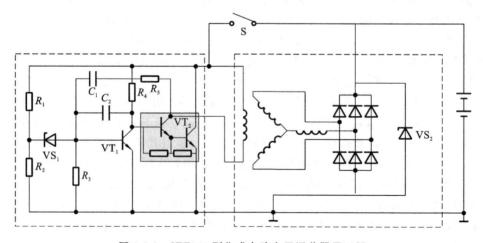

图 1-5-3 JFT151 型集成电路电压调节器原理图

3. 计算机控制调压电路

在许多现代汽车上,计算机得到了广泛的应用,它除了完成其他各种控制工作外,还用来调节发电机电压——担负调节器的功能,其基本工作情况与集成电路电压调节器完全一样。计算机工作时,可使发电机励磁电路间歇性地搭铁(接地),以保持发电机的电压在规定值范围内。图 1-5-4 所示为计算机控制调压电路原理图。

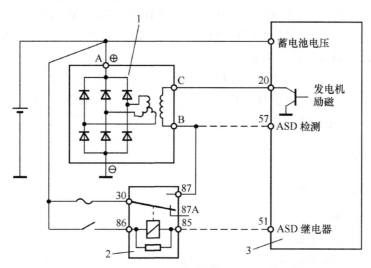

图 1-5-4　计算机控制调压电路原理图
1—发电机；2—ASD 继电器；3—ECU

发电机正常工作时励磁电路为：发电机"＋"接线柱→继电器→发电机磁场接线柱 B→励磁绕组→磁场接线柱 C→发电机励磁接线柱 20→三极管→搭铁→发电机"－"接线柱。在继电器触点闭合时,只要计算机控制三极管导通构成发电机磁场接地,就能接通励磁电路。三极管截止,则切断励磁电路。

如果计算机检测到发电机的输出电压低于规定电压值,它会使励磁电路接地的相对时间增长,即三极管的相对导通率增大,平均励磁电流增大,形成较强的磁场,提高发电机的电压或增大发电机的输出功率。如果计算机检测到发电机的输出电压高于规定电压值,它就会使励磁电路接地的相对时间缩短,即三极管的相对导通率减小,平均励磁电流减小,形成较弱的磁场,减小发电机的电压。

装有计算机的调节器,其计算机可取代汽车上各种控制装置工作,因而价格非常昂贵,如遇蓄电池不充电,必须认真查找故障所在,然后进行修理,绝不能随便拆卸和更换计算机。

（五）电压调节器的正确使用与维护

由于交流发电机晶体管调节器、集成电路调节器等电器元件均采用电子元件,当受到瞬间过电压、过高的反向电压及短路电流的作用时,会遭受破坏。因此,为更好地发挥它们的作用,提高其使用寿命,正确地使用和维护就显得更为重要。电压调节器使用时应注意以下问题：

（1）调节器与发电机的电压等级必须一致,否则电源系统不会正常工作。

（2）调节器与发电机的搭铁类型必须一致,当调节器与发电机的搭铁类型不匹配而急着使用时,可通过改变发电机励磁绕组的搭铁类型来解决。

（3）调节器与发电机之间的线路连接必须正确。使用与维修时,必须根据说明书给出的接线要求正确连接,否则电源系统不能正常工作,甚至会损坏调节器或发电机等电器部件,如电子调节器"＋"接线柱与"－"接线柱接反时,控制励磁电流的大功率三极管的发射极成为反偏,三极管极易被击穿损坏。另外,如电路中有过压保护的稳压管,此管会正向导通而被大电流烧坏。如内搭铁型调节器"F"接线柱与"－"接线柱接反,或外搭铁型调压器"F"接线柱与"＋"接线柱接反时,在接通点火开关后,蓄电池电压全部加在大功率三极管的集电极与发射极(不经励磁绕组),调节器极易被击穿烧坏。

(4) 配用双级式电压调节器时,当检查充电系统有不充电故障时,在没有断开发电机与调节器接线之前,不允许将发电机的"＋"接线柱与"F"接线柱(或调节器的"＋"接线柱与"F"接线柱)短接,否则会烧坏调节器的高速触点。

(5) 调节器必须受点火开关控制。因调节器控制励磁电流的大功率管在发电机输出电压较低时就始终导通,如果不受点火开关控制,当汽车停车时,大功率管一直导通将导致发热烧坏或使用寿命缩短,而且还会导致蓄电池亏电。

二、任务实施

(一) 任务实施的要求

1. 任务实施的目的

(1) 理解电压调节器的调节原理。
(2) 会判断电子式电压调节器的类型及好坏。

2. 实训仪器和设备

电压调节器、可调直流电源、灯泡、连接导线等。

(二) 实施步骤

1. 判断电子式电压调节器搭铁类型

一般电压调节器上没有标出内搭铁还是外搭铁的记号,使用中只能根据型号、使用车型来确定其搭铁类型。可采用下面的办法来确定其搭铁类型。

对 12 V 系统的电压调节器,用一个 12 V 蓄电池和一对 12 V、2 W 的小灯泡,按如图 1-5-5 所示将灯泡接在"－"(E)与"F"接线柱之间,灯泡发亮,而接在"＋"(B)与"F"接线柱之间不亮,则该电压调节器为内搭铁式;反之,如果灯泡接在"＋"(B)与"F"接线柱之间发亮,而接在"－"(E)与"F"接线柱之间不亮,则该电压调节器为外搭铁式。如调节器有 4 个引线端(D^+、B、F、D^-),试验时,可将 D^+ 与 B 连接为一点,再进行测试。如调节器有 5 个引线端(D^+、B、F、D^-、L),则将 L 端悬空,并将 D^+ 与 B 连接为一点,再按上述方法试验即可。

2. 判断电压调节器的好坏

准备一个输出电压为 0~30 V、电流为 3~5 A 的可调整稳压电源,或者两只 12 V 的蓄电池及汽车上的充电指示灯,被测电压调压器如果是外搭铁式的,则按如图 1-5-6(a)所示线路连接,如果是内搭铁式的,则按图 1-5-6(b)所示线路连接。线路接好后,先接通开关 S,然后由 0 V 逐渐调高直流电源电压 U,此时小灯泡的亮度应随电压升高而增强。当电压调高到调节电压值(12 V 系统为 13.5~14.5 V,24 V 系统为 27~29 V)或者略高于调节电压值时,若灯泡熄灭,则调节器是好的,若小灯泡始终发亮,则调节器是坏的。在上述检验过程中,若小灯泡始终不亮(灯泡不坏),则调节器也是坏的。电子电压调节器(特别是集成电路电压调节器)出现故障后,一般处理方法是更换新件。

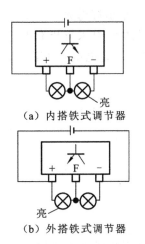

(a) 内搭铁式调节器

(b) 外搭铁式调节器

图 1-5-5 判断电子调节器搭铁类型的方法

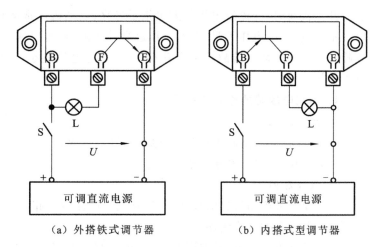

(a) 外搭铁式调节器

(b) 内搭式型调节器

图 1-5-6 电子电压调节器好坏判断

【任务小结】

1. 电压调节器的作用是在发电机转速变化时,自动控制发电机电压,使发电机电压保持恒定。

2. 电压调节器按工作原理可分为触点式电压调节器、晶体管电压调节器、集成电路电压调节器和计算机控制电压调节器。

3. 电压调节器按搭铁极性可分为内搭铁、外搭铁,分别配内搭铁式发电机和外搭铁式发电机。

4. 晶体管电压调节器是利用晶体管的开关特性来控制发电机的励磁电流,使发电机的输出电压保持恒定。

5. 集成电路电压调节器将所有的二极管、晶体管都集成在一块基片上,实现了调节器的小型化,并将其装在发电机内部,减少了外部线路,缩小了整个充电系统的体积。

6. 由于交流发电机晶体管电压调节器、集成电路电压调节器等电器元件均采用电子元件,当受到瞬间过电压、过高的反向电压及短路电流的作用时,会遭受破坏。因此,为更好地发挥它们的作用,提高其使用寿命,正确地使用和维护就显得尤为重要了。

任务6 迈腾 B8 充电电路故障与检修（全国技能大赛比赛车型）

故障现象:
迈腾 B8 轿车起动时有明显延迟,进厂报修。连接故障诊断仪后显示蓄电池监控控制单元无通信。

一、相关知识

(一) 电源系统常见故障诊断

汽车电源系统的故障主要以是否充电来表现。充电系统正常时,充电指示灯亮灭规律是:

点火开关接通时,交流发电机的充电指示灯亮;发动机正常运转后,充电指示灯熄灭。当发电机出现不发电、发电电压不足、发电电压过高等故障时,可以通过观察充电指示灯来分析充电系统故障。常见的电源系统故障主要有不充电、充电电流过小、充电电流过大、充电电流不稳、发动机工作异响等。

1. 不充电故障的诊断与排除

1) 故障现象

(1) 发动机中、高速运转时,充电指示灯不熄灭。

(2) 打开前照灯,电流表指示放电。

2) 故障原因

(1) 发电机传动带打滑或断裂、线路发生断路或短路。

(2) 电流表的接线错误。

(3) 发电机不发电,其原因有:①整流二极管损坏;②电刷卡死、电刷与滑环不接触或接触不良;③定子、励磁绕组出现断路、短路或搭铁,接线柱绝缘不良。

(4) 调节器调整不当或有故障。

3) 故障诊断与排除

电源系统不充电故障可按图 1-6-1 所示的步骤进行诊断与排除。

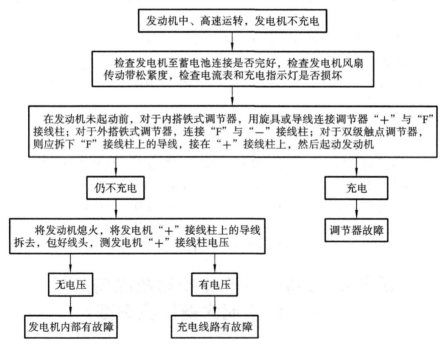

图 1-6-1 不充电故障诊断与排除流程图

2. 充电电流过小故障的诊断与排除

1) 故障现象

在蓄电池充电性能良好的情况下,发电机在各转速下充电电流均很小。

2) 故障原因

这种情况说明发电机发电量低。交流发电机充电电流过小的故障原因主要有以下几点。

(1) 接线的接头松动。

(2) 发电机发电不足,其原因有:①发电机 V 带过松;②二极管损坏(个别的);③电刷接触不良,滑环油污;④励磁绕组局部短路,定子绕组局部短路或接头松开。

(3) 电压调节器出现故障。

3) 故障诊断与排除

充电电流过小的故障,可按图1-6-2所示的步骤进行诊断与排除。

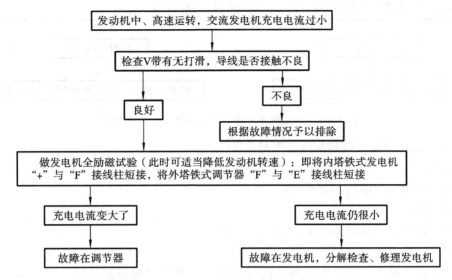

图1-6-2 充电电流过小故障的诊断与排除流程图

3. 充电电流过大故障的诊断与排除

1) 故障现象

发动机运转在中速以上时,电流表指示大电流充电(30 A以上),蓄电池电解液消耗过快且有气味,点火线圈过热,经常烧灯泡、熔断丝及各种开关等电器设备。

2) 故障原因

这种情况说明发电机发电量高。充电电流过大的故障原因主要有:①电压调节器故障;②发电机"+"(电枢)接线柱和"F"磁场接线柱短路;③蓄电池亏电太多,蓄电池内部短路。

3) 故障诊断与排除

检查发电机"+"接线柱与"F"接线柱是否短路。

检查方法是:将发电机"F"接线柱上的线取下,看是否仍有充电电流,若有,说明发电机内部"+"接线柱与励磁绕组短路。若不充,则应该检查调节器调节电压是否过高或失控。

4. 交流发电机充电电流不稳故障的诊断与排除

1) 故障现象

发动机在怠速运转时,电流表指针不断地摆动。

2) 故障原因

(1) 接线的各连接处松动,接触不良。

(2) 发电机故障,其原因有:①发电机V带过松;②励磁绕组或定子绕组有故障;③电刷压力不足,接触不良;④接线柱松动,接触不良。

(3) 调节器故障。

3) 故障诊断与排除

充电电流不稳故障,可按图1-6-3所示的步骤进行诊断与排除。

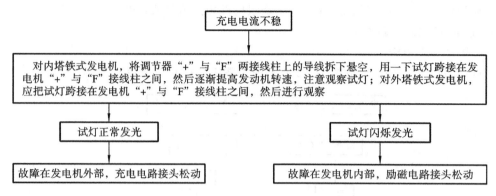

图 1-6-3　充电电流不稳故障的诊断与排除流程图

5．发电机工作中有异响的故障诊断与排除

1）故障现象

发电机在运转过程中有不正常噪声。

2）故障原因

发电机工作中有异响的故障主要有以下原因。

①风扇传动带过紧或过松。

②发电机损坏被卡住或松旷缺油，轴承钢球保护架脱落及轴承走外圆。

③发电机转子与定子相碰，俗称"扫膛"。

④电刷磨损过大，或电刷与滑环接触角度偏斜，电刷在电刷架内倾斜摆动。

⑤发电机总装时部件不到位，使机体倾斜或发电机电枢轴弯曲。

⑥发电机传动带与轴松旷，使传动带盘与散热片碰撞。

3）故障诊断与排除

发电机工作中有异响可按以下的步骤进行诊断与排除。

①检查风扇传动带松紧度。

②检查发动机传动带轮与发电机安装是否松旷。

③用手触摸发电机外壳和轴承部位，若烫手说明定子和转子相碰或轴承损坏。借助听诊器或旋具倾听发电机轴承部位，若声音清脆、不规则，则说明轴承缺油或滚柱已损坏。

④拆下电刷，检查其磨损和接触情况。

⑤拆检发电机，检查其内部机件配合和润滑是否良好。如果发电机噪声细小而均匀，应检查硅二极管和励磁绕组是否断路或短路。

（二）迈腾 B8 轿车电源系统电路

迈腾 B8 电源系统电路如图 1-6-4 所示，主要包括蓄电池、蓄电池监控控制单元 J367、带电压调节器的交流发电机 CX1 等。在车上的安装位置如图 1-6-5 所示，实车安装如图 1-6-6 所示。

1．蓄电池监控控制单元 J367

J367 控制单元也称为 BDM，位于蓄电池负极，与一根电缆固定连接，该电缆将蓄电池负极同车身连在一起。该控制单元可读取充放电电流、蓄电池温度以及蓄电池电压。蓄电池温度可以通过特征曲线和蓄电池负极的环境温度计算得到。

该控制单元的信息对启动/停止系统非常重要，因为该控制单元监控蓄电池电量是否足以在发动机停止之后再次起动发动机，蓄电池监控单元通过确定蓄电池电量的最小值，以确保发动机能够起动。如果蓄电池点亮在放电期间接近最小值，可能会发生以下情况：

项目1 汽车供电系统原理与检修

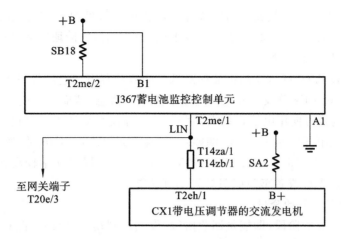

图 1-6-4 迈腾 B8 轿车电源系统电路

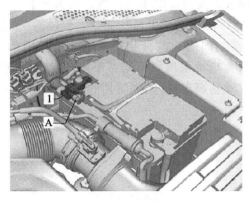

图 1-6-5 蓄电池监控控制单元 J367 实车安装位置
1—蓄电池监控控制单元 J367；A—两芯插头连接 T2me

图 1-6-6 蓄电池监控控制单元 J367 实车图

（1）启动/停止系统不再关闭发动机，尽管其他必要条件已满足；

（2）起动已关闭的发动机，以免蓄电池继续放电。

在连接外部电源对车载蓄电池充电或者起动发动机时，负极连接线不得直接接至蓄电池负极，否则会导致蓄电池监控控制单元无法识别电流，并且蓄电池状态的实际值与存储值会不一样，在这样的情况下，启动/停止系统可能会无法正常工作。

2. 带电压调节器的交流发电机 CX1

迈腾 B8 轿车上配置的带电压调节器的交流发电机 CX1，最大负载为 110 A、140 A 或 180 A，根据车型不同而有区别；额定电压为 13.8 V。和迈腾 B7 轿车相比，接线柱 L 和 DMF（dual mass flywheel，双质量飞轮）的信息不再通过传统方式发送至 J519 和 J623，而是通过连接至 J533 的"蓄电池能量管理系统"的 LIN 总线实现。

而发电机内部自带的调节器，其作用是对发电机负载和利用率做出反应，通过 LIN 总线接受网关 J533 模块中"蓄电池能量管理系统"的信息，转换通过 LIN 总线接收的信息，以便调节器能够调节发电机的发电电压；电压调节器不能通过诊断测试仪进行自诊断，出现通信故障时，电压调节器可单独由发电机控制，即通信中断仍可发电。

3. 迈腾 B8 轿车电源系统的工作原理

电源系统中，发电机能提供 12.2 V、13.8 V 或 15 V 的电压，发电机输出的电压大小取决于网关 J533 中模块"蓄电池能量管理系统"通过 LIN 总线向发电机调节器发送的信息。系统运行时分为两个阶段,发动机负载较低的阶段即发电机电压较低时,该阶段在踩下加速踏板或者定速巡航时产生;发动机负载较高的阶段即发电电压较高时,该阶段在制动或者滑行时产生。

1)在发动机负载较低的阶段

在发动机负载较低的阶段,发动机油耗降低。当收到踩下加速踏板或者接通定速巡航系统的信息时,系统会通过LIN总线向发电机电子装置发送信息,从而使发电机电子装置将电压降至12.2 V,这时蓄电池可向用电器提供大部分能量。即使系统处于发电机负载较低的阶段,在某些情况下也会导致电压升至13.8 V,例如:①转速超过2500 r/min时,发动机具有较高的负载;②冷却液温度低(13~15 ℃)或者很高(105~110 ℃);③风扇功率较高;④发动机负荷率较高;⑤启用转向灯、近光灯或者车门照明灯等车灯功能。

2)在发动机负载较高的阶段

在发动机负载较高的阶段,即能量回收阶段,发动机制动效果较好,但对制动或减速的作用有限,同时产生15 V的电压,由此可为蓄电池充电和为所有用电器供电。发电电压提高的原因在于"蓄电池能量管理系统"通过LIN总线向电压调节器发送高电压的信息。当满足下列任何一个条件时,能量回收系统被关闭,即发电电压固定为15 V:①用电器的能量需要较高;②蓄电池的电量过低;③蓄电池存在过放电的危险;④行驶期间的放电量超过蓄电池电量的15%;⑤发电机负载很低;⑥已激活充电或者发电模式;⑦蓄电池温度很低或者很高;⑧车外温度很低;⑨通过BCM(车身控制模块)负载能量系统的控制提高怠速;⑩能量回收系统在网关J533中被编码关闭/停用。

二、任务实施

(一)任务实施的要求

1. 任务实施的目的

(1)识读并理解迈腾B8电源电路。

(2)掌握迈腾B8电源系统故障诊断方法。

2. 实训仪器与设备

迈腾B8轿车一辆、万用表、示波器、故障诊断仪、世达工具一套等。

(二)实施步骤

1. 故障现象

迈腾B8轿车起动时有明显延迟,进厂报修。连接故障诊断仪后显示蓄电池监控控制单元无通信。

2. 故障分析与处理

根据车主描述,近期车辆出现起动时有明显延迟的现象,同时无其他明显故障现象。

(1)连上故障诊断仪,出现故障码197175,显示"蓄电池监控控制单元,无通信",如图1-6-7所示。

(2)接通点火开关,车辆起动有明显延迟。用故障诊断仪检测数据流,发动机怠速为780 r/min,发电机输出电压约为13.8 V,负荷数约为56%,上述数值理论上属于正常。

(3)通过此数据,用万用表检测发电机B端子在起动后的发电机发电电压值,也在13.8 V左右,说明发电机发电正常;进一步检查发电机电压调节器发送信息的LIN总线。检测T14za/1端子,实测电压为12.8 V,说明J367蓄电池监控控制单元输出电压正常;检测T2eh/1端子,实测电压为0 V,找到故障为T14za/1至T2eh/1的LIN总线断路,使得发电机内部电压调节

项目1 汽车供电系统原理与检修

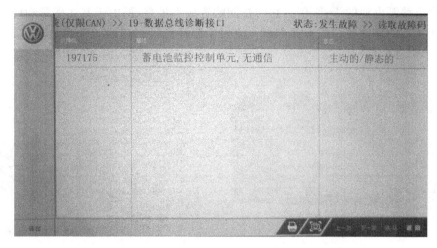

图1-6-7 故障诊断仪故障码信息

器的监控信号无法传输,与"蓄电池监控控制单元,无通信"故障码逻辑吻合。

(4) 修复导线,试车,一切正常。

【任务小结】

修复T14za/1至T2eh/1的LIN总线,使得发电机内部电压调节器的监控信号正常传输,车辆起动延迟现象消失,恢复正常。

◀【拓展项目】车用新型蓄电池▶

一、胶体电解质蓄电池

1. 胶体电解质蓄电池的概念

胶体电解质蓄电池也是铅酸蓄电池范畴的二次电池,如图1-1所示。它依然用密度为1.28 g/cm³的稀硫酸水溶液,但在其中添加了Na_2SiO_2,电解液呈胶体状——乳白色的凝胶,构成了胶体电解质。胶体的状况会随着温度和电场的作用而变化。

2. 胶体电解质蓄电池的特点

①电解质凝胶化,使电池绝不漏液,且能比一般的以稀硫酸为电解质的电池多灌10%~50%的电解质,延长了使用寿命。

②充电接受能力强,容量衰减慢,能量转换效率高。

③自放电率小,采用优质合金板栅,超纯电解液。

④循环寿命长,25 ℃时正常使用,标准情况下循环次数在480次以上。

⑤耐低温,在-20 ℃状态下的放电性能,达到常温状态的95%。

⑥安全可靠,绿色环保。

二、镍镉电池

目前,镍镉电池(见图1-2)的应用广泛程度仅次于铅酸蓄电池。其比能量可达55 W·h/kg,比功率超过190 W/kg,可快速充电,循环使用,寿命是铅酸蓄电池的2倍多,可达到2 000多次,但价格为铅酸蓄电池的4～5倍。它的初期购置成本虽高,但由于其在能量和使用寿命方面的优势,因此长期的实际使用成本并不高。使用中要注意做好回收工作,以免重金属镉造成环境污染。

图 1-1　胶体电解质蓄电池　　　　　　　　图 1-2　镍镉电池

三、钠硫电池

钠硫电池(见图1-3)也是近期普遍看好的电动汽车蓄电池,美国福特汽车公司的minivan电动汽车就是使用钠硫电池的。它已被美国先进电池联盟(USABC)列为中期发展的电动汽车蓄电池。德国ABB公司生产的B240K型钠硫电池,其质量为7.5 kg,蓄电量达19.2 kW·h,比能量达109 W·h/kg,循环使用寿命达1200次,装车试验时最好的一辆车无故障地行驶了2300 km。钠硫电池主要存在高温腐蚀严重、电池寿命较短、稳定性及使用安全性不太理想等问题。

四、燃料电池

燃料电池是一种将储存在燃料和氧化剂中的化学能通过电极反应直接转换为电能的发电装置,如图1-4所示。它不经历热机过程,不受热力循环限制,故能量转换效率高,燃料电池的化学能转换效率在理论上可达100%,实际效率已达60%～80%,是普通内燃机热效率的2～3倍。现在应用于电动汽车中的燃料电池以纯氢为燃料,以空气为氧化剂。

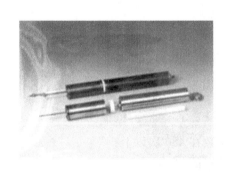 

图 1-3　钠硫电池　　　　　　　　　　　图 1-4　燃料电池

在1993年加拿大温哥华科技展览会上,加拿大的BALLABC公司推出了世界上第一辆以燃料电池为动力的电动公共汽车。它可以载客20人,最高速度达72.2 km/h。德国奔驰汽车公司也研制了以燃料电池为动力的电动汽车。

五、锌空气电池

锌空气电池的潜在比能量在 200 W·h/kg 左右。美国 DEMI 公司为电动汽车开发的锌空气电池的比能量已达 160 W·h/kg 左右,但它目前尚存在寿命短、比功率小、不能输出大电流及难以充电等缺点。美国的 CRX 电动汽车装的就是锌空气电池,该车为弥补锌空气电池的不足,还装有镍镉蓄电池,以帮助汽车起动和加速。CRX 电动汽车的锌空气电池组质量为 340 kg,充足电后可存储 45 kW·h 的能量,充电 12 min 可使 CRX 电动汽车行驶 65 km,充电 1 h 则可行驶 160 km。锌空气电池的结构原理见图 1-5。

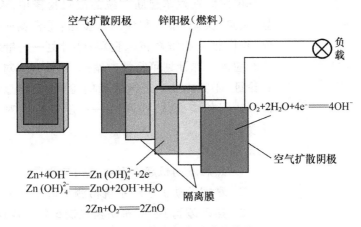

图 1-5 锌空气电池的结构原理

项目 2
汽车起动系统原理与检修

◀ **项目要求**

  掌握汽车起动机的组成和工作原理,学会分析起动系统工作电路。在汽车起动系统的故障检修中,应遵循咨询、计划、决策、实施、检查和评估六步法:①咨询——根据故障案例,查阅相关的维修技术资料;②计划——针对故障现象制定相应的工作计划可行性方案;③决策——对可行性方案进行论证;④实施——进行故障的检修;⑤检查——对所排除故障进行检查确认;⑥评估——工作总结,对故障现象进行深度分析。

◀ **知识要求**

1. 熟悉发动机起动系统结构与原理。
2. 掌握发动机起动系统检测与诊断方法。
3. 熟悉迈腾 B8 驻车防盗控制结构与原理。
4. 熟悉迈腾 B8 发动机控制原理电路图。
5. 熟悉迈腾 B8 数据通信系统原理电路图。

◀ **能力要求**

1. 万用表、示波器、故障诊断仪等常见设备的使用。
2. 维修资料的查阅、电路原理图的识读和分析。
3. 常见故障的诊断与排除。
4. 5S 管理和操作。

任务1　起动机结构、型号及工作原理

一、相关知识

(一)起动机的结构

常规起动机一般由直流电动机、传动机构和控制装置三部分组成,如图 2-1-1 所示。

①直流电动机:其作用是产生转矩。

②传动机构(或称啮合机构):其作用是在发动机起动时,使起动机小齿轮与飞轮啮合,将起动机转矩传给发动机曲轴。在发动机起动后,使起动机小齿轮滑转或与飞轮自动脱离。

③控制装置(即电磁开关等):其作用是控制直流电动机与蓄电池之间电路的通断及驱动齿轮与飞轮齿圈的啮合与分离。

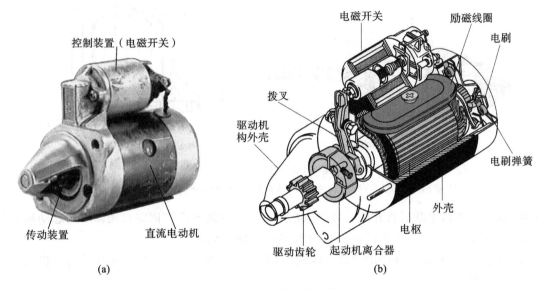

图 2-1-1　起动机的组成

1. 直流电动机

1) 直流电动机的结构

直流电动机的作用是产生转矩。目前起动机用直流电动机主要有串励式直流电动机和永磁式直流电动机两种。串励式直流电动机属于励磁直流电动机,"串励"是指电枢绕组与励磁绕组串联。永磁式直流电动机省去了传统起动机中的励磁绕组,电动机的磁极用永磁材料制成,可以使结构简化、体积减小、质量更轻。下面以串励式直流电动机为例具体介绍其结构。

串励式直流电动机,主要由励磁绕组、电枢、电刷和外壳等组成,如图 2-1-2 所示。

(1) 电枢(转子总成)。电枢主要由电枢轴、电枢绕组、铁芯和换向器等组成,如图 2-1-3 所示,它的作用是产生电磁转矩。电枢铁芯由硅钢片叠压而成,内以花键固定在电枢轴上。铁芯槽内嵌电枢绕组,为了获得较大的电磁转矩,流经电枢绕组的电流很大(一般汽油发动机为 200~600 A,柴油发动机可达 1 000 A),因此,电枢绕组都用较粗的矩形裸铜线绕制。

(2) 磁极。磁极的作用是建立电动机的磁场。一般装有 4 个(2 对)磁极,在大功率起动机中,为增大起动机的力矩,有的装 6 个(3 对)磁极。每个磁极上套有励磁绕组,4 个励磁绕组相

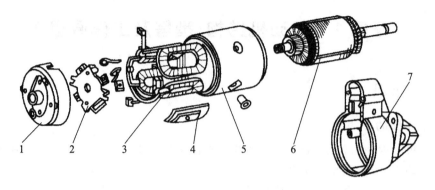

图 2-1-2　串励式直流电动机的结构

1—前端盖；2—电刷及电刷架；3—励磁绕组；4—铁芯；5—壳体；6—电枢；7—后端盖

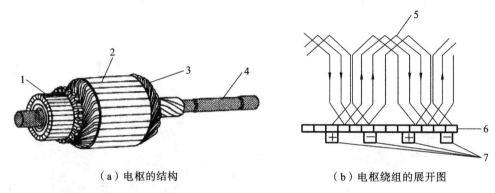

（a）电枢的结构　　　　　　　　　（b）电枢绕组的展开图

图 2-1-3　电枢的结构

1—换向器；2—铁芯；3—电枢绕组；4—电枢轴；5—电枢绕组；6—换向器；7—电刷

互串联(或两个绕组串联后再并联)，并与电枢串联。磁极通过螺钉固定在圆筒形的起动机壳体上。流过励磁绕组的电流产生的磁极必须 N、S 极相间排列。

励磁绕组的一端接在外壳的绝缘接线柱上，另一端与两个非搭铁电刷相连。电动机内部电路如图 2-1-4 所示。

(3) 换向器。换向器的作用是将电流引入电枢绕组，保持电磁转矩方向不变。换向器由截面成燕尾形的铜片围合而成，如图 2-1-5 所示。燕尾形铜片称为换向片，换向片与换向片之间以及换向片与轴承之间用云母绝缘。电枢绕组各线圈的端头均焊接在换向片上。

(4) 电刷组件。电刷组件由电刷、电刷架和电刷弹簧组成，如图 2-1-6 所示。电刷的作用是将电源电压加到与换向器相连接的电枢绕组上。电刷由铜粉与石墨粉压制而成，起动机电刷的含铜量为 80%(质量分数)左右，石墨含量为 20%(质量分数)左右。加入较多铜粉的目的是减小电阻，提高导电性能和耐磨性能。电刷架固定在电刷端盖上，电刷安放在电刷架内。直接固定在端盖上的电刷架称为搭铁电刷架或负电刷架，安装在负电刷架中的电刷称为负电刷。用绝缘板固定在电刷架盖上的电刷架称为绝缘电刷架或正电刷架，安装在正电刷架上的电刷称为绝缘电刷或正电刷。电刷弹簧压在电刷上，其作用是保证电刷与换向器接触良好。

2) 直流电动机的工作原理

直流电动机是将电能转化成机械能的设备，以安培定律为基础，即通电导体在磁场中受到电磁力的作用，电磁力方向遵循左手定则。直流电动机的工作原理如图 2-1-7 所示。

工作时，电流通过电刷和换向器引入电枢绕组。如图 2-1-7(a)所示，换向片 A 与正电刷接

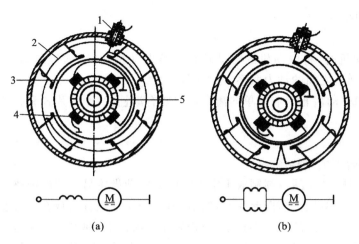
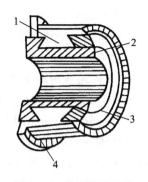

图 2-1-4　电动机内部电路图
1—绝缘接线柱；2—励磁绕组；3—非搭铁电刷；
4—搭铁电刷；5—换向器

图 2-1-5　换向器的结构
1—换向片；2—轴套；
3—压环；4—焊接凸缘

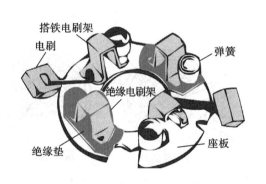

图 2-1-6　电刷组件

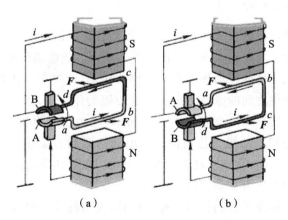

图 2-1-7　直流电动机的工作原理

触，换向片 B 与负电刷接触，绕组中的电流方向为 $a{\rightarrow}b{\rightarrow}c{\rightarrow}d$，根据左手定则，绕组 ab 边、cd 边均受到电磁力 F 的作用，由此产生逆时针方向的电磁转矩使电枢转动；当电枢转动至换向片 A 与负电刷接触，换向片 B 与正电刷接触时，电路改为 $d{\rightarrow}c{\rightarrow}b{\rightarrow}a$，如图 2-1-7(b)所示，但电磁转矩的方向仍然不变，使电刷沿逆时针方向继续转动。

一个线圈产生的电磁转矩是有限的，且电枢转动不平稳，故电枢绕组是由多匝线圈组成的，换向片数量也随线圈数量的增加而增加。

2. 传动机构

传动机构的作用是当起动发动机时,将电动机的驱动转矩传给发动机曲轴,即传递动力。当发动机起动后,切断电动机与发动机之间的动力联系,即切断动力。

传动机构主要由单向离合器和驱动齿轮组成。单向离合器主要有滚柱式、摩擦片式和弹簧式等三种形式。

1) 滚柱式单向离合器

图 2-1-8 所示为滚柱式单向离合器的结构图。

传动导管 1 与外座圈 2 制成一体,外座圈内圆制成十字形空腔。驱动齿轮另一端的内座圈伸入外座圈的空腔内,将十字形空腔分割成 4 个楔形腔室,如图 2-1-9 所示。滚柱安放在楔形腔室内。弹簧一端套上弹簧帽,安放在外座圈的径向小孔中,弹簧帽压在滚柱上,弹簧另一端压在外壳上,外壳将内外座圈包装在一起。起动机未工作时,弹簧张力将滚柱压在楔形室较宽的一端。传动导管套装在电枢轴上,导管内圆制有螺旋键槽,与电枢轴上的外螺旋键槽配合而传动动力。制成一体的驱动齿轮和内座圈套装在电枢轴的光轴部分,既可做轴向移动,也可绕光轴转动。

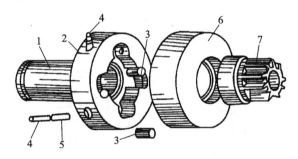

图 2-1-8 滚柱式单向离合器结构图
1—传动导管;2—外座圈;3—滚柱;4—弹簧;5—弹簧帽;
6—外壳;7—驱动齿轮与内座圈

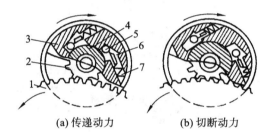

(a) 传递动力　(b) 切断动力

图 2-1-9 单向离合器工作原理图
1—飞轮;2—驱动齿轮;3—外座圈;4—内座圈;
5—滚柱;6—弹簧帽;7—弹簧

起动发动机时,驾驶员操纵点火起动开关,在控制装置的作用下,移动拨叉下端便拨动单向离合器移动,使驱动齿轮 2 与发动机飞轮齿圈 1 进入啮合。当电动机驱动转矩小于发动机阻力矩时,电枢轴仅带动制成一体的传动导管和外座圈 3 转动,此时驱动齿轮 2、内座圈 4 和飞轮 1 并不转动,在内座圈与滚柱之间的摩擦力矩和弹簧力矩的作用下,滚柱滚向楔形室较窄一侧并将外座圈 3 与内座圈 4 卡成一体,如图 2-1-9(a)所示,动力便经电枢轴、传动导管、外座圈、滚柱、内座圈和驱动齿轮传到发动机飞轮齿圈。当电动机驱动力矩达到或超过发动机阻力转矩时,驱动齿轮便带动飞轮旋转,直到发动机被起动为止。在起动发动机时,单向离合器的驱动齿轮为主动部件,发动机的飞轮为从动部件。

当发动机起动后,曲轴在活塞的作用下高速旋转,发动机的飞轮为主动部件,离合器的驱动齿轮为从动部件。由于飞轮齿圈与驱动齿轮之间的传动比为 12~13,即发动机每转 1 转,驱动齿轮要转 12~13 转,因此,发动机一旦起动,飞轮便带动驱动齿轮高速旋转。由于驱动齿轮的转速远高于电枢轴的转速,因此内座圈与滚柱之间的摩擦力矩便使滚柱克服弹簧力矩滚向楔形室内较宽一侧,如图 2-1-9(b)所示,滚柱将在内、外座圈之间跳跃滚动,发动机的动力不会传递给电枢轴,即动力联系切断,此时电枢轴仅受电枢绕组产生的电磁力矩作用而空转,从而避免电枢轴超速旋转。

滚柱式单向离合器结构简单,能可靠地传递中、小转矩。在CA1091、BJ2023、奥迪、上海桑塔纳、捷达、丰田、日产等汽车发动机上均得到应用。

2) 摩擦片式单向离合器

摩擦片式单向离合器,多用于柴油发动机使用的功率较大的起动机上。图2-1-10所示为摩擦片式单向离合器的结构。花键套筒10套在电枢轴的螺旋花键上,它的外表面有3条螺旋花键套在内接合毂9上。内接合毂上有4个轴上槽,用来插放主动摩擦片的内凸齿,被动摩擦片的外凸齿插在与驱动齿轮连成一体的外接合毂1的槽中。主、被动摩擦片8、6相间排列。离合器工作时,利用两者的摩擦力经凸齿传递转矩。

摩擦片式单向离合器的工作过程如下:当发动机起动时,内接合毂开始瞬间是静止的,在惯性力作用下,内接合毂由于花键套筒的旋转而左移,从而使主、被动摩擦片压紧而传力,电枢转矩最终传给驱动齿轮。发动机起动后,飞轮齿圈的转速高于驱动齿轮,于是内接合毂又沿传动套筒的螺旋花键右移,使主、被动摩擦片出现间隙而打滑,避免了电枢超速运转。

摩擦片式单向离合器的优点是可以传递较大转矩,并能在超速时自动打滑。但由于摩擦片易磨损,需经常检查调整,另外该离合器的结构也较复杂。

3) 弹簧式单向离合器

弹簧式单向离合器的结构如图2-1-11所示。起动机驱动齿轮套在电枢轴的光滑部分上,连接套筒6套在电枢轴的螺旋花键上,两者之间由两个月形圈3连接。月形圈的作用是使驱动齿轮与连接套筒之间不能做轴向移动,但可相对转动,在驱动齿轮柄和连接套筒上包有扭力弹簧4,扭力弹簧的两端内径较小,并分别箍紧在齿轮柄和连接套筒上。当起动机带动曲轴旋转时,扭力弹簧扭紧,包紧齿轮柄与连接套筒,于是电枢的转矩通过扭力弹簧、驱动齿轮传至飞轮齿环,使发动机起动。发动机起动后,驱动齿轮的转速高于起动机电枢,则扭力弹簧放松,这样飞轮齿环的扭力便不能传给电枢,即驱动齿轮只能在电枢轴的光滑部分上空转,从而起到单向离合器的作用。

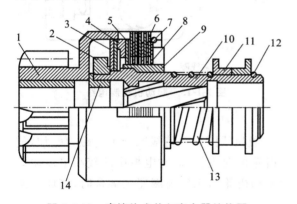

图2-1-10 摩擦片式单向离合器结构图

1—驱动齿轮与外接合毂;2—螺母;3—弹性圈;4—压环;5—调整垫圈;6—被动摩擦片;7、12—卡环;8—主动摩擦片;9—内接合毂;10—花键套筒;11—移动套筒;13—缓冲弹簧;14—挡圈

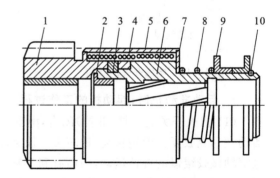

图2-1-11 弹簧式单向离合器结构图

1—驱动齿轮;2—挡圈;3—月形圈;4—扭力弹簧;5—护圈;6—连接套筒;7—垫圈;8—缓冲弹簧;9—移动衬套;10—卡簧

弹簧式单向离合器的优点是结构简单、工艺简化、寿命长。但扭力弹簧圈数多,轴向尺寸较长,不能在小型起动机上装用。国产黄河牌汽车及日本五十铃TX50型汽车的离合器采用的就是弹簧式单向离合器起动机。

3. 控制装置

起动机控制装置的作用是控制电动机电路的通断及驱动齿轮与飞轮齿圈的啮合与分离。现代汽车广泛采用电磁式控制装置,也称电磁开关。起动机电磁开关的外形有所不同,但工作原理基本一样。

电磁开关主要由吸拉线圈、保持线圈、复位弹簧、活动铁芯、接触片(接触盘)等组成,如图 2-1-12 所示。

电磁开关上通常有 3 个或 4 个接线柱,它们分别是两个主电路接线柱(30 端子、C 端子)、电磁开关接线柱(50 端子)、辅助接线柱(15a 端子)。主电路接线柱之一(C 端子)与起动机内部励磁绕组相连,另一个主电路接线柱(30 端子)则接蓄电池正极。电磁开关接线柱(50 端子)同时与电磁开关内部的吸拉线圈、保持线圈连接。辅助接线柱(15a 端子)与点火线圈"开关"接线柱连接,用于起动时使点火线圈上的附加电阻短路。有的 15a 端子为备用端子,未插接任何导线。

吸拉线圈与保持线圈有一个公共接线柱,并且两个线圈在电磁开关中绕组绕向一致。当吸拉线圈和保持线圈通电产生的磁通方向相同时,其电磁吸力便吸引活动铁芯向前移动,直到推杆上的触盘将电动机开关的两个触点接通而使电动机电路接通为止。

(二)起动机的工作原理

起动机控制电路如图 2-1-13 所示,起动机工作过程如下。

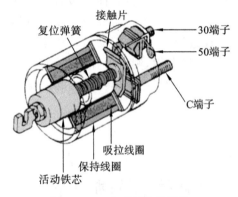

图 2-1-12 电磁开关的结构

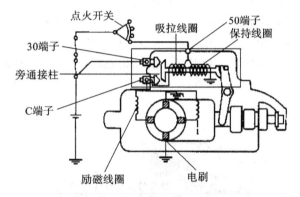

图 2-1-13 起动机控制电路

1. 起动发动机时,起动机的工作过程

(1)点火开关起动挡(Ⅱ挡)闭合,电磁开关通电,吸拉线圈和保持线圈产生的磁力叠加,使活动铁芯克服复位弹簧移动,铁芯带动拨叉将驱动齿轮推向飞轮,同时电枢中的较小电流驱动电枢轴做较缓慢的旋转运动,因而有利于啮合。当驱动齿轮与飞轮齿圈完全啮合时,接触片刚好与 30 端子和 C 端子连接,将主电路接通。

吸拉线圈回路为:蓄电池正极→点火开关起动挡→50 端子→吸拉线圈→励磁绕组→电枢绕组→搭铁→蓄电池负极。

保持线圈回路为:蓄电池正极→点火开关起动挡→50 端子→保持线圈→搭铁→蓄电池负极。

(2)当驱动齿轮与飞轮齿圈啮合,主电路接通后,起动机将转矩传递给发动机。

主电路控制回路为:蓄电池正极→30 端子→接触片→C 端子→励磁绕组→电枢绕组→搭铁→蓄电池负极。

此时吸拉线圈被短路,保持线圈工作,利用保持线圈的电磁力使接触片与触点可靠接触,对电动机供电。

2. 发动机起动后，起动系统的工作过程

当发动机起动后，放松点火钥匙，点火开关将自动转回一个角度，起动挡断开，切断了50端子。这时，接触片和30端子及C端子仍保持短暂接触。吸拉线圈和保持线圈电路改变，其回路为：蓄电池正极→30端子→接触片→C端子→吸拉线圈→保持线圈→搭铁→蓄电池负极。

此时吸拉线圈与保持线圈磁力抵消，在复位弹簧的作用下，活动铁芯回位，主电路断开，同时驱动齿轮与飞轮齿圈打滑脱开，起动结束。

二、任务实施

（一）任务实施的要求

1. 实训目的与要求

（1）理解起动系统的作用。

（2）认识起动机的结构及工作原理。

2. 实训仪器和设备

汽车起动系统实训台架或整车、一字螺钉旋具、十字螺钉旋具、世达工具一套等。

（二）实施步骤

1. 起动系统的作用

汽车发动机在以自身动力运转之前，必须借助外力旋转。发动机借助外力由静止状态过渡到能自行运转的过程，称为发动机的起动。发动机常用的起动方式有人力起动、辅助汽油机起动和电力起动三种形式。人力起动采用绳拉或手摇的方式，简单但不方便，只适用于一些小功率的发动机；辅助汽油机起动主要用在大功率的柴油发动机上；电力起动方式操作简便，起动迅速，并且可以远距离控制，因此被现代汽车广泛采用。

汽车起动系统由蓄电池、起动机、起动继电器、点火开关等组成，如图2-1-14所示。

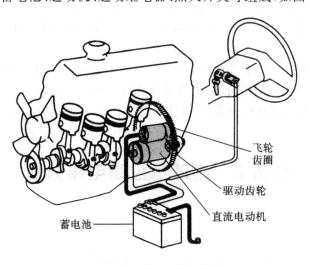

图 2-1-14 起动系统的作用

2. 起动机的结构认知

常规起动机一般由直流电动机、传动机构和控制装置三部分组成，其具体结构如图2-1-15所示。

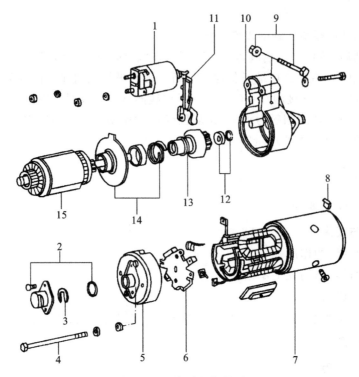

图 2-1-15 起动机结构图

1—电磁开关；2—轴承盖；3—锁片；4—螺栓；5—电刷端盖；6—电刷架；7—电动机壳体；
8—橡胶密封圈；9—拨叉支点螺栓与螺母；10—驱动端盖；11—拨叉；12—止推垫圈与卡环；
13—单向离合器；14—中间轴承、支撑板与弹簧；15—电枢

【任务小结】

1. 起动机由直流电动机、传动机构和控制装置三部分组成。
2. 起动机用直流电动机多为串励式直流电动机，串励式直流电动机由电枢、磁极、换向器等主要部件构成。
3. 起动机的传动机构包括驱动齿轮、单向离合器和拨叉等部分。传动机构中的单向离合器分为滚柱式离合器、摩擦片式离合器、弹簧式离合器三种。
4. 起动机的控制装置又称电磁开关，其上有 30、50 及 C 接线柱，其中 30 和 C 称为主接线柱，50 称为电磁开关接线柱。

任务2 起动机控制电路分析

一、相关知识

不同车型起动机控制电路可能有所不同。起动机的电磁开关与拨叉合装在一起，有的车系是由点火开关直接控制起动机的电磁开关；有的车系在起动线路中加装了起动继电器，由起动继电器控制电磁开关；还有些汽车的起动控制电路具有起动保护功能，即起动系统中具有防误操作功能。下面主要介绍几种典型起动机控制电路。

(一) 捷达系列轿车起动电路

由于捷达系列轿车点火开关的起动挡位置触点容量大,允许短时间内通过大于 20 A 的起动机电磁开关线圈的电流,因此省去了起动继电器,也就是说起动系统主要由起动机和点火开关组成。捷达系列轿车起动机电路属于典型的无起动继电器控制电路,如图 2-2-1 所示。

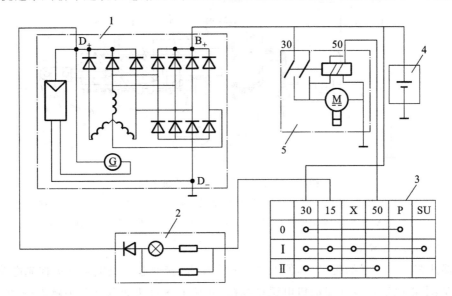

图 2-2-1 捷达系列轿车电源与起动系统电路
1—发电机及调节器;2—发动机充电指示灯;3—点火开关;4—蓄电池;5—起动机

工作过程:点火开关转至起动挡(Ⅱ挡)时,电磁开关中的吸拉线圈和保持线圈电路被接通,电路回路分两路:①蓄电池正极→点火开关 30 与 50 端子→起动机 50 端子→吸拉线圈→起动机 C 端子→电枢绕组→搭铁→蓄电池负极;②蓄电池正极→点火开关 30 与 50 端子→起动机 50 端子→保持线圈→搭铁→蓄电池负极。

吸拉线圈和保持线圈产生电磁吸力使得铁芯克服复位弹簧作用移动,拨叉推动驱动齿轮与飞轮齿圈啮合,接触盘将主电路接通,起动机将转矩传递给发动机。主电路回路为:蓄电池正极→起动机 30 端子→接触盘→起动机 C 端子→电枢绕组→搭铁→蓄电池负极。

当发动机被起动后,点火开关自动复位,吸拉线圈和保持线圈的回路改变,磁力抵消,于是在复位弹簧的作用下,电磁开关的铁芯与单向离合器驱动齿轮被推回原位。

(二) 东风 EQ1090 型汽车起动电路

东风 EQ1090 型汽车起动机电路,由起动继电器控制电磁开关,是典型的带起动继电器的起动机控制电路,如图 2-2-2 所示。

1. 控制电路

控制电路包括起动继电器控制电路和起动机电磁开关控制电路。

1) 起动继电器控制电路

起动继电器控制电路是由点火开关控制的,被控制对象是继电器线圈电路。当接通点火开关起动挡时,其电路回路为:蓄电池正极→起动机电源接线柱 9→电流表→点火开关 2→起动继电器线圈→搭铁→蓄电池负极。

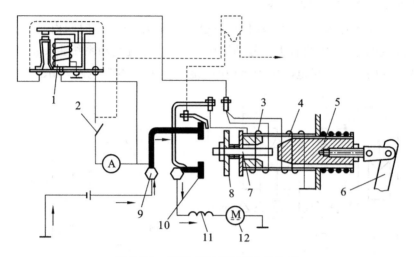

图 2-2-2　东风 EQ1090 起动机电路

1—起动继电器；2—点火开关；3—吸拉线圈；4—保持线圈；5—活动铁芯；6—拨叉；7—推杆；
8—接触盘；9—起动机电源接线柱；10—电磁开关；11—励磁绕组；12—电枢绕组

2）电磁开关控制回路

继电器铁芯产生较强的磁吸力，使继电器触点闭合，接通起动机电磁开关控制电路，形成两条电路回路：①蓄电池正极→起动机电源接线柱 30 端子→起动继电器开关触点→50 端子→经吸拉线圈→C 端子→励磁绕组→电枢绕组→搭铁→蓄电池负极；②蓄电池正极→起动机电源接线柱 30 端子→起动继电器开关触点→50 端子→保持线圈→搭铁→蓄电池负极。

2. 主电路

电磁开关控制电路接通后，吸拉线圈和保持线圈产生强的磁吸力，将起动机主电路接通。此时电路回路为：蓄电池正极→起动机电源接线柱 30 端子→电磁开关 50 端子→励磁绕组→电枢绕组→搭铁→蓄电池负极。于是起动机产生电磁转矩起动发动机。

吸拉线圈和保持线圈产生的磁力，使主电路接通：蓄电池正极→30 端子→接触盘→C 端子→励磁绕组→电枢绕组→搭铁→蓄电池负极。

（三）计算机控制的起动机电路

当点火开关置于 START 位置时，此信号被送给车身控制单元（BCM），然后车身控制单元发送信息至发动机控制单元（ECM）。当发动机控制单元确认变速器位于驻车挡（P 挡）或者空挡（N 挡）时，发动机控制单元向起动继电器提供闭合电压，使起动继电器闭合，随后接通蓄电池至起动机电磁开关的电路，使起动机工作。其控制电路如图 2-2-3 所示。

二、任务实施

（一）任务实施的要求

1. 实训目的与要求

（1）理解起动机的工作过程。

（2）掌握起动机控制电路的分析方法。

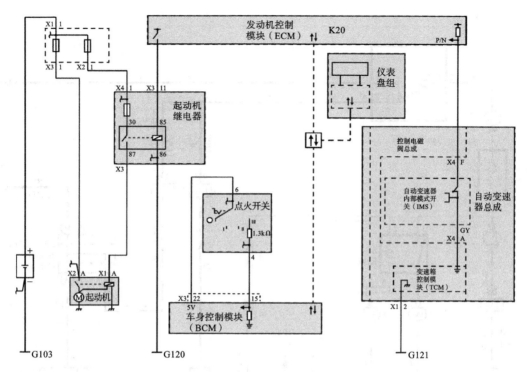

图 2-2-3 计算机控制的起动机电路

2．实训仪器和设备

汽车起动系统实训台架或整车、万用表、试灯、一字螺钉旋具、十字螺钉旋具、世达工具一套等。

（二）实施步骤

为防止挂行驶挡位时发动机起动，自动变速器的汽车利用多功能开关对起动机进行控制。以丰田卡罗拉 AT 起动机控制电路为例，如图 2-2-4 所示，自动变速器的空挡起动开关串联在起动继电器控制线路中，仅在 P、N 挡时空挡起动开关接通，即起动机仅在 P、N 挡时才能起动。电流控制过程如图 2-2-4 所示（见箭头指引的电流流经方向）。

蓄电池正极→易熔线→熔断器 30 A→熔断器 15 A→点火开关→插接器→变速器 P/N 挡位开关→插接器→起动继电器线圈→搭铁→蓄电池负极。

起动继电器线圈得电，使得继电器开关触点闭合，由此控制电磁开关通电，得到两条电路回路：蓄电池正极→易熔线→熔断器 30 A→起动继电器开关触点→起动机端子 B→吸拉线圈/保持线圈（一路经吸拉线圈形成回路，另一路经保持线圈形成回路）。

在吸拉线圈、保持线圈的共同作用下，起动机主电路接通：蓄电池正极→起动机 A 端子→起动机内部→搭铁→蓄电池负极。

【任务小结】

常见的起动机电路有不带起动继电器的控制电路、带起动继电器的控制电路、带保护继电器的控制电路等多种形式。分析起动机的电路可归纳为两条回路，即主回路和控制回路。

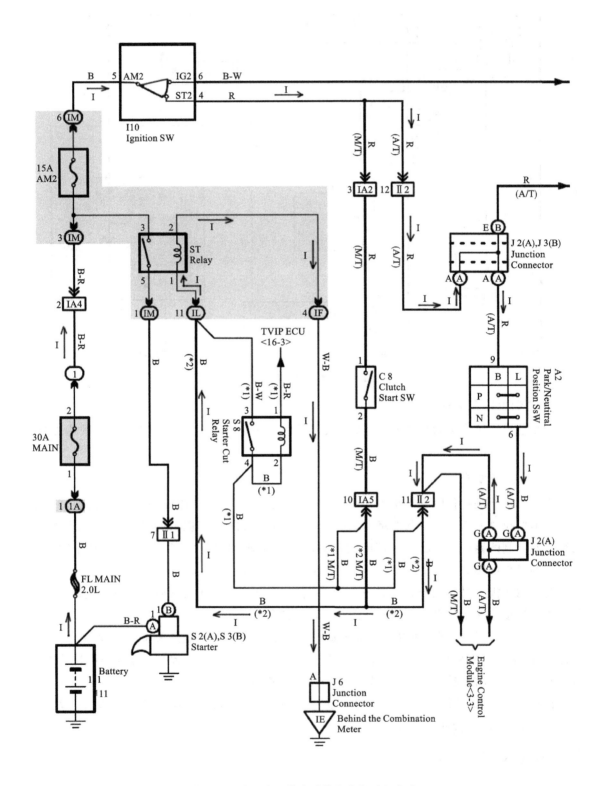

图 2-2-4 丰田卡罗拉自动挡汽车起动机电路

任务 3　起动机的使用与检测

一、相关知识

（一）起动机的正确使用与维护

1. 起动机的使用注意事项

（1）起动机是按照大电流、短时间的工作要求设计的，且工作时电流很大（一般为 200～600 A，有些柴油机高达 1000 A），因此每次接通起动机的时间不应超过 5 s，重复起动时应停歇 15 s 以上，连续第三次起动时，应在检查排除故障的基础上停歇 15 min 后再使用。否则会严重影响蓄电池和起动机的使用寿命。

（2）冬季和低温地区冷车起动时，应先预热发动机，然后再使用起动机。

（3）起动发动机时，应将变速杆置于空挡位置，然后踩下离合器踏板，严禁挂挡起动来移动车辆。

（4）发动机起动后，应立即松开点火开关（或起动按钮），使起动机停止工作，以减小单向离合器不必要的磨损。

（5）发动机工作时，严禁将起动机投入工作。

（6）当发动机连续几次不能起动时，应对起动电路以及发动机有关系统进行检查，排除故障后再起动。

（7）发动机起动后，如起动机不能停转，应立即关闭电源总开关，或拆除蓄电池搭铁线查找故障。

2. 起动机的维护要点

（1）经常检查起动电路各导线连接是否牢固，绝缘是否良好。

（2）经常保持起动机机体和各部件的清洁干燥。汽车每行驶 3000 km 后应检查并清洁换向器。

（3）汽车每行驶 5000～6000 km 后，应检查电刷的磨损程度及电刷的弹簧压力。

（4）经常检查传动机构和控制装置的活动部件，并按规定进行润滑。

（5）起动机一般每年应进行一次维护性检修，可视情况适当地缩短或延长。

（二）起动机的检修

1. 电枢的检修

电枢绕组易发生的故障有断路、短路和搭铁。

1）电枢绕组断路的检修

电枢绕组断路故障多发生在线圈端部与换向器的连接处，主要是由于长时间大电流运转或电枢铁芯与磁极铁芯摩擦，使得电枢温度过高，焊锡熔化，导致焊在换向器上的线头脱焊，一般较易发现。电枢绕组断路的检查可按图 2-3-1 所示，用万用表测量换向器上相邻两个铜条之间的电阻，该电阻应接近 0。否则，表示换向器铜条之间断路，应更换电枢。

2）电枢绕组搭铁的检修

如图 2-3-2 所示，用万用表测量换向器的每个铜条与电枢轴之间的电阻，应为 ∞。否则，表示换向器铜条有搭铁故障，应更换电枢。

3）电枢绕组短路的检修

电枢绕组发生短路故障必须用电枢感应仪进行检查。如图 2-3-3 所示，把电枢放在电枢感应仪上，当电枢感应仪通电后将铁片置于电枢铁芯上，并一边转动电枢一边移动铁片。当铁片在某一部位产生振动时，说明该处电枢绕组短路，应更换电枢。

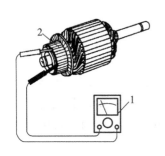
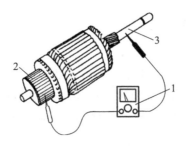
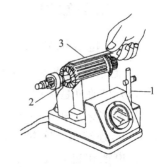

图 2-3-1　换向器的断路情况检查　　图 2-3-2　电枢绕组搭铁的检查　　图 2-3-3　电枢绕组短路试验

1—万用表；2—换向器　　　　1—万用表；2—换向器；3—电枢轴　　1—电枢感应器；2—电枢；3—铁片

4）电枢轴的检修

如图 2-3-4 所示，将电枢放在偏摆仪上，用百分表检查电枢轴的圆跳动量，使用极限一般为 0.15 mm（QD1225 为 0.08 mm）。若圆跳动量大于极限值，说明电枢轴弯曲严重，应予校直。

2．换向器的检修

1）换向器最小直径的检查

用游标卡尺检查换向器外径尺寸，如图 2-3-5 所示，与维修手册标准值比较，测量值与标准值的差值一般不小于 1 mm，否则应更换电枢。

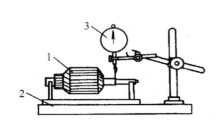
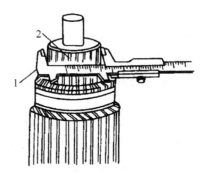

图 2-3-4　电枢轴弯曲度检查　　　　图 2-3-5　换向器的最小直径检查

1—电枢；2—偏摆仪；3—百分表　　　　1—卡尺；2—换向器

2）换向器弯曲度的检修

如图 2-3-6 所示，用砂纸打磨换向器表面后，用百分表检查换向器表面的圆跳动量，使用极限值为 0.03 mm。

3）换向器磨损的检修

如图 2-3-7 所示，检查换向器的绝缘云母片的深度，标准值为 0.5～0.8 mm，使用极限值为 0.2 mm。超过极限值时，应用锉刀进行修整，修整时锉刀要与换向器外圆母线平行。

3．电刷的检修

如图 2-3-8 所示，用卡尺检查电刷长度，应不小于新电刷的 2/3。如果小于极限值，应予以更换。电刷与换向器的接触面积应大于 75%。电刷在电刷架内应活动自如，无卡滞现象。

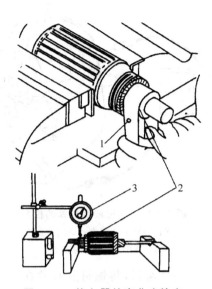

图 2-3-6 换向器的弯曲度检查

1—砂纸；2—换向器；3—百分表

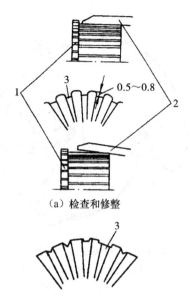

(a) 检查和修整

(b) 修整后的形状

图 2-3-7 换向器的磨损情况检查

1—换向器；2—锉刀；3—绝缘云母片

如图 2-3-9 所示，用弹簧秤测量弹簧拉力，应在 18～22 N 之间。如果达不到规定值，应更换新的弹簧。

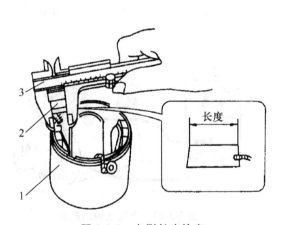

图 2-3-8 电刷长度检查

1—起动机定子外壳；2—电刷；3—卡尺

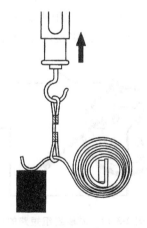

图 2-3-9 电刷弹簧拉力检查

4. 励磁绕组的检修

1) 励磁绕组断路的检修

如图 2-3-10 所示，用万用表测量励磁绕组的正极端与电刷之间的电阻，应接近 0。否则，说明励磁绕组断路，应更换。

2) 励磁绕组搭铁的检修

如图 2-3-11 所示，用万用表检查励磁绕组的正极端与定子壳体之间的电阻，应为 ∞。否则，表示励磁绕组与壳体短路，应更换。

3) 励磁绕组短路的检查

首先观察绕组表面是否有烧煳的现象或气味，若有，则证明有短路的征兆。此外，可将蓄电

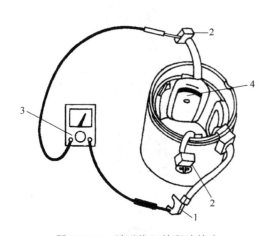

图 2-3-10　励磁绕组的断路检查
1—励磁绕组的正极端；2—电刷；
3—万用表；4—励磁绕组

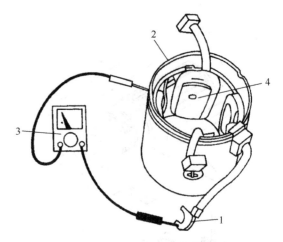

图 2-3-11　励磁绕组搭铁的检查
1—励磁绕组的正极端；2—定子壳体；
3—万用表；4—励磁绕组

池 12 V 电源电压与励磁绕组串联，如图 2-3-12 所示。电路接通后，将螺钉旋具放在每个磁极上，检查磁极对螺钉旋具的吸引力是否相同，以判断其是否短路。

5. 电磁开关的检修

1) 吸拉线圈的检查

如图 2-3-13 所示，用万用表测量 50 端子和 C 端子的电阻值，阻值应在标准范围内（一般为 0.6 Ω 以下）。若电阻值无穷大，说明线圈断路；若电阻值小于规定值，说明线圈匝间短路。线圈断路或短路均需更换电磁开关。

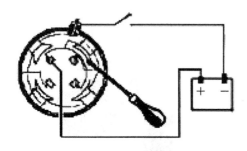

图 2-3-12　励磁绕组短路的检查

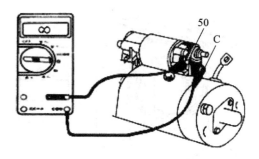

图 2-3-13　吸拉线圈的检查

2) 保持线圈的检查

如图 2-3-14 所示，用万用表检查 50 端子和电磁开关壳体之间的电阻，阻值应在标准范围内（一般为 1 Ω 左右）。若电阻值无穷大，说明线圈断路；若电阻值小于规定值，说明线圈匝间短路。线圈断路或短路均需更换电磁开关。

3) 接触片的检查

如图 2-3-15 所示，用手推动活动铁芯，使接触盘与两接线柱接触，30 端子与 C 端子应导通，用万用表测量两端子之间的电阻值，应为 0。

若接触片不导通，则应解体直观检测电磁开关的触点和接触盘是否良好，烧蚀较轻的可用砂布打磨后使用，烧蚀较重的应进行翻面或更换。

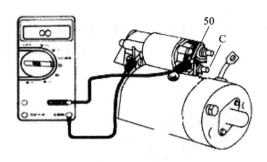
图 2-3-14 保持线圈的检查

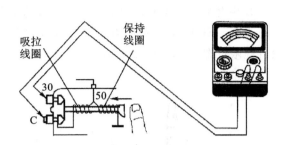
图 2-3-15 电磁开关接触片的检查

6. 单向离合器的检修

如图 2-3-16(a)所示,检查单向离合器的径向移动情况。将单向离合器及驱动齿轮总成装到电枢轴上,握住电枢,当转动单向离合器外座圈时,驱动齿轮总成能沿电枢轴自由滑动。

如图 2-3-16(b)所示,握住单向离合器外座圈,转动驱动齿轮,应能自由转动,反转时不应转动。否则,说明单向离合器故障,应更换单向离合器。

检查单向离合器是否打滑,如图 2-3-16(c)所示。将单向离合器夹在台虎钳上,用扭力扳手转动,应能承受制动实验时的最大转矩而不打滑。滚柱式单向离合器能在 25.5 N·m 转矩之间不打滑,摩擦片式单向离合器能在 117~176 N·m 转矩之间不打滑,否则就应该进行修理。

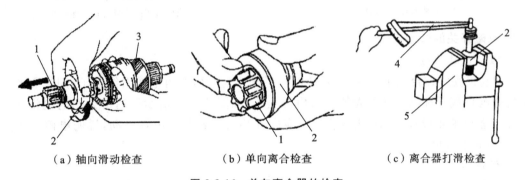

(a)轴向滑动检查　　　(b)单向离合检查　　　(c)离合器打滑检查

图 2-3-16 单向离合器的检查

1—驱动齿轮;2—单向离合器;3—电枢;4—扭力扳手;5—台虎钳

(三)起动机的调整与试验

1. 起动机的调整

修复后的起动机必须进行认真的调整。在使用中如有齿轮啮合不良、发出冲撞声、起动困难等现象,均应进行必要的调整。

1)驱动齿轮与止推垫圈之间的间隙调整

如图 2-3-17 所示,先将电磁开关的活动铁芯推至使其开关刚好接通的位置,测量驱动齿轮与止推垫圈之间的间隙,一般为 4~5 mm;如不符,可拧入或旋出连接螺杆 3 进行调整。然后再将活动铁芯顶到极限位置,此时驱动齿轮与止推垫圈的间隙应为 1.5~2.5 mm;如不符,可调整齿轮行程限位螺钉 1。

2)电磁开关的调整

电磁开关的调整主要是调整点火线圈附加电阻短路接线柱与接触片的接通时刻。调整时只需适当弯曲辅助接触片。

3) 驱动齿轮端面与驱动端盖凸缘面之间的间隙调整

有些汽车(如 EQ1090、BJ212 等)的起动机,规定了起动机驱动齿轮端面与驱动端盖凸缘面之间距离。EQ1090 规定值为 29～32 mm,BJ212 规定值为 32.5～34 mm。如不符,可调整齿轮行程限位螺钉 1,如图 2-3-18 所示。

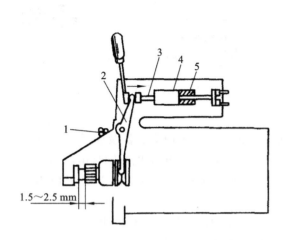
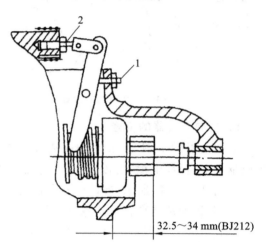

图 2-3-17　驱动齿轮与止推垫圈之间的间隙调整
1—齿轮行程限位螺钉;2—拨叉;3—连接螺杆;
4—活动铁芯;5—挡铁

图 2-3-18　驱动齿轮端面与驱动端盖
凸缘面之间的间隙调整
1—齿轮行程限位螺钉;2—连接螺杆

2. 电磁开关的试验

1) 吸拉动作试验

将起动机固定在台虎钳上,拆下起动机 C 端子上的励磁绕组电缆引线端子,用带夹的电缆连接起动机 C 端子和电磁开关壳体与蓄电池负极,如图 2-3-19 所示。用带夹的电缆将起动机 50 端子与蓄电池正极连接,此时驱动齿轮应向外移动。若驱动齿轮不动,说明电磁开关有故障,应予以修理或更换。

2) 保持动作试验

在吸拉动作基础上,当驱动齿轮保持在伸出位置时,拆下电磁开关 C 端子上的电缆夹,如图 2-3-20 所示。此时驱动齿轮应保持在伸出位置不动,若驱动齿轮复位,说明保持线圈断路,应予以修理。

3) 复位动作试验

在保持动作的基础上,拆下起动机壳体上的电缆夹,如图 2-3-21 所示。此时驱动齿轮应迅速复位,若驱动齿轮不能复位,说明复位弹簧失效,应更换弹簧或电磁开关总成。

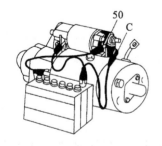
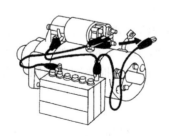
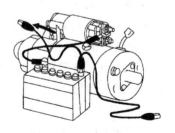

图 2-3-19　吸拉动作试验方法　　图 2-3-20　保持动作试验方法　　图 2-3-21　复位动作试验方法

二、任务实施

(一) 任务实施的要求

1. 任务实施的目的

(1) 学习拆解检修及装配起动机作业的基本方法。
(2) 掌握起动机的检修方法。

2. 实训仪器和设备

汽车起动机、万用表、试灯、一字螺钉旋具、十字螺钉旋具、世达工具一套等。

(二) 实施步骤

1. 起动机的拆解和清洗

(1) 首先将待修起动机外部的尘污、油污清除。

(2) 旋出防尘盖固定螺钉,取下防尘盖,用专用钢丝钩取出电刷;拆下电枢轴上止推圈处的卡簧,如图 2-3-22 所示。

(3) 用扳手旋出两紧固穿心螺栓,取下前端盖,抽出电枢,如图 2-3-23 所示。

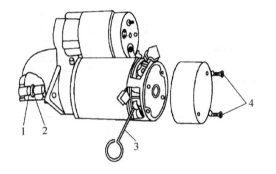

图 2-3-22 拆解防尘盖

1—卡簧;2—止推圈;3—钢丝钩;4—固定螺钉

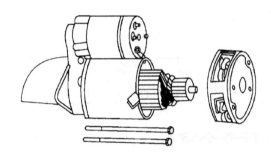

图 2-3-23 取出前端盖和电枢

(4) 拆下电磁开关主接线柱与电动机接线柱间的导电片;旋出后端盖上的电磁开关紧固螺钉,使电磁开关后端盖与中间壳体分离,如图 2-3-24 所示。

(5) 从后端盖上旋下中间支承板紧固螺钉,取下中间支承板,旋出拨叉轴销螺栓,抽出拨叉,取出离合器,如图 2-3-25 所示。

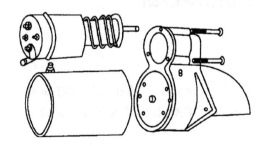

图 2-3-24 分离电磁开关与壳体

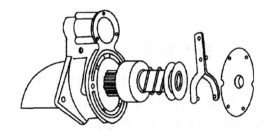

图 2-3-25 取出离合器

各总成是否继续进一步分解,应视具体情况而定。

(6) 对分解的零部件进行清洗。清洗时,对所有的绝缘部件,只能用干净的布蘸少量汽油擦拭,其他机械零件可放入煤油或柴油中洗刷干净并晾干。

2. 起动机的检测

将起动机主要部件的检测结果填入表 2-3-1，并与标准要求比较，得出结论。

表 2-3-1 起动机检测数据记录表

序号	检测项目			标准情况	检测情况	结论
1	磁场绕组	磁场绕组断路的检查		通（0 Ω）		①合格 ②不合格
		磁场绕组搭铁的检查		不通（∞）		
		磁场绕组短路的检查		每个磁极对螺钉旋具的吸引力相同		
2	电枢绕组	断路检验	试验台	电流表读数均应不变		①合格 ②不合格
			万用表	$R=0\ \Omega$		
		搭铁检验	试验台	搭铁灯不亮		
			万用表	$R=\infty$		
		短路检验	试验台	钢片不振动		
			万用表	$R=\infty$		
3	电枢轴弯曲程度			<0.15 mm		①合格 ②不合格
4	电刷高度			7～10 mm		①合格 ②不合格
5	电磁开关线圈	吸拉线圈电阻值/Ω		0.6 Ω 以下		①合格 ②不合格
		保持线圈电阻值/Ω		1 Ω		

【任务小结】

1. 起动机解体后的检修主要包括电枢、换向器、励磁绕组、电刷、电磁开关等部件；起动机解体前或修复后进行的整机性能试验主要有电磁开关试验、空载试验、全制动试验等。

2. 起动机每次起动时间不超过 5 s，再次起动时应停止 15 s，使蓄电池得以恢复。如果需要连续第三次起动，应在检查与排除故障的基础上停歇 15 min 后再使用。

3. 起动机修复后，必须进行空载试验和全制动试验，如不符合要求，应重新检查和修理。

任务4 起动系统常见故障诊断

一、相关知识

起动机系统常见的故障有起动机不转、起动机运转无力、起动机空转和工作时有异响等。出现这些故障的原因可能是蓄电池、起动机、起动继电器、点火开关、起动系线路等引起的，要根据控制电路的不同来具体分析。

（一）起动机不转

1. 故障现象

（1）点火开关打到起动挡，起动机不转。

（2）当点火开关打到起动挡时，起动机不工作，并且电磁开关没有动作。

2. 故障原因

（1）电源故障：蓄电池严重亏电或极板硫化、短路等，蓄电池极柱与线夹接触不良，起动电路导线连接处松动而接触不良等。

（2）起动机故障：电磁开关触点烧蚀或接触盘与触点接触不良；换向器与电刷接触不良；吸拉线圈和保持线圈短路、断路、搭铁，活动铁芯动作不良；励磁绕组或电枢绕组有断路或短路；绝缘电刷搭铁等。

（3）继电器故障：继电器线圈断路、短路、搭铁或其触点接触不良。

（4）点火开关故障：点火开关接线松动或内部接触不良。

（5）起动系统线路故障：起动线路中有断路、导线接触不良（含插接器插入部位接触不良）或松脱等。

3. 故障诊断与排除

起动机不转故障的诊断思路如图 2-4-1 所示。

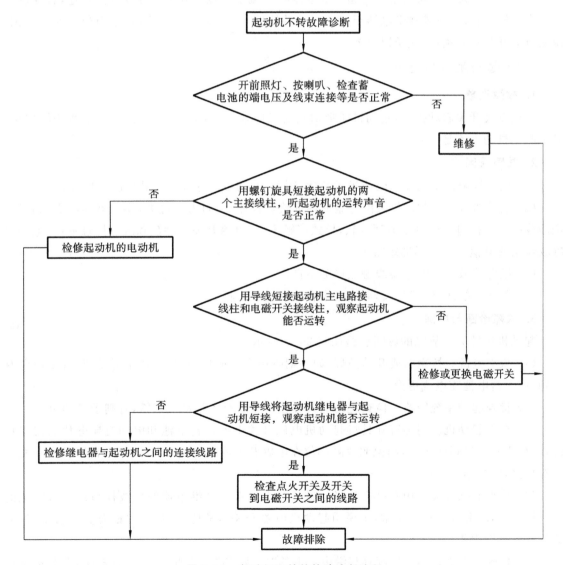

图 2-4-1 起动机不转的故障诊断流程

(1) 检查电源。按喇叭或开前照灯,如果喇叭声音小或嘶哑,灯光比平时暗淡,说明电源有问题,应对蓄电池充电或更换蓄电池。

(2) 检查起动机。用螺钉旋具或导线短接起动机电磁开关上的 30 端子和 C 端子两个接线柱,如果起动机不转,则说明是电动机内部有故障,应拆检起动机。否则,说明故障部位在电磁开关或起动继电器。

(3) 检查电磁开关。可用导线将电磁开关 50 端子和蓄电池正极短接(时间不超过 5 s),若起动机不转,则说明起动机电磁开关有故障,应拆检电磁开关。否则说明故障在继电器及其连接线路。

(4) 检查起动继电器。用螺钉旋具将起动继电器上的"电池"和"起动机"两接线柱短接,若起动机运转正常,则说明起动继电器内部有故障,应予以检修或更换。否则,说明故障在点火开关上。

(5) 检查点火开关及线路。将起动继电器的 B 端子与点火开关用导线直接相连,若起动机能正常运转,则说明故障在继电器至点火开关的线路中,可对其进行清洁、紧固或更换。否则,说明点火开关本身损坏,应予以更换。

(二) 起动机运转无力

1. 故障现象

接通点火开关起动挡后,起动机能带动发动机曲轴转动,但转速低,甚至有短暂停转现象,显示起动机动力不足。

2. 故障原因

(1) 电源故障。蓄电池亏电或极板硫化、短路,起动电源导线连接处接触不良等。

(2) 起动机故障。起动机装配过紧或内部旋转件碰擦,阻力矩过大;换向器与电刷间脏污、烧蚀或电刷磨损过量或电刷弹簧过软,导致接触不良;电磁开关接触盘和触点接触不良;电动机磁场绕组或电枢绕组有局部短路等。

(3) 继电器故障。继电器线触点接触不良。

(4) 起动系统线路故障。起动线路中有导线接触不良。

3. 故障诊断与排除

起动机运转无力故障的诊断思路如图 2-4-2 所示。

(1) 检查电源。按喇叭或开前照灯,如果喇叭声音小或嘶哑,灯光比平时暗淡,说明电源有问题,应对蓄电池充电或更换。

(2) 检查起动系统线路。检查起动电路各连接导线有无松动或搭铁,有则予以排除。

(3) 检查起动机。用螺钉旋具将起动机电磁开关上连接蓄电池和电动机导电片的接线柱短接,如果起动机运转正常,则说明故障部位在电磁开关或起动继电器。否则,说明是电动机内部有故障,应拆检起动机。

(4) 检查电磁开关。用螺钉旋具将电磁开关上连接起动继电器的接线柱与连接蓄电池的接线柱短接,若起动机运转正常,则说明起动机电磁开关有故障,应拆检电磁开关。否则,说明故障在起动继电器。

(5) 检查继电器。用螺钉旋具将继电器上的"电池"和"起动机"两接线柱短接,若起动机运转正常,则说明起动继电器内部有故障,应予以检修或更换。

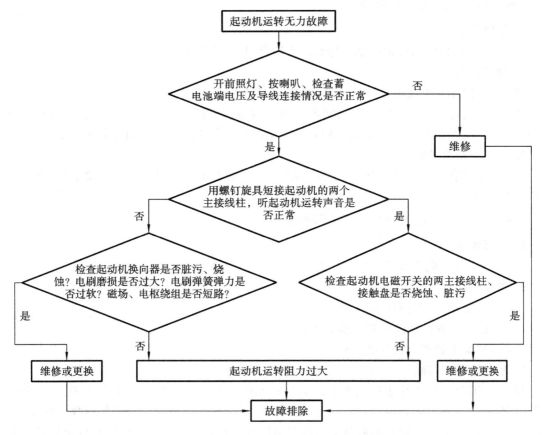

图 2-4-2　起动机运转无力的故障诊断流程

(三) 起动机空转

1. 故障现象

接通起动开关后,只有起动机快速旋转,发动机曲轴不转。

2. 故障原因

此现象表明起动机电路畅通,故障在于起动机的传动装置和飞轮齿圈等处。

3. 故障诊断与排除

(1) 起动机空转时,有较轻的摩擦声音,起动机驱动齿轮不能与飞轮轮齿啮合而产生空转,即驱动齿轮还没有啮入飞轮轮齿中,电磁开关就提前接通,说明主回路的接触行程过短,应拆下起动机,进行起动机接通时刻的调整。

(2) 起动机空转时,有严重的打齿声,说明飞轮轮齿或起动机驱动齿轮严重磨损,应拆下起动机进一步检查,根据实际情况更换驱动齿轮或飞轮轮齿。

(3) 起动机空转时,速度较快但无碰齿声音,说明起动机单向离合器打滑,即驱动齿轮已经啮入飞轮轮齿中,但不能带动飞轮旋转,只是起动机电枢轴在空转,应更换单向离合器总成。

(4) 有的起动机传动装置采用一级行星齿轮减速装置,其结构紧凑,传动比大,效率高。但使用中常会出现载荷过大而烧毁卡死。有的采用摩擦片式离合器,若压紧弹簧损坏,花键锈蚀卡滞或摩擦离合器打滑,也会造成起动机空转。

(四)起动机异响(打齿声)

1. 故障现象

起动发动机时,驱动齿轮不能顺利啮入飞轮齿圈,有齿轮撞击声。

2. 故障原因

(1)驱动齿轮轮齿或飞轮齿圈轮齿磨损过甚或个别齿损坏。

(2)驱动齿轮与止推垫圈之间的间隙不当。当驱动齿轮与飞轮齿圈尚未啮合或刚刚啮合时,起动机主电路就已接通,于是高速旋转的驱动齿轮与静止的飞轮齿圈啮合而发生撞击。

3. 故障诊断与排除

若是齿轮磨损或个别齿损坏,则更换驱动齿轮、飞轮齿圈。若是起动机调整不当,则按要求调整好起动机。

(五)起动机连续发出"哒哒哒"撞击声

1. 故障现象

起动发动机时,电磁开关发出"哒、哒、哒"声,不能起动发动机。

2. 故障原因

(1)蓄电池严重亏电或内部短路。

(2)电磁开关保持线圈断路或搭铁不良。

(3)起动继电器触点断开电压过高。

3. 故障诊断与排除

起动发动机时,用万用表检测蓄电池电压不得低于 9.6 V。如电压过低,说明严重亏电或内部短路,应予更换。若蓄电池没有问题,起动时电磁开关时仍有"打机枪"似的"哒、哒、哒"声,应拆检电磁开关的保持线圈,判断其是否断路或搭铁不良;对于个别车型,还有可能是起动继电器触点断开电压过高,故应检查其断开电压。

二、任务实施

(一)任务实施的要求

1. 实训目的与要求

(1)熟悉起动系统常见故障的诊断思路。

(2)掌握起动系统典型故障的诊断和排除方法。

2. 实训仪器和设备

汽车起动系统实训台架或整车、万用表、试灯、一字螺钉旋具、十字螺钉旋具、世达工具一套等。

(二)实施步骤

以捷达轿车(见图 2-4-3)为例,介绍起动机不转的故障诊断与排除的实施步骤。

1. 故障现象

接通点火开关,起动发动机,起动机不运转。

2. 故障原因分析

(1)蓄电池故障。

(2)点火开关故障。

(3)起动机本身故障。

(4)线路故障。

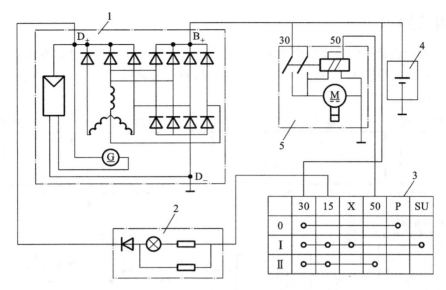

图 2-4-3 捷达系列轿车电源与起动系电路
1—发电机及调节器；2—发动机充电指示灯；3—点火开关；4—蓄电池；5—起动机

3. 实践操作

（1）打开前照灯、按喇叭，检查蓄电池有无故障。前照灯亮、喇叭响，说明蓄电池正常。

（2）短接起动机主电路接线柱 30 端子和 C 端子，查看起动机是否运转。起动机运转，说明电动机正常。

（3）用导线将蓄电池正极与起动机 50 端子短接，查看起动机是否运转。起动机运转，说明电磁开关正常，则故障部位应在点火开关或线路。

（4）用万用表测量点火开关 30 端子、50 端子的电压，均为 12 V（蓄电池电压）左右。

（5）断开点火开关，测量点火开关 50 端子与起动机 50 端子的通断，发现不通。

由此判断，故障为点火开关 50 端子与起动机 50 端子之间的线路断路。

4. 故障处理

检修线路后，使用万用表重新测量点火开关 50 端子与起动机 30 端子之间导通电阻，电阻为 0 Ω。接通点火开关，起动机正常运转，故障排除。

【任务小结】

起动机系统常见的故障有起动机不转、起动机运转无力、起动机空转和工作时有异响等。出现这些故障的原因可能是蓄电池、起动机、起动继电器、点火开关、起动系统线路等问题引起的，要根据控制电路的不同来具体分析。

任务 5　迈腾 B8 起动机无法起动故障与检修（全国技能大赛比赛车型）

> 故障现象：
> 迈腾 B8 车辆，起动发动机时，起动机不转，发动机无法起动。

一、相关知识

迈腾 B8 起动机运行的首要条件是需先经过内部防盗系统确认当前钥匙是否已授权,如果验证钥匙已授权,则将接通 15 号电源以及解除防盗,同时发动机控制单元 J623 将点火和燃油限制解除(见图 2-5-1)。

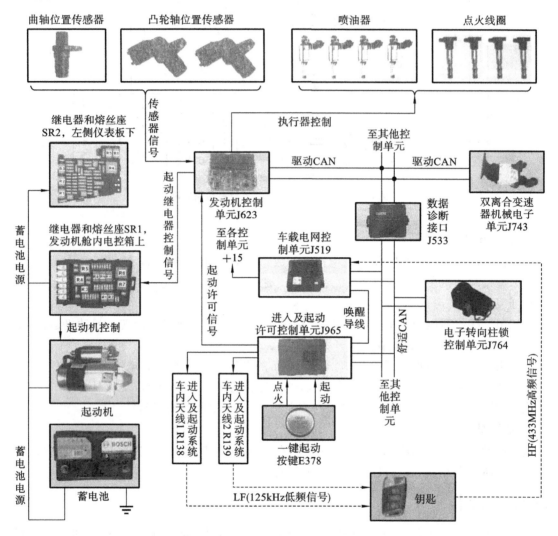

图 2-5-1 迈腾 B8 起动机控制原理图

1. 15 号电源控制

按下一键起动按键 E378,进入及起动许可控制单元 J965 开始处理信号并唤醒舒适 CAN 总线系统,同时查询防盗锁止系统控制单元(J519 内部)是否允许接通 15 号电源。为确定车内是否有授权钥匙,进入及起动许可控制单元 J965 通过车内天线发送一个查询码(125 kHz 低频信号)给已匹配的钥匙,授权钥匙识别到该信号后进行编码并向 J519 返回一个应答器数据(433 MHz 高频信号),J519 将该数据转发给防盗锁止系统控制单元(J519 内部),防盗锁止系统控制单元(J519 内部)通过比对确认是否为已授权钥匙。如果为授权钥匙,则防盗锁止系统控制单元(J519 内部)通过舒适 CAN 总线向电子转向柱锁控制单元 J764 发送一个解锁命令,以打开电子转向柱(转向盘可以转动)。同时 J965 通过 CAN 总线向 J519 发送消息,J519 接通 15

号电源。其他的 CAN 总线将通过数据总线诊断接口 J533 唤醒。

2. 起动控制

在唤醒所有数据总线后,就可进行跨总线的防盗锁止系统通信。在完成发动机控制单元的数据比较后,防盗锁止系统控制单元(J519 内部)将发出起动许可指令,如果安装有双离合变速器机械电子单元 J743,那么 J743 还会发送查询并提出释放防盗锁止系统控制单元(J519 内部)的请求。

如果有一个控制单元信息对比出现错误,发动机防盗将被激活,激活后的现象为起动机可以运转,车辆可以起动,但起动后立即熄火。

起动时,按压一键起动按键至 ON 挡,点火信号传输给进入及起动许可控制单元 J965,进入及起动许可控制单元 J965 将点火信号通过舒适 CAN 总线输入车载电网控制单元 J519,J519 接通端子 15 使供电继电器 J329 工作,同时 J519 端子 T73a/14 向发动机控制单元提供点火开关电源,发动机控制单元 J623 工作,发动机控制单元 J623 接通主继电器 J271 和发动机部件供电继电器 J757 使其工作,主电源经过蓄电池正极、主继电器 J271 触点,再至 SB3(15 A)熔断丝为发动机控制单元 J623 提供电能(见图 2-5-2)。

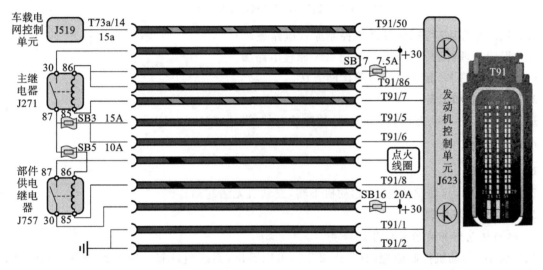

图 2-5-2 迈腾 B8 发动机控制单元电路原理图

当变速杆处于 P 挡或 N 挡时,踩制动踏板,按下一键起动按键,起动信号传输给进入及起动许可控制单元 J965,J965 将起动允许信号通过 T40/15 至 T91/68 的独立导线发送给发动机控制单元 J623,J623 接通起动继电器 1(J906)和起动继电器 2(J907)线圈搭铁回路,线圈工作,触点闭合(见图 2-5-3)。

电源+30 端子通过起动继电器 1(J906)触点进入起动继电器 2(J907)触点,再通过 SB23(30 A)的熔断丝将电源供给起动机电磁线圈端子,起动机电磁线圈工作,单向离合器的小齿轮被推出,起动机电磁继电器触点闭合,蓄电池供电给起动机转子和定子,起动机运转,带动飞轮旋转进而起动发动机。

二、任务实施

(一)任务实施的要求

1. 实训目的与要求

(1)掌握迈腾 B8 驻车防盗控制结构与原理。

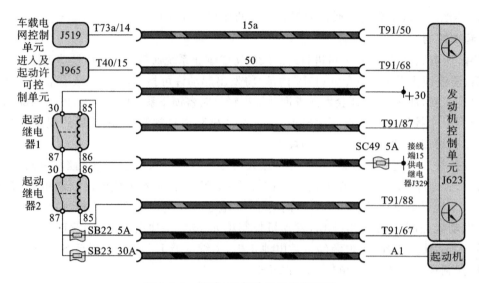

图 2-5-3　迈腾 B8 起动机控制原理图

(2) 识读并理解迈腾 B8 发动机控制原理电路图。
(3) 识读并理解迈腾 B8 数据通信系统原理电路图。
(4) 掌握迈腾 B8 起动系统故障诊断方法。

2. 实训仪器和设备

迈腾 B8 轿车一辆、万用表、示波器、故障诊断仪、世达工具一套等。

(二) 实施步骤

1. 故障现象

迈腾 B8 车辆，起动发动机时，起动机不转，发动机无法起动。

2. 故障分析与处理

1) 起动机电磁开关控制信号的检查

从迈腾 B8 起动机控制原理图(见图 2-5-3)可以看出，系统通过起动继电器 2(J907)和熔断丝 SB23(30 A)给起动机供电，起动机自身搭铁。正常值测量流程如下。

第一步：测量起动机 A1 端子对搭铁电压。点火开关由 ON 挡打到 ST 挡时，测试值应从 0 切换到蓄电池电压(+B)。

第二步：测量熔断丝 SB23(30 A)两端对搭铁电压。点火开关由 ON 挡打到 ST 挡时，测试值应从 0 切换到蓄电池电压(+B)。

第三步：检查熔断丝 SB23(30 A)与起动机 50 端子之间线路的通断。关闭点火开关，导线之间电阻应小于 2 Ω。

第四步：测量 J907/87#对搭铁电压。点火开关由 ON 挡打到 ST 挡时，测试值应从 0 切换到蓄电池电压(+B)。

第五步：检查 J907/87#端子与熔断丝 SB23(30 A)之间线路的通断。断开继电器 J907 和熔断丝 SB22(5 A)，电阻测量值小于 2 Ω。

2) 检查起动机电磁开关反馈信号

根据迈腾 B8 起动机控制原理图(见图 2-5-3)，正常值测量流程如下。

第一步：测量发动机控制单元 J623 的 T91/67 端子对搭铁电压。点火开关由 ON 挡打到 ST 挡时，测试值应从 0 切换到蓄电池电压(+B)。

第二步:测量熔断丝 SB22(5 A)两端对搭铁电压。点火开关由 ON 挡打到 ST 挡时,测试值应从 0 切换到蓄电池电压(+B)。

第三步:检查熔断丝 SB22(5 A)与 T91/67 端子之间线路的通断。关闭点火开关,导线之间电阻应小于 2 Ω。

第四步:测量 J907/87♯ 对搭铁电压。点火开关由 ON 挡打到 ST 挡时,测试值应从 0 切换到蓄电池电压(+B)。

第五步:检查 J907/87♯ 端子与熔断丝 SB22(5 A)之间线路的通断。断开继电器 J907 和熔断丝 SB23(30 A),电阻测量值小于 2 Ω。

3) 检查继电器 J906

继电器 J906 的测试可以先通过听觉或触觉功能进行简单的判断:打开发动机舱盖,找到前部发动机舱内电控箱上的 J906 继电器,使用手指尖轻轻抓住继电器外壳,一个人在车内起动发动机,另一个人在车外应能感觉到或听到此继电器是否动作。如果继电器 J906 没有动作,说明继电器控制、线圈电源或本身出现故障;如果继电器有动作,并不代表继电器工作正常,还是要用汽车专用万用表进行测量。

根据迈腾 B8 起动机控制原理图(见图 2-5-3),正常值测量流程如下。

第一步:测量起动继电器 J906 的 87 端子对搭铁电压。点火开关由 ON 挡打到 ST 挡时,测试值应从 0 切换到蓄电池电压(+B)。

第二步:测量起动继电器 J906 的 30 端子对搭铁电压。任何情况下,测试值均应为蓄电池电压(+B)。

第三步:测量起动继电器 J906 的 86 端子对搭铁电压。打开点火开关,测试值应为蓄电池电压(+B)。

第四步:测量起动继电器 J906 的 85 端子对搭铁电压。点火开关由 ON 挡打到 ST 挡时,测试值应从蓄电池电压(+B)切换到 0。

第五步:测量起动继电器 J906 的 85 端子与 J623 的 T91/87 之间通路情况。关闭点火开关,电阻测量值小于 2 Ω。

4) 检查继电器 J907

继电器 J907 初步诊断方法和 J906 继电器诊断方法一致。

根据迈腾 B8 起动机控制原理图(见图 2-5-3),使用万用表测量的步骤如下。

第一步:测量起动继电器 J907 的 87 端子对搭铁电压。点火开关由 ON 挡打到 ST 挡时,测试值应从 0 切换到蓄电池电压(+B)。

第二步:测量起动继电器 J907 的 30 端子对搭铁电压。任何情况下,测试值均应为蓄电池电压(+B)。

第三步:测量起动继电器 J907 的 86 端子对搭铁电压。打开点火开关,测试值应为蓄电池电压(+B)。

第四步:测量起动继电器 J907 的 85 端子对搭铁电压。点火开关由 ON 挡打到 ST 挡时,测试值应从蓄电池电压(+B)切换到 0。

第五步:测量起动继电器 J907 的 85 端子与 J623 的 T91/88 之间通路情况。关闭点火开关,电阻测量值小于 2 Ω。

5) 检查继电器 J906 的线圈电源

从迈腾 B8 起动机控制原理图(见图 2-5-3)可以看到,起动继电器 J906 的 J907 线圈供电电源都是经过熔断丝 SC49(5 A)供给,且熔断丝的另一端连接到 15 号电源线,正常值测量流程如下。

第一步:测量起动继电器 J906 线圈的供电 86 端子对搭铁电压。打开点火开关,测试值应为蓄电池电压(+B)。

第二步:测量 SC49(5 A)两端对搭铁电压。任何情况下,测试值应为蓄电池电压(+B)。

第三步:测量 SC49(5 A)与 J906/86 端子间线路的通断。关闭点火开关,电阻测量值小于 2 Ω。

6)检查进入及起动系统接口控制单元电源

从迈腾 B8 进入及起动许可控制单元 J965 电源电路原理图(见图 2-5-4)可以看出,进入及起动许可控制单元 J965 的电压是由蓄电池经过熔断丝 SC19(7.5 A)直接供给,同时由进入及起动许可控制单元 J965 的 T40/17 端子搭铁构成回路。点火开关在任何挡位时,进入及起动许可控制单元 J965 都应该有正常的动力输出。

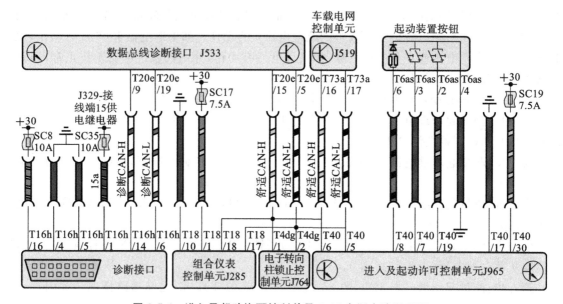

图 2-5-4　进入及起动许可控制单元 J965 电源电路原理图

第一步:测量进入及起动许可控制单元 J965 的 T40/30 端子对搭铁电压。任何情况下,测试值应为蓄电池电压(+B)。

第二步:测量 SC19(7.5 A)两端对搭铁电压。任何情况下,测试值应为蓄电池电压(+B)。

第三步:测量 SC19(7.5 A)与进入及起动许可控制单元 J965 之间线路的通断。关闭点火开关,拔下熔断丝 SC19 及 J965 的 T40 插接件,导线端对熔断丝 SC19 输出端之间的电阻都应小于 2 Ω。

第四步:进入及起动许可控制单元 J965 的负极检查。任何情况下,J965 的 T40/17 端子对搭铁电压应小于 0.1 V。

【拓展项目】减速起动机

普通起动机电枢轴的转速与驱动齿轮的转速相同。在起动机的电枢轴与驱动齿轮之间装有齿轮减速器的起动机,称为减速起动机。串励式直流电动机的功率与其转矩和转速成正比,可见,提高电动机转速并降低其转矩,可以保持起动机功率不变,故采用高速、低转矩的串励式直流电动机作为起动机,在功率相同的情况下,可以使起动机的体积和质量大大减小。但是,起动机的转矩过低,不能满足起动发动机的要求。为此,当起动机采用高速、低转矩的直流电动机时，在电动机的电枢轴与驱动齿轮之间安装齿轮减速器，可以降低电动机转速并提高其转矩。

减速起动机减速机构按照结构可分为内啮合式、外啮合式和行星齿轮啮合式三种类型，其中内啮合式和外啮合式又被称为平行轴式起动机，如图 2-1 所示。

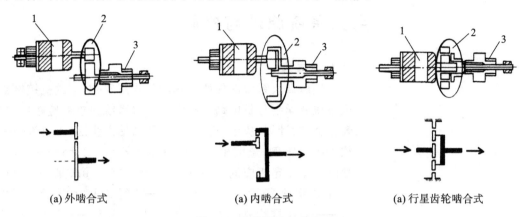

图 2-1 减速起动机的类型

1—直流电动机；2—减速机构；3—驱动齿轮

行星齿轮啮合式减速起动机因减速机构结构紧凑、传动比大、效率高而广泛应用。其输出轴与电枢轴同轴线、同旋向，电枢轴无径向载荷，振动轻，整机尺寸较小。另外，行星齿轮啮合式减速起动机还具有如下优点。

（1）负载平均分配在三个行星齿轮上，可以采用塑料内齿圈和粉末冶金的行星齿轮，使质量减轻，噪声降低。

（2）尽管增加行星齿轮减速机构，但是起动机的轴向其他结构与普通起动机相同，故配件可以通用。

目前，丰田系列轿车和部分奥迪轿车都采用了行星齿轮啮合式减速起动机。如图 2-2 所示为行星齿轮式减速起动机结构图。

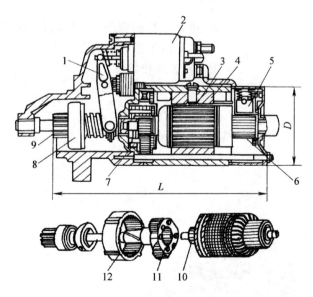

图 2-2 行星齿轮啮合式减速起动机结构图

1—拨叉；2—电磁开关；3—电枢；4—磁场；5—电刷；6—换向器；7—行星齿轮啮合式减速机构；
8—滚柱式单向离合器；9—驱动齿轮；10—电枢轴；11—行星齿轮架；12—内齿

项目 3
点火系统原理与检修

◀ **项目要求**

理解点火系统部件的结构和工作原理,对于微机控制点火系统要学会分析电路。在汽车点火系统的故障检修中,应遵循咨询、计划、决策、实施、检查和评估六步法:①咨询——根据故障案例,查阅相关的维修技术资料;②计划——针对故障现象制定相应的工作计划可行性方案;③决策——对可行性方案进行论证;④实施——进行故障的检修;⑤检查——对所排除故障进行检查确认;⑥评估——工作总结,对故障现象进行深度分析。

◀ **知识要求**

1. 掌握普通电子点火系统的组成与工作原理。
2. 掌握微机控制点火系统的组成、分类和工作原理。
3. 掌握点火系统的故障诊断与维修方法。
4. 熟悉迈腾 B8 驻车防盗控制结构与原理。
5. 熟悉迈腾 B8 发动机控制原理电路图。
6. 熟悉迈腾 B8 数据通信系统原理电路图。

◀ **能力要求**

1. 万用表、示波器、故障诊断仪、尾气分析仪等常见设备的使用。
2. 维修资料的查阅、电路原理图的识读和分析。
3. 常见故障的诊断与排除。
4. 5S 管理和操作。

任务1　普通点火系统的结构原理与检修

一、相关知识

（一）点火系统概述

1. 点火系统的要求

根据发动机各工况的要求,点火系统应保证在各种使用条件下能可靠地点燃可燃混合气。因此,对点火系统的要求如下。

(1) 点火系统应能迅速及时地产生足以击穿火花塞电极间隙的高电压。使火花塞电极之间产生火花的电压称为击穿电压。影响击穿电压的因素有:火花塞电极间隙、气缸内混合气的压力与温度、电极的温度与极性。发动机正常工作时击穿电压一般均在 15 kV 以上,发动机在满载低速时击穿电压为 8~10 kV,起动时需 19 kV。考虑各种不利因素的影响,通常点火系统的设计电压为 30 kV。

(2) 电火花应具有足够的点火能量。正常工作情况下,可靠点燃可燃混合气的点火能量为 50~80 mJ,起动时需 100 mJ 左右的点火能量。

(3) 能根据发动机各种工况提供最佳的点火时刻。发动机的温度、负荷、转速和燃油品质等,都直接影响混合气的燃烧速度,点火系统必须能适应上述情况的变化,并实现最佳点火时刻的变化。

2. 点火系统种类

(1) 传统点火系统:由蓄电池或发电机向点火系提供电能,用机械触点控制点火时刻,点火时刻的调节采用机械式自动调节机构,储能方式为电感储能。如今传统点火系统已逐渐被淘汰。

(2) 电子点火系统:电子点火系由蓄电池或发电机向点火系提供电能,晶体管控制点火时刻,点火时刻的调节采用机械式调节机构或电子调节机构,储能方式有电感储能和电容储能两种。电子点火系统的功能和工作原理与传统点火系统基本相同,只是控制点火提前角的元件用电子点火器取代了断电器。电子点火系统有晶体管点火装置和集成电路点火装置两种形式。

晶体管点火装置的特点:①由蓄电池或发电机向点火系提供电能;②由晶体管控制点火电路的通断;③由信号发生器控制点火时刻;④由机械式自动调节机构调节点火时刻。常用的信号发生器有磁感应式、霍尔式和光电式三种。晶体管点火装置电路如图 3-1-1 所示。

(3) 微机控制点火系统:在微机控制点火系统中,由 ECU(电子控制单元)来控制和修正点火提前角,甚至可取消分电器,完全取消机械装置,成为全电子点火系统。微机控制点火系统由于减少甚至取消了机械装置,与其他点火系统相比,不仅点火提前角的控制精度更高,而且能量损失少,对无线电干扰小、工作可靠。

微机控制点火系统除点火提前角控制功能外,还具有爆燃控制、通电时间控制等功能。随着汽车电子控制技术的发展和普及,微机控制点火系统的应用也越来越多。微机控制点火系统的电路原理图如图 3-1-2 所示。

本书主要介绍普通电子点火系统和微机控制点火系统。

（二）普通电子点火系统的组成及工作原理

1. 普通电子点火系统的类型

(1) 按控制点火线圈初级电流的电子元件分类,可分为晶体管点火系统、晶闸管点火系统

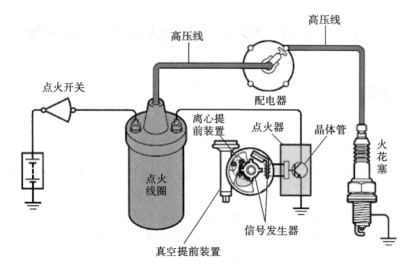

图 3-1-1　晶体管点火装置

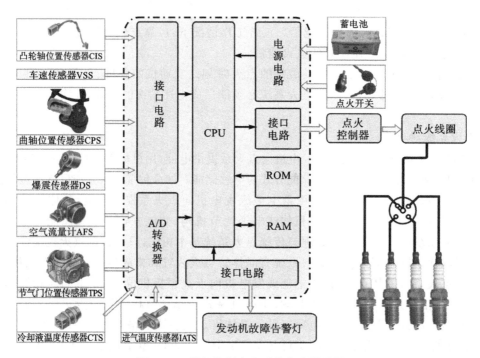

图 3-1-2　微机控制点火系统电路原理图

和集成电路点火系统三类。

（2）按点火系统有无触点分类，可分为触点式和无触点式两类。触点式电子点火系统，又称半导体管或晶体管辅助点火系统。无触点式电子点火系统，又称全晶体管点火系统。

（3）按点火提前角的控制方式分类，可分为普通电子点火系统和微机控制点火系统两类。

（4）按点火能量的储存方式分类，可分为电感储能式和电容储能式两类。

①电感储能式电子点火系统，其储能元件是点火线圈。

②电容储能式电子点火系统，其储能元件是专用的电容器。

以上分类中，按储能方式的不同进行分类最受业内人士认同。电感储能式电子点火系统与电容储能式电子点火系统相比，具有结构简单、成本低、发动机低速点火性能好等优点，在普通汽油发动机上得到了广泛应用,而电容储能式点火系统仅应用在高速发动机上。

普通电子点火系统的基本组成如图 3-1-3 所示,主要由电源、点火开关、点火线圈、点火信号发生器、电子点火器、分电器、高压线及火花塞等组成。电源为蓄电池或发电机,功用是向点火系统提供点火能量。点火开关的功用是接通和断开电源电路。电子点火器内的大功率晶体管与点火线圈的一次绕组串联,并与电源、点火开关和搭铁构成点火线圈一次绕组的低压回路。点火信号发生器安装在分电器总成内,点火信号发生器的转子由分电器轴驱动。

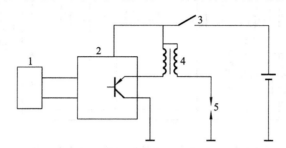

图 3-1-3　普通电子点火系统的组成图
1—点火信号发生器;2—电子点火器;3—点火开关;4—点火线圈;5—火花塞

发动机工作时,点火信号发生器产生脉冲信号输送给电子点火器,脉冲信号控制点火器内晶体管的导通与截止。当输入点火器的脉冲信号使晶体管导通时,点火线圈一次绕组回路接通,储存点火所需的能量;当输入点火器的脉冲信号使晶体管截止时,点火线圈一次绕组回路断开,二次绕组产生高压,此高压经配电器和高压线送至火花塞,以便完成点火。

2. 电子点火系统的主要组成元件

1) 点火信号发生器

点火信号发生器是普通电子点火系统中的重要元件,它与电子点火器配套使用,一般安装在分电器内,其功用是产生控制电子点火器的脉冲信号。按其结构和工作原理的不同,点火信号发生器可分为磁脉冲式、霍尔式和光电式三种类型。

(1) 磁脉冲式点火信号发生器。

在磁脉冲式(也称为电磁式)电子点火系统中,点火信号发生器利用电磁感应原理产生触发电子点火器的信号,所以也称之为电子感应式点火信号发生器。磁脉冲式电子点火系统的组成如图 3-1-4 所示,该点火系统主要由电源、点火开关、点火线圈、点火信号发生器、电子点火器、分电器和火花塞等组成。

磁脉冲式点火信号发生器主要由信号转子、感应线圈、定子、永久磁铁等组成,如图 3-1-5所示。其定子总成套在分电器的轴上,可随分电器轴一起转动。磁脉冲式点火信号发生器的工作原理如图 3-1-5(b)所示,永久磁铁的磁路为:N 级→空气隙→转子→空气隙→铁芯→S 级。定子与永久磁铁构成一定的磁场与磁路,当信号转子转到与定子对齐时,磁路被接通并形成闭合的磁路,磁场增强;当信号转子转离定子时,磁路被切断,磁场减弱。最终在感应线圈中产生感应电动势(即如图 3-1-5(c)所示的点火信号)。

(2) 霍尔式点火信号发生器。

霍尔式电子点火系统中,点火信号发生器利用霍尔效应原理产生触发电子点火器的信号,所以称之为霍尔效应式点火信号发生器。霍尔式电子点火系统的组成如图 3-1-6 所示,其组成与磁脉冲式电子点火系统基本相同,主要由电源、点火开关、点火线圈、电子点火器、霍尔式点火信号发生器和分电器、火花塞等组成。

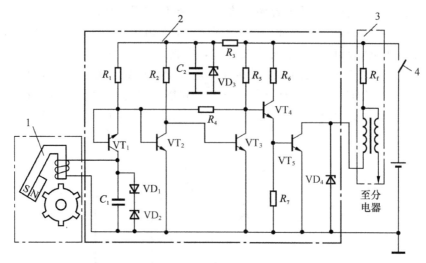

图 3-1-4　丰田汽车磁脉冲式无触点电子点火系统
1—信号发生器；2—电子点火器；3—点火线圈；4—点火开关

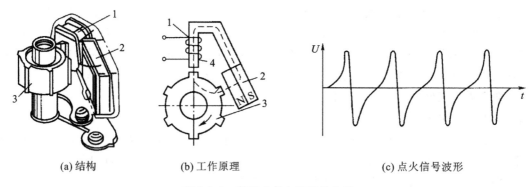

(a) 结构　　　　(b) 工作原理　　　　(c) 点火信号波形

图 3-1-5　电磁式点火信号发生器
1—感应线圈；2—永久磁铁；3—转子；4—铁芯

霍尔效应式点火信号发生器的结构如图 3-1-7 所示,主要由分电器轴带动的触发叶轮、永久磁铁和霍尔元件等组成。分火头与触发叶轮制成一体,由分电器轴驱动,且触发叶轮的叶片数与发动机的气缸数相等。

霍尔元件实际上是一个霍尔集成电路,内部集成电路原理如图 3-1-8 所示。在霍尔元件上得到的霍尔电压很小(一般为 20 mV),必须将其放大、整形后才能用来触发电子点火器。

霍尔式点火信号发生器的工作原理如图 3-1-9 所示。当发动机工作时,分电器轴带动触发叶轮转动,当触发叶轮的叶片进入永久磁铁的霍尔元件之间的空气隙时,原来垂直进入霍尔元件的磁力线即被触发叶轮的叶片遮住,霍尔元件的磁路被触发叶轮的叶片旁路,因此霍尔元件不产生霍尔电压,霍尔集成电路输出级的晶体管处于截止状态,其集电极电位为 11～12 V 的高电压,此时点火信号发生器的输出信号为 11～12 V。当触发叶轮的叶片转过空气隙后,永久磁铁的磁力线则可垂直进入霍尔元件,在霍尔元件中便会产生霍尔电压,霍尔集成电路输出级的晶体管处于导通状态,其集成电极电位为 0.3～0.4 V。由于触发叶轮有 4 个叶片,所以每转一周点火信号发生器便可产生 4 个脉冲信号(如图 3-1-10 所示),将此信号输送给电子点火器即可控制点火系统工作。

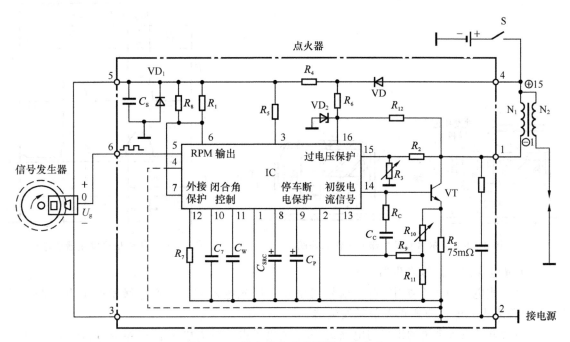

图 3-1-6 霍尔式点火装置的工作电路

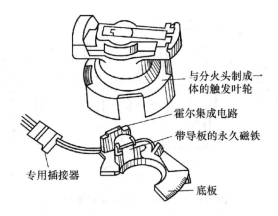

图 3-1-7 霍尔式点火信号发生器

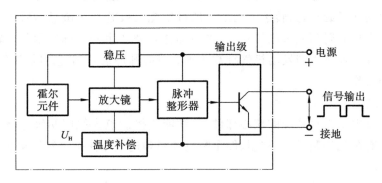

图 3-1-8 霍尔元件内部集成电路原理

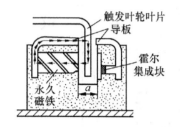 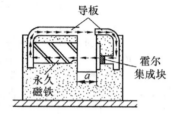 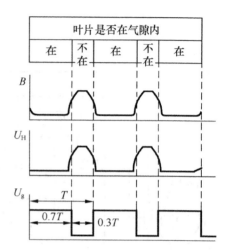

图 3-1-9　霍尔信号发生器的工作原理图　　图 3-1-10　霍尔信号发生器的输出信号

(3) 光电式点火信号发生器。

在光电式电子点火系统中,点火信号发生器利用光电效应原理产生触发电子点火器的信号,所以称之为光电效应式点火信号发生器。

光电式电子点火系统的组成与电磁式、霍尔式电子点火系统基本相同,主要有蓄电池、点火开关、点火线圈、电子点火器、光电式点火信号发生器、分电器和火花塞等组成,如图 3-1-11 所示。

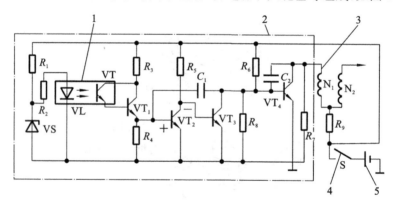

图 3-1-11　光电式电子点火系统
1—点火信号发生器；2—电子点火器；3—点火线圈；4—点火开关；5—蓄电池

光电式点火信号发生器的工作原理如图 3-1-12 所示。发动机工作时,分电器通过离心点火提前调节器驱动转子旋转,当转子上的缺口通过发光二极管与光敏晶体管之间时,发光二极管所发出的光束直接照射到光敏晶体管上,光敏晶体管便产生一个脉冲信号。转子每转一圈,光电式点火信号发生器产生与发动机气缸数相等数量的脉冲信号,此信号输送给电子点火器来控制点火系统的工作。

2) 电子点火器

电子点火器是电子点火系统的核心部件,其功能是控制点火线圈初级电路的接通与切断,大多数点火器还有限流控制、导通控制、停车断电控制和过电压保护控制等功能。

3) 点火线圈

点火线圈按磁路结构特点可分为开磁路和闭磁路两种类型。有触点点火系统广泛使用的是开磁路点火线圈,而闭磁路点火线圈多用于高能无触点点火系统。

在闭磁路点火线圈中,由硅钢片叠成"口"字形或"日"字形(见图 3-1-13)的铁芯,初级绕组在铁芯中产生的磁通可形成闭合回路。其优点是漏磁少、磁路的磁阻小、能量损失小,其能量转换率可高达 75%(开磁路点火线圈只有 60%);体积小,可直接装在分电器上,不仅结构紧凑,并可有效地降低次级电容 C_2,故在无触点式点火系统中被广泛采用。

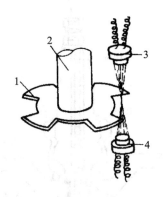

图 3-1-12　光电式点火信号发生器的工作原理
1—转子;2—转子轴;3—发光二极管;4—光敏晶体管

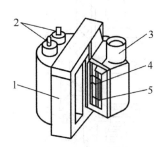

图 3-1-13　闭磁路点火线圈
1—"日"字形铁芯;2—低压接线柱;3—高压线插孔;
4——次绕组;5—二次绕组

4) 火花塞

(1) 火花塞的构造。

火花塞的结构如图 3-1-14 所示,在钢质的壳体内固定有高氧化铝陶瓷绝缘体,绝缘体中心孔的上部装有金属杆,杆的上端有接线螺母,可接高压线;中心孔的下部装有中心电极,金属杆与中心电极之间利用导电玻璃密封。铜制内垫圈起密封和导热作用。壳体的上部有便于拆装的六角平面,下部有螺纹以备安装,壳体的下端固定有弯曲的侧电极、垫圈以保证火花塞的密封。火花塞的间隙多为 0.6~0.7 mm,当采用无触点点火系统时,间隙可增为 1.0~1.2 mm。

(2) 火花塞的热特性。

发动机工作时,火花塞裙部直接与高压、高温燃气接触,导致裙部温度升高。同时,可通过热传递方式将这部分热量经缸体或空气散发。在火花塞吸收的热量和散出的热量达到一定的平衡时,可使火花塞的各个部分保持一定的温度(见图 3-1-15)。实践证明,火花塞绝缘体裙部温度保持在 500~600 ℃时,落在绝缘体上的油滴能立即烧去,这个不形成积炭的温度称为火花塞自净温度。低于这个温度时,火花塞可因积炭引起漏电,导致点火不良;高于这个温度时,则当混合气与炽热的绝缘体接触时,可引起早燃或爆燃,甚至在进气行程中引起燃烧,产生回火现象。

火花塞的热特性是用来表征火花塞受热能力的物理量,主要取决于绝缘体裙部的长度。绝缘体裙部长的火花塞,其受热面积大、传热路径长、散热困难,裙部的温度较高,称为热型火花塞(见图 3-1-16(a));反之,裙部短的火花塞,吸热面积小、传热路径短、散热容易,因此裙部的温度低,称为冷型火花塞(见图 3-1-16(b))。热型火花塞适用于低速、低压缩比的小功率发动机,冷型火花塞则适用于高速、高压缩比的大功率发动机。

3. 电子点火系统各元件检修

电子点火系统的检修主要是点火线圈、分电器和电子控制器的检修。各种电子点火系统点火线圈、配电器、离心提前装置、真空提前装置与火花塞的检修方法基本相同,但点火信号发生

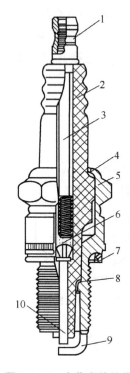
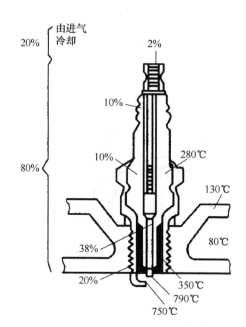

图 3-1-14 火花塞的结构

1—插线螺母；2—瓷绝缘体；3—金属杆；
4、8—内垫圈；5—壳体；6—导体玻璃；
7—密封垫圈；9—侧电极；10—中心电极

图 3-1-15 火花塞各处的温度与散热途径

器和点火控制器的检修方法有所不同。

1）直观检查

仔细检查接线、插接件是否可靠，电线有无老化与破损，蓄电池的技术状况是否良好。

2）点火线圈的检修

点火线圈的检修主要是检查初级绕组和次级绕组有无断路、短路故障，可用万用表检查绕组电阻进行判断。电子点火系统采用两端子式点火线圈，其检修方法如下。

（1）初级绕组的检修。将万用表置于 R×1 Ω 挡，两只表笔分别连接点火线圈"＋15"端子、"－1"端子，如图 3-1-17(a)所示。测得电子点火系统电阻值应为 0.5~1.0 Ω(20 ℃)，测得传统点火系统电阻值应为 1.5~3.0 Ω(20 ℃)，如电阻值为无穷大，则说明初级绕组断路，应予以更换。

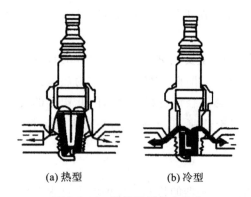

(a) 热型　　(b) 冷型

图 3-1-16 热值不同的火花塞

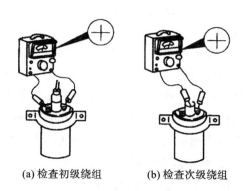

(a) 检查初级绕组　　(b) 检查次级绕组

图 3-1-17 检测点火线圈阻值

(2) 次级绕组的检修。将万用表拨到 R×1 kΩ 挡(数字式万用表拨到 OHM×20 kΩ 挡),一只表笔接点火线圈的高压插孔,另一只表笔接"+15"与"-1"中任意一个端子,如图 3-1-17(b)所示。测得电子点火系统电阻值应为 2 500～4 000 Ω(20 ℃),测得传统点火系统电阻值一般为 6 000～8 000 Ω(20 ℃)。如电阻值为无穷大,说明次级绕组断路;如电阻值过小,说明次级绕组短路,无论断路或短路都应更换点火线圈。

3) 火花塞的检修

火花塞工作于高温、高压下,是汽油发动机的易损件之一,它的性能好坏直接影响着发动机的工作状况。研究表明,一台多缸发动机,若有一只火花塞不工作,则可增加 10%～15% 的油耗,功率下降 18%～35%,尾气中 CO、HC 质量分数则要成倍地增加,起动性能下降。因此,应定期地对火花塞进行检查维护。

(1) 火花塞技术状况的检查。火花塞技术状况除用专用仪器进行密封发火试验以外,还可采取下述方法检查。

① 触摸法。起动发动机,使其怠速运转,用手触摸火花塞绝缘陶瓷部位,如温度上升得很高很快,表明火花塞正常,反之为不正常。

② 断缸法。起动发动机,使其怠速运转,然后拔高压线,听发动机转速和响声变化。转速和响声变化明显,表明火花塞正常,反之为不正常。

③ 观色法。拆下火花塞观察,如为赤褐色或铁锈色,表明火花塞正常。如为渍油状,表明火花塞间隙失调或供油过多,高压线短路或断路。如为烟熏的黑色,表明火花塞冷热型选错或混合气过浓、机油上窜。如顶端与电极间有沉积物,当为油性沉积物时,说明气缸窜机油与火花塞无关;当为黑色沉积物时,说明火花塞积炭而旁路;当为灰色沉积物时,则是汽油中添加剂覆盖电极导致缺火。若严重烧蚀,如顶端起疤、有黑色花纹破裂、电极熔化,表明火花塞损坏。火花塞状态判断如图 3-1-18 至图 3-1-20 所示。

图 3-1-18 燃烧正常的火花塞

图 3-1-19 热值过小的火花塞

图 3-1-20 热值过大的火花塞

(2) 检查火花塞的绝缘电阻值。现代汽车普遍采用电阻型火花塞,其绝缘电阻值为 3～15 kΩ。检查方法是将万用表拨到 R×1 kΩ 挡,两只表笔分别连接中心电极和高压线插头进行测量。如阻值为无穷大,说明电阻断路,应更换火花塞;如阻值过小,则不能抑制无线电干扰信号,亦应更换火花塞。

(3) 检查调整电极间隙。实践证明,汽车每行驶 1 600 km,火花塞电极烧蚀约为 0.025 mm,因此,汽车行驶一段时间后,应当检查调整电极间隙。在一般情况下,汽车每行驶 15 000～20 000 km(长效火花塞 30 000 km)或电极严重烧蚀时,应检查调整火花塞的电极间隙,方法如图 3-1-21 所示。

电极间隙应当使用火花塞专用量规进行测量和调整。

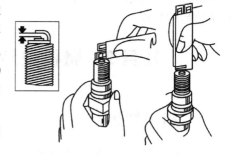
图 3-1-21 火花塞间隙的调整

4. 具体故障分析

故障案例:一辆上海大众时代超人轿车,发动机起动困难,偶尔发动机能起动,起动后,发动机抖动,排气管冒黑烟。故障分析和处理详见"任务实施"。

二、任务实施

(一)任务实施的要求

1. 任务实施的目的

(1) 能读懂汽车点火系统的电路图。

(2) 通过故障案例诊断与处理,掌握汽车点火系统的基本构造,以及各组成元件故障现象描述、原因分析和诊断方法。

2. 实训仪器和设备

汽车实训台架或整车、万用表、试灯、一字螺钉旋具、十字螺钉旋具、世达工具一套等。

(二)实施步骤

1. 故障现象分析

发动机有时能起动,说明起动系统正常;发动机抖动,说明发动机个别缸没有工作;排气管冒黑烟,可能是发动机混合气燃烧不完全造成的。

2. 故障原因分析

由于发动机能起动,判断原因如下:①点火系统故障;②油路故障;③发动机气缸压力不正常。

3. 实践操作

诊断故障:①读取故障码,无故障码出现;②连接油压表,测试油压,发现油压在 0.25~028 MPa 之间,符合要求;③拔下一个分缸高压线,做跳火试验,发现火焰呈紫色,符合要求;④检查配气正时,符合要求;⑤拆下火花塞,测试汽缸压缩压力,把火花塞拆下后发现火花塞电极呈黑色,测试汽缸压力,压力为 1.2 MPa,符合要求。考虑到火花塞呈黑色,火花塞可能有问题。

4. 故障处理

更换火花塞后,装复试车,故障排除。

【任务小结】

当点火系统发生故障时,发动机工作不正常,应先读取故障码,如若没有故障码,故障的原因可能是出现高压电路。

若部件损坏无法修复,则应予以更换。更换的部件应与原部件的规格、型号相一致。导线更换时应尽量与原来的线径和颜色一致。若用其他颜色导线代替,应与相邻导线有所区别,以利于以后的检修。

任务2 微机控制点火系统的结构原理与检修

一、相关知识

(一)微机控制点火系统组成与工作原理

1. 微机控制点火系统的分类与组成

微机控制点火系统是现代汽车发动机集中控制系统中的一个子系统,因此又称电控点火系统(ESA 系统),与传统点火系统和普通电子点火系统相比,电控点火系统彻底取消了断电器、离心力点火提前角调节器、真空式点火提前角调节器等机械装置,完全实现了电子控制,而且控制功能更强大、控制精度更高。电控点火系统具有以下特点。

(1) 在所有的运行工况及各种运行环境下,均可自动获得最佳的点火提前角,使发动机在动力性、经济型、排放性及工作稳定性等方面均处于最佳状态。

(2) 在整个工作范围内,均可对点火线圈的导通时间进行控制,使线圈中存储的点火能量保持恒定,不仅提高了点火的可靠性,同时又可有效地减少能源消耗,防止线圈过热。此外,该系统很容易实现在整个工作范围内提供稀薄燃烧所要求恒定点火能量的目标。

(3) 采用闭环控制技术,可使发动机燃烧过程控制在接近爆燃的临界状态,以获得最佳的燃烧过程,有利于发动机各种性能的提高。

2. 微机控制点火系统分类

(1) 非直接点火系统。该系统仍然保留分电器,点火线圈产生的高压电是经过分电器中的配电器(由分火头和分电器盖组成)进行分配的,依照点火顺序适时地将高压电分配至各气缸,使各缸火花塞依次点火。

(2) 直接点火系统(无分电器点火系统)。直接点火系统取消了分电器,该系统中点火线圈上的高压线直接与火花塞相连。工作时,点火线圈产生的高压电直接送至各火花塞,由微机根据各传感器输入的信息,依照发动机的点火顺序,适时控制各缸火花塞点火。无分电器点火系统由于废除了分电器,因此不存在分火头和旁电极间跳火的问题,减小了能量损失,电磁干扰小,节省了安装空间。

3. 微机控制点火系统组成

微机控制点火系统主要由与点火有关的各种传感器、电子控制单元(发动机控制 ECU)、点火电子组件(点火器)、点火线圈、高压配电器和火花塞等组成,如图 3-2-1 所示。

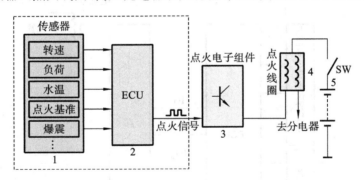

图 3-2-1　微机控制非直接点火系统组成

直接点火系统在非直接点火系统的基础上取消了高压配电器,该系统中点火线圈上的高压线直接与火花塞相连,如图 3-2-2 所示。本任务主要介绍微机控制直接点火系统工作原理。

(二) 微机控制点火系统工作原理

无分电器点火系统又称为 DLI 系统,常采用以下两种方式:同时点火方式和单独点火方式。

1. 无分电器同时点火系统

该系统每两缸使用一个点火线圈(双缸点火系统),放电电路如图 3-2-3 所示。同时点火系统主要由传感器、ECU、点火器、点火线圈等组成,如图 3-2-4 所示。

发动机工作时,ECU 根据接收到的各传感器信号,按存储器中存储的有关程序和相关数

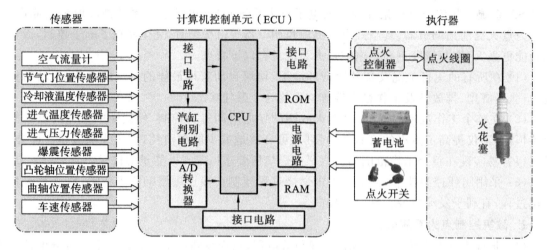

图 3-2-2　微机控制直接点火系统组成

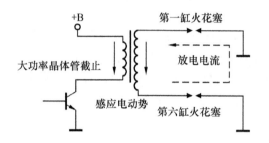

图 3-2-3　同时点火系统放电电路

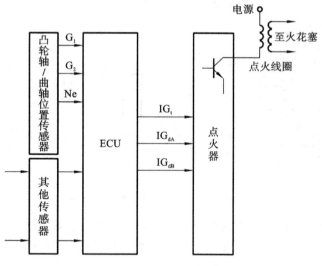

图 3-2-4　同时电控点火系统的基本组成

据,确定出该工况下最佳点火提前角和点火线圈初级电路闭合角(通电时间),并以此向点火器发出指令。点火器则根据 ECU 的指令,控制点火线圈初级电路的导通和截止。当电路导通时,有电流从点火线圈中的初级电路通过,点火线圈将点火能量以磁场的形式储存起来。当初级电路中的电流被切断时,在其次级线圈中将产生很高的感应电动势(15~20 kV),经分电器或直接送至工作汽缸的火花塞。点火能量经火花塞瞬间释放,产生的电火花点燃汽缸内的混合气,使发动机完成做功过程。

此外,在具有爆燃控制功能的电控点火系统中,ECU 还根据爆震传感器的输入信号来判断发动机有无爆燃及爆燃的强度,并对点火提前角进行闭环控制。

在电控点火和电控燃油喷射系统中,点火正时和喷油正时的控制精度要求能检测出 1°的曲轴转角,而目前汽车上装用的汽油发动机最高转速高达 6 000 r/min 以上。发动机正常工作时,1°曲轴转角所需的时间相当短,要进行这样精确的计时控制,电控系统除必须具有能够准确检测活塞上止点位置的凸轮轴位置传感器、检测曲轴转角的曲轴位置传感器外,还必须有能进行高速运算的微机系统。在电控点火系统中,用凸轮轴位置传感器产生的 G 信号和曲轴位置传感器产生的 Ne 信号作为主控制信号,以 G 信号为基准,按每 1°曲轴转角分频,用既定的曲轴角度产生点火控制信号(IGt 信号)。

下面以丰田皇冠车 DLI 系统(见图 3-2-5)为例介绍同时点火系统的工作原理。

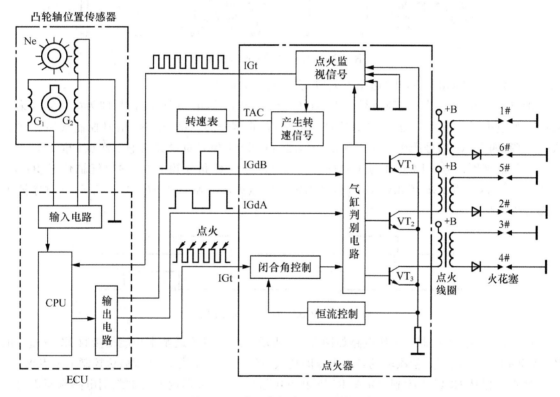

图 3-2-5　丰田皇冠车 DLI 系统组成

(1) 凸轮轴位置传感器(磁电式)。凸轮轴位置传感器由 G(G_1、G_2)和 Ne 两部分信号发生器组成。ECU 根据 G_1、G_2 和 Ne 信号判别气缸、检测曲轴转角以及决定点火时刻的初始点火提前角。

凸轮轴位置传感器的 G 信号转子每转一转(相当于曲轴转两转),分别产生一次 G_1、G_2 信号,G1 信号可判别第六缸处于压缩上止点附近,表示第六缸完成点火准备,然后依 Ne 信号决定第六缸的点火时刻;G2 信号可判别第一缸处于压缩上止点附近,依 Ne 信号决定第一缸的点火时刻。

Ne 信号发生器信号转子有 24 个齿,Ne 信号用以检测转子转角(或曲轴转角)作为点火时的基准信号和发动机转速信号。G1、G2、Ne 信号关系如图 3-2-6 所示。

(2) 电子控制器(ECU)。ECU 根据各传感器输入信号,经计算、处理,将点火时刻信号 IGt

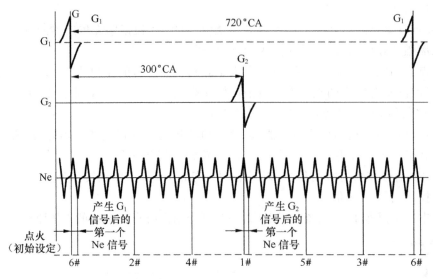

图 3-2-6　G1、G2、Ne 信号关系

和气缸判别信号(IGdA、IGdB)送至点火器,实现对点火的控制。

①点火时刻(提前角)控制信号。当 G1、G2 信号产生后,第一个 Ne 信号即为第六缸或第一缸的初始点火时刻信号。当 G1、G2 信号产生时,以此信号为基准,由 Ne 信号控制其后三次点火信号(每四个 Ne 信号产生一个点火信号),之后再由 G 信号重设其后的三次点火信号。

②气缸判别信号。ECU 根据 G1、G2、Ne 信号,经计算和分频电路,输出气缸信号 IGdA、IGdB。点火器根据 IGt、IGdA、IGdB 信号确定需要点火的气缸。IGdA、IGdB 信号的时序波形如图 3-2-7 所示。

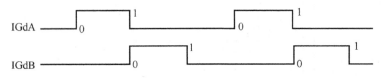

图 3-2-7　IGdA、IGdB 的时序波形

(3)点火器。点火器的工作电路如图 3-2-8 所示。点火器的最基本功能是接收 ECU 输出的 IGdA、IGdB 和 IGt 信号,依次驱动各点火线圈初级绕组的接通和截止,实现微机控制下的点火。

当点火器从 ECU 接收到 IGdA、IGdB 和 IGt 信号后,点火器内的气缸判别电路判断需要点火的气缸,点火器通过驱动电路,控制相应的点火线圈的大功率晶体管导通,初级绕组通电,当点火信号 IGt 变为低电位时,初级绕组断电,次级绕组产生高压电。整个发动机的点火正时流程图如图 3-2-9 所示。

(4)点火线圈。DLI 系统采用小型闭磁路点火线圈。它由初级线圈、次级线圈、铁芯、高压二极管、外壳、低压接线柱、高压引线等组成。每组点火线圈供应两缸同时点火,如图 3-2-10 所示。当初级绕组电流被切断时,两个气缸中都有跳火现象发生,在能量分配上,压缩行程的气缸压力较高,所需跳火电压高,而排气行程气缸压力接近大气压,所需电压较低,而且含有大量的导电离子,因此能保证压缩行程气缸有足够的点火能量。

在点火器大功率晶体管 VT 导通瞬间,初级绕组产生反向的感应电动势,如图 3-2-11 所示,次级绕组也产生 1 000 V 左右的电压,由于此时气缸中气压低,火花塞可能跳火,高压二极管可避免点火线圈次级绕组产生的电压在火花塞造成跳火现象,如图 3-2-12 所示。

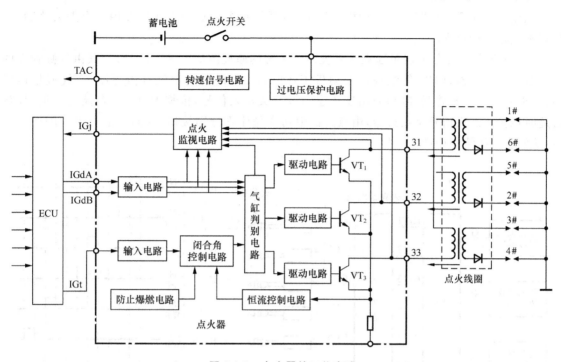

图 3-2-8　点火器的工作电路

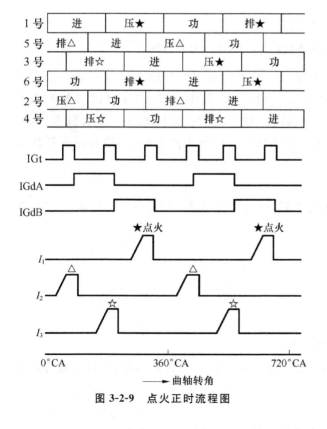

图 3-2-9　点火正时流程图

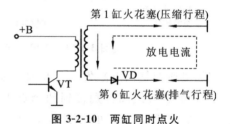

图 3-2-10　两缸同时点火

图 3-2-11　初级绕组产生反向的感应电动势

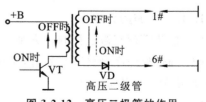

图 3-2-12　高压二极管的作用

2. 无分电器单独点火系统

此点火方式适合在四气门发动机上配用,该系统每个气缸的火花塞配用一个点火线圈,单独对本气缸进行点火。

(1) 丰田公司无分电器单独点火系统。该系统的原理图如图 3-2-13 所示,其由各缸独立的点火线圈和点火器、ECU 等组成。发动机工作时,ECU 根据曲轴位置传感器、空气流量传感器、点火基准信号传感器、冷却液温度传感器及开关输入信号,依据 ROM 中存储的数据,计算后适时地输出点火信号至点火器,由点火器中功率晶体管分别接通、切断各缸点火线圈初级电路,从而在次级绕组中产生高压。

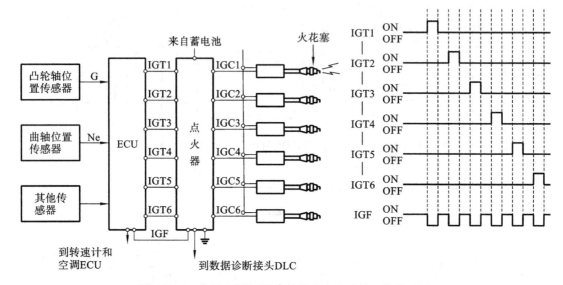

图 3-2-13 丰田 1 MZ-FE 电控独立点火系统工作原理图

(2) 奥迪四气门五缸发动机单独点火系统。该系统的原理图如图 3-2-14 所示。该点火系统的 5 个点火线圈分别接到两个点火器 N122、N127 上,其中 N122 控制 1、2、3 缸的点火线圈,N127 控制 4、5 缸的点火线圈,两个点火器分别用导线与 ECU 相连。发动机工作时,电控单元通过各接线柱上的点火信号输出线,适时地对各缸输出点火信号,通过点火器控制各缸点火。

3. 具体故障分析

故障案例:一辆帕萨特 B5 轿车,发动机熄火后,再也不能起动。故障分析和处理详见"任务实施"。

二、任务实施

(一) 任务实施的要求

1. 任务实施的目的
(1) 能读懂汽车微机控制点火系统的电路图。
(2) 通过故障案例诊断与处理,掌握汽车微机点火系统的基本构造和原理,以及故障现象描述、原因分析和诊断方法。

2. 实训仪器和设备
汽车实训台架或整车、万用表、试灯、一字螺钉旋具、十字螺钉旋具、世达工具一套等。

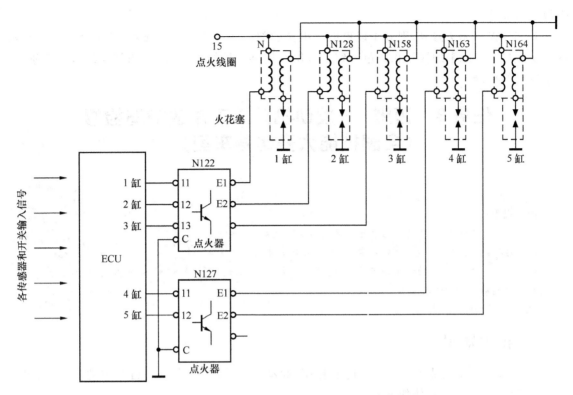

图 3-2-14　奥迪四气门五缸发动机单独点火系统电控原理图

(二) 实施步骤

1. 故障现象分析

发动机不能起动,故障原因很多,需要根据汽车发动机起动的三大要素来分析。

2. 故障原因分析

根据发动机不能起动的故障现象,判断原因如下:①油路故障;②点火系统故障;③起动系统故障;④发动机控制系统故障。

3. 实践操作

(1) 打开点火开关,起动发动机,起动机运作有力,发动机无着火现象,由此判断起动系统正常,蓄电池电量正常。

(2) 起动发动机,使用示波仪读取喷油波形,无波形;读取点火系统高压线波形,无波形;读取点火系统初级线圈波形,无波形。说明发动机 ECU 没有进行点火、喷油控制。

(3) 使用万用表直流电压挡检测发动机 ECU 电源电路,电压正常。判断故障原因可能是曲轴位置传感器造成。

(4) 关闭点火开关,用举升机将车辆举起,使用万用表电阻挡检查曲轴位置传感器 2、3 接脚之间的阻值,显示阻值无穷大,曲轴位置传感器内部线圈断路,致使发动机不能检测到发动机气缸压缩上止点信号进而不能进行点火、喷油控制。

4. 故障处理

更换曲轴位置传感器,装复试车,故障排除。

【任务小结】

当检测发动机不能起动且没有喷油、点火波形时,故障主要原因可能是曲轴位置传感器出现故障造成的。

若部件损坏无法修复，则应予以更换。更换的部件应与原部件的规格、型号相一致。导线的更换应尽量与原来的线径和颜色一致。若用其他颜色导线代替，应与相邻导线有所区别，以利于以后的检修。

任务3　迈腾 B8 发动机无法工作故障与检修（全国技能大赛比赛车型）

故障现象：
迈腾 B8 起动机运转、发动机无法起动常见的故障现象有两种：
(1) 起动发动机时，起动机运转正常，但无任何着车征兆。
(2) 起动发动机时，起动机运转正常，但起动后熄火（有逐渐熄火、突然熄火、熄火后可再次起动和熄火后不再起动等四种情况）。

一、相关知识

迈腾 B8 发动机控制原理、15 号电源控制、起动控制等原理，参见项目 2 中的分析，这里主要分析燃油点火控制，具体如下。

起动过程中，起动机带动发动机曲轴转动，再通过正时链带动凸轮轴转动。信号轮分别触发曲轴位置传感器和凸轮轴位置传感器，前者将曲轴位置以及转速信号输送至发动机控制单元，后者将凸轮轴位置以及转速信号输送至发动机控制单元，发动机控制单元通过比较两组位置信号，确定曲轴转角和一缸上止点位置，并控制喷油和点火，如图 3-3-1 所示。

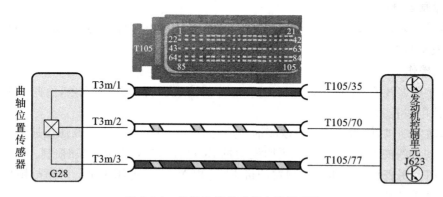

图 3-3-1　曲轴位置传感器电路原理图

同时，在发动机控制单元接收到曲轴或凸轮轴转速信号后（见图 3-3-2），发出燃油泵工作信号，同时将燃油泵工作信号以 PWM 形式传至燃油泵控制单元，燃油泵控制单元接通燃油泵控制电路，燃油泵初期以最高转速运转，迅速给燃油系统建立初压，如图 3-3-3 所示。

发动机控制单元根据当前的冷却液温度、进气温度、进气流量（通过进气压力传感器、节气门位置传感器和加速踏板位置传感器测量）、燃油压力等参数，在控制单元预先设定的喷油量基础上，进行修正，将修正好的喷油量转化为占空比信号控制喷油器电磁线圈动作，使合适压力的燃油喷入燃烧室，如图 3-3-4 所示。

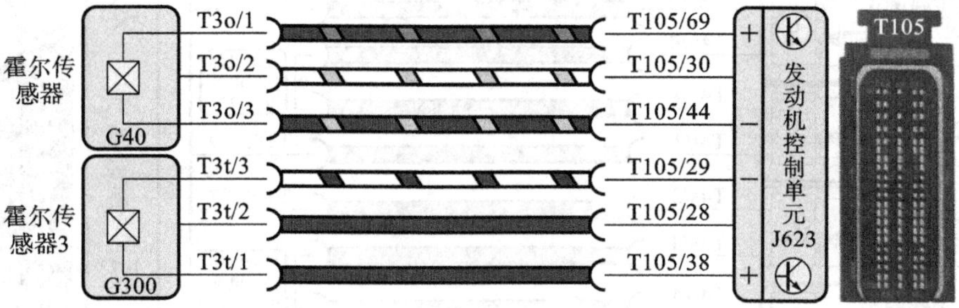

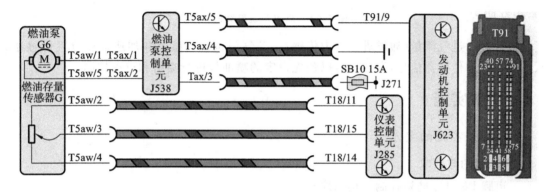

图 3-3-2 曲轴、凸轮轴位置传感器电路原理

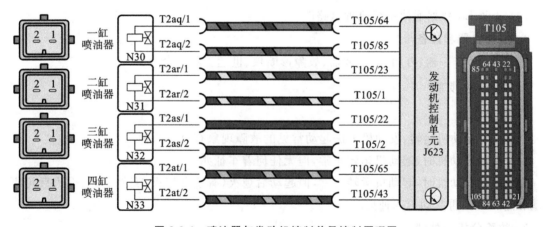

图 3-3-3 燃油供给系统电路图

图 3-3-4 喷油器与发动机控制单元控制原理图

同时,发动机根据输入的凸轮轴位置以及曲轴位置确定点火正时,并将此点火信号转化为占空比信号输出至独立点火线圈内的大功率晶体管,大功率晶体管断开初级绕组至发动机缸体上的搭铁线路,并在断开初级绕组瞬间,在次级绕组上产生感应电动势,高压电动势通过火花塞电极在气缸内放电,点燃气缸内混合气,推动活塞往复运行,通过曲轴转化成圆周运动,发动机起动,如图 3-3-5 所示。

如果发动机接收不到曲轴位置传感器、凸轮轴位置传感器中任意一个传感器信号,发动机控制单元将使用另一个传感器信号进行代替,按预先设定的程序确定和控制点火、喷油正时,发动机还可以起动。

如果两个传感器信号同时出现故障,将导致发动机无法起动。如果发动机接收不到冷却液

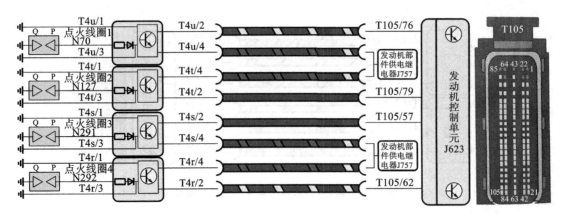

图 3-3-5　点火系统电路图

温度、进气温度、进气流量(通过进气压力传感器、节气门位置传感器和加速踏板位置传感器测量)、燃油压力等传感器信号,发动机将以预先设定的喷油量进行喷射和点火控制。

二、任务实施

(一)任务实施的要求

1. 实训目的与要求

(1) 迈腾 B8 驻车防盗控制结构与原理。
(2) 迈腾 B8 发动机控制原理电路图。
(3) 迈腾 B8 数据通信系统原理电路图。

2. 实训仪器和设备

迈腾 B8 轿车一辆、万用表、示波器、故障诊断仪、世达工具一套等。

(二)实施步骤

1. 故障现象

迈腾 B8 起动机运转、发动机无法起动常见的故障现象有以下两种。

(1) 起动发动机时,起动机运转正常,但无任何着车征兆。
(2) 起动发动机时,起动机运转正常,但起动后熄火(有逐渐熄火、突然熄火、熄火后可再次起动和熄火后不再起动等四种情况)。

2. 故障分析与处理

1) 检测曲轴位置传感器

曲轴位置传感器电路原理图见图 3-3-1。

第一步:测量曲轴位置传感器 T3 m/2 端子对搭铁波形。点火开关打开或发动机运行,测试波形应为方波信号。

第二步:测量曲轴位置传感器 T3 m/1 端子对搭铁电压。点火开关打开或发动机运行,测试值应为 5 V。

第三步:测量发动机控制单元 J623 的 T105/35 端子对搭铁电压。点火开关打开或发动机运行,测试值应为 5 V。

第四步:测量曲轴位置传感器 T3 m/1 端子与 J623 的 T105/35 端子之间导线的通断。

第五步：检查曲轴位置传感器 T3 m/3 端子对搭铁电压。起动发动机，搭铁电压应小于 0.1 V。

第六步：测量发动机控制单元 J623 的 T105/77 端子对搭铁电压。起动发动机，搭铁电压应小于 0.1 V。

2）检测凸轮轴位置传感器

曲轴、凸轮轴位置传感器电路原理见图 3-3-2。

第一步：测量凸轮轴位置传感器 T3o/2 端子对搭铁波形。点火开关打开或发动机运行，测试波形应为 0 到 5 V 的方波信号。

第二步：测量凸轮轴位置传感器 T3o/1 端子对搭铁电压。点火开关打开或发动机运行，测试值应为 5 V。

第三步：测量发动机控制单元 J623 的 T105/69 端子对搭铁电压。点火开关打开或发动机运行，测试值应为 5 V。

第四步：测量凸轮轴位置传感器 T3o/1 端子与 J623 的 T105/69 端子之间导线的通断。

第五步：检查凸轮轴位置传感器 T3o/3 端子对搭铁电压。起动发动机，搭铁电压应小于 0.1 V。

第六步：测量发动机控制单元 J623 的 T105/44 端子对搭铁电压。起动发动机，搭铁电压应小于 0.1 V。

第七步：测量凸轮轴位置传感器 T3o/3 端子与 J623 的 T105/44 端子之间导线的通断。

3）检测燃油泵控制单元控制信号

燃油供给系统电路图见图 3-3-3。

第一步：测量燃油泵控制单元 J538 的 T5ax/5 端子对搭铁波形，在发动机处于怠速状态下测量。

第二步：测量 J623 的 T91/9 端子对搭铁电压，在发动机处于怠速状态下测量。

第三步：测量 J538 的 T5ax/5 端子和 J623 的 T91/9 端子之间的通断性。点火开关关闭，拔掉 J623 的 T91 插接件和 J538 的 T5ax 插接件，测试电阻应小于 2 Ω。

第四步：测量 J538 的 T5ax/5 端子对搭铁电阻。点火开关关闭，拔掉 J623 的 T91 插接件和 J538 的 T5ax 插接件，测试电阻应为无穷大。

4）检测燃油泵控制单元电源

燃油供给系统电路图见图 3-3-3。

第一步：测量燃油泵控制单元 J538 的 T5ax/3 端子对搭铁电压。点火开关打开，测试值应为蓄电池电压（+B）。

第二步：测量熔断丝 SB10（15 A）两端对搭铁电压，任何情况下测试值都应为蓄电池电压（+B）。

第三步：测量熔断丝 SB10 与 J538 的 T5ax/3 端子之间的通断性。点火开关关闭，测试电阻应小于 2 Ω。

第四步：测量 J538 的 T5ax/4 端子对搭铁电压。在任何工况下，搭铁电后应小于 0.1 V。

5）检测喷油器信号

喷油器与发动机控制单元控制原理图见图 3-3-4。

由于喷油器结构和工作原理完全一致，所以仅对喷油器 N30 的控制电路进行检查和测量。

第一步:测量喷油器端子对搭铁波形,发动机怠速,用双通道示波器同时测量喷油器两端子对的搭铁波形。

第二步:测量 J623 的 T105/64 端子和 T105/85 端子对的搭铁波形,发动机应处于怠速状态。

第三步:测量 N30 的 T2aq/1 端子和 T105/64 端子之间的通断性。点火开关关闭,拔掉 J623 的 T105 插接件和喷油器 N30 的 T2aq 插接件,测试电阻应小于 2 Ω。

第四步:测量喷油器 N30 的 T2aq/1 端子对搭铁电阻。点火开关关闭,拔掉 J623 的 T105 插接件、喷油器 N30 的 T2aq 插接件,测试电阻应为无穷大。

6) 检测点火线圈 N70 电源

点火系统电路图见图 3-3-5。

由于点火线圈结构和工作原理完全一致,所以仅对点火线圈 N70 的控制电路进行检查和测量。

第一步:测量点火线圈 N70 的 T4u/4 端子对搭铁电压。点火开关打开或发动机运行,测试值应为蓄电池电压(+B)。

第二步:测量继电器 J757/87 端子对搭铁电压。点火开关打开或发动机运行,测试值应为蓄电池电压(+B)。

第三步:测量 J757 的 87 端子和 T4u/4 端子之间的通断性。点火开关关闭,拔掉 J757 继电器和点火线圈的插接器,测试电阻应小于 2 Ω。

第四步:测量 N70 的 T4u/1 端子对搭铁电压。起动发动机,测试值应小于 0.1 V。

7) 检测点火线圈 N70 信号

点火系统电路图见图 3-3-5。

由于点火线圈结构和工作原理完全一致,所以仅对点火线圈 N70 的控制电路进行检查和测量。

第一步:测量点火线圈 N70 的 T4u/2 端子对搭铁波形。点火开关打开或发动机运行,测试值应为方波信号。

第二步:测量发动机控制单元 T105/76 端子对搭铁波形。点火开关打开或发动机运行,测试值应为方波信号。

第三步:测量 J623 的 T105/76 端子和 T4u/2 端子之间的通断性。点火开关关闭,拔掉 J623 的 T105 插接器和点火线圈 N70 的 T4u 插接器,测试电阻应小于 2 Ω。

第四步:测量 N70 的 T4u/2 端子对搭铁电阻。点火开关关闭,拔掉 J623 的 T105 插接器和点火线圈 N70 的 T4u 插接器,测试值应为无穷大。

◀【拓展项目】电子节气门 ▶

电子节气门取消了传统的用拉索来控制节气门开度,取而代之的是使用电机根据 ECU 的指令对节气门开度进行控制。下面以丰田智能电子节气门控制系统为例,介绍电子节气门的相关知识。

丰田智能电子节气门控制系统(ETCS-i)首先应用在 98 款凌志 LS400 上,它在发动机所有工作范围内实现理想的节气门控制,其系统构成如图 3-1 所示。

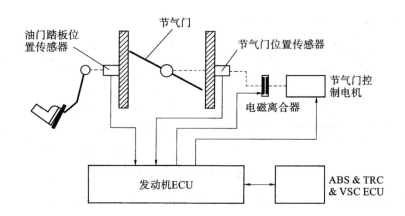

图 3-1　智能电子节气门控制系统

ETCS-i 具有如下特点。

(1) 在普通节气门体上,节气门的开度由加速踏板的踏下量来控制。与此相反,ETCS-i 利用发动机 ECU,对应于驾驶状况来计算出最佳的节气门开度,并利用节气门控制电机来控制节气门的开度。

(2) ETCS-i 同时控制 ISC 系统、巡航控制系统和 VSC 系统,使车辆结构大大简化。

(3) 为确保车辆行驶的可靠性,提供了一个双重操作系统。当 ETCS-i 出现异常时,此系统可被切断,由加速踏板以慢驶模式操纵汽车的行驶。

一、ETCS-i 的结构和工作原理

1. ETCS-i 的结构

智能电子节气门的结构如图 3-2 所示。

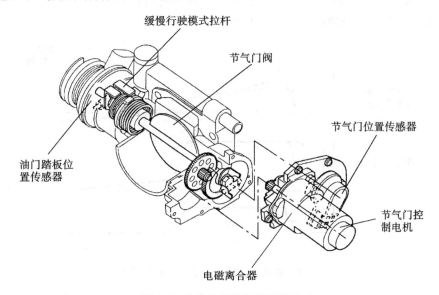

图 3-2　智能电子节气门的结构

(1) 加速踏板位置传感器。安装在节气门体上的加速踏板位置传感器和由加速踏板伸出的拉索连接的节气门拉杆结合在一起。如图 3-3 所示,加速踏板位置传感器将加速踏板移动量转换成带有不同输出特性的两类电子信号。然后将信号输入发动机 ECU。

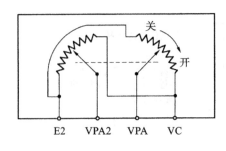 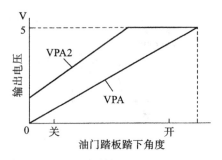

图 3-3 加速踏板位置传感器及输出特性

（2）节气门位置传感器。节气门位置传感器将节气门阀开度转换为一个电子信号后输入发动机的 ECU，输出特性与加速踏板位置传感器的一样。

（3）节气门控制电机。节气门控制电机是一个具有灵敏反应和低能耗的直流电机。发动机 ECU 通过对流往节气门控制电机的电流方向和电流强度进行占空比控制来调节气门阀的开度。

（4）电磁离合器。在正常情况下，电磁离合器结合使节气门控制电机来打开或关闭节气门阀。当系统出现故障时，电磁离合器被分开，以防止节气门控制电机打开和关闭节气门阀。

2. ETCS-i 的工作过程

发动机 ECU 对应于各种工作条件，决定目标节气门阀开度以驱动节气门控制电机，能够实现如下控制：①非线性控制；②急速控制；③减少换挡冲击控制；④TRC 节气门控制；⑤VSC 协调控制；⑥巡航控制。

1) 非线性控制

（1）控制节气门在一个最佳的开度，使其与加速踏板移动量和发动机转速等行驶条件匹配，以实现在全部工作范围内，对节气门有良好的控制和适应性。

图 3-4 所示是加速和减速时的节气门开度控制。

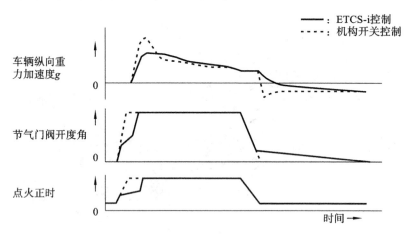

图 3-4 加速和减速时的节气门开度控制

（2）在预先知道的低摩擦系数路面条件的情况下，如在雪地上行驶时，可控制节气门阀来增强汽车驶过易滑地面时的稳定性。这是通过将 SNOW 开关打到 ON 来完成的。它相当于施加的加速踏板的移动量，发动机输出的功率比正常行驶的水平减少。

图 3-5 所示是在坚实雪地上以 1 挡起步加速时的控制实例（TRC 关闭）。

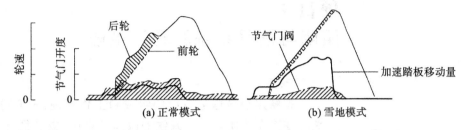

图 3-5　在坚实雪地上用 1 挡起步加速时的正常模式和雪地模式

2）怠速控制

以前是使用步进电机型的 ISC 来完成，如冷车快怠速和怠速提升的怠速控制。与采用 ETCS-i 相适应，现在怠速控制是由节气门控制电机控制节气门阀开度来完成的。

3）减少换挡冲击控制

在变速器换挡期间，节气门控制与 ECT（电控变速器）控制同步以减少换挡冲击。

4）TRC 节气门控制

作为 TRC 系统的一部分，如果一个驱动轮上产生过大的打滑量，节气门阀就由 ABS&TRC&VSC ECU 发出的指令信号关闭，以利于保证汽车的稳定性和驱动力。

5）VSC 协调控制

为使 VSC 系统的效用达到最佳状态，由 ABS&TRC&VSC ECU 施加协调控制来控制节气门阀的开度。

6）巡航控制

以前，车速是由巡航控制执行器打开和关闭节气门阀来控制的。采用 ETCS-i 后，车速是由节气门控制电机控制节气门阀来控制的。

二、ETCS-i 的失效保护

如果 ETCS-i 出现异常情况，"CHECK ENG"将会在多信息显示屏上显示，以提醒驾驶员。同时，流向节气门控制电机和电磁离合器的电流被切断，停止操作 ETCS-i。此时复位弹簧关闭节气门阀，即使在这种情形下，加速踏板可用于操纵慢驶模式拉杆来操作节气门阀，驾驶员可继续在慢驶模式下驾驶汽车，如图 3-6 所示。

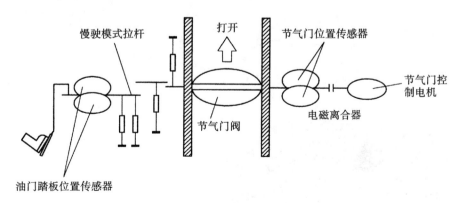

图 3-6　电子节气门结构示意图

项目 4
照明与信号系统原理与检修

◀ **项目要求**

　　理解照明与信号系统的组成和工作原理,学会分析电路。在汽车照明与信号系统的故障检修中,应遵循咨询、计划、决策、实施、检查和评估六步法:①咨询——根据故障案例,查阅相关的维修技术资料;②计划——针对故障现象制定相应的工作计划可行性方案;③决策——对可行性方案进行论证;④实施——进行故障的检修;⑤检查——对所排除故障进行检查确认;⑥评估——工作总结,对故障现象进行深度分析。

◀ **知识要求**

1. 掌握照明系统的组成及控制电路。
2. 掌握灯光信号系统的组成及控制电路。
3. 掌握喇叭装置的组成及控制电路。
4. 熟悉迈腾 B8 网络总线系统。
5. 掌握迈腾 B8 远光灯控制运行原理。

◀ **能力要求**

1. 万用表、示波器、解码器等常见设备的使用。
2. 维修资料的查阅、电路原理图的识读和分析。
3. 常见故障的诊断与排除。
4. 5S 管理和操作。

任务1　照明系统的结构原理与检修

一、相关知识

（一）照明系统的组成与作用

汽车照明系统由电源、照明装置和控制部分组成，其主要作用是用于夜晚道路照明、车厢内部照明、仪表和夜间检修照明等。汽车照明装置根据安装位置和用途不同，一般可分为外部照明装置和内部照明装置。控制部分主要包括各种灯光开关、继电器等。

（1）前照灯：用于夜间行车道路的照明，是照亮汽车前方道路的主要灯具。前照灯有四灯制和两灯制两种，功率一般为 40~60 W。

（2）雾灯：用于雨雪天气行车时道路照明，有前雾灯和后雾灯两种。前雾灯装于汽车前部且比前照灯稍低的位置。雾灯的光色为黄色、橙色或红色。

（3）仪表灯：用于仪表照明，以便于驾驶员获取行车信息和进行正确操作，仪表灯数量依车型而定。

（4）顶灯：用于车内照明。有的车辆顶灯还具有门灯的作用，即当车门关闭不严时灯会亮，以便提醒驾驶员注意。

（5）牌照灯：安装在汽车尾部的牌照上方，用于夜间照亮汽车牌照。

（6）工作灯：用于在排除汽车故障或检修时提供照明。

（二）前照灯的结构与类型

1. 前照灯的基本要求

为了保证车辆夜间行驶安全，世界各国交通管理部门都以法律形式规定了汽车前照灯的照明标准，基本内容如下。

（1）前照灯应保证夜间车前 100 m 以内路面上有明亮而均匀的照明，使驾驶员能看清车前的路面情况。随着汽车行驶速度的提高，要求汽车前照灯的照明距离也相应的增长，如今有些汽车的前照灯照明距离已达到 200~250 m。

（2）前照灯应具有防止眩目的装置，确保夜间两车迎面相遇时，不使对方驾驶员因产生眩目而造成事故。

2. 前照灯的组成

汽车前照灯的光学系统一般由光源（灯泡）、反射镜和配光镜（散光镜）三部分组成，如图4-1-1所示。

1）灯泡

目前汽车前照灯所用的灯泡有普通充气灯泡（白炽灯泡）、卤钨灯泡和氙气灯泡三种，前两种灯泡的灯丝均采用熔点高、发光强的钨制成，如图 4-1-2 所示。

（1）普通充气灯泡。

普通充气灯泡的灯丝是用钨丝制成的。

（2）卤钨灯泡。

卤钨灯泡是目前国内外广泛使用的一种新型光源，它是利用卤钨再生循环反应的原理制成的。卤钨灯泡的尺寸小，泡壳的机械强度高，耐高温性强，所以充入惰性气体的压力较高，因而工作温度高，钨的蒸发也受到工作气压的抑制。

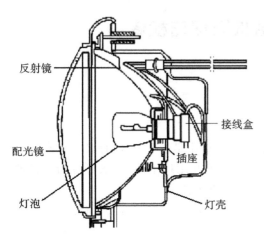

图 4-1-1 前照灯的结构

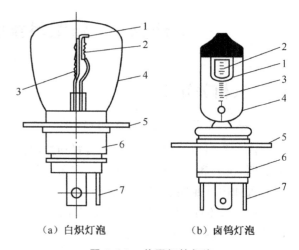

(a) 白炽灯泡　　(b) 卤钨灯泡

图 4-1-2 前照灯的灯泡

1—配光屏；2—近光灯丝；3—远光灯丝；4—灯壳；
5—定焦盘；6—灯头；7—插片

在相同功率下，卤钨灯的亮度为白炽灯的 1.5 倍，寿命是白炽灯的 3～4 倍。现在使用的卤素一般为碘元素或溴元素，分别称为碘钨灯泡或溴钨灯泡。目前我国生产的主要是溴钨灯泡。

（3）氙气灯泡。

氙气灯泡由小型石英灯泡、变压器和电子单元组成，其结构如图 4-1-3 所示。氙气灯泡的玻璃用坚硬的耐高温耐压石英玻璃（二氧化硅）制成，灯内充入高压氙气。接通电源后，通过变压器，在几微秒内升压到 20 000 V 以上的高压脉冲电压加在石英灯泡内的金属电极之间，激励灯泡内的物质（包含氙气、少量的水银蒸气和金属卤化物等）在电弧中电离产生光亮。由于高温导致的原子碰撞激发，随着压力升高，线光谱变宽形成带光谱。在灯开关接通的一瞬间，氙灯即产生与 55 W 卤素灯一样的亮度，约 3 s 达到全部光通量。

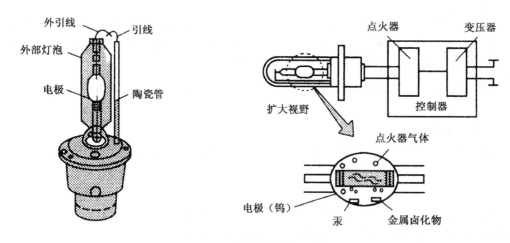

图 4-1-3 氙气灯泡结构示意图

一个 35 W 的氙灯光源可产生 55 W 卤素灯 2 倍的光通量，使用寿命与汽车全寿命差不多。因此，安装氙灯不但可以减少电能消耗，还相应提高了车辆的性能，这对轿车而言具有很重要的意义。

2）反射镜

由于前照灯灯泡的灯丝发出的光度有限，功率仅为 40～60 W，如无反射镜，只能照亮汽车灯前 6 m 左右的路面。反射镜的作用,是将灯泡的光线聚合并导向前方,如图 4-1-4 所示。灯丝位于焦点上,灯丝的绝大部分光线向后射在立体角范围内,经反射镜反射后变成平行光束射向远方,使发光强度增强几百倍至上千倍,达到 $2\times10^4 \sim 4\times10^4$ cd,从而使车前 150 m 甚至 400 m 内的路面照得足够清楚。

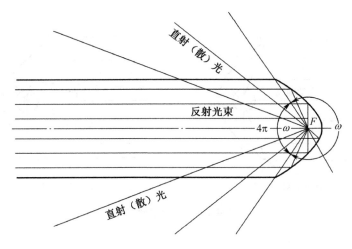

图 4-1-4 反射镜工作示意图

3) 配光镜

图 4-1-5 所示为配光镜,又称散光玻璃。它用透光玻璃压制而成,是很多块特殊的棱镜和透镜的组合,其几何形状比较复杂,外形一般为圆形和矩形,其作用是将反射镜反射出的平行光束进行折射,使车前路面和路缘都有良好而均匀的照明。

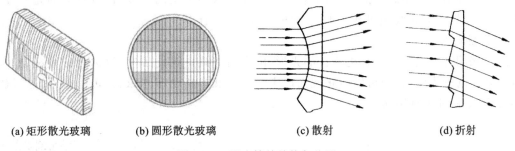

(a) 矩形散光玻璃　　(b) 圆形散光玻璃　　(c) 散射　　(d) 折射

图 4-1-5 配光镜的结构与作用

3. 前照灯的防眩目措施

眩目是指人的眼睛突然被强光照射时,由于视神经受刺激而本能地闭上眼睛或只能看见亮光而看不见暗处物体的生理现象。

为了避免前照灯的强光线使对面来车驾驶员产生眩目,从而造成交通事故,并保持良好的路面照明,在现代汽车上普遍采用双丝灯泡的前照灯。其中一根灯丝为远光灯丝,光度较强,位于反射镜的焦点上;另一根灯丝为近光灯丝,光度较弱,位于反射镜焦点的上方或前方。当夜间行驶无迎面来车时,可通过控制电路接通远光灯丝,使前照灯光束射向远方,便于提高车速。当两车相遇时,接通近光灯丝,前照灯光束倾向路面,使车前 50 m 内路面照得十分清晰,从而避免了迎面来车驾驶员的眩目现象。防眩目措施有以下几种形式。

1) 普通双丝灯泡

普通双丝灯泡的远光灯丝位于反射镜的焦点上,而近光灯丝则位于焦点的上方并稍向右偏移,其工作情况如图 4-1-6 所示。当接通远光灯电路时,远光灯丝发出的光线由反射镜反射后沿光学轴线平行射向远方,如图 4-1-6(a)所示。当接通近光灯丝时,射到反射镜 bab_1 面上的光线由反射镜反射后倾向路面,而反射到反射镜 bc 和 b_1c_1 上的光线反射后倾向上方,如图 4-1-6(b)所示,但倾向路面的光线占大部分,使远射光减少从而减小了对迎面来车驾驶员的眩目作用。

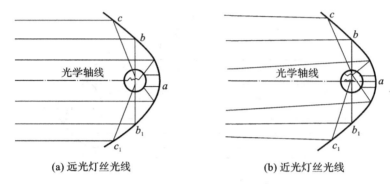

图 4-1-6 普通双丝灯

2)具有配光屏的双丝灯泡

具有配光屏的双丝灯泡其远光灯丝仍位于反射镜焦点处,而近光灯丝则位于焦点前上方,金属制的配光屏装在灯丝下面。由于近光灯丝射向反射镜上部的光线倾向路面,而配光屏挡住了灯丝射向反射镜下半部的光线,故没有向上反射出可能引起眩目的光线。带配光屏的灯泡的工作情况如图 4-1-7 所示。

3)采用非对称光形

这是一种新型的防眩目前照灯,安装时将配光屏偏转一定的角度,使其近光的光形分布不对称,将近光灯右侧光线倾斜升高 15°,如图 4-1-8(a)所示。

4)Z 型光形

近年来国外又发展了一种更优良的光形,由于明暗截止线呈 Z 形,故称为 Z 型配光。它不仅可以防止驾驶人眩目,还可以防止迎面而来的行人和非机动车者眩目,进一步保证了汽车行驶的安全,如图 4-1-8(b)所示。

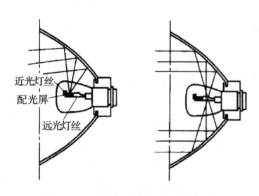

图 4-1-7 具有配光屏的双丝灯泡

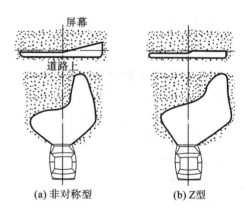

图 4-1-8 前照灯的配光光形

4. 前照灯的类型

前照灯按照反射镜结构不同,分为可拆式、半封闭式和封闭式;按照形状不同,分为圆形、矩形和异形;按照反射的光束类型不同,分为远光灯、近光灯;按照安装方式不同,分为内装式和外装式;按照灯泡结构不同,分为有灯丝式和无灯丝式(氙灯)。可拆式前照灯由于反射镜和配光镜分别安装而构成组件,因此气密性差,反射镜易受湿气和尘埃污染而降低反射能力,严重降低照明效果,目前已经很少使用。下面介绍几种目前尚在使用的前照灯结构特点。

(1) 半封闭式前照灯。灯泡从反射镜后端装入,灯泡可以互换,其结构如图 4-1-9 所示。

(2) 封闭式前照灯。全封闭式前照灯的反射镜和配光镜用玻璃制成一体,形成灯泡,里面充以惰性气体,其结构如图 4-1-10 所示。全封闭式前照灯反射镜不受大气中灰尘和潮气污染,它的发光率较高,一个功率约 30 W 的前照灯可产生 750 000cd 的发光强度,且使用寿命长。这种前照灯的缺点是灯丝烧坏后,只能更换整个前照灯总成。

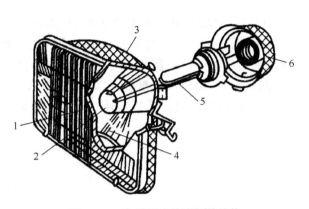

图 4-1-9 半封闭式前照灯的结构　　　　　图 4-1-10 全封闭式前照灯的结构
1—配光镜;2—玻璃球面;3—灯壳;4—反射镜;5—灯泡;6—灯泡卡盘　　1—配光镜;2—灯丝;3—插片;4—反射镜

(3) 投射式前照灯。投射式前照灯的结构如图 4-1-11 所示,其反射镜近似于椭圆形状,具有两个焦点。第一焦点处放置灯泡,来自灯泡的光利用椭圆反射镜聚集成第二焦点,再通过椭圆配光镜将聚集的光投射到前方,椭圆配光镜的焦点与第二焦点一致。在第二焦点附近设有遮光板,可遮挡上半部分光,形成明暗分明的配光。由于具有这种配光特性,投射式前照灯也可用作雾灯。投射式前照灯采用的灯泡为卤钨灯泡,反射镜采用扁长断面,光束横向分布效果好,结构紧凑,经济实用。

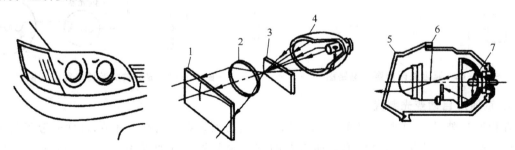

图 4-1-11 投射式前照灯的结构
1—屏幕;2—椭圆配光镜;3—遮光板;4—椭圆反射镜;5—总成;6—第二焦点;7—第一焦点

(三) 前照灯电子控制装置

1. 前照灯延时关闭控制装置

1970 年,美国通用汽车公司研制出一种前照灯关闭延时固态元件控制装置,驾驶员将汽车停放在无照明的车库时,只要接通仪表板上的按钮开关,就能使前照灯延长一段时间,直到驾驶员离开车库后,再自动切断前照灯。图 4-1-12 所示为其电路原理图,图中的机油压力开关起控制作用,当发动机不运转时,它的触点闭合搭铁。而当发动机运转时,靠机油压力使触点断开。VT 为高增益的复合晶体管(达林顿管电路),用来接通继电器线圈。VT 的发射极通过机油压力开关搭铁,所以只有当发动机停车或机油压力不足时才接通。R、C 组成延时电路,当切断点火和前照灯电路后,按下按钮时,电容器 C 开始充电。当电容器充电电压达到了导通电压时,VT 导通,电流流经继电器线圈,触点闭合,接通前照灯的远光或近光,松开按钮,则电容器通过 R 向 VT 放电,维持其导通状态,前照灯一直亮着。在电容 C 放电电压下降到不能维持 VT 的导通所必需的基极电流时,VT 截止,前照灯熄灭。延迟时间取决于 C 及 R 的参数,一般可延迟约 1 min。

2. 提醒关灯装置

有时白天行车时,在细雨蒙蒙或雾天阴沉的早晨,驾驶员开灯不是为了照明,而是为了安全,或者因通过较长的隧洞而打开前照灯等。由于是白天行车,有时人们会忘记前照灯开关是接通的,提醒关灯电路就是针对这种情况设计出来的。图 4-1-13 所示为提醒关灯装置电路图。在点火开关断开而前照灯(或停车灯)仍然亮着的情况下,电流经二极管 VD_1(或 VD_2),使 VT 产生基极电流而导通,蜂鸣器发出声音提醒驾驶员关灯;当接通点火开关时,VT 的基极电位提高,VT 截止,蜂鸣器不发出声音。

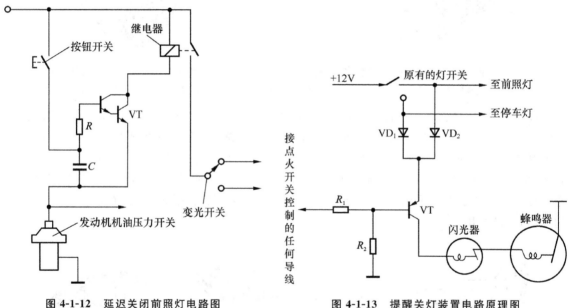

图 4-1-12 延迟关闭前照灯电路图　　图 4-1-13 提醒关灯装置电路原理图

3. 前照灯自动变光装置

在夜间行驶时,为了防止迎面来车眩目,驾驶员必须频繁使用变光开关,这样分散了其注意力。前照灯自动变光装置,可根据迎面来车的灯光调节前照灯的近光和远光。图 4-1-14 所示为其电路原理图,具体工作原理如下。

当迎面来车的前照灯光线射到传感器-放大器组件时,通过透镜将光聚焦到光敏元件上,由放大器输出信号触发功率继电器,将前照灯自动从远光转换到近光。如果迎面来车的前照灯也转换到近光,光敏元件接收的光通量减少,但系统设计成在光通量减少时,仍然能使前照灯保持近光照明。当迎面来车通过后,它的前照灯不再照射到传感器上,于是放大器不再向功率继电器输送信号,继电器触点又恢复到远光照明。

在夜间行驶无对面来车时,光电传感器(D_1、D_2)得到的光照量极少,光传感器阻值较大,

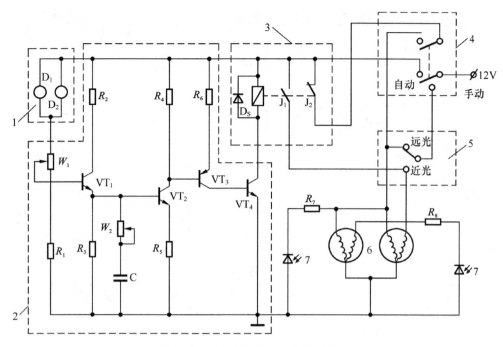

图 4-1-14 前照灯自动变光控制电路
1—光传感器；2—信号放大电路；3—功率继电器；4—转换开关；5—变光开关；6—前照灯；7—指示灯

VT_1 的基极电流减小，于是 VT_2、VT_3、VT_4 的基极因失去基极电流而截止，继电器 J 不通电，常闭触点 J_2 闭合，接通远光灯。

当有对面来车或道路有较好的照明度时，光电传感器（D_1、D_2）得到的光照量较多，光传感器阻值较小，VT_1 获得基极电流而导通，于是 VT_2、VT_3、VT_4 也随之导通，继电器 J 线圈有电流通过，接通近光灯。

电位器 W_1 用于调节光电传感器的灵敏度，其阻值减小，则系统可在光照度较低时即开始控制；若阻值增大，则系统需在光照度高时，才开始控制。

电位器 W_2 和电容器 C 构成延时电路。当光照量减少时，VT_1 管截止，但充了电的电容器 C 经 W_2 向 VT_2 管供给基极电流，此时尽管 VT_1 管已经截止，但 VT_2 管仍在导通，致使 VT_3、VT_4 管仍处于导通状态。从而实现当从近光自动地变为远光时，可以有 1 s 以上的延时，以便达到会车完全完成以后才打开远光灯的目的。调整电位器 W_2 和电容器 C 的值，就可以调整延时的长短。

（四）典型照明系统电路

下面以别克君威轿车为例，分析前照灯的控制电路（见图 4-1-15）。

1. 前照灯控制功能说明

该轿车的前照灯具有手动控制、自动控制、延迟关闭和遥控确认等功能。

前照灯开关位于仪表板左侧，操作方式为推拉式，拉出一挡为驻车灯，拉出二挡为前照灯位置。当灯光开关处于二挡位置时，操作变光开关，可选择远光或近光。在打开前照灯的情况下，如果点火开关处于关闭、锁止或附件位置且驾驶员车门打开时，将发出声音警告，提醒关闭前照灯开关。组合开关具有转向、变光、刮水及巡航控制等多种功能。在前照灯远光时，仪表板上的远光指示灯点亮。无论前照灯是接通还是断开，向上抬起变光开关都能接通前照灯远光，松手后可回到原来状态。

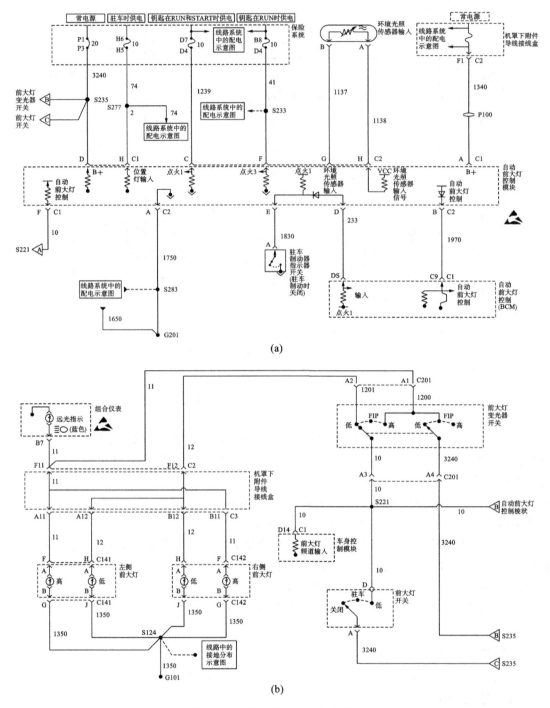

图 4-1-15 别克君威前照灯电路图

当接通点火开关,关闭前照灯开关,且松开驻车制动器时,如果前照灯控制模块检测到光线足够暗,则自动接通前照灯和尾灯。前照灯一旦自动点亮,则无法用手动开关关闭前照灯。如果确需临时关闭前照灯,可将点火开关转至"LOCK"位置,拉紧驻车制动器,开、闭前照灯开关一次,然后起动发动机,前照灯熄灭,若此时又松开驻车制动器,前照灯又会点亮。

发动机熄火后,前照灯会延迟关闭约 90 s,提供外部照明,称为"照明回家"功能。如果要立即关闭,可开、闭前照灯开关一次。

2. 前照灯控制工作原理

1) 手动控制

驾驶员打开前照灯开关,电流路径为:蓄电池→熔断丝 P1-P3→S235→前照灯开关(低)→变光开关(低)→发动机舱盖下导线接线盒 C2-F12→发动机舱盖下导线接线盒 A12(在接线盒内同时经过 B12)→左右两侧前照灯(低)→G101→搭铁。

手动控制远光电流路径为:在打开前照灯开关后,如果要将前照灯切换至远光,此时操作变光开关,电流流经蓄电池→熔断丝 P1-P3→S235→前照灯开关(高)→变光开关(高)→发动机舱盖下导线接线盒 F11→发动机舱盖下导线接线盒 A11(发动机舱盖下导线接线盒 B11-C3)→左右两侧前照灯(高)→G101→搭铁。同时,电流经过 F11-B7 后至组合仪表,点亮远光指示灯。

超车信号灯电流路径为:不管前照灯开关处于什么位置,向上抬起变光开关,电流经蓄电池→熔断丝 P1-P3→S235→变光开关(FIP)→发动机舱盖下导线接线盒 F11→发动机舱盖下导线接线盒 A11(在接线盒内同时经过 B11-C3)→左右两侧前照灯(高)→G101→搭铁。同时,电流经过 F11-B7 后至组合仪表,点亮远光指示灯。

2) 前照灯自动控制

要有点火开关信号、驻车制动器和环境光照度信号输入控制模块,来决定是否点亮前照灯和驻车灯。环境光照传感器是一个光敏电阻,位于仪表板中部前方,靠近风窗玻璃处。当外界光照度增加时,传感器电阻减小。

当接通点火开关,放松驻车制动器,环境光线足够暗时,控制模块分别从 C1-F 和 C1-H 端子输出 12 V 电压,接通前照灯和驻车灯电路。起动发动机时,C1-F 端子断开,自动前照灯熄灭。

自动前照灯控制电路电流路径:①此时如果变光开关处于近光位置,控制模块 C1-F→S221→变光开关(低)→发动机舱盖下导线接线盒 C2-F12→A12(在接线盒内同时经过 B12)→左右两侧前照灯(低)→G101→搭铁;②此时如果变光开关处于远光位置,控制模块 C1-F→S221→变光开关(高)→发动机舱盖下导线接线盒 F11→A11(在接线盒内同时经过 B11-C3)→左右两侧前照灯(高)→G101→搭铁。同时,电流经过 F11-B7 后至组合仪表,点亮远光指示灯。

3) 延时控制

当车身控制模块 BCM 收到遥控信号需确认操作或自动延时照明时,BCM C1-C9 端子接地,自动前照灯控制模块 C2-B 端子输出的电压被搭铁,则控制模块 C1-F 端子输出 12 V 电压,点亮前照灯,但此时 C1-H 端子不供电,即小灯不亮。前照灯点亮后,控制模块 C2-B 端子输出 0.5 V 电压,BCM 收到此信号后,如果电路 1970 断开,以上功能消失。前照灯延时的条件:①自动前照灯已点亮;②手动灯光开关关闭;③BCM 已收到一次起动信号(发动机不一定起动运转);④个性化设置中有灯光延迟功能。

(五)照明系统的调整及故障诊断

1. 前照灯的检查与调整

前照灯的调整有屏幕调整和仪器调整两种方法。目前越来越多地使用专用仪器进行检验及调整。

1) 利用屏幕调整

用屏幕检验调整前照灯的方法如下。

将汽车停在平坦路面上,按规定充足轮胎气压,并擦净散光玻璃。在离前照灯 S 处挂一幕布(或利用白墙壁),在屏幕上画出两条水平线,一条离地 H,另一条比它低 D。再画一条汽车的垂直中心线,在它两侧距中心线 $A/2$(A 为两灯中心距)处再画两条垂直线,与离地 H 处的线相交点即为前照灯中心点,与下一条线相交点即为光点中心(图中 A、D、H、S 应参见车型规定标准数据),如图 4-1-16 所示。调整时,先遮住右侧的前照灯,调整左侧前照灯,其射出的光束中心应对准屏幕上前照灯光点中心,否则应予调整。然后采取同样的方法调整右侧前照灯。

2)利用前照灯检验仪调整

前照灯检验仪根据其结构与原理的不同,可分为聚光式、屏幕式、投影式及自动追踪式四种,它们的检验项目基本相同,可以检验前照灯的光束照射位置与发光强度(cd)或光照度(lx)。国产 QD-2 型前照灯检验仪属于屏幕式,其结构如图 4-1-17 所示。

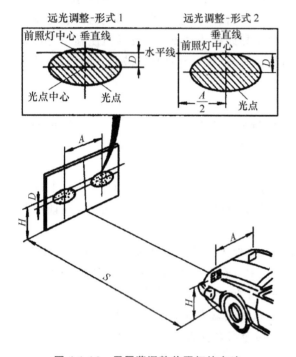

图 4-1-16 用屏幕调整前照灯的方法

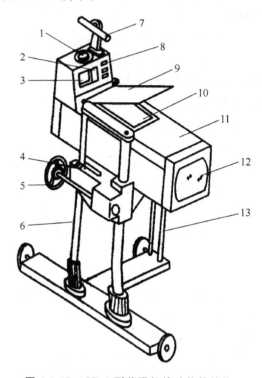

图 4-1-17 QD-2 型前照灯检验仪的结构

1—光束照射方向选择指示旋钮;2—光束照射方向参考表;3—光度表;4—仪器箱高度指示标;5—仪器升降手轮;6—支架;7—对正器;8—光度选择按键;9—观察窗盖;10—观察窗;11—仪器箱;12—透镜;13—仪器移动把手

2. 照明系统常见故障概述

照明系统主要由蓄电池(发电机)、熔断丝、车灯开关、灯光继电器、变光器、车灯及其线路组成。车型不同,其控制线路也不相同。在检修其故障时,应首先弄懂其控制线路的组成和原理,以及部件之间的连接关系。诊断时,应根据不同的故障现象采取不同的诊断方法。

照明系统常见故障、原因及其排除方法如表 4-1-1 所示。

表 4-1-1 照明系统常见故障、原因及其排除方法

故障现象	故障原因	排除方法
所有灯全不亮	蓄电池至灯总开关之间相线断路	重新接线
	灯总开关损坏	更换
	电源总熔断丝断	更换

续表

故障现象	故障原因	排除方法
远光灯或近光灯不亮	变光器损坏	更换
	导线断路或导线插接器接触不良或灯泡损坏	更换
	远光或近光灯丝损坏	更换
	灯光继电器损坏	更换
	导线搭铁	排除
	灯总开关损坏	更换
前照灯灯光暗淡	熔断丝松动	插紧
	导线接头松动	紧固
	前照灯开关或继电器触点接触不良	更换
	发电机输出电压太低	维修发电机
	用电设备漏电,负荷增大,搭铁不良	修复
一侧前照灯亮度正常,另一侧前照灯暗淡	前照灯暗的一侧搭铁不良	紧固
	导线插接器的插头接触不良	紧固
	灯暗的一侧反射镜有灰尘	修复
	灯泡功率选择不当	更换
前照灯、后组合灯正常,示廓灯不亮	灯总开关损坏	更换
	示廓灯灯泡损坏	更换
	示廓灯线路断路	修复
	继电器损坏	更换
灯泡经常烧坏	发电机输出电压过高	维修发电机

3. 具体故障分析

故障案例:别克凯越轿车前照灯(电路图如图 4-1-18 所示),左侧近光灯亮,右侧近光灯不亮,远光灯正常。故障分析与处理详见"任务实施"部分。

二、任务实施

(一)任务实施的要求

1. 任务实施的目的

(1)能读懂汽车照明系统的电路图。

(2)能根据故障现象,结合电路图,有效诊断排除照明系统故障。

2. 实训仪器和设备

汽车实训台架或整车、万用表、试灯、一字螺钉旋具、十字螺钉旋具、扳手等。

(二)实施步骤

1. 电路图分析

如图 4-1-18 所示为别克凯越轿车前照灯的控制电路。

1)前照灯近光电路

将点火开关置于"ON"位,并将灯光开关开至前照灯位,前照灯的近光应点亮,其电路有两

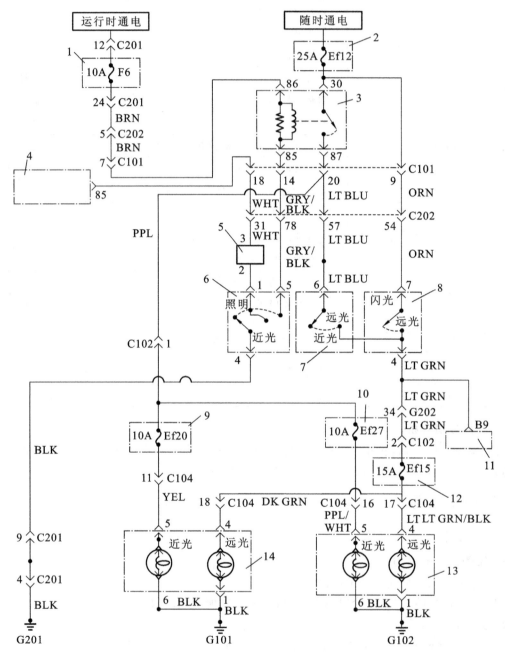

图 4-1-18 别克凯越前照灯电路

条,一条为前照灯继电器线圈回路,另一条为继电器开关触点控制的近光灯电路,电路回路具体为:

运行时通电→仪表板熔断丝盒 F6→前照灯继电器线圈→灯开关(近光)→搭铁→电源负极;

随时通电→发动机熔断丝盒 Ef12→前照灯继电器开关触点→发动机熔断丝盒 Ef20/Ef27→左/右近光灯→搭铁→电源负极。

2)前照灯远光电路

在近光灯点亮的情况下,按动前照灯变光开关,远光灯应点亮,其电路回路为:

随时通电→发动机熔断丝盒 Ef12→前照灯继电器开关触点→前照灯开关(远光)→发动机熔断丝盒 Ef15→左/右远光灯→搭铁→电源负极。

3)超车灯电路

远光灯还可由超车灯开关直接控制,此电路不受点火开关控制。夜晚会车时,拨动前照灯超车灯开关,可让远光灯闪亮,发出超车信号,其电路回路为:

随时通电→发动机熔断丝盒 Ef12→前照灯超车灯开关→发动机熔断丝盒 Ef15→左、右远光灯→搭铁→电源负极。

> **注意:**
> "运行时通电",指的是经过点火开关的电;
> "随时通电",指的是不经过点火开关的常电。

2. 故障原因分析

前照灯远光灯正常,左侧近光灯亮、右侧不亮,说明远光灯和近光灯的公共线路部分、左侧近光灯和右侧近光灯公共部分均正常,需要查找左、右近光灯非共同的线路部分,故障原因包括:①右侧近光灯泡故障;②Ef27 熔断丝故障;③右侧近光灯泡搭铁故障;④线路部分故障。

3. 实践操作

具体步骤如下:①打开点火开关;②将万用表调到直流电压挡位;③打开前照灯,将变光开关调至近光挡位;④将万用表的一个表笔搭铁,用另一个表笔测试插接器 C104-16,发现没有电压,由此判断 C104-16 端子之前的熔断丝或线路故障,熔断丝可能性最大;⑤断开点火开关,用万用表蜂鸣挡验证该部分熔断丝线路,不通。

4. 故障处理

更换熔断丝 Ef27,使用万用表重新测量插接器 C104-16 的电压,电压值正常,故障排除。

【任务小结】

1. 照明系统包括前照灯、雾灯、仪表灯、顶灯、牌照灯和工作灯等。
2. 汽车前照灯的光学系统一般由灯泡、反射镜和配光镜三部分组成。
3. 汽车照明系统的常见故障有前照灯的远近光均不亮;前照灯一侧亮,另一侧暗等。诊断时,根据不同的故障现象采取不同的诊断方法。
4. 前照灯有规定的要求,须检验与调整。前照灯的调整有屏幕调整和仪器调整两种方法。
5. 照明系统主要由蓄电池(发电机)、熔断丝、车灯开关、灯光继电器、变光器、车灯及其线路组成。车型不同,其控制线路也不相同。在检修其故障时,应理解控制电路及部件之间的连接关系。诊断时,应根据不同的故障现象采取不同的诊断方法。

任务2　迈腾 B8 远光灯不亮故障与检修（全国技能大赛比赛车型）

> **故障现象：**
> 迈腾 B8 远光灯系统常见的故障现象有三种：①灯光开关开至远光灯挡，所有远光灯不亮；②灯光开关开至远光灯挡，一侧远光灯不亮；③灯光开关开至超车挡，所有远光灯不亮。

一、相关知识

1. 迈腾 B8 远光灯的结构组成

迈腾 B8 远光灯控制系统通过车载电网控制单元 J519 集中控制，系统（见图 4-2-1）包含灯光旋转开关、车灯变光开关、左前照灯总成、右前照灯总成、转向柱电子装置控制单元 J527、数据总线诊断接口 J533、组合仪表板控制单元 J285 和车载电网控制单元 J519 等元器件。

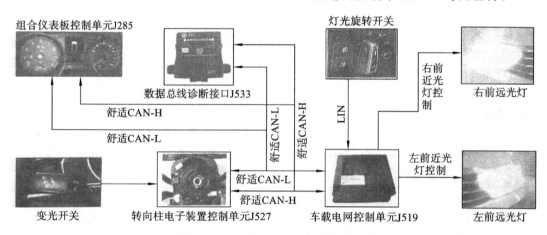

图 4-2-1　迈腾 B8 远光灯的结构组成

1）迈腾 B8 车灯变光开关

变光开关安装在转向柱上部左侧、转向盘下部的位置。从迈腾 B8 灯光旋转开关工作原理图（见图 4-2-2）可以看出，迈腾 B8 变光开关、转向开关和驾驶辅助系统操作按钮集成在一起。开关之间通过内部连接线束和转向柱电子装置控制单元 J527 相连。

(1) 灯光旋转开关旋至近光灯位置时，变光开关向下按动，开关内部接通远光灯控制触点，随即转向柱电子装置控制单元 J527 接收到远光灯开启的模拟信号。控制单元 J527 将这个模拟信号转换为数字信号，通过舒适系统 CAN 总线将数据发给车载电网控制单元 J519 和组合仪表板控制单元 J285。

(2) 任何时候变光开关被向上拉动时，开关内部接通超车灯控制触点，随即转向柱电子装置控制单元 J527 接收到超车灯开启的模拟信号。转向柱电子装置控制单元 J527 将这个模拟信号转换为数字信号，通过舒适系统 CAN 总线将数据发给车载电网控制单元 J519 和组合仪表板控制单元 J285。

2）迈腾 B8 前照灯总成（远光灯）

为了节省电能以及增加远光灯与超车灯的亮度，迈腾 B8 左、右远光灯与超车灯照明均采用

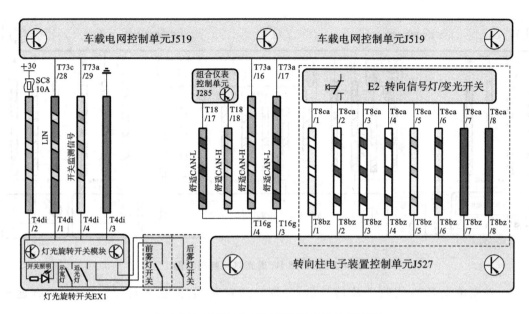

图 4-2-2 迈腾 B8 灯光旋转开关工作原理图

LED(发光二极管)模块照明的方式。

迈腾 B8 远光灯 LED 单元只有一个带散热体的 LED 单元。该 LED 单元带有两个多晶 LED 发光单元,每个发光单元各包括两个 LED,用于在接通远光灯时切换到远光灯。LED 单元上的多晶 LED 发光单元串联接通,由远光灯和远光灯电源单元供电。此 LED 电源单元接收开启/关闭命令(接线端 56a),并直接由车载电网控制单元 J519 为照明系统供电。

3) 转向柱电子装置控制单元 J527

转向柱电子装置控制单元 J527 将与其连接的开关的模拟信号转换为数字信号,通过舒适 CAN 总线传递给车载电网控制单元 J519 以及数据总线诊断接口 J533。数据总线诊断接口 J533 再将这些信息通过驱动 CAN 总线、信息娱乐 CAN 总线传递给音响以及发动机控制单元。

4) 车载电网控制单元 J519

迈腾 B8 车载电网控制单元 J519 为了确保蓄电池有足够的电能使发动机顺利起动和正常运转,对用电负载(电能)进行管理。控制单元根据以下的相关数据进行评估:①蓄电池电压;②发动机转速;③发电机的 DFM 信号。

在保证安全行驶的前提下,应适当地关闭舒适功能的用电设备,并对这些功能控制进行监测。

迈腾 B8 整车电能通过 J519 进行动态能量管理(负荷管理),避免由于大的电量消耗使电量供应出现停止,同时在过大的周期性负载之前保护蓄电池,因此迈腾 B8 车载电网控制单元 J519 具有以下功能:①外部灯光控制;②舒适灯光控制(离家、回家);③刮水器控制;④清洗泵控制;⑤指示灯控制;⑥负荷管理;⑦内部灯光控制;⑧后风窗加热;⑨端子控制;⑩燃油泵预供油控制。

2. 迈腾 B8 远光灯的工作过程

1) 灯光旋转开关旋至远光灯位置

将灯光旋转开关旋至远光灯位置时,变光开关向下按动,开关内部接通远光灯控制触点,随即转向柱电子装置控制单元 J527 接收到远光灯开启的模拟信号。控制单元 J527 将这个模拟信号转换为数字信号,通过舒适 CAN 总线将数据发给车载电网控制单元 J519 和组合仪表板控制单元 J285。迈腾 B8 远光灯控制电路图如图 4-2-3 所示。

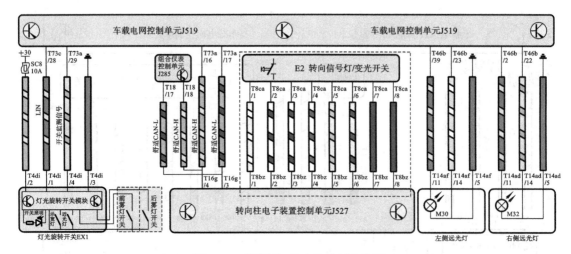

图 4-2-3 迈腾 B8 远光灯控制电路图

(1) 控制单元 J519 接收到此信号后,分别接通左前、右前远光灯控制信号,所有远光灯点亮。

(2) 组合仪表板控制单元 J285 接收到此信号后,点亮仪表板上的远光指示灯,提示驾驶人灯光状态。

2) 变光开关向上拉动

任何时候将变光开关向上拉动时,开关内部接通超车灯控制触点,随即转向柱电子装置控制单元 J527 接收到超车灯开启的模拟信号。控制单元 J527 将这个模拟信号转换为数字信号,通过舒适 CAN 总线将数据发给车载电网控制单元 J519 和组合仪表板控制单元 J285。

(1) 控制单元 J519 接收到此信号后,分别接通左前、右前远光灯控制信号,所有远光灯点亮。

(2) 组合仪表板控制单元 J285 接收到此信号后,点亮仪表板上的远光指示灯,提示驾驶人灯光状态。

(3) 松开变光开关,左前、右前远光灯和仪表板上的远光指示灯熄灭。

二、任务实施

(一) 任务实施的要求

1. 实训目的与要求

(1) 识读并理解迈腾 B8 远光灯电路图。
(2) 掌握迈腾 B8 远光灯故障诊断方法。

2. 实训仪器和设备

迈腾 B8 轿车一辆、万用表、故障诊断仪、世达工具一套等。

(二) 实施步骤

1. 故障现象

迈腾 B8 远光灯系统常见的故障现象有三种:①灯光开关开至远光灯挡,所有远光灯不亮;②灯光开关开至远光灯挡,一侧远光灯不亮;③灯光开关开至超车挡,所有远光灯不亮。

2. 故障分析与处理

因为对左、右两侧远光灯及电路检查的方法基本一致,所以本文仅对左侧远光灯 M30 及其电路进行检测。

因为该灯泡和近光灯合用搭铁线路,所以在诊断时应考虑近光灯的工作状况。如果合用搭铁的两个灯泡均工作异常,则说明搭铁线路故障的概率较高;如果只是远光灯泡工作异常,则暂时不考虑搭铁线路故障。本文所讲只针对远光灯泡工作异常的故障进行诊断。

第一步:测量左侧远光灯 T10af/11 端子对搭铁电压。打开点火开关,将灯光旋转开关旋转至近光灯位置,将远光开关向下按至远光灯位置,测试值应为蓄电池电压(+B)。

第二步:测量 J519 的 T46b/39 端子对搭铁电压。打开点火开关,将灯光旋转开关旋转至近光灯位置,将远光开关向下按至远光灯位置,测试值应为蓄电池电压(+B)。

第三步:测量 J519 的 T46b/39 端子和 T10af/11 端子之间的通断性,关闭点火开关,拔下左侧远光灯和 J519 插接器,测试值应小于 2 Ω。

第四步:检查左侧远光灯 T14af/5 对搭铁电压,在任何工况下,测试值均小于 0.1 V。

任务3 转向信号系统的结构原理与检修

一、相关知识

(一)汽车信号系统的组成与作用

汽车信号装置包括灯光信号装置和声响信号装置两部分。主要作用是向他人或其他车辆发出警告和示意的信号,以引起有关人员注意,确保车辆行驶的安全。灯光信号主要有:转向信号灯、危险警告灯、制动灯、倒车灯、示廓灯等。声响信号主要有:倒车蜂鸣器、电喇叭等。

(1)转向信号灯。在汽车转弯时,发出明暗交替的闪光信号,表示汽车向左或向右转向行驶,转向灯一般有四只或六只,光色为橙色。

(2)危险警告灯。与转向信号灯共用。当车辆出现故障停止在路面上时,按下危险报警开关,全部转向灯同时闪亮,提醒其他车辆避让。

(3)制动灯。安装在汽车后面,当踩下制动踏板时,便发出较强的红光,以示本车制动或减速停车,向后车或行人发出灯光信号以便提醒。制动灯多为组合灯具,一般与尾灯共用灯泡,功率为 20 W 左右。

(4)倒车灯。安装在汽车尾部,灯光为白色。用于照亮车后路面,并提醒后面车辆或行人,表示本车正在倒车。

(5)示廓灯。安装在汽车前后两侧边缘,灯光为白色,以示汽车夜间行驶或停车时的宽度轮廓。

(6)尾灯。尾灯安装在汽车尾部,左右各一只,灯光为红色。用于提醒后面的车辆,以便保持一定的距离。

(二)汽车转向灯及闪光器

转向信号装置一般由转向信号灯、闪光器和转向开关等组成。驾驶员还可以通过操纵危险警告灯开关使全部转向灯闪亮,以发出警示。转向灯的闪烁由闪光器控制,国标中规定转向灯的闪烁频率为 60~120 次/min。闪光器按结构和工作原理可分为热丝式、翼片式、电容式和电子式等多种。热丝式闪光器结构简单,制造成本低,但闪光频率不够稳定,使用寿命短,已被淘汰。而电容式闪光器闪光频率稳定,电子式闪光器具有性能稳定、可靠等优点,故得到广泛应用。

其中,电子式闪光器包括带继电器的晶体管闪光器、无触点闪光器和集成电路闪光器等类型。

1. 无触点闪光器

无触点闪光器的电路如图 4-3-1 所示。当转向灯开关打开时,晶体管 VT_1 的基极电流由两路提供,一路经电阻 R_2,另一路经电阻 R_1 和电容器 C。复合晶体管 VT_2、VT_3 处于截止状态,由于 VT_1 的导通电流很小,仅 60 mA 左右,故转向灯不亮。与此同时,电源对电容器 C 充电,随着电容器 C 两端电压的升高,充电电源逐渐减小,晶体管 VT_1 由导通变为截止。这时 A 点的电位升高,当其电位达到 1.4 V 时,晶体管 VT_2 导通,晶体管 VT_3 也随之导通,于是转向信号灯点亮。

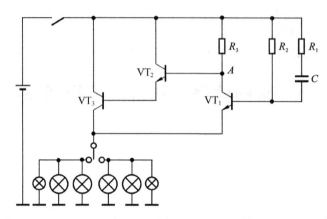

图 4-3-1　无触点式电子闪光器

此时,电容器 C 经过电阻 R_1、R_2 放电,电容器放完电后,接着电源又对电容器 C 充电,晶体管 VT_1 导通,VT_2、VT_3 截止,转向信号灯熄灭。如此反复,使转向信号灯闪烁。闪光频率由电路中元件的参数决定。

2. 集成电路闪光器

图 4-3-2 所示为上海桑塔纳轿车装用的集成电路闪光器的工作原理图。U243B 型集成块是一块低功率、高精度的汽车电子闪光器专用集成电路。U243B 的标称电压为 12 V,实际工作电压范围为 9～18 V,采用双列 8 脚直插塑料封装,内部电路主要由输入检测器 SR、电压检测器 D、振荡器 Z 及功率输出极 SC 四部分组成。

输入检测器用来检测转向信号灯开关是否接通。振荡器由一个电压比较器和外接的电阻 R_4 和电容器 C_1 构成。内部电路比较器的一端提供了一个参考电压,其值由电压检测器控制,比较器的另一端则由外接的电阻 R_4 和电容器 C_1 提供一个变化的电压,从而形成电路的振荡。振荡器工作时,输出极的矩形波便控制继电器线圈的电路,并使继电器触点反复打开和闭合。于是转向信号灯和转向指示灯闪烁,频率为 80 次/min。

如果一只转向信号灯烧坏,则流过取样电阻 R_5 的电流减小,其电压降减小,经电压检测器识别后,便控制振荡器电压比较器的参考电压,从而改变振荡频率,使转向指示灯的闪光频率加快一倍,以提示驾驶员及时检修。当打开危险警报开关时,汽车的前、后、左、右转向信号灯同时闪烁作为危险报警信号。

(三) 典型转向信号系统电路

1. 桑塔纳轿车转向及警告系统电路

桑塔纳轿车转向信号灯及危险警告灯系统电路如图 4-3-3 所示,主要由危险警告灯开关、电子闪光器、转向信号灯开关、转向信号灯灯泡及熔断器等构成。其电路工作原理如下。

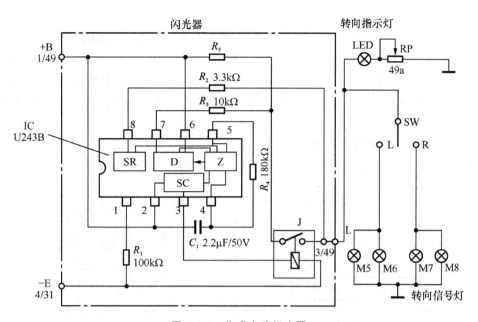

图 4-3-2 集成电路闪光器

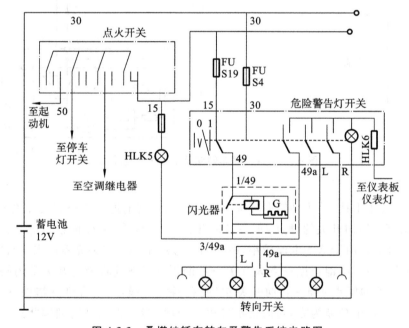

图 4-3-3 桑塔纳轿车转向及警告系统电路图

1) 转向信号灯

当点火开关处于Ⅰ挡,并拨动转向开关,电流回路为:蓄电池正极→点火开关→熔断器→转向指示灯 HLK5→转向开关的触点 49a→转向开关→左(或右)侧转向信号灯→搭铁→蓄电池负极,转向指示灯亮。由于这一电流较小,故转向信号灯不亮。当闪光器触点闭合时,转向信号灯亮,其电流回路为:蓄电池正极→点火开关→熔断器 FUS19→警告灯开关 15 接线柱→危险警告开关常闭触点→危险警告灯 49 接线柱→闪光器 1/49 接线柱→闪光器 3/49a 接线柱→49a 接线柱→转向开关 L(或 R)接线柱→左(或右)侧转向信号灯泡→搭铁→蓄电池负极。这时转向指示灯两端电位差为零,转向指示灯灭。因此,转向指示灯的频闪状态与转向信号灯相反。

2)危险警告灯

当汽车有紧急情况时,按下危险警告开关,则所有转向信号灯一起闪烁。其电流回路为:蓄电池正极→熔断器 FUS4→危险警告开关 30 接线柱→危险警告开关 49 接线柱→闪光器 1/49 接线柱→闪光器 3/49a 接线柱→危险警告开关 49a、L、R 接线柱→所有转向灯泡→搭铁→蓄电池负极。从这一线路可知无论点火开关处于什么位置,只要按下危险警告开关,危险警告灯(即转向信号灯)都可以工作。

2. 捷达轿车转向及危险警告电路

捷达轿车转向及危险警告电路如图 4-3-4 所示。电路工作原理如下。

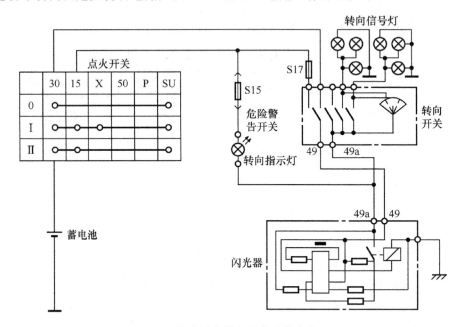

图 4-3-4 捷达轿车转向及危险警告电路图

1)转向信号

当点火开关处于Ⅰ挡,并拨动转向开关,电流回路为:蓄电池正极→点火开关触点→熔断器 S15→转向指示灯→转向开关的触点 49a→转向开关→左(或右)侧转向信号灯→搭铁→蓄电池负极,转向指示灯亮。由于这一电流较小,故转向信号灯不亮。当闪光器触点闭合时,转向信号灯亮,其电流回路为:蓄电池正极→点火开关→熔断器 S17→危险警告开关常闭触点→闪光器接点 49→转向开关的触点 49a→转向开关左(或右)触点→转向信号灯→搭铁→蓄电池负极。这时转向指示灯两端电位差为零,转向指示灯灭。因此,转向指示灯的频闪状态与转向信号灯相反。

2)危险警告

当汽车有紧急情况时,按下危险警告开关,则所有转向信号灯一起闪烁。其电流回路为:蓄电池正极→危险警告开关(左)→闪光器接点 49→转向开关的触点 49a→危险警告开关(右)→所有转向信号灯→搭铁→蓄电池负极。从这一线路可知无论点火开关处于什么位置,只要按下危险警告开关,危险警告灯(即转向信号灯)都可以工作。

(四)转向信号灯系统的故障诊断

1. 转向信号系统常见故障概述

转向信号灯的电路一般为:电源→熔断器→闪光器→转向信号灯开关→右(左)转向信号灯

及转向指示灯→搭铁,但随车型不同其电路也略有差别。在检修转向信号灯系统故障时,一定要首先弄懂该车转向信号灯系统的原理图和各元件间的连接关系。一般容易产生故障的部位是电源、转向信号灯开关、转向信号灯、闪光器、线路等。转向信号灯系统常见故障及其原因如表 4-3-1 所示。

表 4-3-1 转向信号灯系统常见故障及其原因

故障现象	故障原因
左右转向信号灯都不亮	①转向信号灯熔断丝熔断 ②蓄电池至转向开关之间线路有断路、接触不良的地方 ③转向信号灯控制开关损坏 ④闪光器损坏 ⑤配线或搭铁故障
左(或右)转向信号灯不亮	①导线接头脱落 ②闪光器不良 ③搭铁不良 ④转向信号灯泡烧坏
亮灭次数减少(闪烁频率慢)	①转向信号灯泡功率选择不当 ②闪光器调整不当 ③电源电压过低(应调整发电机电压调节器)
亮灭次数增加(闪烁频率快)	①转向信号灯泡功率选择不当 ②某转向信号灯泡烧坏 ③搭铁不良 ④电源电压过高(应调整发电机电压调节器) ⑤闪光器调整不当
转向信号灯有时工作有时不工作	①闪光器搭铁不良(晶体管或带继电器式闪光器) ②导线接触不良或断路
转向信号灯常亮	①闪光器故障 ②发电机电压调节器的限额电压过高 ③转向开关故障 ④短路故障
转向信号灯的熔断丝熔断,更换后再次熔断	①转向信号灯电路的相线直接搭铁 ②灯泡或灯座短路 ③转向开关搭铁 ④闪光器不良
开示廓灯时转向信号灯不亮(不闪),开转向信号灯时示廓灯亮	双丝灯搭铁不良(非公共搭铁灯系的双丝灯泡)

2. 具体故障分析

故障案例:别克凯越轿车(电路图如图 4-3-5 所示)前后右转向灯均不工作,危险警告灯和左转向灯正常。故障分析与处理详见"任务实施"。

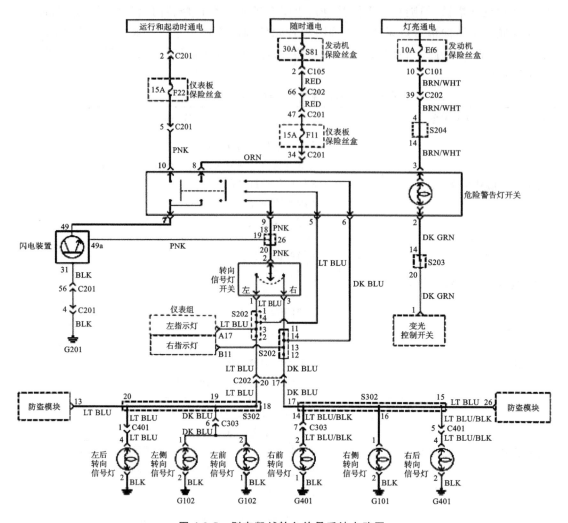

图 4-3-5 别克凯越转向信号系统电路图

二、任务实施

（一）任务实施的要求

1. 任务实施的目的

（1）能读懂汽车转向信号系统的电路图。

（2）能根据故障现象,结合电路图,有效诊断排除转向信号系统故障。

2. 实训仪器和设备

汽车实训台架或整车、万用表、一字螺钉旋具、十字螺钉旋具、扳手等。

（二）实施步骤

1. 电路图分析

如图 4-3-5 所示为别克凯越轿车转向信号系统的控制电路。

1）转向信号灯电路

当点火开关处于 I 挡,并拨动转向开关,左侧或右侧转向信号灯点亮,其电路回路为：运行和起动时通电→仪表板保险丝盒 F22→危险警告灯开关常闭触点→闪光器→转向开关（左/右）

→左/右转向信号灯→搭铁→蓄电池负极。

2）危险警告灯电路

当按下危险警告灯开关时,左右转向灯同时闪亮,其电路回路为:随时通电→发动机保险丝盒 SB1→仪表板保险丝盒 F11→危险警告灯开关→闪光器→危险警告灯开关→左侧及右侧所有转向灯→搭铁→蓄电池负极。

2. 故障原因分析

右转向灯不工作,危险警告灯和左转向灯正常,说明右转向灯与危险警告灯、右转向灯与左转向灯公共部分均正常,需要查找右转向灯非共同的线路部分。由于几个右侧转向灯同时坏的概率很小,所以故障原因只可能为:①转向开关故障;②插接器故障;③线路故障。

3. 实践操作

具体步骤为:①打开点火开关;②将万用表调到直流电压挡位;③将转向开关拨至右转向;④将万用表的一个表笔搭铁,用另一个表笔测量转向开关端子 3,发现有交变电压,而测量插接器 S202 端子 11,无电压,由此判断转向开关与插接器 S202 端子 11 之间的线路断路故障;⑤断开点火开关,用万用表蜂鸣挡验证该部分保险丝线路,不通。

4. 故障处理

检修转向开关与插接器 S202 端子 11 之间的线路,故障排除。

【任务小结】

1. 汽车信号装置包括灯光信号装置和声响信号装置两部分。主要作用是向他人或其他车辆发出警告和示意的信号,以引起有关人员注意,确保车辆行驶的安全。灯光信号主要有:转向信号灯、危险警告灯、制动灯、倒车灯、示廓灯等。声响信号主要有:倒车蜂鸣器、电喇叭等。

2. 转向信号装置一般由转向信号灯、闪光器和转向开关等组成。驾驶员还可以通过操纵危险警告灯开关使全部转向灯闪亮,以发出警示。转向灯的闪烁由闪光器控制,国标中规定转向灯的闪烁频率为 60~120 次/min。

3. 在检修转向信号灯系统故障时,一定要首先弄懂该车转向信号灯系统的原理图和各元件间的连接关系。一般容易产生故障的部位是电源、转向信号灯开关、转向信号灯、闪光器、线路等。

任务4 迈腾 B8 转向灯不亮故障与检修（全国技能大赛比赛车型）

> 故障现象:
> 迈腾 B8 转向灯系统常见的故障现象有三种:①所有转向灯不亮;②一侧转向灯不亮;③个别转向灯不亮。

一、相关知识

1. 迈腾 B8 转向灯结构组成

迈腾 B8 转向灯控制系统通过车载电网控制单元 J519 集中控制,系统包含转向/变光开关、警告灯开关、左前照灯总成、右前照灯总成、左后尾灯总成、右后尾灯总成、左侧后视镜总成、右侧后视镜总成、数据总线诊断接口 J533，组合仪表板控制单元 J285，车载电网控制单元 J519，转向柱电子装置控制单元 J527，驾驶人侧车门控制单元 J386、前排乘客侧车门控制单元 J387 等元器件，如图 4-4-1 所示。

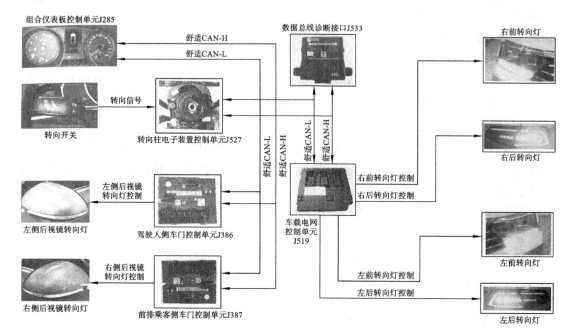

图 4-4-1　迈腾 B8 转向灯的结构组成

转向开关安装在转向柱上部左侧、转向盘下部的位置。从迈腾 B8 转向灯开关工作原理图（见图 4-4-2）可以看出，迈腾 B8 转向开关、变光开关和驾驶辅助系统操作按钮是集成在一起的。开关之间通过内部连接线束和转向柱电子装置控制单元 J527 相连。

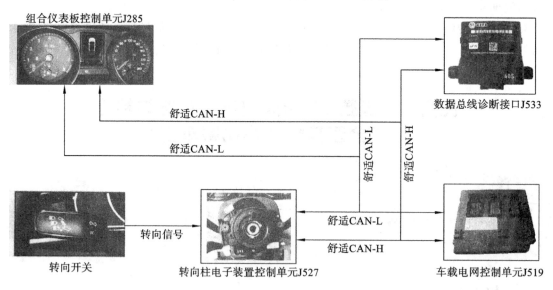

图 4-4-2　迈腾 B8 转向灯开关工作原理

转向开关具体操作如下。

(1) 打开点火开关至 ON 挡，向前拨动转向开关，接通开关内部右转向灯触点，随即转向柱电子装置控制单元 J527 接收到右转向灯开启的模拟信号。控制单元 J527 将这个模拟信号转换为数字信号,通过舒适 CAN 总线将数据发给车载电网控制单元 J519 和组合仪表板控制单元 J285。

(2) 打开点火开关至 ON 挡,向后拨动转向开关,接通开关内部左转向灯触点,随即转向柱电子装置控制单元 J527 接收到左转向灯开启的模拟信号。控制单元 J527 将这个模拟信号转换为数字信号,通过舒适 CAN 总线将数据发给车载电网控制单元 J519 和组合仪表板控制单元 J285。

2. 迈腾 B8 转向灯工作过程

(1) 打开点火开关至 ON 挡,向前拨动转向开关,接通开关内部右转向灯触点,随即转向柱电子装置控制单元 J527 接收到右转向灯开启的模拟信号。控制单元 J527 将这个模拟信号转换为数字信号,通过舒适 CAN 总线将数据发给车载电网控制单元 J519、组合仪表板控制单元 J285 和前排乘客侧车门控制单元 J387(见图 4-4-3)。

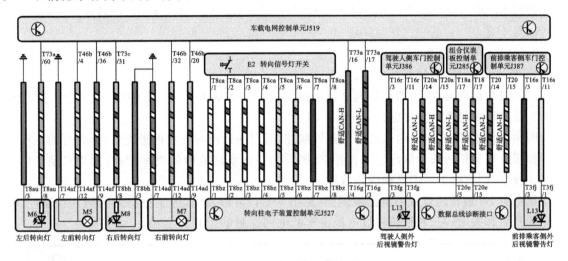

图 4-4-3 迈腾 B8 转向灯控制电路图

① 车载电网控制单元 J519 接收到右转向灯开启的模拟信号后,接通右前转向灯和右后转向灯。

② 组合仪表板控制单元 J285 通过舒适 CAN 总线接收到此信号后,点亮控制单元 J285 内部的右转向指示灯,提示驾驶人转向灯状态。

③ 前排乘客侧车门控制单元 J387 通过舒适数据总线接收到此信号后,点亮右侧后视镜上的右转向指示灯,提醒行人及外部车辆。

(2) 打开点火开关至 ON 挡,向后拨动转向开关,接通开关内部左转向灯触点,随即转向柱电子装置控制单元 J527 接收到左转向灯开启的模拟信号。控制单元 J527 将这个模拟信号转换为数字信号,通过舒适 CAN 总线将数据发给车载电网控制单元 J519、组合仪表板控制单元 J285、驾驶人侧车门控制单元 J386。

① 车载电网控制单元 J519 接收到左转向灯开启的模拟信号后,接通左前转向灯和左后转向灯。

② 组合仪表板控制单元 J285 通过舒适 CAN 总线接收到此信号后,点亮控制单元 J285 内部的左转向指示灯,提示驾驶人转向灯状态。

③ 驾驶人侧车门控制单元 J386 通过舒适 CAN 总线接收到此信号后,点亮左侧后视镜上的左转向指示灯来提醒行人以及外部车辆。

二、任务实施

(一) 任务实施的要求

1. 实训目的

(1) 识读迈腾 B8 转向灯电路图。

(2) 诊断迈腾 B8 转向灯故障。

2. 实训仪器和设备

迈腾 B8 轿车一辆、万用表、故障诊断仪、世达工具一套等。

(二) 实施步骤

1. 故障现象

迈腾 B8 转向灯系统常见的故障现象有三种：①所有转向灯不亮；②一侧转向灯不亮；③个别转向灯不亮。

2. 故障分析与处理

1) 检查迈腾 B8 前转向灯

因为对车辆前部左、右两侧转向灯及电路的检查方法基本一致，因此这里仅讲述左前转向灯 M5 及其电路的检查和测量。

因为该灯泡和近光灯、远光灯合用搭铁线路，所以在诊断时应考虑近光灯、远光灯的工作状况。如果合用搭铁的两个灯泡均工作异常，则说明搭铁线路故障的概率较高；如果只是转向灯泡工作异常，则暂时不考虑搭铁线路故障。

从迈腾 B8 前转向灯控制电路原理图（见图 4-4-4）可以看出，为了更好地监测和控制左、右灯光的开启和关闭，左、右前转向灯电源由车载电网控制单元 J519 控制。

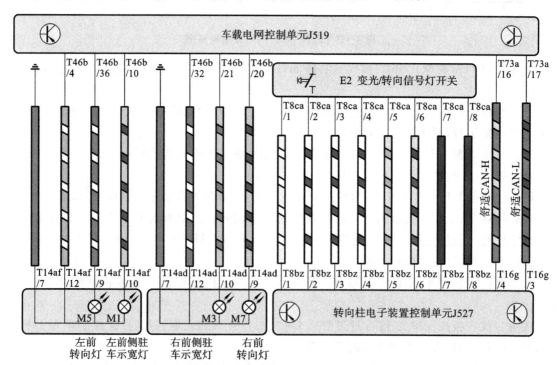

图 4-4-4 迈腾 B8 前转向灯控制电路图

左侧前转向灯控制的检查如下所述。

左前转向灯 M5 控制由 J519 通过其 T46b/36 端子和左前转向灯 T14af/9 之间的电路给左前转向灯 M5 提供电源,再通过左前转向灯 T14af/7 端子搭铁,点亮左前转向灯 M5。

第一步:测量左前转向灯 T14af/9 端子对搭铁电压。任何时候按下警告灯开关或打开点火开关且将转向灯拨至左转向位置,测试值在 0 V 和 +B 之间来回交替。

第二步:测量 J519 端 T46b/36 端子对搭铁电压。任何时候按下警告灯开关或打开点火开关且将转向灯拨至左转向位置,测试值在 0 V 和 +B 之间来回交替。

第三步:测量 T46b/36 端子与 T14af/7 端子之间通断性。关闭点火开关,拔下 M5 和 J519 的插接器,测试值应小于 2 Ω。

第四步:测量左前转向灯 T14af/7 端子对搭铁电压。任何时候,测试值应小于 0.1 V。

2) 检查迈腾 B8 后转向灯

因为对车辆后部左、右两侧转向灯及电路的检查方法基本一致,因此这里仅讲述左后转向灯 M6 及其电路的检查和测量。

因为该灯泡和制动灯合用搭铁线路,所以在诊断时应考虑制动灯的工作状况。如果合用搭铁的两个灯泡均工作异常,则说明搭铁线路故障的概率较高;如果只是转向灯泡工作异常,则暂时不考虑搭铁线路故障。

从迈腾 B8 后转向灯控制电路原理图(见图 4-4-5)可以看出,为了更好地监测和控制左、右灯光的开启和关闭,左、右后转向灯电源由车载电网控制单元 J519 控制。

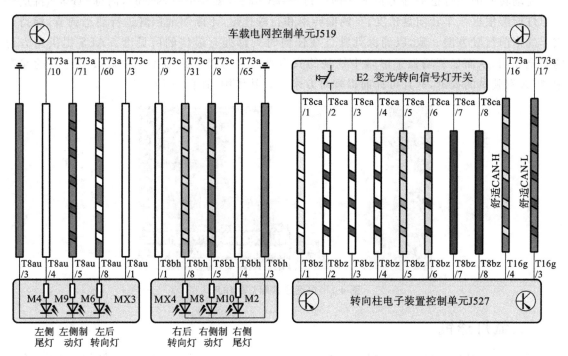

图 4-4-5 迈腾 B8 后转向灯控制电路图

左后转向灯 M6 控制由 J519 通过其 T73a/60 端子和左后转向灯 T8au/8 之间的电路给左后转向灯 M6 提供电源,再通过左后转向灯端子 T8au/3 端子搭铁,点亮左后转向灯 M6。

第一步:测量左后转向灯 T8au/8 端子对搭铁电压。任何时候按下警告灯开关或打开点火开关且将转向灯拨至左转向位置,测试值在 0 V 和 +B 之间来回交替。

第二步：测量 J519 端 T73a/60 端子对搭铁电压。任何时候按下警告灯开关或打开点火开关且将转向灯拨至左转向位置，测试值在 0 V 和 +B 之间来回交替。

第三步：测量 T73a/60 端子与 T8au/8 端子之间通断性。关闭点火开关，拔下 M6 和 J519 的插接器，测试值应小于 2 Ω。

第四步：测量左前转向灯 T8au/3 端子对搭铁电压。任何时候，测试值应小于 0.1 V。

【拓展项目】前照灯新技术——自适应前照灯

目前国内的中高档车型不仅装备了氙灯，而且还带有更多的功能，如随动转向、静态辅助照明、透镜、前照灯清洗和自动开启等，其中科技含量最高、用处最大的就是 AFS 随动转向。

这些前照灯新技术，以前很少能在国产轿车中见到，只有宝马、奔驰等高档车型上装有，目前国产中高档级别车上，也逐渐出现了。

一、随动转向

通常汽车的前照灯不论亮度如何都有一定的照明范围，当夜间行驶转向的时候，会因为行驶角度问题而出现一定的"盲区"，这会在一定程度上影响行车的安全，在照明光线固定的情况下，这个盲区是不可避免的，所以"AFS 灯光自适应系统"就应运而生了。

随动转向前照灯也被称为自适应前照灯系统(adaptive front system)，简称 AFS。自适应前照灯能够根据汽车转向盘角度、车辆偏转率和行驶速度，不断对前照灯进行动态调节，保持与汽车的当前行驶方向一致，以确保驾驶员在任何时刻都拥有最佳的可见度。AFS 提供全方位的安全照明，从而显著增强了黑暗中驾驶的安全性。它可以在路面无(弱)灯或多弯道的路况中，扩大驾驶员的视野，并且可提前提醒对方来车。其作用如图 4-1 所示。

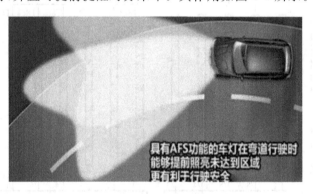

图 4-1 自适应前照灯的作用

二、氙灯透镜

带有 AFS 功能的氙灯一定配备了透镜。根据目前市面上常见车型，在氙灯的分类中，有无透镜是其中一种分类。透镜的作用就是能够更好地聚集发散的光源，做到远光聚而不散，近光短而宽。就是因为有这样的好处，使得一些低端车型即使没有氙灯也配备了透镜来改善其照明效果。反之，不带透镜的氙灯光线散射时会对其他车辆产生一定的干扰，所以欧洲绝大部分国家都明文规定装配氙灯的同时要求加装透镜。

三、静态辅助照明

静态弯道辅助照明是在不改变头灯的照明范围下,给其车的一侧提供额外的照明,也可以认为是它相对 AFS 增加了照明的范围,如图 4-2 所示。

静态辅助照明一般为近光,只照亮左侧或右侧的一小片区域,对于晚上低速行驶和原地转向时辅助作用比较明显,能够让驾驶者看到车的侧面。从某种程度上来说,静态辅助照明还可以起到对 AFS 功能补充增强的作用。

四、前照灯清洗和自动开启

此外,还有在氙灯里基本属于标配的"前照灯清洗"和"感应式前照灯"。前照灯清洗装置的主要作用是清洁前照灯表面的灰尘和泥土,保证照明效果,如图 4-3 所示。感应式前照灯也称前照灯自动开启装置,其主要作用是在天黑或者进入到黑暗环境后前照灯自动点亮,在提高行车安全的同时也算是一种人性化的体现。

(a) 普通车灯

(b) 带有辅助照明的车灯

图 4-2 静态辅助照明

图 4-3 前照灯清洗装置

项目 5
汽车仪表与报警系统原理与检修

◀ **项目要求**

理解汽车仪表部件的结构和工作原理,学会分析电路。在汽车仪表电路系统的故障检修中,应遵循咨询、计划、决策、实施、检查和评估六步法:①咨询——根据故障案例,查阅相关的维修技术资料;②计划——针对故障现象制定相应的工作计划可行性方案;③决策——对可行性方案进行论证;④实施——进行故障的检修;⑤检查——对所排除故障进行检查确认;⑥评估——工作总结,对故障现象进行深度分析。

◀ **知识要求**

1. 掌握汽车仪表设备的组成、结构与工作原理。
2. 能读懂给定的参数值,对测试结果进行分析。
3. 理解和分析汽车仪表电路图。
4. 掌握迈腾 B8 组合仪表电源及通信线路原理图

◀ **能力要求**

1. 万用表、示波器、故障诊断仪等常见设备的使用。
2. 维修资料的查阅、电路原理图的识读和分析。
3. 常见故障的诊断与排除。
4. 5S 管理和操作。

任务1　汽车仪表系统的原理与检修

一、相关知识

(一) 汽车仪表系统概述

汽车仪表系统(见图 5-1-1)的作用是实时监测汽车(发动机)的主要部件(如机油、水温、车速等)的工作状况,并通过仪表(指示灯)显示出来,以便及时发现和排除可能出现的故障。

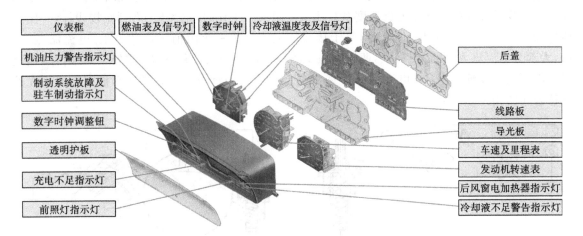

图 5-1-1　汽车仪表系统

汽车仪表分类如下。

1. 按工作原理划分

(1) 机械式仪表:是基于机械作用力而工作的仪表。

(2) 电气式仪表:是基于电测原理,通过各类传感器将被测的非电量变换成电信号(模拟量)加以测量的仪表。

(3) 模拟电路电子式仪表:其工作原理与电气式仪表基本相同,只不过是用电子器件(分立元件和集成电路)取代了原来的电气器件,现在均采用各种专用集成电路。

(4) 数字式仪表:是用 ECU 采集传感器的信号,将模拟量转换为数字量,经分析处理后控制显示装置的仪表。

2. 按安装方式划分

汽车上常用的仪表有机油压力表、冷却液温度表、燃油表、车速里程表和发动机转速表等。不同汽车装用的仪表个数及结构类型有所不同。

(1) 组合式仪表:是指将各仪表组合安装在一起。

(2) 分装式仪表:是指将各仪表单独安装。

(二) 汽车常见仪表

1. 水温表

车辆上常用水温表有脉冲电热式和电磁式两种,现在使用较多的是电磁式。电磁式冷却液温度表分为铁芯式和无铁芯式两种。

1) 铁芯式电磁冷却液温度表

铁芯式电磁冷却液温度表的基本结构及工作原理如图 5-1-2 所示。表内有两个铁芯式线圈，在线圈交叉位置上，装有小磁片、配重和指针等组成的转子，传感器为负温度系数热敏电阻。低温时，传感器热敏电阻阻值约 1 000 Ω，此时，线圈 W_2 和大电阻串联，通过的电流小，大部分电流流入线圈 W_1，在合成磁场作用下，使指针停在刻度 32 ℃处。当温度升高时，传感器受温度影响，热敏电阻阻值变小（约为 150 Ω），W_2 中通过的电流较大，W_1 中通过的电流相对减少，在合成磁场的作用下，使指针向高温 110 ℃ 刻度移动。这类冷却液温度表用于美国的道奇、雪佛兰等车型。

2) 无铁芯式电磁冷却液温度表

无铁芯式电磁冷却液温度表的基本结构及工作原理如图 5-1-3 所示。仪表由塑料支架和线圈 W_1、W_2 等组成，传感器为负温度系数热敏电阻式。工作时，电流经 W_1 到左接线柱，一路通传感器，一路通 W_2。如果温度低时，等于接线柱上连接了一个阻值很高的电阻，电流流经 W_1 后，大部分电流流入线圈 W_2 搭铁，两线圈磁场的综合作用使指针停在 40 ℃处。如果传感器电阻随温度增高逐渐变小，W_2 电流相对减少，指针自 100 ℃ 方向移动。这类冷却液温度表用在菲亚特公司的相关车型上。

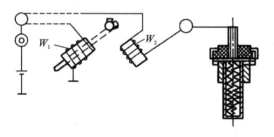

图 5-1-2　铁芯式电磁冷却液温度表

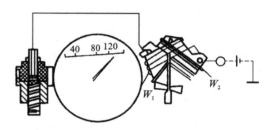

图 5-1-3　无铁芯式电磁冷却液温度表

2. 机油压力表

机油压力表用于检测发动机润滑系统的机油压力。它由装在发动机主油道上的机油压力传感器和装在仪表板上的机油压力指示表组成。传感器的作用是承受油压，使电路中的电流随油压的大小而改变。油压指示表的作用是使指针的偏转角随电路中电流的大小而改变，从而指示出机油压力的大小。

电磁式机油压力表与可变电阻式机油压力传感器的基本结构如图 5-1-4 示。

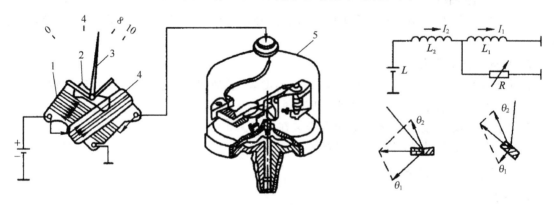

(a) 电磁式机油压力表与可变电阻式机油压力传感器　　(b) 电磁式机油压力表的等效电路

图 5-1-4　电磁式机油压力表与可变电阻式机油压力传感器

1—L_1 线圈；2—铁磁转子；3—指针；4—L_2 线圈；5—可变电阻式机油压力传感器

可变电阻式机油压力传感器是利用油压大小推动滑臂来改变可变电阻的阻值,当油压升高时,电阻值减小;当油压降低时,电阻值增大。电磁式机油压力表内部有两个线圈 L_1 和 L_2,中间置有铁磁转子,转子上连有指针。

当油压降低时,传感器的电阻值增大,线圈 L_1 中的电流增大,线圈 L_2 中的电流减小,转子带动指针随合成磁场的方向逆时针转动,指向低油压;当油压升高时,传感器的电阻值减小,线圈 L_1 中的电流减小,线圈 L_2 中的电流增大,转子带动指针随合成磁场的方向顺时针转动,指向高油压。

3. 燃油表

燃油表用来指示燃油箱内燃油的储存量。它由装在仪表板上的燃油指示表和装在燃油箱内的传感器两部分组成。燃油表一般有双金属片电热式、电磁式和电子式三种,前两种的传感器均为可变电阻式。

1) 电磁式燃油表

电磁式燃油表的结构及工作原理如图 5-1-5 所示。其中,指示表中有左、右两只铁芯,铁芯上分别绕有左线圈和右线圈,中间置有转子,转子上连有指针。当燃油箱无油时,浮子下沉,可变电阻被短路。此时右线圈两端均搭铁,电路被短路,无电流通过,因此左线圈在全部电源电压的作用下,通过的电流达到最大值,产生的电磁吸力最强,吸引转子,使指针停在最左边的"0"位上。

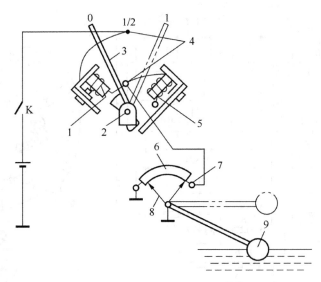

图 5-1-5　电磁式燃油表的结构与工作原理图

1—左线圈;2—转子;3—指针;4、7—接线柱;5—右线圈;6—可变电阻;8—滑片;9—浮子

随着燃油箱中油量的增加,浮子上浮,带动滑片移动,可变电阻部分接入,此时左线圈由于串联了电阻,线圈内电流相应减小,使左线圈电磁吸力减弱,而右线圈中有电流通过产生磁场。因此,转子带动指针在合成磁场的作用下向右偏转,使燃油量指示值增大。当燃油箱油满时,指针指在最右边的"1"位置。有些汽车上还装有副油箱,这时在主、副油箱中各装一个传感器,在传感器与指示表之间装有转换开关,可分别测量主、副油箱的油量。

2) 电子燃油表

电子燃油表电路如图 5-1-6 所示。电路由两块 IC 电压比较器及相关电路、发光二极管显示器、浮筒传感器三大部分组成。R_x 是传感器的可变电阻,电阻 R_{15} 和二极管 VD_8 组成稳压电路,

给 IC_1、IC_2 两块电压比较器反向输入端提供基准电压信号。电容 C 和电阻 R_{16} 组成延时电路,连接到电压比较器的同向输入端,R_x 产生的变化电压信号经延时后与基准电压信号进行比较放大。

当燃油箱内燃油加满时,R_x 阻值最小,A 点电位最低,IC_1、IC_2 两块电压比较器输出为低电平,6 只绿色发光二极管 $VD_2 \sim VD_7$ 全部点亮,而红色发光二极管 VD_1 熄灭,表示燃油箱已满。

当燃油箱内的燃油量逐渐减少时,R_x 阻值逐渐增大,A 点电位逐渐增高,绿色发光二极管 VD_7,VD_6,VD_5,…,VD_2 依次熄灭。燃油量越少,绿色发光二极管点亮的个数越少。

当燃油箱内燃油用完时,R_x 阻值最大,A 点电位最高,IC_1、IC_2 两块电压比较器输出为高电平,6 只绿色发光二极管全部熄灭,而红色发光二极管 VD_1 点亮,表示燃油箱无油。

4. 车速里程表

车速里程表是用来指示汽车行车速度和累计行驶里程数的仪表。它由车速表和里程表两部分组成。

1)电子式车速里程表

电子式车速里程表是利用设置在变速器上的传感器获取车速信号,并通过导线传输信号的,其结构如图 5-1-7 所示,主要由车速传感器、电子电路、车速表和里程表四部分组成,既能指示汽车行驶速度,又能记录行驶里程(包括累计里程和单程里程),并具有复零功能。

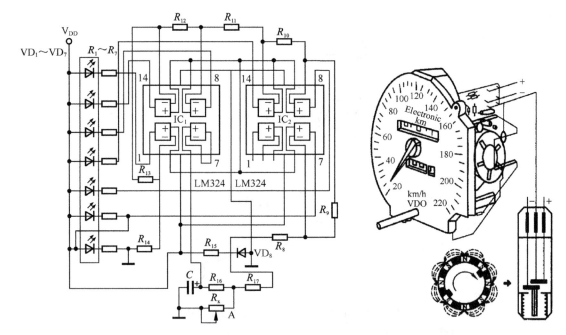

图 5-1-6 电子燃油表电路图　　图 5-1-7 电子式车速里程表的结构

车速传感器一般采用舌簧开关式或磁感应式传感器,由变速器驱动,能够产生与汽车行驶速度成正比的电信号。

电子电路的作用是将车速传感器输入的与车速成正比的频率信号,经过整形、触发,输出一个与车速成正比的电流信号。电子电路主要包括稳压电路、单稳态触发电路、恒流源驱动电路、64 分频电路和功率放大电路等,如图 5-1-8 所示。车速表的指示精度由电阻 R_1 调节,初始工作电流由电阻 R_2 调节,电阻 R_3 和电容 C_3 用于电源滤波。

车速表实际上是一个磁电式电流表,当汽车以不同速度行驶时,从电子电路接线端子 6 输入与车速成正比的电流信号,驱动车速表指针偏转,从而指示相应的车速。

里程表由一个步进电动机及六位数字的十进位齿轮计数器组成。步进电动机是一种利用电磁铁的作用原理将脉冲信号转换为线位移或角位移的微型电动机。车速传感器输出的频率信号经过 64 分频后,再经功率放大器放大到具有足够的功率去驱动步进电动机,带动六位数字的十进位齿轮计数器工作,从而记录累计里程和日程里程。

2）数字式车速表

数字式车速表系统构成如图 5-1-9 所示。车载微处理器随时接收车速传感器送出的电压脉冲信号,并计算在单位时间里车速传感器发出的脉冲信号次数,再根据计时器提供的时间参考值,经计算处理可得到汽车行驶速度,并通过微处理器指令让显示器显示出来。

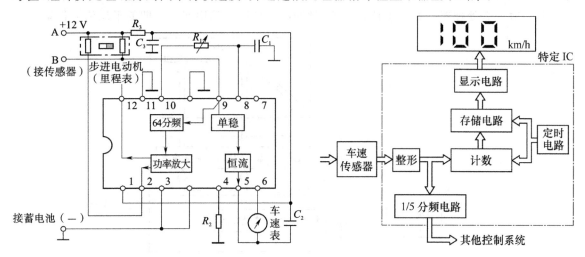

图 5-1-8　电子式车速里程表的电路　　　　图 5-1-9　数字式车速表系统构成

5．发动机转速表

发动机转速表包括电子式和数字式两种。

1）电子式转速表

电子式转速表的电路如图 5-1-10 所示。它由 R_1、R_2、C_1 组成的积分电路（其作用是给开关脉冲信号整形）、充放电电容 C、晶体管 VT、稳压管 VD（使电容 C 充电电压稳定,提高转速表的测量精度）及转速表等组成。其转速信号取自于点火系统初级电路的脉冲信号。VD_3 起保护作用,防止 VT 集电极出现瞬间高电压被击穿。

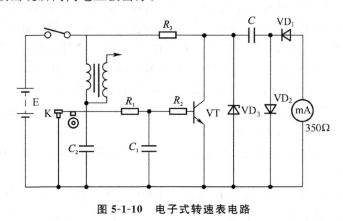

图 5-1-10　电子式转速表电路

发动机工作使断电器触点 K 闭合时,晶体管 VT 的基极搭铁无偏压处于截止状态,电流通过电源正极→R_3→C→VD_2→搭铁→电源负极,给电容 C 充电；当触点断开时,晶体管 VT 的基极电位接近电源电压,VT 由截止转为导通,此时电容 C 上充满的电荷,电流通过电容 C→VT→转速表→二极管 VD_1→C 构成放电回路,驱动转速表。触点重复开闭,电容 C 不断进行充放电,使转速表显示通过电流的平均值。断电器触点的开闭频率与发动机的转速成正比,通过转速表的放电电流平均值也与发动机的转速成正比。

2) 数字式转速表

多数由微处理器控制的数字式发动机转速表的系统构成如图 5-1-11 所示,以柱状图形来表示发动机转速的大小,同样通过发动机点火系统分电器中的断电器触点断开时产生的脉冲信号作为电路触发脉冲信号来测量(脉冲信号的频率正比于发动机的转速),这种前沿脉冲信号通过中断口输入微处理器。为减小计算误差,脉冲的周期通常采用四个周期的平均值来计算。

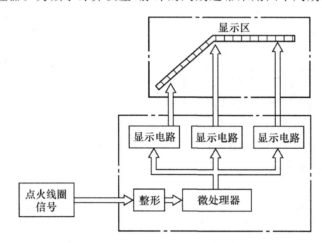

图 5-1-11 数字式发动机转速表系统构成

(三)典型汽车仪表电路分析

不同级别、不同使用要求的汽车,其仪表与指示灯电路的配置会有所不同。

发动机冷却液温度表、燃油表及车速里程表是现代汽车都装配的仪表。一些中型或大型汽车上都装有发动机机油压力表和电流表,在一些采用气压制动的汽车上,还装有气压表。轿车上大都装有发动机转速表。

安装在仪表板上的各种指示灯用来指示汽车的一些参数的极限情况和非正常情况的报警。现代汽车常见的指示灯有冷却液温度过高指示灯、机油压力过低指示灯、气压过低警告灯(气压制动汽车)、充电指示灯、燃油液面过低指示灯、制动液位面过低指示灯、驻车制动器未松警告灯等。在一些汽车上还装有制动蹄摩擦片磨损警告灯、空气滤清器警告灯等。使用了电子控制装置的汽车上,则还装有与所装配的电子控制装置相适应的指示灯和报警灯。

下面以别克凯越汽车仪表与指示灯电路为例来介绍,如图 5-1-12 所示。

从蓄电池正极→发动机罩下 EF19→C102→C202→仪表组的 A18 针脚给仪表组供电→仪表板的 B1、A10→C201→G201 搭铁点。

当发动机运行或者起动时,从蓄电池正极→仪表板保险丝盒 F4→C201 插接器→仪表组 B15、A19 提供工作电压。

燃油表工作电路:从车速传感器向 ECM B5 针脚传递车速信号;ECM 收到车速信号后通过 B4 针脚给车速表信号让其显示对应的车速值;B2 针脚处提供温度表信号;B3 针脚处提供燃油液面信号。

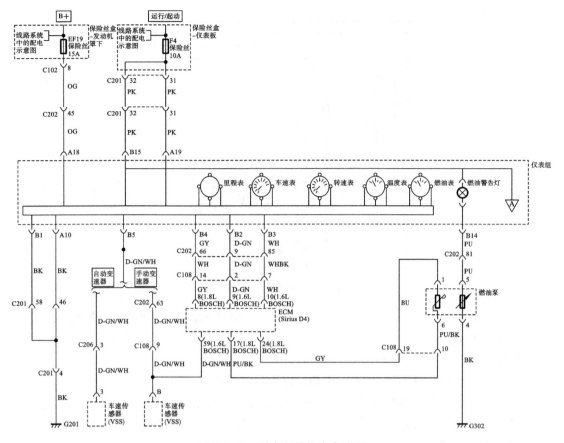

图 5-1-12 别克凯越仪表电路图

（四）仪表系统的故障诊断

1. 仪表系统常见故障概述

汽车仪表系统常见的故障有仪表不工作、仪表显示不准确、仪表工作不正确等。

2. 具体故障分析

故障案例：桑塔纳汽车（电路图如图 5-1-13 所示）燃油表不工作，其他仪表正常。故障分析和处理详见"任务实施"。

二、任务实施

（一）任务实施的要求

1. 任务实施的目的

（1）能读懂汽车仪表系统的电路图。

（2）通过故障案例的诊断与处理，掌握汽车仪表系统的基本构造和原理、调试和正确使用的方法，以及故障现象描述、原因分析和诊断方法。

2. 实训仪器和设备

汽车实训台架或整车、万用表、试灯、一字螺钉旋具、十字螺钉旋具、世达工具等。

（二）实施步骤

1. 电路图分析

桑塔纳轿车仪表电路如图 5-1-13 所示。所有仪表由点火开关控制，点火开关接通后，仪表

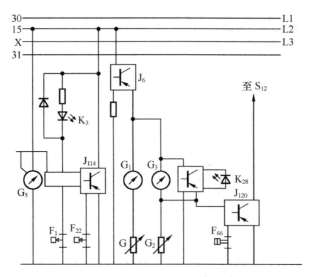

图 5-1-13　桑塔纳轿车仪表电路

及传感器进入正常工作状态。点火开关置于Ⅰ挡时,电流回路为:蓄电池正极→点火开关→"15"号线→以下电路:

① 稳压器 J_6 →燃油表 G_1 →浮筒燃油传感器 G →搭铁;
② 稳压器 J_6 →冷却液温度表 G_3 →冷却液温度传感器 G_2 →搭铁;
③ 稳压器 J_6 →冷却液液位警告灯 K_{28} →冷却液温度传感器 G_2 →搭铁;
④ 稳压器 J_6 →冷却液液位警告灯 K_{28} →液位控制器 J_{120} →液位不足开关 F_{66} →搭铁。
⑤ 转速表 G_5 →搭铁。

2. 故障原因分析

本次故障只有燃油表不工作,其他仪表正常,这就需要寻找燃油表与其他仪表非共同的部分。其中,共同的部分包括:①电源故障;②点火开关故障;③稳压器故障;④部分线路。而非共同的部分包括:①仪表 G1;②仪表传感器 G;③部分线路。

3. 实践操作

具体步骤如下。

(1) 打开点火开关。
(2) 将万用表调到直流电压挡位。
(3) 将万用表的黑表笔搭铁,红表笔检测 J6 与 G1、G1 与 G、G 与搭铁之间线路的电压;经检测 G 与搭铁之间没有电压,其他均有电压,且电压值高于正常工作值。
(4) 关闭点火开关,将万用表调至电阻挡位,检测 G 与搭铁之间线路电阻,阻值正确。
由此判断燃油表传感器 G 出现断路故障。

4. 故障处理

更换燃油表传感器,使用万用表重新测量 G 与搭铁之间线路电压,电压值正常,故障排除。

【任务小结】

发生故障时,首先要分析该系统是局部故障还是整体故障,如果是整体故障,则需要寻找共有部分的原因,如果是局部故障,只需要寻找分支部分的故障原因。在罗列故障原因的同时,要学会利用车上其他共有系统是否也发生故障,进一步缩小范围。

若电气设备损坏无法修复,则应予以更换。更换的部件应与原部件的规格、型号相一致。导线的更换应尽量与原来的线径和颜色一致。若用其他颜色导线代替,应与相邻导线有所区别,以利于以后的检修。

任务2 汽车报警装置原理与检修

一、相关知识

(一)汽车报警装置概述

1. 报警装置的作用

报警装置能使驾驶员随时掌握汽车的工作状况,确保行车的安全,提高车辆的可靠性。

2. 汽车报警装置的种类

报警装置通常由相应的传感器和报警显示装置组成,报警显示装置通常是报警灯。

3. 常见的报警装置

常见的报警装置有制动低压报警、真空度报警灯、机油压力过低报警装置、冷却水温度过高报警装置、燃油储存量过小报警、制动液不足报警、蓄电池液面过低报警、制动灯断线报警、空气滤清器堵塞报警、轮胎气压过低报警、充电指示灯、机油粗滤器指示灯、正时皮带定时更换指示灯、阻风门关闭报警灯、低真空度警告蜂鸣器和手制动系统警告灯等。

4. 常见报警装置的表示方法

报警装置通常是在仪表板中通过发光二极管进行显示的,各种报警显示图形如图 5-2-1 所示。

图 5-2-1 报警显示图形

(二)常见报警装置

1. 机油压力报警装置

在多数汽车上,除装有油压表之外,还装有机油压力警告灯。其作用是当润滑系统机油压力降低到允许范围以外时,点亮红色警告灯,以提醒驾驶员注意及时停止发动机运转。目前汽车上使用的机油压力警告灯有弹簧管式和膜片式两种。

1)弹簧管式机油压力警告灯

弹簧管式机油压力报警装置如图 5-2-2 所示。传感器金属壳体内有一根弹簧管,弹簧管一端管接头与发动机润滑油道相通,另一端则焊接在动触点上。静触点经接触片与接线柱相连。当发动机润滑系统主油道机油压力低于某一规定值时,弹簧管变形小,动、静触点接触,接通警告灯电路,使警告灯点亮,以提醒驾驶员注意并及时停止发动机运转。当润滑系统主油道机油压力达到正常值时,弹簧管变形大,动、静触点分离,切断警告灯电路,使警告灯熄灭,说明润滑系统工作正常。

2) 膜片式机油压力警告灯

膜片式机油压力报警装置如图 5-2-3 所示。钢制膜片将金属壳体分割成两个互不相通的腔室,上腔室内设有一个弹簧片,弹簧片上焊有动触点,静触点固定在壳体上,动、静触点组成一对触点开关。下腔室与发动机润滑系统主油道相通。

当发动机润滑系统主油道机油压力低于某一规定值时,膜片承受机油压力小,弹簧片使触点开关闭合,接通警告灯电路,使警告灯点亮,提醒驾驶员注意并及时停止发动机运转。当润滑系统主油道机油压力达到正常值时,膜片承受机油压力大并向上拱曲,推动弹簧片使触点开关断开,切断警告灯电路,使警告灯熄灭,说明润滑系统工作正常。

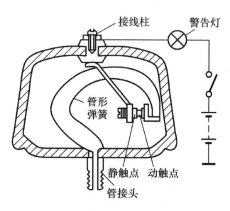

图 5-2-2 弹簧管式机油压力报警装置

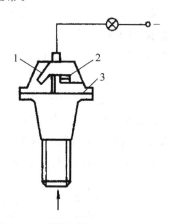

图 5-2-3 膜片式机油压力报警装置

1—弹簧片;2—触点;3—膜片

2. 冷却液报警装置

冷却液温度报警装置由双金属片式温度传感器、仪表板上的冷却液温度报警灯两部分组成,如图 5-2-4 所示。当发动机冷却液的温度达到或超过极限温度时,传感器内双金属片受热温度高,变形程度大,使其内部动静触点闭合,报警灯中有电流通过,灯亮,提醒驾驶员及时停车检查和冷却。当发动机冷却液的温度正常时,传感器内双金属片受热温度较低,变形程度小,其内部动静触点断开,报警灯熄灭。

3. 燃油油量报警装置

当燃油箱储油量少于某一规定值时,燃油油量警告灯点亮,以告知驾驶员及时加油。目前汽车上常用的燃油油量警告灯有以下两种。

1) 热敏电阻式燃油油量警告灯

热敏电阻式燃油油量报警装置如图 5-2-5 所示,它由热敏电阻式传感器和报警灯组成。当燃油箱燃油储量较多时,热敏电阻元件浸在燃油中,散热快,因此其温度低,使电阻值增大,与其串联的警告灯中通过的电流较小,警告灯不亮。当燃油箱燃油储量减少到规定值以下时,热敏电阻元件露出油面,散热慢,由于其温度高,使电阻值减小。与其串联的警告灯中通过的电流增大,警告灯点亮,以示警告。

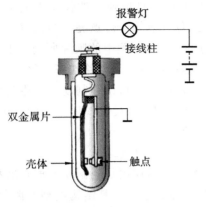
图 5-2-4 冷却液温度报警装置

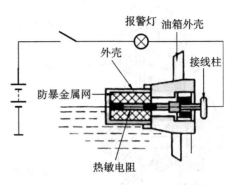
图 5-2-5 热敏电阻式燃油量报警装置

2）电子式燃油油量警告灯

电子式燃油油量警告灯只适用于与电磁式燃油表一起工作，其电路如图 5-2-6 所示。晶体管 VT_1、VT_2 组成施密特触发器，控制可变电阻上的直流电压。该直流电压与燃油箱内的燃油液位成正比。当燃油箱全满时，浮子浮起，带动滑片位于可变电阻下端，使串联在指示表电路中的电阻值增大，电阻 R_1 上的电压升高，晶体管 VT_1 的基极电位升高而导通，晶体管 VT_2、VT_3 截止，警告灯不亮。当燃油箱内的燃油液位下降到规定值时，浮子下沉，带动滑片位于可变电阻上端，使串联在指示表电路中的电阻值减小，电阻 R_1 上的电压降低，晶体管 VT_1 的基极电位降低而截止，晶体管 VT_2、VT_3 导通，接通警告灯电路使警告灯点亮，以示警告。

4. 制动系统报警装置

1）制动系统低压报警装置

在采用气压制动的汽车上，当制动系统气压过低时，制动系统低气压警告灯即点亮，以引起汽车驾驶员注意。低气压警告灯开关装在气压制动系统储气筒或制动阀压缩空气输入管路中，红色警告灯装在仪表板上，其电路如图 5-2-7 所示。低气压警告灯开关的结构如图 5-2-8 所示。电源接通后，当制动系统储气筒内的气压下降到 38 kPa 以下时，由于作用在低气压警告灯开关

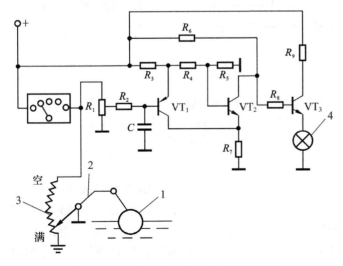
图 5-2-6 电子式燃油油量警告灯电路图

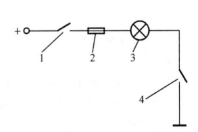
图 5-2-7 低气压警告灯电路图
1—电源总开关；2—保险丝；
3—警告灯；4—警告灯开关

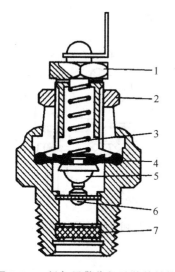

膜片上的压力减小,于是膜片在复位弹簧的作用下向下移动而使触点闭合,电路接通,低气压警告灯点亮。当储气筒中的气压升高到 45 kPa 以上时,由于开关中的膜片所受的推力增大,而使复位弹簧压缩,触点打开,于是电路切断,低气压警告灯熄灭。因此,低气压警告灯点亮时,说明制动系统中气压过低,驾驶员应立即停止发动机工作,找出气压过低的原因,排除故障,使气压恢复正常值。

2) 制动蹄摩擦片磨损过量报警装置

制动蹄摩擦片磨损警告灯的作用是当制动摩擦片磨损到使用极限厚度时点亮,发出报警信号。其结构类型有两种,如图 5-2-9 所示。

图 5-2-9(a)所示的装置,是将一个金属触点埋在摩擦片内部。当摩擦片磨损至使用极限厚度时,金属触点就会与制动盘(或制动鼓)接触而使警告灯与搭铁接通,仪表板上的警告灯便会亮起,以示警告。

图 5-2-8 低气压警告灯开关的结构
1—调整螺钉;2—锁紧螺母;
3—复位弹簧;4—膜片;
5—动触点;6—静触点;7—滤清器

图 5-2-9(b)所示的装置,则是将一段导线埋设在摩擦片内部,该导线与电子控制装置相连。当接通点火开关后,电子控制装置便向摩擦片内埋设的导线通电数秒进行检查,如果摩擦片已磨损到使用极限厚度,并且埋设的导线已被磨断,电子控制装置则使警告灯亮起,以示制动蹄摩擦片需要更换。

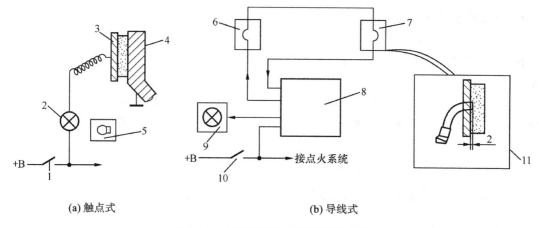

(a) 触点式　　　　　　　　　　　　(b) 导线式

图 5-2-9 制动蹄摩擦片磨损报警装置
1、10—点火开关;2、9—警告灯;3—摩擦片衬块;4—制动盘;5—警告灯图像标志;
6、7—摩擦片;8—电子控制装置;11—带导线的制动衬块

3) 制动报警装置

现代轿车上一般均装有制动警告灯,该警告灯指示出制动系统可能出现的两种情况:一是点火开关已打开,而驻车制动器仍停放在制动位置;二是双管路制动系统中任一管路失效。制动报警装置如图 5-2-10 所示。制动警告灯通过两个并联的开关与点火开关串联。当驻车制动器处于制动位置时,若打开点火开关,则制动警告灯点亮,用于提醒驾驶员在挂挡起步之前,松开驻车制动器。当松开驻车制动器后,制动警告灯即熄灭。

制动液液面警告灯的传感器安装在制动液储液筒上,如图 5-2-11 所示。传感器外壳内装有舌簧管,两接线柱中的其中一个接电源 12 V,另一个接警告灯,浮子上固装着永久磁铁。

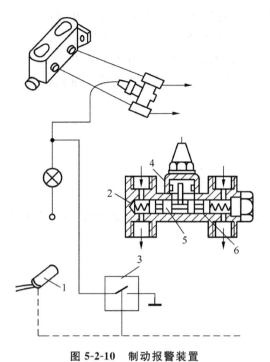
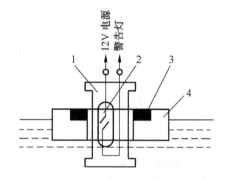

图 5-2-10 制动报警装置

1—驻车制动手柄；2—平衡弹簧；3—制动开关；
4—触点；5—活塞；6—密封圈

图 5-2-11 制动液液面警告灯传感器

1—外壳；2—舌簧管；3—永久磁铁；4—浮子

当浮子随着制动液面下降到规定值时，永久磁铁的吸力作用使舌簧管触点闭合，接通警告灯电路，使警告灯点亮，以示警告。当补充制动液使制动液液面上升时，浮子带动永久磁铁上升，对舌簧管吸力作用减弱，舌簧管在自身弹力作用下使触点张开，切断了警告灯电路，使警告灯熄灭。

在双管路制动主缸的制动管路之间并联一个差压开关。当两管路制动正常时，活塞处于由平衡弹簧控制的中间位置，制动警告灯不亮。但任一管路失效后，其管路压力下降，当压差达到 1 000 kPa 以上时，活塞将向一边偏移，接通触点，制动警告灯点亮，以示警告。

5. 空气滤清器堵塞报警装置

空气滤清器堵塞报警装置由与空气滤清器滤芯内外侧相连通的气压式开关传感器和警告灯两部分组成，如图 5-2-12 所示。气压式开关传感器是利用其上、下气室产生的压力差，

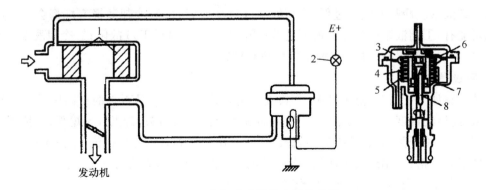

图 5-2-12 空气滤清器堵塞报警装置

1—滤芯；2—警告灯；3—上气室；4—下气室；5—弹簧；6—膜片；7—磁铁；8—舌簧开关

推动膜片移动,从而使与膜片相连的磁铁跟随移动。磁铁的磁力使舌簧开关开或闭,控制警告灯电路接通或断开。若空气滤清器滤芯未堵塞,则传感器上、下气室间压差小,膜片及磁铁的移动量小,舌簧开关处于常开状态;若空气滤清器滤芯被堵塞,则传感器上、下气室间压差增大,膜片及磁铁的移动量增大,磁铁磁力吸动舌簧开关而闭合,警告灯电路被接通,警告灯点亮。

(三)报警系统的故障诊断

1. 仪表系统常见故障概述

汽车报警系统常见的故障有报警装置不工作、报警不灵敏等。

2. 具体故障分析

故障案例:桑塔纳汽车在行驶过程中,无论是冷态还是热态,冷却液警报灯常亮,其他仪表报警灯正常。故障分析和处理详见"任务实施"。

二、任务实施

(一)任务实施的要求

1. 任务实施的目的

(1) 能读懂汽车仪表报警系统的电路图。

(2) 通过故障案例诊断与处理,掌握汽车仪表报警系统的基本构造和原理、调试和正确使用的方法,以及故障现象描述、原因分析和诊断方法。

2. 实训仪器和设备

汽车实训台架或整车、万用表、试灯、一字螺钉旋具、十字螺钉旋具、世达工具等。

(二)实施步骤

1. 故障现象分析

当发动机机起动后,冷却液报警系统(见图 5-2-13)灯亮起说明汽车冷却系统出现故障;当发动机没有起动,故障灯亮起,可能是冷却液不足的原因造成。如果没有上述故障,冷却液报警灯不亮。

2. 故障原因分析

分析桑塔冷却液报警电路。冷却液仪表报警灯电路:J285(电源 15)→冷却液温度报警灯 K28→水温表 G3→J285(内部搭铁 9)。

当冷却液系统冷却液液面过低、冷却液温度过高或者过低,冷却液报警灯都会亮。因此故障原因可能有:①储液罐中冷却液液面过低;②冷却液液位开关 F66 故障;③冷却液温度警报开关故障(内置在水温表 G3 中);④警报灯线路有搭铁处。

3. 实践操作

具体步骤如下:①打开点火开关;②检查发动机冷却液温度是否真的过高以及储液罐液面是否过低,经检测温度、液位均正常;③拔下储液罐液位开关插头,警报灯不熄灭;④拔下水温表 G3 内冷却液开关开关插头,警报灯不熄灭;⑤将万用表调到直流电压挡位;⑥关闭点火开关,将万用表的黑表笔搭铁,用红表笔测试 G3 两端电阻,测得电阻值为均为 0.1。

由此判断水温表 G3 内部线路出现搭铁短路故障。

4. 故障处理

修复水温表 G3 内部线路,使用万用表重新测量 G3 两端电阻,电阻值正常,故障排除。

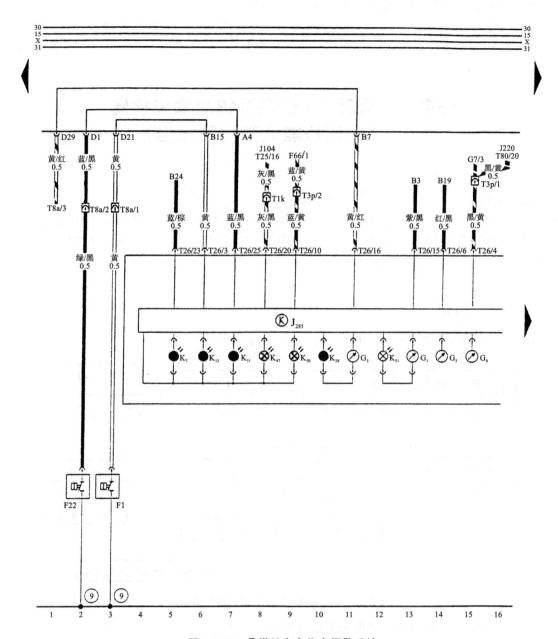

图 5-2-13 桑塔纳汽车仪表报警系统

F1—油压开关(180 kPa); F22—油压开关(25 kPa); F66—冷却液不足警告灯开关; G1—燃油表; G3—水温表;
G5—转速表; G7—车速传感器; G8—车速里程表; J104—ABS 控制单元; J220—Motronic 发动机控制单元;
J285—组合仪表控制器; K7—手制动指示及制动液位警告灯; K11—油压低压报警灯; K12—油压高压报警灯;
K28—冷却液温度报警灯; K47—ABS 警告灯; K50—冷却液不足警告灯; K51—燃油不足警告灯;
T1k—仪表板线束与 ABS 线束插头连接,1 针,在中央电器后面;
T8a—发动机线束与发动机右线束插头连接,8 针,在发动机舱中间支架上;
T3p—仪表板线束与发动机线束插头连接,红/黄色,3 针,在中央电器后面;⑨—自身搭铁

【任务小结】

发生故障时,首先要分析该系统工作原理,根据系统原理分析可能出现的故障原因。在修

复故障的时候,要根据检测故障难易程度进行操作,提高效率。

若电气设备损坏无法修复,则应予以更换。更换的部件应与原部件的规格、型号相一致。导线的更换应尽量与原来的线径和颜色一致。若用其他颜色导线代替,应与相邻导线有所区别,以利于以后的检修。

任务3　迈腾 B8 仪表系统故障与检修（全国技能大赛比赛车型）

> **故障现象:**
> 一辆大众迈腾 B8 汽车无钥匙进入正常;拉开车门,进入车内,E378 背景灯正常点亮,但是仪表不能显示车门状态,钥匙指示灯不闪烁;打开点火开关,钥匙指示灯不闪烁,转向盘无法解锁,仪表不能点亮,整车不能上电;应急起动同样失效,起动机不转。

一、相关知识

图 5-3-1 所示为迈腾 B8 汽车无钥匙进入及一键启动控制原理图。

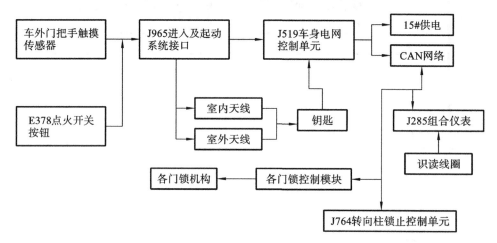

图 5-3-1　无钥匙进入及一键启动控制原理图

图 5-3-2 所示为迈腾 B8 仪表电源及信号控制示意图。

二、任务实施

（一）任务实施的要求

1. 实训目的

（1）识读并理解迈腾 B8 一键启动控制电路图。

（2）识读并理解迈腾 B8 仪表系统电路图

（3）掌握迈腾 B8 仪表故障诊断方法。

2. 实训仪器和设备

迈腾 B8 轿车一辆、万用表、故障诊断仪、示波器、世达工具一套等。

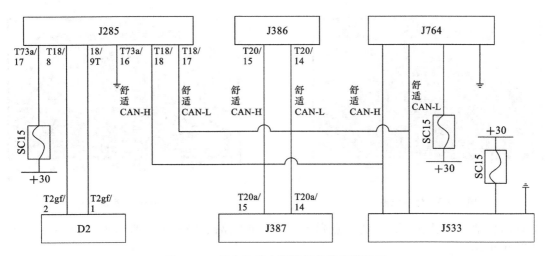

图 5-3-2 组合仪表电源及通信线路原理图

J285—组合仪表;J386—左前车门控制单元;J764—电子转向柱锁止控制单元;
D2—防盗锁止系统识读线圈;J387—右前车门控制单元;J533—数据总线诊断接口

（二）实施步骤

如图 5-3-1 所示迈腾 B8 汽车无钥匙进入及一键启动控制原理图,结合该图可以看出得出以下结论。

（1）开闭门时仪表不能显示车门状态,说明门锁开关→J386（通过 CAN）→J285 工作异常,但点火开关背景灯点亮,说明门锁开关→J386（通过 CAN）→J965→E378 工作正常。

（2）打开点火开关,仪表不能点亮,说明 E378→J965（通过唤醒、15#、S、CAN）→J519（通过 CAN）→J285、J965→车内天线→钥匙→J519 工作异常。

（3）如图 5-3-2 所示为迈腾 B8 汽车组合仪表电源及通信线路的原理图,从其中可以看出,系统通过 SC17 保险丝为 J285 提供正极电源,然后通过 T18/10 提供搭铁。如果 J285 电源电路出现故障,将造成 J285 不能正常工作。

综合上述所有的故障现象,均与 J285 没有参与工作有关,可能原因为:①J285 自身存在故障;②J285 电源电路存在故障;③J285 通信线路存在故障。

（三）诊断思路

第一步:按下危险警报灯开关,然后读取故障代码,发现诊断仪与 J285 无法正常通信。验证之前的分析是正常的。

第二步:测量 J285 的 CAN 总线端子对地波形,以验证故障代码的真实性。

按下危险警报灯开关,用示波器测量 J285 的 CAN-H、CAN-L 端子对地波形,标准波形如图 5-3-3 所示,实测波形如图 5-3-4 所示。由波形图可以看出,J519 与外界之间的 CAN 总线未发现故障。进一步检查 J285 的电源是否正常。

第三步:测量 J285 的 T18/1、T18/10 之间的电压。

在任何工况下,用万用表测量 J285 的 T18/1、T18/10 之间的电压,正常应为+B,实测为 0 V,说明 J285 供电异常,可能原因为:①J285 供电异常;②J285 接地异常。

为了确定故障范围,可以测量 J285 的 T18/1 和 T18/10 任何一个端子对地电压。

第四步:测量 J285 的 T18/1 对地电压。

在任何工况下,用万用表测量 J285 的 T18/1 对地电压,正常应为+B,实测为 0 V,说明

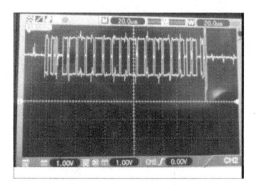
图 5-3-3　标准波形

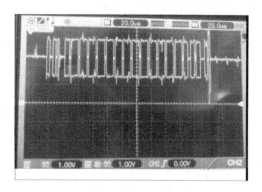
图 5-3-4　实测波形

J285 供电异常,可能原因为:①测试点到 SC17 之间电路故障(包括断路及对地短路);②SC17 及其供电电路故障。

第五步:测量 SC17 两端对地电压。

在任何工况下,用万用表测量 SC17 两端对地电压,正常均应为+B,实测为一端为+B,一端为 0 V,说明保险丝损坏。

第六步:测量保险丝负载端对地电阻,以检查保险丝损坏的原因。

拔掉保险丝,用万用表测量负载端对地电阻,应大于 2 Ω,实测为 0,说明负载端对地短路,修复线路后系统恢复正常。

【拓展项目】哈弗汽车仪表

一、哈弗汽车仪表总成的结构

哈弗汽车的仪表是模拟电路电子式仪表,利用步进电机调控仪表数字显示。

哈弗汽车仪表总成主要由电路板、仪表面罩、底壳组成。其主体部分是电路板。电路板上安装有指示灯、控制器和步进电机等。它的核心部件是步进电机(见图 5-1)和微控制器(MCU)(见图 5-2)。

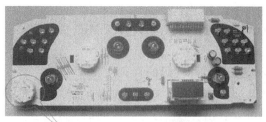

图 5-1　步进电机(一)

图 5-2　微控制器(MCU)

二、仪表微控制器(MCU)

哈弗仪表采用微控制器(MCU)处理各传感器的反馈信号,然后将里程、水温、燃油、发动机转速信号处理转化后输出到仪表的步进电机,驱动步进电机使仪表指针转动,以显示车辆信息,如图 5-3 所示。

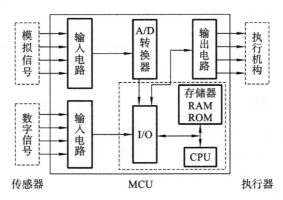

图 5-3　仪表微控制器(MCU)

三、步进电机

仪表步进电机是一种将电脉冲转化为角位移的执行部件,如图 5-4 所示。它带动仪表的指针动作,是仪表指示的重要部件。

(a) 步进电机背面　　　　　　　　　(b) 步进电机正面

图 5-4　步进电机(二)

步进电机内部有两组相同的定子线圈与工字型骨架,工字型交汇处有一个内镶有永磁体的转子,转子上带有一套精密的齿轮组相接。

N1、N2 分别为 2 个励磁绕组,如果对步进电机绕组输入一组脉冲信号则转子将会转动,其角位移与脉冲数成正比,转速与脉冲频率成正比,脉冲信号的输入由仪表的微控制器(MCU)控制,如图 5-5 所示。

仪表的主控芯片收到传感器的实时变化信号后,经过处理,由芯片内的驱动电路驱动步进电机线圈的脉冲信号,根据信号的强弱,使电机的转子旋转指示相应的位置。步进电机工作示意图如图 5-6 所示。

四、工作原理

汽车仪表与相应的传感器一起配合工作,传感器负责检测相关参数的变化,转变成电信号

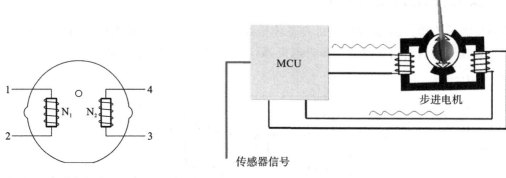

图 5-5 步进电机绕组示意图　　图 5-6 步进电机工作示意图

输送给仪表,仪表驱动指针转动作相应的指示。仪表报警灯由报警开关或相应的控制单元控制,当被监测的系统或总成工作不正常时,开关自动接通点亮报警灯,以提醒驾驶员注意。下面简单了解一下哈弗汽车部分仪表的工作原理。

1. 车速表的工作原理

变速器将转矩传递给车速传感器,传感器内部的霍尔元件将转速转化成脉冲信号给仪表,仪表电路将脉冲信号转化成执行器能够识别的正弦波驱动执行器动作,如图 5-7 所示。

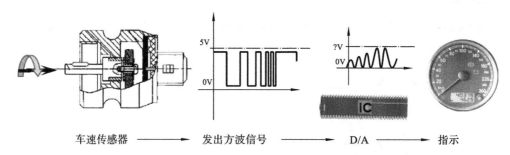

图 5-7 车速表的工作原理

现在普遍应用的车速传感器为霍尔元件式传感器,见图 5-8。霍尔传感器由转轴带动磁钢旋转,磁钢每转过一对磁极霍尔元件就输出一次电位变化,即一个脉冲信号(每转输出 8 个脉冲)。脉冲信号经电路转换,即可测量到相应的车速。

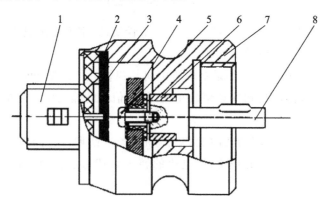

图 5-8 霍尔式车速传感器结构图

1—插头;2—垫圈;3—线路板(焊有霍尔元件);4—磁钢;5—螺钉;6—轴套;7—接头;8—轴

2. 发动机转速表工作原理

转速传感器将齿圈的转速转化成正弦电压信号，ECU 接收到正弦电压信号，并将其转化成规整的矩形波，仪表接收到脉冲信号，驱动指针偏转。发动机转速表如图 5-9 所示。

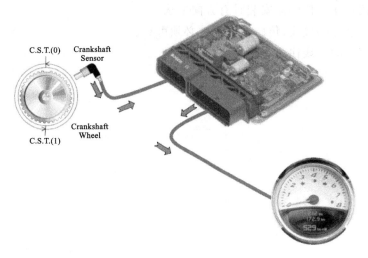

图 5-9　发动机转速表

发动机转速感应传感器为一根磁棒，带有一个软磁极销。销支承带有两个接头的感应线圈。当铁磁齿圈（或类似结构的转子）转过此传感器时，即在线圈内产生电压，该电压与磁通量的周期变化成正比。均匀分布的齿形产生正弦电压曲线，转速则反应为电压过零点的周期性间隔；同时该电压的振幅变化也与转速成比例，如图 5-10 所示。

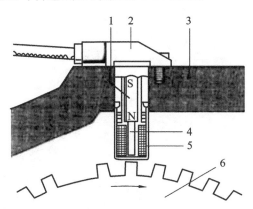

图 5-10　转速传感器

1—永久磁铁；2—外壳；3—发动机体；4—软磁芯；5—绕组；6—信号齿圈

五、哈弗汽车仪表使用注意事项

其使用注意事项如下。

（1）拆装组合仪表时，应先拆下蓄电池负极电缆，以免手触摸仪表板后面时造成线路短路。

（2）拆组合仪表装饰面板时，由于固定螺钉一般是隐蔽的，因此要仔细查找固定螺钉，否则强行拆卸将会损坏装饰面板。

（3）拆装组合仪表时，应注意仪表板后面的线束插接器及车速里程表的软轴接头，一般都带有锁止机构，切忌强拆。

(4)从电路板上拆下仪表表芯、电源稳压器、照明及指示灯时,小心不要损坏。

(5)单独更换表芯或仪表传感器时,应注意仪表与传感器必须配套使用。

(6)拆装仪表及传感器时,注意动作要轻,不要敲打。

(7)电热式机油压力传感器安装时有方向要求。

(8)仪表与传感器的接线、传感器的搭铁必须可靠。

(9)电磁式仪表的接线往往有极性之分,不得接错。

项目 6
附属电气设备原理与检修

◀ **项目要求**

理解附属电气设备部件的结构和工作原理,学会分析电路。在汽车附属电气设备电路系统的故障检修中,应遵循咨询、计划、决策、实施、检查和评估六步法:①咨询——根据故障案例,查阅相关的维修技术资料;②计划——针对故障现象制定相应的工作计划可行性方案;③决策——对可行性方案进行论证;④实施——进行故障的检修;⑤检查——对所排除故障进行检查确认;⑥评估——工作总结,对故障现象进行深度分析。

◀ **知识要求**

1. 掌握附属电气设备的组成、结构与工作原理。
2. 附属电气设备的检测。
3. 迈腾 B8 网络总线系统。
4. 迈腾 B8 附属电气设备的故障诊断。

◀ **能力要求**

1. 万用表、示波器、故障诊断仪等常见设备的使用。
2. 维修资料的查阅、电路原理图的识读和分析。
3. 常见故障的诊断与排除。
4. 5S 管理和操作。

任务1 风窗玻璃清洁装置的结构原理与检修

一、相关知识

(一) 电动刮水器的组成与结构

刮水器有真空式、气动式和电动式三种。因电动刮水器动力大、容易控制、不受发动机工况的影响,故目前在汽车上广泛应用。

电动刮水器主要由直流电动机、蜗杆箱、曲柄、连杆、摆杆、摆臂和刮水片等组成,如图 6-1-1 所示。一般电动机和蜗杆箱组装成一体,组成刮水器电动机总成。曲柄、连杆和摆杆等杆件可以把蜗轮的旋转运动转变为摆臂的往复摆动,使摆臂上的刮水片实现刮水动作。

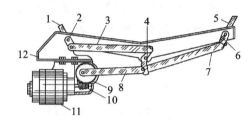

图 6-1-1 电动刮水器的组成

1、5—刷架;2、4、6—摆杆;3、7、8—拉杆;9—蜗轮;10—蜗杆;11—电动机;12—底板

(二) 电动刮水器工作原理

1. 电动刮水器的变速原理

刮水器的变速是利用直流电动机的变速原理来实现的,由直流电动机电压平衡方程式可得转速公式:

$$n = \frac{U - IR}{KZ\Phi}$$

式中,U——电动机端电压,单位为 V;

I——通过电枢绕组中的电流,单位为 A;

R——电枢绕组的电阻,单位为 Ω;

K——常数;

Z——正、负电刷间串联的导体数;

Φ——磁极磁通,单位为 Wb。

在电压 U 不变和直流电动机定型的条件下,I、R、K、Z 均为常数,当磁极磁通 Φ 增大时,转速 n 下降;反之,转速 n 上升。因此,刮水器变速是在直流电动机变速的理论基础上,采取改变电动机磁极磁通来实现的。另外,改变两电刷之间串联的导体数也可实现刮水器的变速。

1) 改变磁通变速

采用改变电动机磁极磁通变速的方法,只适用于绕线式直流电动机。绕线式直流电控刮水电动机的工作原理如图 6-1-2 所示。

当刮水器开关在Ⅰ挡位置(低速)时,电流由蓄电池正极经点火开关→熔断器→接线柱①→接触片,然后分两路:一路通过接线柱②→串励绕组→电枢→搭铁→蓄电池负极形成回路;另一路通过接线柱③→并励绕组→搭铁→蓄电池负极形成回路。此时,在串励绕组和并励绕组的共

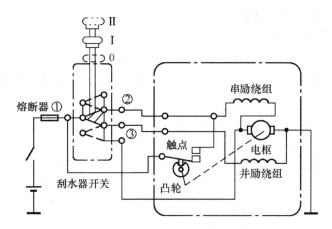

图 6-1-2　绕线式直流电控刮水电动机的工作原理

同作用下,磁场增强,电动机以低速运转。

当刮水器开关在Ⅱ挡位置(高速)时,电流由蓄电池正极→点火开关→熔断器→接线柱①→接触片→接线柱②→串励绕组→电枢→搭铁→蓄电池负极形成回路。此时由于并励绕组不在回路中,磁场减弱,故电动机可以高速运转。

2) 改变电刷间导体数变速

改变电刷间导体数变速的方法只能通过永磁电动机来实现,其原理是:刮水电动机工作时,在电枢内同时产生反电动势,其方向与电枢电流的方向相反。如要使电枢旋转,外加电压必须克服反电动势的作用。当电动机转速高时,反电动势增加,只有当外加电压等于反电动势时,电枢的转速才能稳定。

三刷永磁式刮水电动机工作时,电枢绕组产生的反电动势的方向如图 6-1-3 中箭头所示。将刮水器开关 K 拨向"L"端(低速)时,如图 6-1-3(a)所示,电源电压 U 加在电刷 B_1 和 B_3 间。在电刷 B_1 和 B_3 之间的两条并联支路中,每条支路中各有 4 个串联绕组,反电动势的大小与支路中反电动势的大小相等。由于外加电压需要平衡 4 个绕组产生的反电动势,故电动机转速较低。

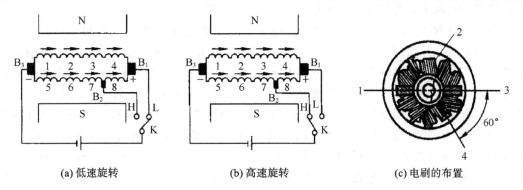

(a) 低速旋转　　　　(b) 高速旋转　　　　(c) 电刷的布置

图 6-1-3　永磁式刮水电动机的变速原理

1—共用电刷;2—电枢线圈;3—低速电刷;4—高速电刷

当将刮水器开关 K 拨向"H"端(高速)时,如图 6-1-3(b)所示,电源电压 U 加在电刷 B_2 和 B_3 之间。绕组 1、2、3、4、8 同在一条支路中,其中绕组 8 与绕组 1、2、3、4 的反电动势方向相反,相互抵消后,使每条支路变为 3 个绕组,由于电动机内部的磁场方向和电枢的旋转方向没有变化,所以各绕组内反电动势的方向与低速时相同。但是外加电压只需平衡 3 个绕组产生的反电动势,因此,电动机的转速增高。

2. 刮水电动机的自动复位装置

图 6-1-4 所示为铜环式刮水器的控制电路,此电路具有自动复位的功能。当刮水器停止工作时,为了避免刮水片停在风窗玻璃中间,影响驾驶员视线,汽车上电动刮水器都设有自动复位装置。其功能是在切断刮水器开关时,刮水片能自动停在驾驶员视野以外的指定位置。

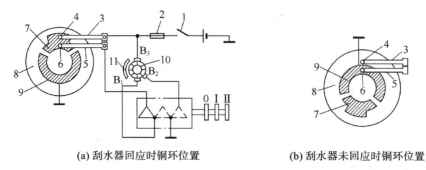

(a) 刮水器回应时铜环位置　　　　　(b) 刮水器未回应时铜环位置

图 6-1-4　刮水器的自动复位装置原理图
1—电源开关；2—熔断器；3、5—触点臂；4、6—触点；7、9—铜环；8—涡轮；10—电枢；11—永久磁铁

当刮水器的开关推到 0 挡时,若刮水片没有停在规定的位置,如图 6-1-4(b)所示,由于触点与铜环接触,电流由蓄电池正极→点火开关→熔断器→B_1→电枢绕组→B_3→刮水器开关接线柱②→刮水器开关接线柱①→触点臂→触点→铜环→搭铁→蓄电池负极形成电流回路,电动机仍然以低速运转,直至蜗轮转到特定位置时,铜环将两触点短接,电动机电枢绕组被短路。由于电动机存在惯性,不能立即停转,而以发电机方式运行,此时电枢绕组将产生强大的制动力矩,电动机迅速停转,使刮水片停在指定位置。

3. 刮水器电子间歇控制

电动刮水器间歇控制的作用有：①在与洗涤器配合使用时,可以达到先洗后刮的循环刮洗工序,以增强刮洗效果；②在毛毛细雨时,雨量很少,如果刮水器仍按原来那样不断地工作,会使玻璃模糊,影响驾驶员视线,也会引起刮片的颤动,而且会对玻璃有损伤。下面以无稳态方波发生器控制的间歇刮水器为例介绍其工作过程,其电路如图 6-1-5 所示。

电路中电阻 R、电容 C、二极管 VD 组成间歇时间控制电路,调整其参数可改变间歇时间的长短。当刮水器开关推到 0 挡,且间歇开关闭合时,电流由蓄电池正极→点火开关→熔断器→复位开关"上"触点（常闭）→电阻 R→电容 C→搭铁→蓄电池负极形成充电回路,使电容 C 两端电压上升到一定值时,VT_1 导通,VT_2 随之导通。继电器 J 中有电流通过,电流回路为：蓄电池正极→点火开关→熔断器→R_4→VT_2→J→间歇开关→搭铁→蓄电池负极。继电器磁化线圈接通,使其常闭触点断开（实线位置）,常开触点闭合（虚线位置）,刮水电动机电路被接通,电流回路为：蓄电池正极→点火开关→熔断器→公共电刷 B_3→电枢→低速电刷 B_1→刮水开关 0 挡→继电器常开触点→搭铁→蓄电池负极,使刮水电动机低速工作。当复位开关常闭触点被复位装置顶开至"下"位置（常开）时,电容 C 经 VD→复位开关"下"位置→搭铁回路快速放电,一段时间后,VT_1 截止,VT_2 截止,继电器断电,其触点复位,但这时电动机仍在运转,电流回路为：蓄电池正极→点火开关→熔断器→公共电刷 B_3→电枢→低速电刷 B_1→刮水开关 0 挡→继电器常闭触点→复位开关常开触点→搭铁→蓄电池负极,只有当复位开关常开触点被复位装置顶回至常闭"上"位置时,电动机才停止运转。电容 C 再次充电,重复周期开始。

(三) 风窗洗涤系统

为了更好地消除附在风窗玻璃上的灰尘污物,在汽车上增设了风窗玻璃洗涤装置,与刮水器一起使用,可以使汽车风窗玻璃更好地完成刮水工作,并获得更好的刮水效果。

1. 风窗玻璃洗涤装置的组成

风窗玻璃洗涤装置主要由储液罐、洗涤泵、输液管和喷嘴等组成,如图 6-1-6 所示。洗涤泵由永磁直流电动机和离心式叶片泵组装成为一体,安装在储液罐上或管路内,其喷射压力约1.5个大气压。

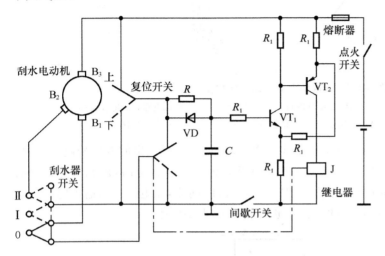

图 6-1-5 同步间歇刮水器控制电路

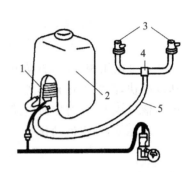

图 6-1-6 风窗玻璃洗涤装置

1—洗涤泵;2—储液罐;3—喷嘴;
4—三通;5—输液管

2. 风窗玻璃洗涤装置的正确使用

洗涤泵喷嘴安装在风窗玻璃的下面,其喷嘴方向可以根据使用情况调整,喷水直径一般为 0.8~1.0 mm,能够使洗涤液喷射在风窗玻璃的适当位置。洗涤泵的连续工作时间不应超过 1 min,对于刮水和洗涤分别控制的汽车,应先开洗涤泵,再接通刮水器。喷水停止后,刮水器应继续刮动 3~5 次,以便达到良好的清洁效果。

常用的洗涤液是清水。为了能刮掉风窗玻璃上的油、蜡等物,可在水中添加少量的去垢剂和防锈剂。强效洗涤液的去垢效果好,但会使风窗密封条和刮片胶条变质,还会引起车身喷漆变色以及储液罐、喷嘴等塑料件的开裂。冬季使用洗涤器时,为了防止洗涤液的冻结,应添加甲醇、异丙醇、甘醇等防冻剂,再加少量的去垢剂和防锈剂,即成为低温洗涤液,可使其结冰温度下降到 −20 ℃以下。如冬季不用洗涤器时,应将洗涤管中的水倒掉。

电动刮水器虽然能够实现间歇控制,但不能随雨量的变化及时调整刮水片的刮水频率。雨滴感知型刮水器则能根据雨量的大小自动调节刮水频率,使驾驶员始终保持良好的视线。

(四)智能型雨刮系统

1. 雨滴感知型刮水装置的组成

雨滴感知型刮水装置主要由雨滴传感器、间歇控制电路和刮水电动机三大部分组成。压电型传感器是利用雨滴下落撞击传感器的振动片,将振动能量传给压电元件,从而将雨量的大小转变为与之相对应的电信号,其结构如图 6-1-7 所示。

2. 雨滴感知型刮水装置的工作原理

其原理如图 6-1-8 所示,工作时,雨滴传感器将雨量的大小转变为与之相对应的电信号,经放大后送入间歇控制电路,给充电电路进行充电,使充电电路中电容两端电压上升,当电压上升

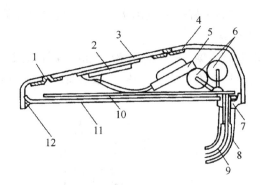

图 6-1-7 压电型雨滴传感器结构图
1—阻尼橡胶;2—压电元件;3—振动片(不锈钢);4—上盒(不锈钢);5—集成电路;6—电容器;
7—衬垫;8—线束套筒;9—线束;10—电路板;11—下盒(不锈钢);12—密封件

至与基准电压相等时,驱动电路使刮水电动机工作一次。雨量越大,感应出的电信号越强,充电速度越快,间歇工作频率越高;反之,则间歇工作频率越低。但当雨量很小时,雨滴传感器没有电压信号输出,只有定时电路对充电电路进行定时充电,一段时间后,充电电路的输出电压与基准电压相等,刮水器动作一次。根据雨量的大小,电路可以实现无级调速。

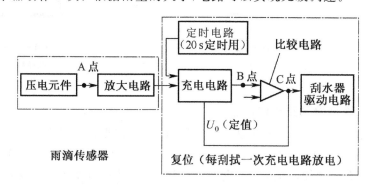

图 6-1-8 雨滴感知型刮水装置工作原理图

(五) 除霜装置

在下雨或下雪的时候开车,由于气温关系,车内水蒸气易凝结于玻璃上,形成一层霜,尤其是后方的玻璃因为不易擦拭到,而且风也吹不到,对行车视野妨碍比较大,因此在一些汽车上安装有除霜装置。汽车前、侧窗玻璃上的霜可以利用空调系统产生的暖气进行除霜,后窗玻璃多使用电热丝除霜。

除霜装置是把电热丝一条一条地粘在后窗玻璃内部,其两端相接成并联电路,只需要供给两端要求的电压,即可加热玻璃,从而达到除去结霜的目的。除霜电热丝的电压控制方式分手动和自动两种。一般自动的除霜装置由开关、自动除霜传感器、自动除霜控制器、除霜电热丝和配线等组成。自动除霜传感器安装在后窗玻璃上,其作用是将后窗玻璃上是否结霜、结霜层的厚度告知除霜控制电路,结霜层厚度越大,传感器电阻越小。

后窗玻璃除霜装置电路如图 6-1-9 所示,其工作过程如下。

(1) 除霜开关置于"关"位置,控制电路及指示灯电路断开,除霜装置及除霜指示灯均不工作。

(2) 除霜开关置于"手动"位置,继电器线圈可经手动开关直接搭铁,继电器触点闭合,使除霜电路及指示灯接通,除霜装置及指示灯均工作。

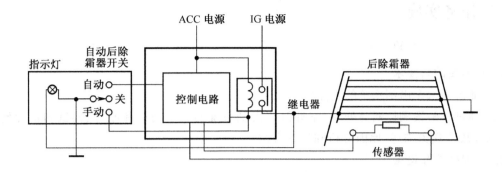

图 6-1-9 后窗玻璃除霜装置电路

(3) 除霜开关置于"自动"位置,如果霜层凝结到一定厚度时,传感器电阻值减小到某一设定值以下。控制器即可使继电器线圈的电流经控制电路而搭铁,继电器闭合,于是,由点火开关"IG"挡来的电源电压经继电器到除霜电热丝构成回路,另外经另一电路到仪表上的电流使指示灯点亮,表示除霜装置正在工作。当玻璃上结霜减少到某一程度后,传感器电阻值增大,控制电路切断继电器线圈回路,触点断开,电热丝断电,除霜装置停止工作,同时指示灯熄灭。

(六) 雨刮系统的故障诊断

1. 雨刮与风窗系统常见故障概述

刮水系统和风窗洗涤系统常见的故障有各挡都不工作、个别挡位不工作、雨刷不能停在正确位置、所有喷嘴都不工作或个别喷嘴不工作等。

2. 具体故障分析

故障案例:桑塔纳汽车(电路图如图 6-1-10 所示)雨刮系统低速挡不工作,其他挡位正常。故障分析和处理详见"任务实施"。

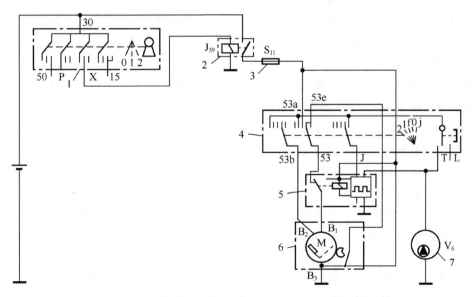

图 6-1-10 桑塔纳轿车风窗玻璃洗涤装置的控制电路

1—点火开关;2—中间继电器;3—保险丝;4—刮水器开关;5—间歇继电器;6—刮水电动机;7—洗涤泵

二、任务实施

(一) 任务实施的要求

1. 实训目的与要求

(1) 能读懂汽车雨刮系统的电路图。

(2) 通过故障案例诊断与处理,掌握汽车雨刮系统的基本构造和原理、调试和正确使用的方法,以及故障现象描述、原因分析和诊断方法。

2. 实训仪器和设备

汽车实训台架或整车、万用表、试灯、世达工具一套等。

(二) 实施步骤

1. 电路图分析

将点火开关置于"ON",接通了蓄电池向中间继电器磁化线圈的放电回路,其电流回路为:蓄电池正极→点火开关"30"接线柱→点火开关"X"接线柱→中间继电器磁化线圈→搭铁→蓄电池负极。在电磁吸力的作用下,中间继电器触点闭合,为刮水电动机的工作做好准备。

将刮水器开关拨到"f"挡(即点动挡)时,蓄电池将通过刮水器开关、间歇继电器触点向刮水电动机放电,其电流回路为:蓄电池正极→中间继电器触点→保险丝 S_{11}→刮水器开关"53a"接线柱→刮水器开关"53"接线柱→间歇继电器常闭触点→电刷 B_1→电刷 B_3→搭铁→蓄电池负极,此时电动机以低速运转。当驾驶员的手离开刮水器开关时,开关将自动回到"0"位,如果此时刮水片处在影响驾驶员视线的位置上,自动复位装置的常闭触点打开,常开触点闭合,刮水电动机电枢内继续有电流通过,其电流回路为:蓄电池正极→中间继电器触点→保险丝 S_{11}→复位装置的常开触点→刮水器开关"53e"接线柱→刮水器开关"53"接线柱→间歇继电器常闭触点→电刷 B_1→电刷 B_3→搭铁→蓄电池负极,故电动机仍以低速运转,只有当自动复位装置处在指定位置时,刮水电动机方可停止运转。

当将刮水器开关拨到"1"挡(低速挡)时,蓄电池仍然是通过中间继电器、刮水器开关、间歇继电器、电刷 B_1 和 B_3 向刮水电动机放电(放电回路与处于点动挡时相同),电动机以 42~52 r/min 的转速低速运转。

当将刮水器开关拨到"2"挡(高速挡)时,蓄电池向电动机的放电回路为:蓄电池正极→中间继电器触点→保险丝 S_{11}→刮水器开关"53a"接线柱→刮水器开关"53b"接线柱→电刷 B_2→电刷 B_3→搭铁→蓄电池负极,此时刮水电动机以 62~80 r/min 的转速高速运转。

当自动复位装置切断电动机电路,由于旋转惯性使电动机不能立即停下来时,电动机将以发电机运行而发电,由楞次定理可知,电枢绕组中所产生的感应电动势的方向与外加电压的方向相反,通过刮水器开关、自动复位常闭触点构成回路,其电流为:电刷 B_1→间歇继电器常闭触点→刮水器开关"53"接线柱→刮水器开关"53e"接线柱→自动复位装置的常闭触点→电刷 B_3,电枢绕组中即会产生反电磁力矩(制动力矩),刮水电动机迅速停止运转,使刮水片复位到风窗玻璃的下部。

当将刮水器开关拨到"j"(间歇)位置时,电子式间歇继电器投入工作,使其触点不断地开闭。当间歇继电器的常闭触点打开,常开触点闭合时,蓄电池向电动机的放电回路为:蓄电池正极→中间继电器触点→保险丝 S_{11}→间歇继电器的常开触点→电刷 B_1→电刷 B_3→搭铁→蓄电池负极,电动机低速运转。当间歇继电器断电,其触点复位(常闭触点闭合,常开触点打开)时,电动机将停止运转。在此过程中,自动复位装置的工作与制动力矩的产生与上述相同。在间歇继电器的作用下,刮水电动机每 6 s 使曲柄旋转一周。

当将洗涤开关接通时(将刮水器开关向上扳动),洗涤泵控制电路接通,其电流回路为:蓄电池正极→中间继电器触点→保险丝 S_{11}→洗涤开关→洗涤泵 V_6→搭铁→蓄电池负极。位于发动机舱盖上的两个喷嘴同时向风窗玻璃喷射洗涤液。与此同时,也接通了刮水器间歇继电器的控制电路,其电流为:蓄电池正极→中间继电器触点→保险丝 S_{11}→洗涤开关→刮水器间歇继电器→搭铁→蓄电池负极,于是刮水电动机工作,驱动刮水片刮掉已经湿润的尘土和污物。当驾驶员松开控制手柄时,开关将自动复位,切断洗涤泵的控制电路,喷嘴停止喷射洗涤液,刮水电动机在自动复位开关起作用后,将刮水片停靠在风窗玻璃的下方。

2. 故障原因分析

本次故障只有低速挡不工作,其他挡位正常,这就需要寻找低速挡与其他挡位(如间歇、高速等)非共同的部分。其中,共同的部分包括:①电源故障;②保险丝 S11;③继电器 J59;④雨刮电机故障;⑤电机搭铁故障;⑥部分线路。

而非共同的部分包括:①雨刮开关;②部分线路。

3. 实践操作

具体步骤为:①打开点火开关;②将万用表调到直流电压挡位;③将雨刮调至低速挡位;④将万用表的一个表笔搭铁,用另一个表笔测试开关的输出电压(可以使用无损探针扎破线束),即 53 号线,发现没有电压。

由此判断低速挡开关故障。

4. 故障处理

更换雨刮开关,使用万用表重新测量低速挡的输出线路的电压,电压值正常,故障排除。

【任务小结】

发生故障时,首先要分析该系统是局部故障还是整体故障,如果是整体故障,则需要寻找共有部分原因,如果是局部故障,只需要寻找分支部分故障。

在罗列故障原因的同时,要学会利用车上其他共有系统是否也发生故障,进一步缩小范围。

若电气设备损坏无法修复,则应予以更换。更换的部件应与原部件的规格、型号一致。导线的更换应尽量与原来的线径和颜色一致。若用其他颜色导线代替,应与相邻导线有所区别,以利于以后的检修。

任务 2　电动车窗和天窗的结构原理与检修（迈腾 B8 车窗电路分析）

故障现象:

迈腾 B8 玻璃升降器运行时常见的故障现象有以下四种:①驾驶人侧玻璃升降器开关控制所有车门玻璃升降异常;②驾驶人侧玻璃升降器开关控制左前车门玻璃升降异常;③一侧玻璃升降器开关控制对应车门玻璃升降异常;④一侧玻璃升降器开关控制对应车门玻璃升或降异常。

一、相关知识

（一）电动车窗的组成与结构

电动车窗也称为自动车窗，它可以使驾驶员更加集中精力驾车，方便驾驶员及乘客的操作，许多轿车装了这种装置。驾驶员操作时，可以使4个车窗中的任意一个上升或下降，乘员只能操作其靠近侧的车窗的上升或下降。

电动车窗主要由车窗玻璃、车窗玻璃升降器、电动机、继电器、断路器和控制开关等组成。车窗电动机、控制开关及车窗继电器在车上的布置如图6-2-1所示。

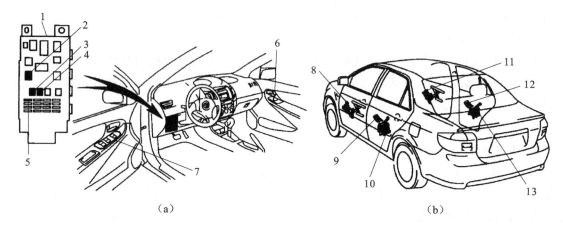

图 6-2-1 电动车窗部件在车上的布置

1—仪表板接线盒；2—电源继电器；3—AM1H保险丝；4—POWER H保险丝；5—仪表保险丝；6—副驾驶侧车窗控制开关；7—电动车窗主控制开关；8—驾驶员侧车窗电动机；9—左后侧电动车窗控制开关；10—左后侧电动车窗电动机；11—副驾驶侧车窗电动机；12—右后侧电动车窗控制开关；13—右后侧电动车窗电动机

车窗上的电动机是双向的，有永磁式和双绕组式两种。每个车窗上都装有一个电动机，通过开关控制它的电流方向，使车窗玻璃上升或下降。控制开关一般有两套，一套为总开关，安装在仪表板或驾驶员侧的车门上，因此驾驶员可以控制每个车窗的升降；另一套为分开关，安装在每个车门扶手上，可由乘客控制车窗升降。主控开关上还装有控制分开关的总开关，如果它断开，分开关就不起作用。有些车型装有带延迟开关的电动车窗系统，可在点火开关断后约10 min内，或车门打开以前，仍提供电源，使驾驶员和乘客有时间关闭车窗。

常见的电动车窗升降机构有绳轮式和软轴式两种，其结构分别如图6-2-2和图6-2-3所示。

（二）电动车窗的工作原理

图6-2-4所示为四车门电动车窗的控制旋钮，图6-2-5所示为该电动车窗的控制电路。该控制电路可以实现手动控制和自动控制，所谓的手动控制是指操作相应的手动旋钮，车窗可以上升或下降，若中途松开旋钮，上升或下降的动作即停止；而自动控制是指按下自动旋钮，松开手后车窗会一直上升至最高或下降至最低。下面分别分析手动控制和自动控制过程。

1. 手动控制玻璃升降

以驾驶员侧的玻璃升降为例，向前按下手动旋钮后，触点A与开关的UP接点相连，如图6-2-5所示，当把手动旋钮推向车辆方向，车窗玻璃即上升。此时，触点A与UP（向上）接点相连，触点B处于原来状态，电动机按UP箭头方向通过电流，车窗玻璃上升至关闭；当把手离开旋钮时，利用开关自身的回复力，开关即回到中立位置。若把手动旋钮推向车辆后方，触点A保持原位不动，而触点B则与DOWN（向下）接点相连，电动机按DOWN箭头所示的方向通过

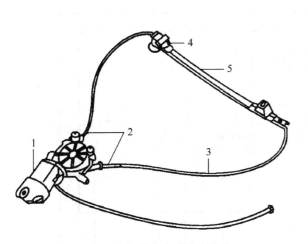

图 6-2-2 绳轮式电动车窗结构
1—蜗轮机构和电动机；2—减振弹簧；3—绳索；
4—夹持器；5—玻璃升降导轨

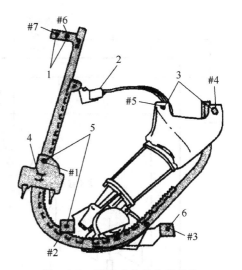

图 6-2-3 软轴式电动车窗结构
1、3、5、6—铆接点；2—插头；4—贴条

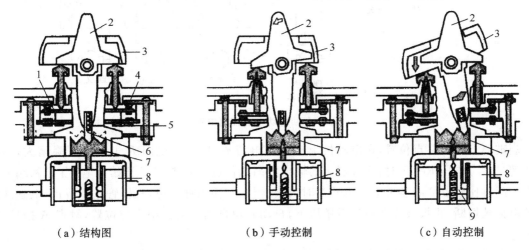

(a) 结构图　　　　　　(b) 手动控制　　　　　　(c) 自动控制

图 6-2-4 电动车窗的控制旋钮
1—触点 A；2—手动旋钮；3—自动旋钮；4—触点 B；5—弹簧；6—滑销；7—止板；8—螺线管；9—柱塞

电流，电动机反转，实现车窗玻璃向下移动，直至下降到底。

2. 自动控制玻璃升降

当把自动按钮向前方按下时，如图 6-2-5 所示，触点 A 与 UP 接点相连，电动机按 UP 箭头方向通过电流，车窗玻璃上升；与此同时，检测电阻 R 上电压降，此电压加于比较器 1 的一端，将其与参考电压 Ref.1 进行比较。Ref.1 的电压设定为相当于电动机锁止时的电压。所以，通常情况下，比较器 1 的输出为负电位。比较器 2 的基准电压 Ref.2 设定为大于比较器 1 的输出电位，所以比较器 2 的输出电压为正电压，晶体管接通，电磁线圈通过较大的电流，其路径为：蓄电池正极→点火开关→UP→触点 A→二极管 VD_1→电磁线圈→晶体管→二极管 VD_4→触点 B→电阻 R→搭铁→蓄电池负极。此电流产生较大的电磁吸力，吸引驱动器开关的柱塞，于是把止板向上顶压，越过止板凸缘的滑销于原来位置被锁定，这时即使把手离开自动旋钮，开关仍会保持原来的状态。

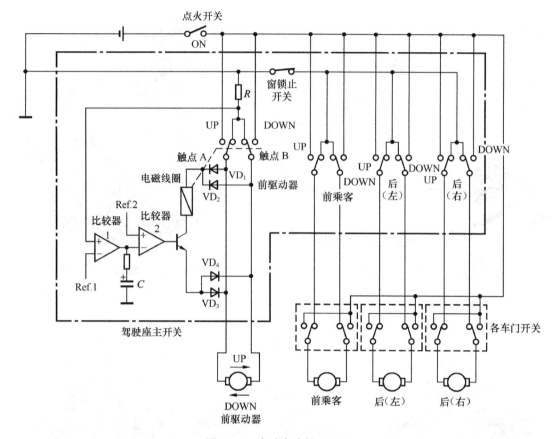

图 6-2-5 电动车窗控制电路

当玻璃上升至终点位置,在电动机上有锁止电流流过,检测电阻 R 上的电压降增大,当此电压超过参考电压 Ref.1 时,比较器 1 的输出为高电位,此时,电容 C 开始充电,当 C 两端电压上升至超过比较器 2 的参考电压 Ref.2 时,比较器 2 则输出低电位,三极管立即截止,电磁线圈中的电流被切断,止板被弹簧通过滑销压下,自动旋钮自动回复到中立位位置,触点 A 搭铁,电动机停转。

在自动上升过程中,若想中途停止,则向反方向扳动旋钮,然后立刻放松。这样触点 B 将短暂脱离搭铁,使电动机因回路被切断而自动停转。同时,通过电磁线圈的电流已被切断,止板弹簧通过滑销压下,自动旋钮回复到中立位置,触点 A、B 均搭铁,电动机停转。

车窗玻璃自动下降的工作情况与上述情况相反,操作时只需将自动旋钮压向车辆后方即可。

(三)迈腾 B8 玻璃升降器控制运行原理(全国技能大赛比赛车型)

1. 迈腾 B8 玻璃升降器组成

迈腾 B8 玻璃升降器通过各控制单元控制,如图 6-2-6 所示,整体系统包含以下元器件和控制单元:车载电网控制单元 J519、遥控钥匙、数据总线诊断接口 J533、进入及起动系统接口 J965、车门控制单元(四个)、玻璃升降器电动机(四个)和玻璃升降器开关(四个)。

2. 迈腾 B8 玻璃升降器工作原理

1)驾驶员侧车窗玻璃原理

驾驶员侧玻璃升降器操作开关在驾驶员侧玻璃升降器操作开关 E512 上,当向上拉动开关

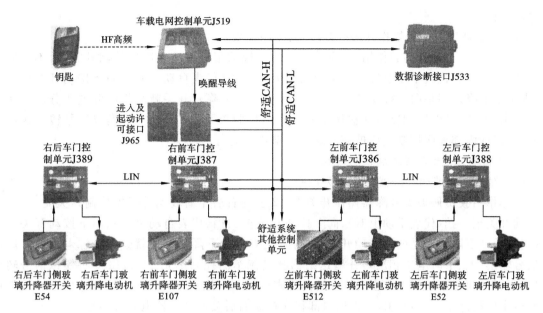

图 6-2-6　迈腾 B8 玻璃升降器组成及工作原理

至一挡(代表手动上升)、向上拉动开关至二挡(代表自动上升)、向下按动开关至一挡(代表手动下降)、向下按动开关至二挡(代表自动下降)时,开关就会将电源电压分压后作为信号输出(上、下时电压相反),并输送给驾驶员侧车门控制单元 J386,J386 将模拟信号转变成数字信号,并根据内部的程序控制驾驶员侧玻璃升降器电动机的运行。

2) 前排乘员侧车窗玻璃

(1) 驾驶员侧玻璃升降器操作开关控制。

当操作驾驶员侧玻璃升降器操作开关 E512 上的前排乘员侧车窗玻璃升降器控制开关时,不管向上拉动开关至一挡(代表手动上升)、向上拉动开关至二挡(代表自动上升)、向下按动开关至一挡(代表手动下降),还是向下按动开关至二挡(代表自动下降),开关就会将电源电压分压后作为信号输出(上、下时电压相反),并输送给驾驶员侧车门控制单元 J386,J386 将模拟信号转变成数字信号,通过舒适 CAN 总线传送给前排乘员侧车门控制单元 J387,J387 根据内部程序控制前排乘员侧玻璃升降器电动机的运行。

(2) 前排乘员侧玻璃升降器操作开关控制(前排乘员侧门面板)。

当操作前排乘员侧门面板上的车窗玻璃升降器控制开关时,不管向上拉动开关至一挡(代表手动上升)、向上拉动开关至二挡(代表自动上升)、向下按动开关至一挡(代表手动下降),还是向下按动开关至二挡(代表自动下降),开关就会将电源电压分压后作为信号输出(上、下时电压相反),并输送给前排乘员侧车门控制单元 J387,J387 将模拟信号转变成数字信号,并根据内部程序控制前排乘员侧玻璃升降器电动机的运行。

3) 左后车窗玻璃

(1) 驾驶员侧玻璃升降器操作开关控制。

当操作驾驶员侧玻璃升降器操作开关 E512 上的左后玻璃升降器控制开关时,不管向上拉动开关至一挡(代表手动上升)、向上拉动开关至二挡(代表自动上升)、向下按动开关至一挡(代表手动下降),还是向下按动开关至二挡(代表自动下降),开关就会将电源电压分压后作为信号输出(上、下时电压相反),并输送给驾驶员侧车门控制单元 J386,J386 将模拟信号转变成数字信号,通过 LIN 总线传送给左后车门控制单元 J388,J388 根据内部程序控制左后玻璃升降器电动机的运行。

(2) 左后玻璃升降器操作开关控制(左后车门面板)。

当儿童安全锁开关不起作用、操作左后车门面板的车窗玻璃升降器控制开关时,不管向上拉动开关至一挡(代表手动上升)、向上拉动开关至二挡(代表自动上升)、向下按动开关至一挡(代表手动下降),还是向下按动开关至二挡(代表自动下降),开关就会将电源电压分压后作为信号输出(上、下时电压相反),并输送给左后车门控制单元 J388,J388 将模拟信号转变成数字信号,并根据内部程序控制左后玻璃升降器电动机的运行。

4) 迈腾 B8 右后车窗玻璃控制过程

(1) 驾驶员侧玻璃升降器操作开关控制。

当操作驾驶员侧玻璃升降器操作开关 E512 上的右后车窗玻璃升降器控制开关时,不管向上拉动开关至一挡(代表手动上升)、向上拉动开关至二挡(代表自动上升)、向下按动开关至一挡(代表手动下降),还是向下按动开关至二挡(代表自动下降),开关就会将电源电压分压后作为信号输出(上、下时电压相反),并输送给驾驶员侧车门控制单元 J386,J386 将模拟信号转变成数字信号,通过舒适 CAN 总线传送给前排乘员侧车门控制单元 J387,再通过 LIN 总线传送给右后车门控制单元 J389,J389 根据内部程序控制右后玻璃升降器电动机的运行。

(2) 右后玻璃升降器操作开关控制(右后车门面板)。

当儿童安全锁开关不起作用、操作右后车门面板的车窗玻璃升降器控制开关时,不管向上拉动开关至一挡(代表手动上升)、向上拉动开关至二挡(代表自动上升)、向下按动开关至一挡(代表手动下降),还是向下按动开关至二挡(代表自动下降),开关就会将电源电压分压后作为信号输出(上、下时电压相反),并输送给右后车门控制单元 J389,J389 将模拟信号转变成数字信号,并根据内部程序控制右后玻璃升降器电动机的运行。

5) 迈腾 B8 儿童安全锁控制过程

当操作驾驶员侧玻璃升降器操作开关 E512 上的儿童安全锁按钮 E318 时,如果是初次按下 E318,代表驾驶员想让所有后车门玻璃动作锁止,如果再次按下 E318,代表驾驶员想让所有后车门玻璃动作解锁,此时开关就会将不同的电压信号输送给驾驶人侧后门控制单元 J386,J386 将模拟信号转变成数字信号,一方面通过 LIN 总线传送给左后车门控制单元 J388,J388 根据信号指令看是否锁止左后玻璃升降器电动机的运行;另一方面通过舒适 CAN 总线传送给前排乘员侧车门控制单元 J387,再通过 LIN 总线传送给右后车门控制单元 J389,J389 根据信号指令看是否锁止右后玻璃升降器电动机的运行。

6) 车窗玻璃防夹手

迈腾 B8 车窗玻璃在手动上升和自动上升过程中都带有防夹手功能。

车窗玻璃在上升过程中的阻力变化与车窗玻璃到达终端的阻力不一样,后者的阻力远远大于前者,当玻璃上升时,若夹住物体,由于阻力增大且变化(电动机电流增大和变化),控制单元检测到阻力(电流)增大、变化,立即改变电动机控制方向,车窗玻璃立即下降至中间位置。

车窗玻璃到达终端(顶部或底部)时,阻力基本恒定(电动机电流恒定),且到达终端时电动机电流过载,控制单元检测到这个过载电流后停止电动机供电,车窗玻璃完全关闭或打开。

二、任务实施

(一)任务实施的要求

1. 实训目的

(1) 汽车玻璃升降器控制系统的认知和检测。

(2) 熟悉迈腾 B8 网络总线系统。

(3) 熟悉迈腾 B8 玻璃升降器控制运行原理。

2. 实训仪器和设备

迈腾 B8 轿车一辆、万用表、示波器、故障诊断仪、世达工具一套等。

(二) 实施步骤

因为各个车窗玻璃升降器开关的结构和工作原理基本一致,线路及信号的检测方法也相似,所以,本文只针对驾驶员侧玻璃升降器的操作开关 E710 进行讲解。其他玻璃升降器开关也可以照此进行检测。

1. 检测驾驶员侧车窗玻璃升降器按钮 E710

从迈腾 B8 车窗玻璃升降器开关控制电路原理图(见图 6-2-7)中可以看出,玻璃升降器按钮 E710 内部为电阻分压结构,开关处于不同的挡位时,信号电路上就会产生一个对应的电压。

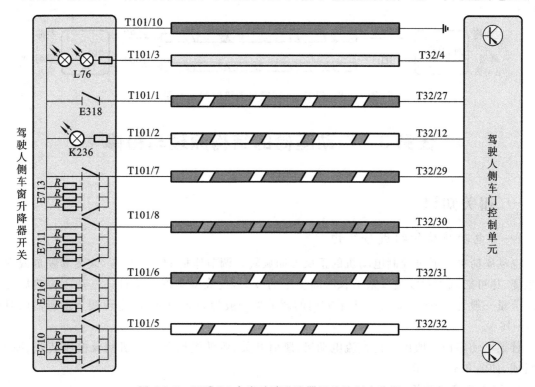

图 6-2-7 迈腾 B8 车窗玻璃升降器开关控制电路图

驾驶员侧车门控制单元 J386 通过 T32/32 输出一个参考电压给驾驶员侧玻璃升降器控制按钮 E710 的 T101/5 端子,同时通过 T101/10 端子为开关提供搭铁回路。操作开关(上升、自动上升、下降、自动下降)时,T101/5 至 T32/32 这条线路上的电压会产生相应的变化,驾驶员侧车门控制单元 J386 监测线路上的电压,根据此电压确认开关处于哪种状态(上升、自动上升、下降、自动下降),从而控制升降器电动机做相应的运转。

第一步:测量车门控制单元 J386 的 T32/32 端子对搭铁电压,正常值为:①开关至上升 2 挡,正常值 1.13 V 左右;②开关至上升 1 挡,正常值 2.1 V 左右;③无操作,正常值 3.6 V 左右;④开关至下降 1 挡,正常值 0.4 V 左右;⑤开关至下降 2 挡,正常值 0 V。

第二步:测量按钮 E710 的 T101/5 端与 J386 的 T32/32 之间线路的导通性。关闭点火开关,拔下按钮 E710 和 J386 插接器,电阻应小于 2 Ω。

第三步：关闭点火开关，断开 E710 的 T101 与控制单元 J386 的 T32 插接件。检测按钮 E710 的 T101/5 对搭铁电阻：①测量 E710 的 T101/5 端对搭铁电阻，正常值为无穷大；②连接 J386 的 T32 插接件，测量 E710 的 T101/5 端对搭铁电阻，正常值为无穷大；③连接 E710 的 T101 插接件，测量 E710 的 T101/5 端对搭铁电阻，正常值为无穷大。

第四步：车窗玻璃升降器开关电源负极检查，任何工况下，T101/10 端子对搭铁电压小于 0.1 V。

2. 检测迈腾 B8 车窗电动机及控制电路

因为四个车门的车窗电动机的结构和工作原理完全相同，其线路及信号检测方法相似，所以，本文只针对驾驶员侧车窗电动机及控制进行检测，其他车门车窗电动机的检测相同。

驾驶员侧车窗电动机及控制电路的检测：从迈腾 B8 车窗电动机控制电路原理图（见图 6-2-8）上可以看出，B8 通过车门控制单元控制车门电动机的两个供电电流方向，实现电动机的正反转。

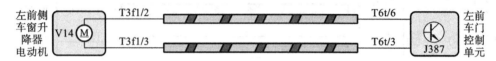

图 6-2-8　迈腾 B8 车窗电动机控制电路图

◀ 任务3　电动座椅的结构原理与检修 ▶

一、相关知识

（一）电动座椅的组成与结构

电动座椅可以通过控制电动机的正反方向旋转来调节座椅的空间位置，改变驾驶员或乘员的坐姿，尽可能减少驾驶员及乘员长时间坐车的疲劳，提高乘坐的舒适性。电动座椅前后方向的调节量一般为 100～160 mm，上下方向的调节量一般为 30～50 mm，全程调节量所需的时间为 8～10 s。

普通电动座椅一般由双向直流电动机、座椅开关、传动机构和执行机构及控制装置（ECU）等组成，如图 6-3-1 所示。

1. 双向直流电动机

电动座椅的电动机大多数采用永磁双向直流电动机，通过开关来操纵电动机按所需方向旋转。为了防止电动机过载，电动机内一般都装有断电器，由于座椅的类型不同，一般一个座椅可装 2 个、3 个、4 个或多个电动机。

2. 传动机构

电动座椅的传动机构主要由变速器、联轴装置、电磁阀等组成。其作用是把直流电动机产生的旋转运动，变为座椅的位置调整动作。

前后调整传动机构由蜗杆、蜗轮、齿条、导轨等组成，齿条装在导轨上，如图 6-3-2 所示。调整时，直流电动机产生的力矩经蜗杆传至两侧的蜗轮上，经齿条的带动，使座椅前后移动。

上下调整传动机构由蜗杆轴、蜗轮、芯轴等组成，如图 6-3-3 所示。调整时，直流电动机产生的力矩带动蜗杆轴，驱动蜗轮转动，使心轴在蜗轮内旋进或旋出，带动座椅上下移动。

项目 6　附属电气设备原理与检修

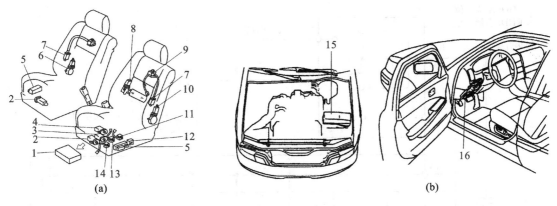

图 6-3-1　普通电动座椅的结构

1—电动座椅 ECU；2—滑动电动机；3—前垂直电动机；4—后垂直电动机；5—电动座椅开关；6—倾斜电动机；
7—头枕电动机；8—腰垫电动机；9—位置传感器（头枕）；10—倾斜电动机和位置传感器；11—位置传感器（后垂直）；
12—腰垫开关；13—位置传感器（前垂直）；14—位置传感器（滑动）；15—2 号接线盒；16—1 号接线盒

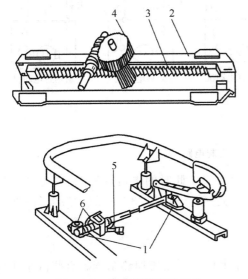

图 6-3-2　前后调整传动机构

1—支撑及导向元件；2—导轨；3—齿条；
4—蜗轮；5—反馈信号电位计；6—调整电动机

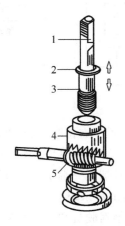

图 6-3-3　上下调整传动机构

1—铣平面；2—止推垫片；3—芯轴；
4—蜗轮；5—挠性驱动蜗杆轴

（二）电动座椅的工作原理

1. 电动座椅的控制电路

某汽车电动座椅的控制电路如图 6-3-4 所示，该电动座椅包括滑动电动机、前垂直电动机、倾斜电动机、后垂直电动机和腰垫电动机，可以实现座椅的前后移动、前部高度调节、靠背倾斜程度调节、后部高度调节及腰垫前后调节等功能。下面以座椅靠背的倾斜调节为例，介绍电路的控制过程。

当电动座椅的开关处于倾斜位置时，如果要调整靠背向前倾斜，则闭合倾斜电动机的前进方向开关，即端子"4"置于左位时。此时，电流回路为：蓄电池正极→FLALT→FLAM1→DOOR CB→端子"14"→倾斜开关"前"→端子"4"→端子"1(2)"→倾斜电动机→端子"2(1)"→端子"3"→端子"13"→搭铁。此时座椅靠背前移。

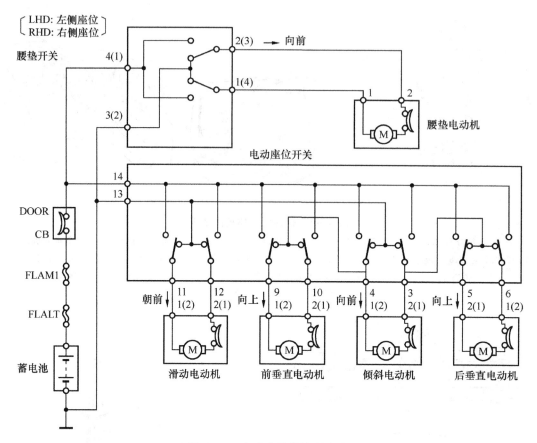

图 6-3-4 电动座椅的控制电路

端子"3"置于右位时,倾斜电动机反转,座椅靠背后移。此时的电流回路为:蓄电池正极→FLALT→FLAM1→DOOR CB→端子"14"→倾斜开关"后"→端子"3"→"2(1)"端子→倾斜电动机→"1(2)"端子→端子"4"→端子"13"→搭铁。

2. 座椅加热系统

为了改善驾驶员和乘客乘坐的环境,在一些轿车上设置了座椅加热系统。有些汽车座椅的加热速度可以调节,有些不可以调节。

图 6-3-5 所示座椅加热器的加热速度可以调节。驾驶员和副驾驶员座椅的加热器和加热控制开关相同。其中,HI 表示高位加热,LO 表示低位加热。该座椅加热系统可以单独对驾驶员侧或副驾驶员侧的座椅进行加热,也可以同时对两座椅进行加热。下面以驾驶员侧的座椅加热器为例,分析其工作过程。

(1) 当加热器开关断开时,加热系统不工作。

(2) 当加热器开关处于"HI"位置时,电流首先经过点火开关给座椅加热器的继电器线圈通电,线圈产生磁场使继电器开关闭合。此时加热器的电流回路为:蓄电池正极→熔断丝→继电器开关→加热器开关端子"5",然后电流分为 3 个支路:一路经指示灯→加热器开关端子"4"→搭铁,指示灯亮;另一路经加热器开关端子"6"→加热器端子"A1"→节温器→断路器→靠背线圈→搭铁;还有一路经加热器开关端子"6"→加热器端子"A1"→节温器→断路器→坐垫线圈→加热器端子"A2"→加热器开关端子"3"→加热器开关端子"4"→搭铁。此时靠背线圈和坐垫线圈并联加热,加热速度较快。

(3) 当加热器开关处于"LO"位置时,电流回路为:蓄电池正极→熔断丝→加热器开关端子

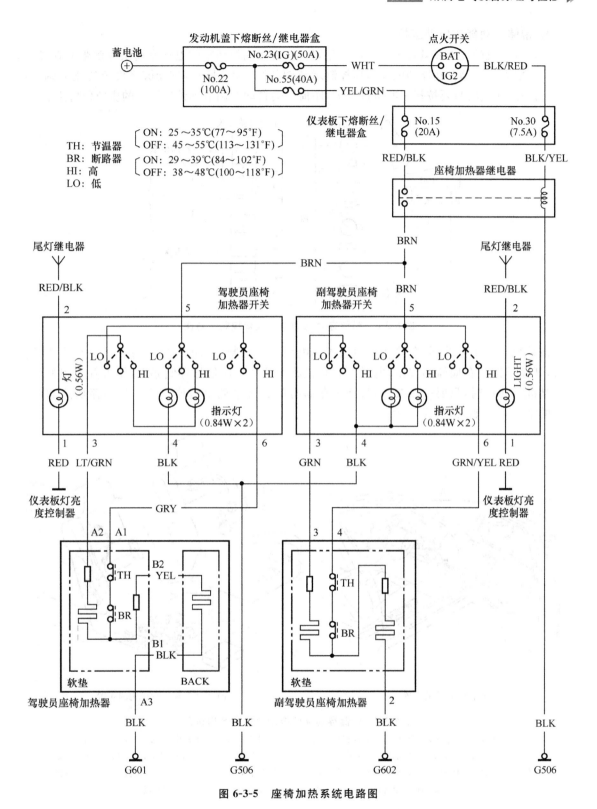

图 6-3-5 座椅加热系统电路图

"5",然后分为两个支路:一路经指示灯→加热器端子"4"→搭铁,低位指示灯点亮;另一路经加热器开关端子"3"→加热器端子"A2"→加热器坐垫线圈→加热器靠背线圈→搭铁。此时靠背线圈和坐垫线圈串联加热,电路中电流较小,因此加热的速度较慢。

3. 带储存功能的电动座椅

随着计算机的发展及其在汽车上的应用，目前，许多高档轿车的电动座椅系统都带有存储器，具有记忆能力。带储存功能的电动座椅控制示意图如图 6-3-6 所示，它能够将设定的座椅调节位置进行记忆，使用时只要按指定的按键开关，座椅就会自动地调节到预先设定的座椅位置上。

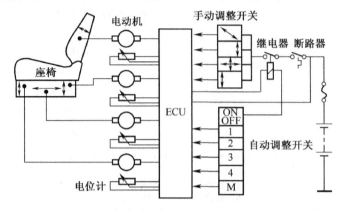

图 6-3-6　带储存功能的电动座椅控制示意图

该系统有一个存储器，存储装置通过 4 个电位计来控制座椅的调定位置。只要座椅位置调定后，驾驶员按下存储器的按钮，电子控制装置就把这些电压信号存储起来，作为重新调整位置时的基准。使用时，只要一按按钮，就能按存储时的状态来调整座椅位置。带储存功能的电动座椅的结构布置如图 6-3-7 所示。

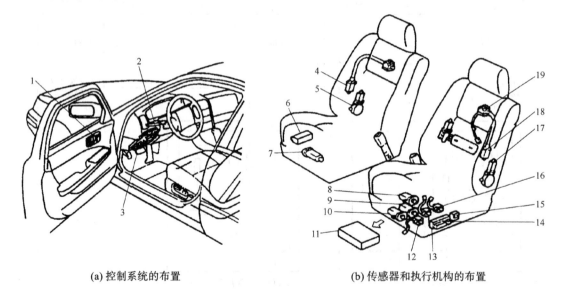

(a) 控制系统的布置　　　　　　(b) 传感器和执行机构的布置

图 6-3-7　带储存功能的电动座椅的结构布置

1—驾驶位置存储和复位开关；2—倾斜和伸缩 ECU；3—1 号接线盒；4—头枕电动机；5—倾斜电动机；6—自动座椅开关；7—滑动电动机；8—后垂直电动机；9—前垂直电动机；10—滑动电动机；11—自动座椅 ECU；12—位置传感器(滑动)；13—位置传感器(前垂直)；14—自动座椅开关；15—腰垫开关；16—位置传感器(后垂直)；17—倾斜电动机和位置传感器；18—头枕电动机；19—位置传感器(头枕)

（三）电动座椅的故障诊断

1. 汽车座椅常见故障概述

(1) 操作系统不工作或出现噪声。

（2）座椅电动机运转，但是座椅不能移动。
（3）电动座椅继电器有吸合的响声，但是电动机不工作。
（4）电动座椅某个方向不工作。

2. 具体故障分析

故障案例：某车型（电路图如图 6-3-4 所示）的电动座椅前后不能调整，但是其他方位可以正常调整。故障分析与处理详见"任务实施"。

二、任务实施

（一）任务实施的要求

1. 实训目的

（1）能读懂汽车电动座椅的电路图。

（2）通过故障案例诊断与处理，掌握汽车电动座椅的基本构造和原理、调试和正确使用的方法，以及故障现象描述、原因分析和诊断方法。

2. 实训仪器和设备

汽车实训台架或整车、万用表、试灯、世达工具一套等。

（二）实施步骤

1. 分析电路图

具体电路分析见"（二）电动座椅的工作原理"中的"1. 电动座椅的控制电路"部分。

2. 分析故障原因

本次故障只有前后方向不能调整，其他方向正常，这就需要寻找前后调整方向与其他方向（腰垫、前垂、后垂、倾斜）非共同的部分，共同的部分包括：①电源故障；②FLALT 断路；③FLAM1 断路；④DOOR CB 断路；⑤搭铁故障；⑥部分线路。而非共同的部分包括：①调整开关；②电动机故障；③部分线路。

3. 实践操作

重点检测非共同部分。由于前后调整都不能工作，首先怀疑电动机故障，拔下滑动电动机后面的插头，将"朝前"开关闭合，测量开关一端的电压（"1"端子），电压输出正常；插上插头，再次将"朝前"开关闭合，使用无损探针，测量"1"端子电压为电源电压，但是"2"端子电压为零，据此判断滑动电动机内部断路。

4. 故障处理

更换滑动电动机，通过验证，故障排除。

【任务小结】

发生故障时，首先要分析该系统是局部故障还是整体故障，如果是整体故障，则需要寻找共有部分原因，如果是局部故障，只需要寻找分支部分故障。

在罗列故障原因的同时，要学会利用车上其他共有系统是否也发生故障，进一步缩小范围。

若电气设备损坏无法修复，则应予以更换。更换的部件应与原部件的规格、型号相一致。导线的更换应尽量与原来的线径和颜色一致。若用其他颜色导线代替，应与相邻导线有所区别，以利于以后的检修。

任务4　电动后视镜的结构原理与检修（迈腾B8电动后视镜电路分析）

> **故障现象：**
> 迈腾B8后视镜常见的故障现象有以下两种：①所有后视镜异常；②一侧异常。

一、相关知识

（一）电动后视镜的组成与结构

驾驶员采用人工方式调整后视镜的位置比较困难，特别是乘客车门一侧的后视镜，使用电动控制系统可以很方便地解决这个问题，驾驶员只需要在驾驶位置上操纵电动后视镜开关，就可获得比较理想的位置。

电动后视镜一般由镜片、微型直流电动机、驱动器、控制开关等组成。在每个后视镜镜片的背后都有两个可逆电动机，可操纵其上下及左右运动。通常垂直方向的倾斜运动由一个永磁电动机控制，水平方向的倾斜运动由另一个永磁电动机控制。每个电动后视镜都有一个独立控制开关，开关杆可多方向移动，可使一个电动机工作或两个电动机同时工作。有的电动后视镜还带有伸缩功能，由伸缩开关控制伸缩电动机工作，使整个后视镜回转伸出或缩回。电动后视镜的结构和控制开关如图6-4-1所示。

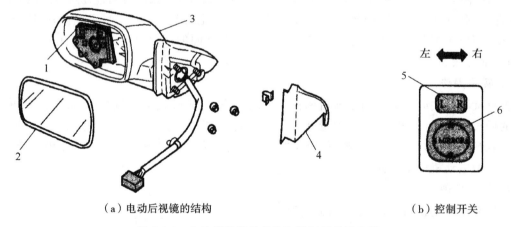

（a）电动后视镜的结构　　　　　　　　（b）控制开关

图6-4-1　电动后视镜的结构和控制开关示意图

1—驱动电动机；2—电动后视镜镜片固定架；3—电动后视镜；4—后视镜安装罩；5—左右调整开关；6—后视镜开关

（二）电动后视镜的工作原理

下面以具体的电路来阐述后视镜的工作原理，例如：桑塔纳2000轿车电动后视镜控制电路如图6-4-2所示。M11为左右选择开关，M21为左右调整开关，M22为上下调整开关。

电动后视镜的具体工作过程如下。

1. 调整左侧后视镜左转

先将左右选择开关（M11）拨至"L"，再按左右调整开关（M21）"左"。电流回路为：蓄电池正极→"30"接线柱→S12→M21接线柱"2"（上）→M21"3"（下右）→M11（中间）"3"（上）→M11（中

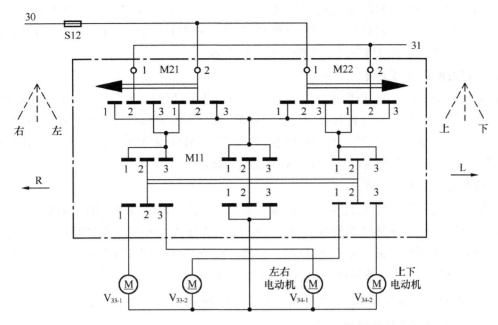

图 6-4-2 桑塔纳 2000 轿车电动后视镜控制电路图

间)"3"(下)→左侧左右电动机（V_{34-1}）→M11(左)"3"(下)→M11(左)"3"(上)→M21"3"(下左)→M21"1"(上)→搭铁→蓄电池负极。左侧镜面后视镜向左转动。

2. 调整左侧后视镜右转

先将左右选择开关（M11）拨至"L"，再按左右调整开关（M21）"右"。电流回路为：蓄电池正极→"30"接线柱→S12→M21 接线柱"2"(上)→M21"1"(下右)→M11(左)"3"(上)→M11(左)"3"(下)→左侧左右电动机（V_{34-1}）→M11(中)"3"(下)→M11(中)"3"(上)→M21"1"(下左)→M21"1"(上)→搭铁→蓄电池负极。左侧后视镜向右转动。

3. 调整左侧后视镜上转

先将左右选择开关（M11）拨至"L"，再按上下调整开关（M22）"上"。电流回路为：蓄电池正极→"30"接线柱→S12→M22 接线柱"1"(上)→M22"1"(下右)→M11(中)"3"(上)→M11(中)"3"(下)→左侧上下电动机（V_{34-2}）→M11(右)"3"(下)→M11(右)"3"(上)→M22"1"(下右)→M22"2"(上)→搭铁→蓄电池负极。左侧后视镜向上转动。

4. 调整左侧后视镜下转

先将左右选择开关（M11）拨至"L"，再按上下调整开关（M22）"下"。电流回路为：蓄电池正极→"30"接线柱→S12→M22 接线柱"1"(上)→M22"3"(下左)→M11(右)"3"(上)→M11(右)"3"(下)→左侧上下电动机（V_{34-2}）→M11(中)"3"(下)→M11(中)"3"(上)→M22"3"(下右)→M22"2"(上)→搭铁→蓄电池负极。左侧后视镜向下转动。

5. 调整右侧后视镜左转

先将左右选择开关（M11）拨至"R"，再按左右调整开关（M21）"左"。电流回路为：蓄电池正极→"30"接线柱→S12→M21 接线柱"2"(上)→M21"3"(下右)→M11(中间)"1"(上)→M11(中间)"1"(下)→右侧左右电动机（V_{33-1}）→M11(左)"1"(下)→M11(左)"1"(上)→M21"3"(下左)→M21"1"(上)→搭铁→蓄电池负极。左侧后视镜为左转动。

6. 调整右侧后视镜右转

先将左右选择开关（M11）拨至"R"，再按左右调整开关（M21）"右"。电流回路为：蓄电池正极→"30"接线柱→S12→M21接线柱"2"(上)→M21"1"(下右)→M11(左)"1"(上)→M11(左)"1"(下)→左侧左右电动机(V_{33-1})→M11(中)"1"(下)→M11(中)"1"(上)→M21"1"(下左)→M21"1"(上)→搭铁→蓄电池负极。左侧后视镜向右转动。

7. 调整右侧后视镜上转

先将左右选择开关(M11)拨至"R",再按上下调整开关(M22)"上"。电流回路为:蓄电池正极→"30"接线柱→S12→M22接线柱"1"(上)→M22"1"(下左)→M11(中)"1"(上)→M11(中)"1"(下)→左侧上下电动机(V_{33-2})→M11(右)"1"(下)→M11(右)"1"(上)→M22"1"(下右)→M22"2"(上)→搭铁→蓄电池负极。左侧后视镜向上转动。

8. 调整右侧后视镜下转

先将左右选择开关(M11)拨至"R",再按上下调整开关(M22)"下"。电流回路为:蓄电池正极→"30"接线柱→S12→M22接线柱"1"(上)→M22"3"(下左)→M11(右)"1"(上)→M11(右)"1"(下)→左侧上下电动机(V_{33-2})→M11(中)"1"(下)→M11(中)"1"(上)→M22"3"(下右)→M22"2"(上)→搭铁→蓄电池负极。左侧后视镜向下转动。

(三)迈腾B8后视镜控制原理及检修(全国技能大赛比赛车型)

1. 迈腾B8后视镜结构组成

迈腾B8后视镜控制系统通过车门控制单元集中控制,系统包含以下元器件,如图6-4-3所示。

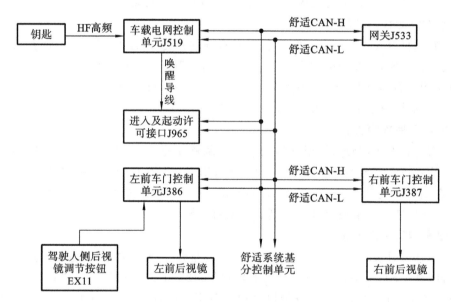

图6-4-3 迈腾B8后视镜控制结构

(1)后视镜控制开关,包括:①后视镜调节开关E43;②后视镜调节转换开关E48;③后视镜加热按钮E231;④后视镜内折开关E263。

迈腾B8后视镜控制开关为了减少信号线路连接数量,开关内部采用触点和分压电阻相结合的输出方式,将通常的输出信号线(包括左后视镜调节、右后视镜调节、左后视镜垂直/水平调节、右后视镜垂直/水平调节、左右后视镜加热、左右后视镜折叠等)简化为仅仅采用两根信号线输出,通过两根信号线上的电压组合判断后视镜的调节意图。

后视镜开关内部装有不同的触点开关和分压电阻,操作开关在不同的挡位(包括左后视镜垂直/水平调节、右后视镜垂直/水平调节、左后视镜调节、右后视镜调节、左右后视镜加热、左右后视镜折叠等)时,通过开关内部触点和分压电阻输出两个信号电压,左前车门控制单元J386接收到这两个信号电压后将这些输入的信号处理分析,控制单元J386处理分析这些信号后控制后视镜电动机以及加热元件做相应动作。

(2)左侧后视镜总成。

(3)右侧后视镜总成。

(4)驾驶人侧车门控制单元J386。

(5)前排乘员侧车门控制单元J387。

2. 迈腾B8后视镜调节

迈腾B8后视镜开关在驾驶人侧玻璃升降器操作开关E512上,在调节后视镜时需先调节左侧后视镜位置,再调节右侧后视镜位置。因为在调节左侧后视镜时右侧后视镜会随着左侧的调节而运动,而在调节右侧后视镜时,左侧后视镜不会再次运动。后视镜控制电路原理图如图6-4-4所示。

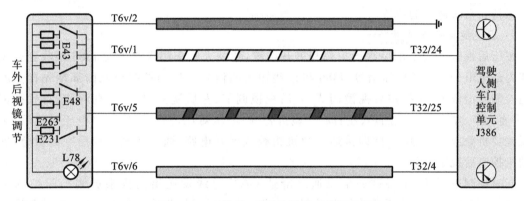

图6-4-4 迈腾B8后视镜控制电路原理图

1)左侧后视镜调节

打开点火开关,将后视镜开关选择在左侧后视镜调节位置,通过开关内部触点和分压电阻输出两个信号电压,控制单元J386接收到这两个信号电压后与控制单元内部预先存储的后视镜控制图谱数据(包括左后视镜调节、右后视镜调节、左后视镜垂直/水平调节、右后视镜垂直/水平调节、左右后视镜加热、左右后视镜折叠等)电压对比,如果图谱动作数据电压对比成功,控制单元J386将准备接收后视镜调节开关发送的左后视镜调节信号。同时,控制单元J386将这一信息通过舒适CAN总线发送给前排乘员侧车门控制单元J387,控制单元J387将准备接收后视镜调节开关发送的右后视镜调节信号。

向上推动后视镜调节手柄,通过开关内部触点和分压电阻输出两个信号电压,J386控制单元接收到这两个信号后,控制左侧后视镜里的垂直电动机运转,机械机构带动后视镜向上运动,如果驾驶人感觉后视镜运动位置适合观察,松开手柄,信号断开,电动机(后视镜)停止运动。向下推动后视镜调节手柄,控制过程和向上相反。

同时,控制单元J386将后视镜垂直调节信号通过舒适CAN总线发送给前排乘员侧车门控制单元J387,J387接收到此信号后控制右侧后视镜垂直电动机做相同动作。

向左推动后视镜调节手柄,通过开关内部触点和分压电阻输出两个信号电压,J386控制单元接收到这两个信号后,控制左侧后视镜里的水平电动机运转,机械机构带动后视镜水平运动,如果驾驶人感觉后视镜运动位置适合观察,松开手柄,信号断开,电动机(后视镜)停止运动。向右推动后视镜调节手柄,控制过程和向左相反。

同时,控制单元 J386 将后视镜水平调节信号通过舒适 CAN 总线发送给前排乘员侧车门控制单元 J387,J387 接收到此信号后控制右侧后视镜水电动机做相同动作。

2) 右侧后视镜调节

左侧后视镜调节完成后,将后视镜开关选择在右侧后视镜调节位置,通过开关内部触点和分压电阻输出两个信号电压,驾驶人侧车门控制单元 J386 接收到两个电压信号后,J386 将这两个输入的信号电压与控制单元内部预先存储的后视镜控制图谱数据(包括左视镜调节、右后视镜调节、左后视镜水平/垂直调节、右后视镜水平/垂直调节、左右后视镜加热、左右后视镜折叠等)电压对比,如果图谱动作数据电压对比后,确认要调节右侧后视镜位置,控制单元 J386 将这一信息通过舒适 CAN 总线发送给前排乘员侧车门控制单元 J387,J387 将准备接收后视镜调节开关发送的后视镜调节信号。

右侧后视镜调节和左侧调节一样,通过后视镜调节开关调节后视镜的水平和垂直位置。但是在调节右侧后视镜时,左侧后视镜里的电动机是不会动作的,即左侧后视镜镜片不会动作,停止并保持在上次调节的位置。

3) 后视镜折叠和展开

按压后视镜开关上的后视镜折叠和展开按键,驾驶人侧车门控制单元 J386 接收到开关触点和内部电阻分压后的电压信号,J386 将这些输入的信号电压与控制单元内部预先存储的后视镜控制图谱数据(包括左后视镜调节、右后视镜调节、左后视镜水平/垂直调节、右后视镜水平/垂直调节、左右后视镜加热、左右后视镜折叠等)电压对比,图谱动作数据电压对比后,确认后视镜要折叠或展开,J386 随即接通后视镜折叠或展开电路,通过驾驶人侧后视镜折叠/展开电动机控制后视镜动作。

同时控制单元 J386 将这一信息通过舒适 CAN 总线发送给前排乘员侧车门控制单元 J387,J387 接收到后视镜折叠或展开信号后,随即接通后视镜折叠或展开电路,通过前排乘员侧后视镜折叠/展开电动机控制后视镜动作。

4) 后视镜加热

按压后视镜开关上的后视镜加热按键,驾驶人侧车门控制单元 J386 接收到开关触点和内部电阻分压后的电压信号,J386 将这些输入的信号电压与控制单元内部预先存储的后视镜控制图谱数据(包括左后视镜调节、右后视镜调节、左后视镜水平/垂直调节、右后视镜水平/垂直调节、左右后视镜加热、左右后视镜折叠等)电压对比,如果图谱动作数据电压对比后,确认要加热后视镜,J386 随即接通后视镜加热电路,通过驾驶人侧加热元件对后视镜加热。

同时控制单元 J386 将这一信息通过舒适 CAN 总线发送给前排乘员侧车门控制单元 J387,J387 接收到后视镜调加热信号后,随即接通后视镜加热电路,通过前排乘员侧加热元件对后视镜加热。

(四) 电动后视镜的故障诊断

1. 汽车电动后视镜常见故障概述

汽车电动后视镜常见故障有:①电动后视镜调节全部失灵;②左侧后视镜调节失灵;③右侧后视镜调节失灵;④某侧后视镜某一个方向调节失灵;⑤调节时有噪音。

2. 具体故障分析

迈腾 B8 后视镜常见的故障现象有以下两种:①所有后视镜异常;②一侧异常。

二、任务实施

(一)任务实施的要求

1. 实训目的

(1) 迈腾 B8 后视镜控制结构。

(2) 迈腾 B8 后视镜电路图。

(3) 迈腾 B8 后视镜部件检测。

2. 实训仪器和设备

迈腾 B8 轿车一辆、万用表、示波器、故障诊断仪、世达工具一套等。

(二)实施步骤

迈腾 B8 后视镜控制部件检测。

1. 后视镜开关信号的检测

从迈腾 B8 后视镜控制电路原理图(见图 6-4-4)可以看出,B8 的后视镜转换开关的工作原理如下。

驾驶人侧车门控制单元 J386 通过其 T32/25 输出一个高电位(4.5 V 左右)至驾驶人侧门锁的 T6v/5 端子,作为开关工作的参考信号,当操作后视镜转换开关时,开关闭合,通过内部的导线或分压电阻与搭铁电路构成回路,将此高电位信号拉低至对应的阶梯电压,J386 根据该电压来判断驾驶人操作意图。

(1) 后视镜转换开关旋至左侧位置(L)时,开关内部电路将 4.5 V 左右的参考电压拉低至 0.39 V,J386 根据此电压值判定是否需要调节左侧后视镜的水平和垂直位置。

(2) 后视镜转换开关旋至右侧位置(R)时,开关内部电路将 4.5 V 左右的参考电压拉低至 0.9 V。J386 根据此电压值判定是否需要调节右侧后视镜的水平和垂直位置。

(3) 按压后视镜折叠开关时,开关内部电路将 4.5 V 左右的参考电压拉低至 0 V,J386 根据此电压值判定是否需要折叠或展开左右后视镜。

(4) 按压后视镜加热开关时,开关内部电路将 4.5 V 左右的参考电压拉低至 1.9 V,J386 根据此电压值判定是否需要左右后视镜加热起动。

第一步:测量车门控制单元 J386 的 T32/25 端子对搭铁电压。

测量标准:点火开关处于 ON 挡,分别操作后视镜转换开关、加热开关和折叠开关,万用表显示的电压值都应发生变化。

第二步:测量后视镜调整开关 T6v/5 端子对搭铁电压。

测量标准:点火开关处于 ON 挡,分别操作后视镜转换开关、加热开关和折叠开关,万用表显示的电压值都应发生变化。

第三步:导通性测量。

①检测 J386 的 T32/25 与后视镜调整开关 T6v/5 间线路的导通性。

测量标准:关闭点火开关,拔下 J386 的 T32 和后视镜调整开关 T6v 插接器,该导线端对端电阻应小于 2 Ω。

②开关导通性测量。

测量标准:分别操作后视镜转换开关、加热开关和折叠开关,测量驾驶人侧车门锁 T6v/5 插针与 T6v/2 插针之间电阻,该电阻应有五种状态,即 100 Ω、120 Ω、小于 2 Ω、140 Ω、未操作时应为无穷大。

第四步:测量车门控制单元 J386 的 T32/25 端子对搭铁电阻。

测量标准:关闭点火开关,断开 J386 的 T32 和后视镜调整开关 T6v 插接器,测量值应为无穷大。

第五步:车门锁电源负极检测。

测量标准:任何工况条件下,任意开关动作,T6v/2 端子对搭铁电压应小于 0.1 V。

2. 后视镜调节开关信号的检测

从迈腾 B8 后视镜控制开关电路原理图(见图 6-4-4)上可以看出,B8 的后视镜调节开关工作原理如下所述。

驾驶人侧车门控制单元 J386 通过其 T32/24 输出一个高电位(4.4 V 左右)至驾驶人侧门锁的 T6v/1 端子,作为开关工作的参考电压,当操作后视镜调节开关时,开关闭合,通过其内部的导线或分压电阻与搭铁电路构成回路,将此高电位拉低至对应的阶梯电压,J386 根据此电压判断驾驶人操作的意图(水平或垂直调节)。

(1) 后视镜调节开关向上拨动时,开关内部电路将 4.4 V 左右的参考电压拉低至 0.39 V,J386 根据此电压值判定是否需要调节后视镜垂直向上位置。

(2) 后视镜调节开关向下拨动时,开关内部电路将 4.4 V 左右的参考电压拉低至 0 V,J386 根据此电压值判定是否需要调节后视镜垂直向下位置。

(3) 后视镜调节开关向左拨动时,开关内部电路将 4.4 V 左右电压拉低至 0.9 V,J386 根据此电压值判定是否需要调节后视镜水平向左位置。

(4) 后视镜调节开关向右拨动时,开关内部电路将 4.4 V 左右电压拉低至 1.9 V,J386 根据此电压值判定是否需要调节后视镜水平向右位置。

第一步:测量车门控制单元 J386 的 T32/24 端子对搭铁电压。

测量标准:点火开关处于 ON 挡,分别操作后视镜向上、向下、向左、向右转动,万用表显示的电压值都应发生变化,未操作时应显示为 4.4 V 左右。

第二步:测量后视镜调整开关 T6v/1 端子对搭铁电压。

测量标准:点火开关处于 ON 挡,分别操作后视镜调节开关向上、向下、向左、向右转动,万用表显示的电压值都应发生变化,未操作时应显示为 4.4 V 左右。

第三步:导通性测量。

①检测 J386 的 T32/24 与后视镜调整开关 T6v/1 间线路的导通性。

测量标准:关闭点火开关,拔下 J386 的 T32 和后视镜调整开关 T6v 插接器,该导线端对端电阻应小于 2 Ω。

②开关导通性测量。

测量标准:分别操作后视镜调节开关向上、向下、向左、向右转动,测量驾驶人侧车门锁 T6v/1 插针与 T6v/2 插针之间电阻,该电阻应有五种状态,即 100 Ω、小于 2 Ω、120 Ω、140 Ω、未操作时应为无穷大。

第四步:测量车门控制单元 J386 的 T32/24 端子对搭铁电阻。

测量标准:关闭点火开关,断开 J386 的 T32 和后视镜调整开关 T6v 插接器,测量值应为无穷大。

第五步:车门锁电源负极检测。

测量标准:任何工况条件下,任意开关动作,T6v/2 端子对搭铁电压应小于 0.1 V。

3. 后视镜左右调节电动机控制的检测

从迈腾 B8 后视镜电动机控制电路原理图(见图 6-4-5)中可以看出,B8 的后视镜由左右调节电动机 2(V17)和垂直调节电动机 1(V149)组成,其中两个电动机共用一根公共线路,以此来减少导线数量,使布局紧凑、合理。车门控制单元控制后视镜电动机的供电线路和公共线路上的电流方向,实现电动机的正反转,进而带动后视镜水平或垂直运动。

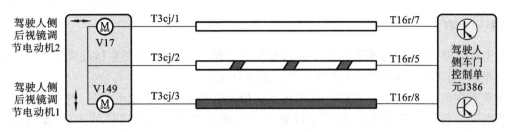

图 6-4-5　迈腾 B8 驾驶人侧后视镜控制电路原理图

左右调节:驾驶人侧车门控制单元 J386 通过其 T16 r/7 端子至后视镜左右调节电动机的 T3cj/1 端子之间的线路连接至电动机的一端电刷,同时通过其 T16 r/5 至后视镜电动机的 T3cj/2 端子之间的线路连接至电动机 V17 的另一端电刷。驾驶人侧车门控制单元 J386 同时给 2 条线路输出相反的电压信号时,电动机动作,带动后视镜镜面左右运动。

第一步:测量后视镜水平调节电动机 V17 端的 T3cj/1 和 T3cj/2 之间电压。

测量标准:后视镜调节开关向左,实测结果为+B;后视镜调节开关向右,实测结果为-B。

第二步:线路导通性测量。

①检测车门控制单元端的 T16 r/7 与后视镜电动机端的 T3cj/1 之间线路的导通性。

测量标准:关闭点火开关,拔下后视镜电动机和车门控制单元的 T16 r 插接器,该导线端对端电阻应小于 2 Ω。

②检测车门控制单元端的 T16 r/5 与后视镜电动机端的 T3cj/2 之间线路的导通性。

测量标准:关闭点火开关,拔下后视镜电动机和车门控制单元的 T16 r 插接器,该导线端对端电阻应小于 2 Ω。

第三步:检测后视镜控制线路对搭铁电阻。

测量标准:点火开关处于 OFF 挡,断开 J386 的 T16 r、后视镜电动机 T3cj 插接件,测量线路对搭铁电阻应小于 2 Ω。

4. 后视镜垂直调节电动机控制的检测

如图 6-4-5 所示,驾驶人侧车门控制单元 J386 通过其 T16 r/8 端子至后视镜垂直调节电动机的 T3cj/3 端子之间的线路连接至电动机的一端电刷,同时通过其 T16 r/5 至后视镜电动机的 T3cj/2 端子之间的线路连接至电动机 V149 的另一端电刷。驾驶人侧车门控制单元 J386 同时给 2 条线路输出相反的电压信号时,电动机动作,带动后视镜镜面垂直运动。

第一步:测量后视镜水平调节电动机 V149 端的 T3cj/3 和 T3cj/2 之间电压。

测量标准:后视镜调节开关向上,实测结果为+B;后视镜调节开关向下,实测结果为-B。

第二步:线路导通性测量。

①检测车门控制单元端的 T16 r/8 与后视镜电动机端的 T3cj/3 之间线路的导通性。

测量标准:关闭点火开关,拔下后视镜电动机和车门控制单元的 T16 r 插接器,该导线端对端电阻应小于 2 Ω。

②检测车门控制单元端的 T16 r/5 与后视镜电动机端的 T3cj/2 之间线路的导通性。

测量标准:关闭点火开关,拔下后视镜电动机和车门控制单元的 T16 r 插接器,该导线端对端电阻应小于 2 Ω。

第三步：检测后视镜电动机电阻。

测量标准：点火开关处于 OFF 挡，断开 J386 的 T16 r 和后视镜电动机 T3cj 插接件，测量线路对搭铁电阻应小于 2 Ω。

【任务小结】

发生故障时，首先要分析该系统是局部故障还是整体故障，如果是整体故障，则需要寻找共有部分原因，如果是局部故障，只需要寻找分支部分故障。

在罗列故障原因的同时，要学会利用车上其他共有系统是否也发生故障，进一步缩小范围。

若电气设备损坏无法修复，则应予以更换。更换的部件应与原部件的规格、型号相一致。导线的更换应尽量与原来的线径和颜色一致。若用其他颜色导线代替，应与相邻导线有所区别，以利于以后的检修。

任务 5　电控门锁系统的结构原理与检修（迈腾 B8 中央门锁电路分析）

故障现象：
迈腾 B8 中央门锁运行常见的故障现象有以下九种：①所有车门不能闭锁；②所有车门不能开锁；③所有车门不能开锁和闭锁；④单个或多个车门不能闭锁；⑤单个或多个车门不能开锁；⑥行李舱盖不能开锁；⑦行李舱盖不能闭锁；⑧油箱盖不能闭锁；⑨油箱盖不能开锁。

一、相关知识

为了方便驾驶员和乘客开关车门，现在大部分轿车都安装了中央控制门锁系统，它具有以下功能。

(1) 当驾驶员锁住自己的车门，其他几个车门（包括后车门和行李舱门）都能同时自动锁住。

(2) 开锁的情况与锁门的情况正好相反。

(3) 为了方便起见，除中央控制系统外，乘客仍可以利用各车门上的机械弹簧锁来开关车门。

(一) 电控门锁系统的组成与结构

中控门锁系统一般由门锁控制开关、门锁总成、钥匙操纵开关、行李舱门锁及门锁控制器等组成。图 6-5-1 所示为典型的中控门锁控制系统及其组件的安装位置。

1. 门锁控制开关

门锁控制开关一般安装在驾驶员侧前门内的扶手上，如图 6-5-2 所示，通过此开关可以同时锁上和打开所有车门。

2. 门锁总成

门锁总成主要由门锁传动机构、门锁位置开关、外壳等组成，如图 6-5-3 所示。门锁传动机构主要由门锁电动机、齿轮和位置开关等组成，如图 6-5-4 所示。门锁电动机是门锁的执行器，当门锁电动机转动时，蜗杆带动蜗轮转动，蜗轮推动锁杆，车门被锁上或打开，然后蜗轮在复位弹簧的作用下返回原位置，防止操纵门锁按钮时电动机工作。

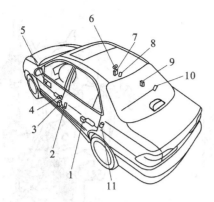
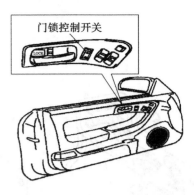

图 6-5-1 中控门锁系统各部件的安装位置

1—左后车门锁动作器；2—驾驶席侧车门开关；
3—驾驶席侧车门锁动作器/按钮开关；4—驾驶席侧钥匙芯开关；
5—驾驶席侧车门锁开关；6—前排乘客席钥匙芯开关；
7—前排乘客席侧车门锁动作器；8—前排乘客席侧车门开关；
9—右后车门锁动作器；10—右后车门开关；11—左后车门开关

图 6-5-2 门锁控制开关的位置

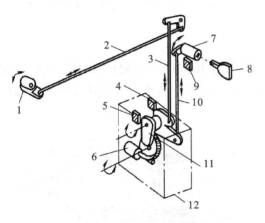
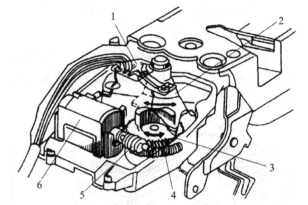

图 6-5-3 门锁总成示意图

1—门锁按钮（车厢内）；2、3、10—连接杆；
4、9—门锁开关；5—位置开关；6—门锁电动机；
7—门键键体；8—键（钥匙）；11—锁杆；12—门锁总成

图 6-5-4 门锁的传动机构

1—位置开关；2—锁杆；3—蜗轮；
4—复位弹簧；5—蜗杆；6—门锁电动机

门锁位置开关位于门锁总成内，用来检测车门的锁紧状态，它由一个触点片和一个开关底座组成。当锁杆推向锁门位置时，位置开关断开，推向开门位置时接通。即当车门关闭时，此开关断开；当车门打开时，此开关接通。图 6-5-5 所示为门锁位置开关在车门锁紧和打开时的状态。

3. 钥匙操纵开关

钥匙操纵开关装在每个车门的钥匙门上，当从外面用钥匙开门或关门时，钥匙操纵开关便发出开门或锁门的信号给门锁控制 ECU 或门锁控制继电器。钥匙操纵开关的位置如图 6-5-6 所示。

4. 行李舱门开启器开关

一般该开关位于仪表板下面或驾驶员座椅左侧车厢底板上，拉动此开关便能打开行李舱门，如图 6-5-7 所示。行李舱的钥匙门靠近其开启器，推压钥匙门，断开行李舱内主开关，此时再拉开启器开关也不能打开行李舱门。将钥匙插进钥匙门内顺时针旋转打开钥匙门，主开关接

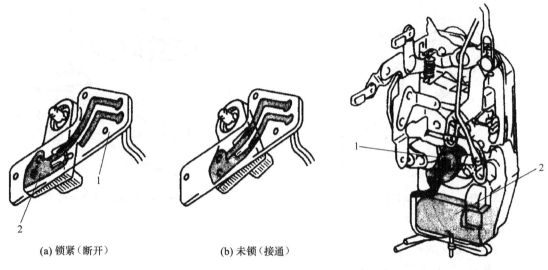

图 6-5-5　门锁位置开关的工作情况
1—开关底座；2—触点片

图 6-5-6　钥匙操纵开关的位置
1—钥匙操纵的开关；2—门锁电动机

通,这样便可用行李舱门开启器打开行李舱。

5. 行李舱门开启器

行李舱门开启器装在行李舱门上,一般用电磁线圈代替电动机,由固定磁极、插棒式可动铁芯、电磁线圈和支架等组成,如图 6-5-8 所示。当电磁线圈通电时,插棒式可动铁芯将锁芯轴拉入并打开行李舱门。

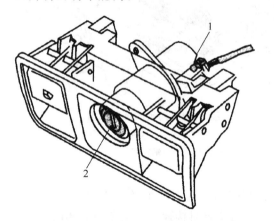

图 6-5-7　行李舱门开启器开关
1—行李舱门开启器主开关；2—行李舱钥匙门

图 6-5-8　行李舱门开启器
1、3—电磁线圈；2—固定磁极；4—锁芯轴

（二）电控门锁的工作原理

1. 门锁电路分析

图 6-5-9 所示为电控门锁控制电路。它主要由两个门锁开关、门锁继电器、五个双向直流电动机（四个车门及一个行李舱门）及导线和熔断丝等组成。门锁继电器实际上由开锁和锁定两个继电器组成,其线圈不通电时,动触点都和搭铁触点接通；通电时动触点与搭铁触点断开,与另一触点接通。通过触点位置的改变,来改变电路及电动机中的电流方向,从而改变电动机的旋转方向,完成对车门的锁定和开锁动作。

图 6-5-10 所示是左前门锁开关在开锁位置时的电流方向示意图。将左前门锁开关置于开

锁位置时,电源通过左前门锁开关给开锁继电器线圈供电,继电器动作,使其常闭触点打开,常开触点闭合。电动机的一端经该触点与电源正极接通,另一端经锁定继电器的常闭触点搭铁,电动机转动将四个车门锁及行李舱门锁打开。当门锁断开电源时(开关回到中间位置),开锁继电器释放。

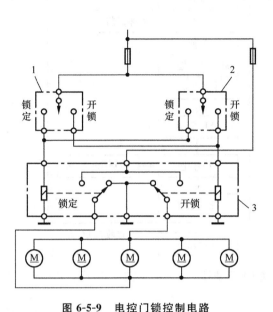

图 6-5-9　电控门锁控制电路

1—左前门锁开关 S_1；2—右前门锁开关 S_2；
3—门锁继电器 K

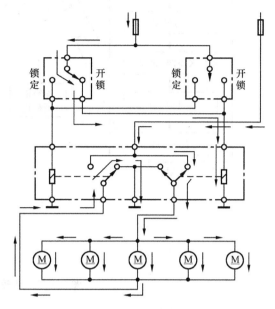

图 6-5-10　左前门锁开关在开锁位置时的电流方向

将开关置于锁定位置时,锁定继电器线圈通电,继电器吸合,其常闭触点打开,常开触点闭合。电动机一端经触点与电源正极接通,另一端经开锁继电器触点搭铁,电动机中的电流方向与图 6-5-10 中的方向相反,电动机反向转动,将 4 个车门锁及行李舱门锁锁定。当门锁开关断开电源时(开关回到中间位置),锁定继电器释放。

2．遥控门锁系统

为了便于操作,现在很多汽车的中控门锁系统均配备了遥控发射器来实现锁门和开门等功能。图 6-5-11 所示为遥控发射器的外观图。

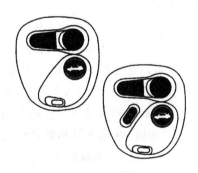

图 6-5-11　遥控发射器外观图

遥控门锁的基本原理是通过遥控门锁的发射器发出微弱电波,此电波由汽车天线接收后送至中控门锁系统中的 ECU 进行识别对比,若识别对比后的代码一致,ECU 将把信号送至执行器来完成相应的动作,其工作过程如图 6-5-12 所示。

(三)迈腾 B8 中控门锁原理与检修(全国技能大赛比赛车型)

1．迈腾 B8 进入及起动系统概述

迈腾 B8 常用的进入及起动系统分为两种,一种是一键起动系统,另一种是无钥匙起动系统,有的车型同时安装了这两种起动系统,有的车型则只安装了其中的一种。二者最主要的区别是它们起动系统、开启车门的方法不同,前者需要操作遥控钥匙,后者则完全靠感应。

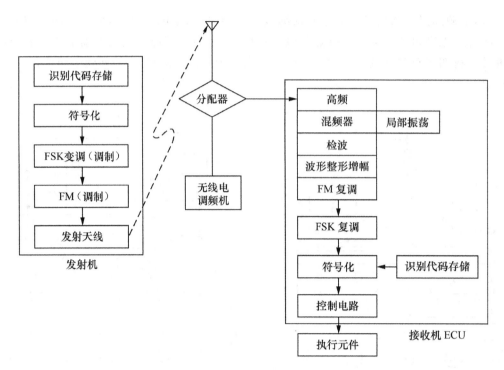

图 6-5-12 遥控门锁工作示意图

1) 一键起动系统

在开启或锁闭车门时,一键起动系统只能使用遥控钥匙或机械钥匙解锁或闭锁,当进入车辆后,车内天线确定车内是否存在被授权的车钥匙,通过按键 E378 完成车辆点火和发动机起动的控制。

2) 无钥匙进入/起动系统

在开启或锁闭车门时,车辆 KESSY(key-less entry start & exit security system)无钥匙进入系统可以靠感应,在不操作钥匙的情况下闭锁和解锁车辆,也可以使用遥控钥匙或机械钥匙解锁和闭锁车辆;当进入车辆后,车内天线确定车内是否存在被授权的车钥匙,通过按键 E378 完成车辆点火和发动机起动的控制,如图 6-5-13 所示。

2. 迈腾 B8 进入及起动系统组成

1) 车外门把手触摸传感器

迈腾 B8 的 4 个车门外把手上有以下传感器:①驾驶人侧车门外把手接触传感器 G415;②前排乘员侧车门外把手接触传感器 G416;③左后车门外把手接触传感器 G417;④右后车门外把手接触传感器 G418。

车外门把手触摸传感器是电容式的,集成在车外门把手内,由直流电压来起动,每个把手和支座上都装上了一个电容片。把手的凹坑起介质作用,如果电容片之间插入新的介质,那么就会有一个电流短时流过,进入及起动授权控制单元就会识别并分析这个电流。

2) 天线

迈腾 B8 车辆带进入及起动许可的汽车配有以下天线。

(1) 驾驶人侧的进入及起动系统天线 R134(无钥匙进入/起动系统)。

(2) 前排乘员侧的进入及起动系统天线 R135(无钥匙进入/起动系统)。

(3) 右后进入及起动许可天线 R166(无钥匙进入/起动系统)。

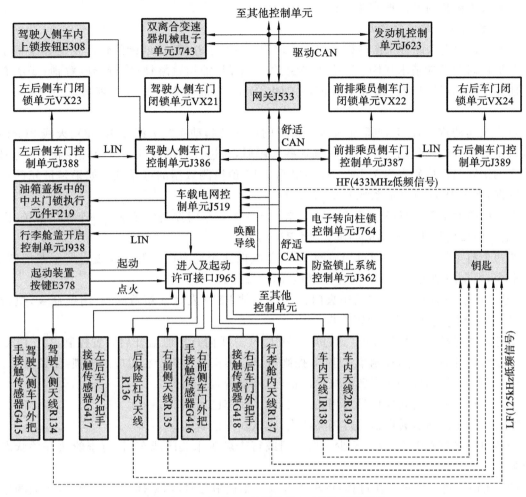

图 6-5-13 迈腾 B8 无钥匙进入/起动系统结构

(4) 左后进入及起动许可天线 R165(无钥匙进入/起动系统)。
(5) 后保险杠中的进入及起动系统天线 R136(无钥匙进入/起动系统)。
(6) 行李舱内的进入及起动系统天线 R137(无钥匙进入/起动系统)。
(7) 车内空间的进入及起动系统天线 1-R138。
(8) 车内空间的进入及起动系统天线 2-R139。

每个车门外把手内都集成有一根磁棒天线,该天线的任务是将进入和起动授权控制单元的信号发送到车钥匙上。

遥控钥匙的有效范围为:①解锁/锁闭车辆≤6 m;②寻车≤30 m;③KESSY 功能范围≤1 m。

3) 车门外把手开关

每个车门的外把手上都装有一个按钮,用来关闭中央门锁。只有当钥匙被同侧的车外天线识别出来时,才能关闭中央门锁。

3. 迈腾 B8 进入及起动许可、门锁工作过程

门锁的控制方式可分为车内控制和车外控制两种方式。车内控制可通过车门上锁按钮来执行,车外控制可以通过遥控器或车门锁孔中控开关来执行:遥控钥匙遥控门锁的开闭,左前车门(钥匙锁孔)中控开关控制门锁开闭,驾驶人侧车门上的联锁按钮控制门锁开闭,气囊控制单元在车辆发生碰撞时开启所有车门锁。

1) 遥控钥匙遥控门锁的开闭

(1) 键起动进入许可工作过程。按压遥控钥匙的功能按键,已匹配的钥匙发送一个特定的钥匙验证代码和功能请求代码。这些代码包括:①车门、油箱盖解锁;②行李舱解锁;③所有锁机构闭锁;④所有锁机构闭锁且车窗玻璃关闭;⑤车门、油箱盖解锁且车窗玻璃打开;⑥寻车请求。

进入及起动许可接口 J965 通过车内空间的进入及起动系统天线 1(R138)、天线 2(R139) 接收特定的请求解锁代码。J965 接收到这些代码后,通过一条单独的导线唤醒控制单元 J519,将特定的钥匙验证代码发送至 J519,控制单元 J519 预检测数据的可靠性。如果是可靠的钥匙基本数据,则 J519 唤醒舒适系统 CAN 数据总线。

①控制单元 J519 通过舒适系统 CAN 总线向两个前车门控制单元发送一个车门解锁/闭锁命令,前车门锁机构执行相对应的解锁/闭锁操作。

②两个前车门控制单元通过局域网 LIN 总线向两个后车门控制单元发送一个车门解锁/闭锁命令,后车门锁机构执行相对应的解锁/闭锁操作。

③J519 直接向油箱盖板中的中央门锁执行元件 F219 发送油箱盖解锁/闭锁命令,执行元件 F219 执行相对应的解锁/闭锁操作。

④进入及起动许可接口 J965 通过局域网 LIN 总线向行李舱盖开启装置控制单元 J938 发送行李舱解锁/闭锁命令,控制单元 J938 控制行李舱锁锁机构执行相对应的解锁/闭锁操作。

(2) J519 直接向外部所有转向灯输出信号,外部警告灯闪烁。

①闭锁轿车时所有转向信号灯闪亮一次,确认轿车已闭锁。

②解锁轿车时所有转向信号灯闪亮两次,确认轿车已解锁。

如转向信号灯不闪亮,表示至少一扇车门或行李舱盖未关闭或车门、行李舱盖开关状态信号故障。

(3) 无钥匙进入许可工作过程:汽车钥匙位于车辆附近时,如果握住车门把手,相关的车门外把手接触传感器(G415、G416、G417、G418)向进入及起动许可接口 J965 发送这一消息。控制单元 J965 通过一条单独的导线唤醒控制单元 J519。随后位于车门外把手接触传感器相同触摸位置的天线向已匹配的钥匙发送一个特定的查询码(125 kHz 低频信号)。这同样适用于操作行李舱盖把手的情况。

已获得授权和匹配的钥匙识别到其信号并以 433 MHz 的高频信号向 J519 发送中控锁和钥匙识别的转换代码。控制单元 J519 预查数据的可靠性。

如果是可靠的钥匙基本数据,则 J519 唤醒舒适 CAN 总线。J519 向 J965 发送钥匙数据,J965 检测数据并向 J519 发送"OK"信息,J519 通过舒适 CAN 总线向车门控制单元发送一个车门解锁命令,以解锁车门。

2) 左前车门(钥匙锁孔)中控开关控制门锁开闭

如图 6-5-14 所示为左前侧闭锁单元电路原理图。

(1) 使用钥匙顺时针扭转锁芯,机械联动机构带动驾驶人侧锁机构动作,使锁机构中的接触开关 F241 断开,驾驶人侧车门控制单元 J386 接收到开关 F241 的高电位电压后,通过舒适 CAN 总线和 LIN 总线发送车门开锁信息。

(2) 使用钥匙逆时针扭转锁芯,机械联动机构带动驾驶人侧锁机构动作,使锁机构中的接触开关 F241 接通,驾驶人侧车门控制单元 J386 接收到开关 F241 的低电位电压后,通过舒适 CAN 总线和 LIN 总线发送车门锁止信息。

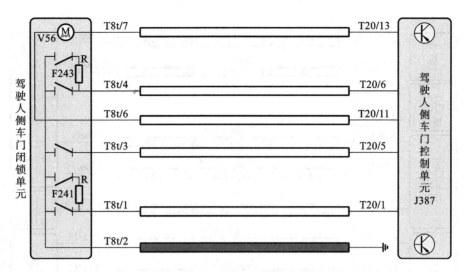

图 6-5-14 迈腾 B8 左前侧闭锁单元电路原理图

3）驾驶人侧车门上的联锁按钮控制门锁开闭

如图 6-5-15 所示为驾驶人侧车内上锁和开锁按钮 E308 电路原理图。

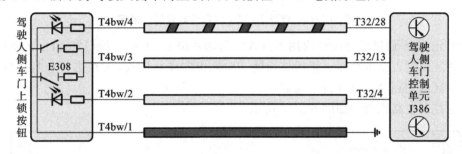

图 6-5-15 迈腾 B8 驾驶人侧车内上锁和开锁按钮 E308 电路原理图

（1）按压驾驶人侧车门上的上锁按钮 E308 开锁键，驾驶人侧车门控制单元 J386 接收到开关 E308 内部开锁触点返回的分压后的电压，通过舒适 CAN 总线和 LIN 总线发送车门开锁信息。

（2）按压驾驶人侧车门上的上锁按钮 E308 闭锁键，驾驶人侧车门控制单元 J386 接收到开关 E308 内部开锁触点返回的分压后的电压，通过舒适 CAN 总线和 LIN 总线发送车门闭锁信息。

4）气囊控制单元在车辆发生碰撞时开启所有车门锁

如图 6-5-16 所示为安全气囊控制电路原理图。

如果车辆在受到撞击后，安全气囊控制单元 J234 检测到撞击传感器发出的撞击信号（电信号），安全气囊控制单元 J234 根据电信号判断撞击力度，如果力度到达上限后，安全气囊控制单元 J234 接通气囊引爆装置，气囊爆开，保护人身安全。同时安全气囊控制单元 J234 通过驱动 CAN 总线、数据总线诊断接口 J533 通过舒适 CAN 总线、LIN 数据总线向所有车门控制单元发送车门解锁命令。

5）行李舱锁工作过程

使用者站在车后中间位置，抬起一条腿在保险杠下做出快速地伸入和撤出的摆动动作，从而使胫骨进入和离开电容传感器的检测区域。传感器以及行李舱盖开启控制单元 J938 识别到这一"踢腿"动作，并通过其自有的 LIN 总线向进入及起动系统控制单元 J965 发出信号。

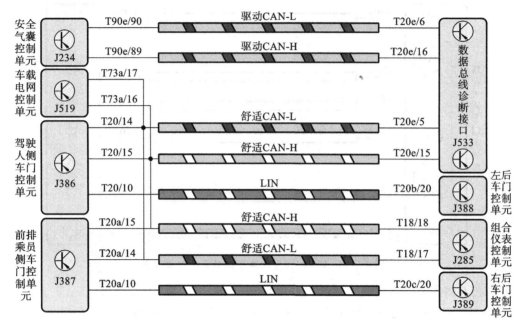

图 6-5-16　迈腾 B8 安全气囊控制电路原理图

控制单元 J965 通过后保险杠内用于进入及起动系统 R139 的天线(125 kHz 的低频信号)，检测在车尾区域是否至少存在一把遥控钥匙。如果钥匙成功授权，则在第 3 个制动灯(位于后窗玻璃上部区域)亮起后，打开行李舱盖。

行李舱控制电路原理图如图 6-5-17 所示。

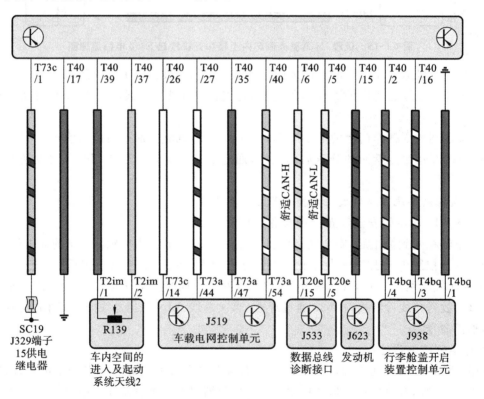

图 6-5-17　迈腾 B8 行李舱控制电路原理图

（四）电控门锁的故障诊断

迈腾 B8 中央门锁运行常见的故障现象有以下九种：①所有车门不能闭锁；②所有车门不能开锁；③所有车门不能开锁和闭锁；④单个或多个车门不能闭锁；⑤单个或多个车门不能开锁；⑥行李舱盖不能开锁；⑦行李舱盖不能闭锁；⑧油箱盖不能闭锁；⑨油箱盖不能开锁。

二、任务实施

（一）任务实施的要求

1. 实训目的与要求

（1）汽车中央门锁系统的认知和检测。

（2）熟悉迈腾 B8 网络总线系统。

（3）熟悉迈腾 B8 中央门锁的控制运行原理。

2. 实训仪器和设备

迈腾 B8 轿车一辆、万用表、示波器、故障诊断仪、世达工具一套等。

（二）实施步骤

1. 迈腾 B8 门锁电动机控制的检测

因为四个车门门锁电动机的结构和工作原理完全相同，其线路及信号的检测基本一致，所以，本节只针对驾驶人侧门锁电动机的控制进行检测和测量，其他车门门锁电动机的检测和测量方法相同。

2. 驾驶人侧门锁电动机的检测

从迈腾 B8 门锁电动机控制电路原理图（见图 6-5-9）中可以看出，B8 的门锁电动机比原来的 B7 减少一个安全电动机，只使用一个电动机进行控制，通过车门控制单元控制门锁电动机的供电电流方向，实现电动机的正反转。

驾驶人侧车门控制单元 J386 通过其 T20/13 至门锁电动机的 T8t/7 之间的线路连接到电动机的一个电刷，同时通过 T20/11 至门锁电动机的 T8t/6 之间的线路连接到电动机的另一个电刷。J386 同时给 2 条线路输出相反电压时，电动机动作，带动机械机构闭锁或开启车门锁止机构。

第一步：测量车门电动机端的 T8t/7 和 T8t/6 对搭铁波形。

测量标准：任何时候，按压驾驶人侧车门内衬上的联锁按键上的开锁按键或闭锁按键，门锁电动机两端控制线路上会出现瞬间的相反的压差（+B）。

第二步：测量车门控制单元端的 T20/11 和 T20/13 对搭铁波形。

测量标准：任何时候，按压驾驶人侧车门内衬上的联锁按键上的开锁按键或闭锁按键，门锁电动机两端控制线路上会出现瞬间的相反的压差（+B）。

第三步：线路导通性检测。

（1）检测车门控制单元端的 T20/11 与车门电动机端的 T8t/6 之间线路的导通性。

测量标准：关闭点火开关，拔下门锁电动机和车门控制单元插接器，测得导线间电阻应小于 2 Ω。

（2）检测车门控制单元端的 T20/13 与车门电动机端的 T8t/7 之间线路的导通性。

测量标准：关闭点火开关，拔下门锁电动机和车门控制单元插接器，测得导线间电阻应小于 2 Ω。

【任务小结】

发生故障时,首先要分析该系统是局部故障还是整体故障,如果是整体故障,则需要寻找共有部分原因,如果是局部故障,只需要寻找分支部分故障。

在罗列故障原因的同时,要学会利用车上其他共有系统是否也发生故障,进一步缩小范围。

若电气设备损坏无法修复,则应予以更换。更换的部件应与原部件的规格、型号相一致。导线的更换应尽量与原来的线径和颜色一致。若用其他颜色导线代替,应与相邻导线有所区别,以利于以后的检修。

【拓展项目】汽车防盗系统

一、汽车防盗系统的功用与种类

汽车防盗系统,是指防止汽车本身或车上的物品被盗所设的系统。随着科学技术的进步,为对付不断升级的盗车手段,人们研制出各种方式、不同结构的防盗器。目前,常见的汽车防盗系统有机械式、芯片式、电子式和网络式等。

1. 机械式防盗装置

机械式防盗装置是市面上最简单、最廉价的一种防盗器类型,其原理也很简单,只是将转向盘和控制踏板或挡柄锁住。

2. 芯片式防盗装置

芯片式防盗的基本原理是锁住汽车的发动机的电路和油路,在没有芯片钥匙的情况下无法起动车辆。数字化的密码重码率极低,而且要用密码钥匙接触车上的密码锁才能开锁,杜绝了被扫描的可能。

新一代的电子防盗芯片具有特殊的诊断功能,即已获授权者在读取钥匙保密信息时,能够得到该防盗系统的历史信息,系统中经授权的备用钥匙数目、时间印记以及其他背景信息,成为收发器安全性的组成部分。另外,其独特的射频识别技术可以保证系统在任何情况下都能正确地识别驾驶者,在驾驶者接近或远离车辆时可以自动识别其身份,自动打开或关闭车锁。

3. 电子式防盗装置

所谓电子防盗,简而言之就是给车锁加上电子识别,开锁、配钥匙都需要输入十几位密码的汽车防盗方式。它一般具有遥控技术,是随着电子技术的发展而迅速发展起来的一种防盗方式,具有强大的安全性能,是目前较为理想的防盗装置,也是目前被广泛采用的防盗方式。电子式防盗器有四大功能,即防盗报警功能、车门未关安全提示功能、寻车功能和遥控中央门锁。

4. 网络式防盗装置

该类系统目前大体有两种:一是利用车载台(对讲机)通过中央控制中心进行定位监控;二是利用卫星进行定位跟踪(GPS)。这里重点介绍 GPS 防盗系统。

GPS 卫星定位汽车防盗系统有如下五大功能。

(1)定位功能。监控中心在全国范围内可随时监控某辆车的运营状况,可以 24 小时不间断地监测目标车辆当前的运行位置、行驶速度和运行方向等数据。

(2)通信功能。GPS 适应信息时代的需求,在行车中可以为车主提供 GSM 网络上的全国漫游服务。车主可以随时随地与外界和服务中心保持联络。

（3）监控功能。如果遭遇抢劫，可以通过 GPS 系统配备的脚踏/手动报警、防盗报警等报警设施与监控中心联系。

（4）停驶功能。假若爱车不幸丢失，可通过监控中心对它实行"远程控制"。监控中心在对失主所提供的信息和警情核实无误后，可以遥控该车辆，对其实行断油断电，再配合附近警方将困在车里的窃贼绳之以法。

（5）调度功能。监控服务中心可以根据当前的道路堵塞情况和交通信息广播，发布调度指令，提高客货运效率。

二、汽车防盗系统的工作原理

防盗报警系统主要由电子模块、触发继电器、报警继电器、起动中断继电器、门框侧柱开关及门锁开关等组成，如图 6-1 所示。当把自动门锁开关置于 LOCK 位置时，关闭车门系统进入防盗报警准备状态。这时如有人打开车门或由行李舱拉出锁筒，报警电路就会启动，喇叭发出声响，尾灯、顶灯、外灯等发光，同时接通起动中断电路，阻止发动机起动。

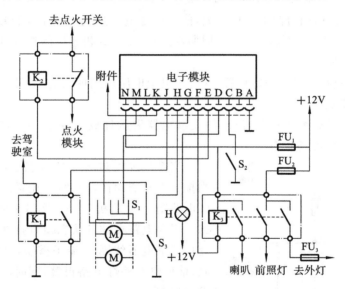

图 6-1 防盗报警器电路图

K_1—触发继电器；K_2—起动中断继电器；K_3—报警继电器；FU_1、FU_2、FU_3—熔断器；H—指示灯；S_1—门锁电机开关；S_2—后行李舱开关（当锁筒拉出时闭合）；S_3—门锁开关

图 6-2 是报警系统的部分电路。电子模块的 G 端子连接到自动门锁的"锁定"电路，M 端子连接到自动门锁的"开锁"电路。左、右门锁开关连接于模块的 H 端子，当车门关闭时，此开关打开。报警指示灯连接在电源和模块 D 端子间，只要 D 端子（模块动作时）搭铁，灯就点亮，它的作用是用来提醒驾驶员防盗系统各部分的工作状态。

图 6-3 是系统处于防盗准备状态时左车门打开时的电流方向。电流从电源经左门框侧柱开关及二极管再经过触发继电器线圈后搭铁，触发继电器吸合，使模块的 J 端子搭铁，亮灯报警系统工作。

当右门打开时，右门框侧柱开关闭合，触发继电器吸合，也使模块的 J 端子搭铁。由于二极管的单向导电性能，电流不能通过二极管和亮灯报警系统，所以亮灯报警只有在打开左车门时才起作用。

驾驶员要想使报警系统进入准备状态，应按以下步骤进行操作。

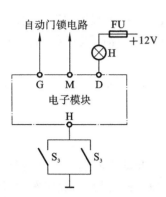

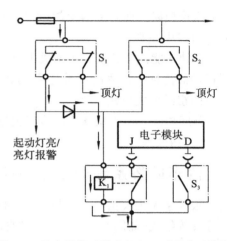

图 6-2　防盗报警系统门锁开关及指示灯电路　　　图 6-3　防盗报警系统左门打开时的电流方向

（1）关掉点火开关,使电子模块 K 端于失去电压。

（2）打开车门,借以闭合门框侧柱开关,使蓄电池电压加到触发继电器线圈两端,将模块 J 端子搭铁,J 端子搭铁后引起模块 D 端子周期性搭铁,使与其相连接的指示灯闪烁,以提醒驾驶员系统没有进入准备状态。

（3）将自动门锁开关置于锁定位置,这时蓄电池电压加到模块的 G 端子,使模块 D 端子稳定搭铁,指示灯一直点亮。

（4）关闭车门,门框侧柱开关打开,触发继电器失压释放,J 端子不再搭铁,使灯 2 s 后熄灭,此时系统进入报警准备状态。

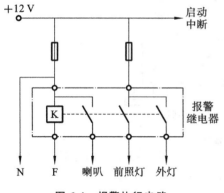

图 6-4　报警执行电路

当系统进入防盗准备状态后,如有人擅自开门,则报警继电器动作,起动声、光系统报警,并由起动中断电路阻止发动机起动。图 6-4 所示为报警执行电路。报警电路在准备状态擅自打开车门时触发模块,使报警继电器线圈 F 端子搭铁,继电器吸合,接通喇叭、前照灯及外灯电路报警,同时起动中断电路,阻止发动机起动。

防盗报警系统准备状态的解除有两种情况:一是在关闭车门以后,车门必须用钥匙打开,在用钥匙打开车门时,锁筒开关闭合,使模块 H 端子搭铁后,系统准备状态随即解除;二是在驾驶员关门以前想要解除准备状态,可将自动车门锁置于开锁位置,以供电给模块 M 端子,解除系统准备状态。也可利用点火开关转到 ACC 或 RUN 位置,此时电源电压经点火开关加到模块的 K 端子,使系统准备状态解除。

项目 7
汽车安全系统原理与检修

◀ **项目要求**

理解汽车安全系统零部件的结构和工作原理,学会分析电路。在汽车安全系统故障检修中,应遵循咨询、计划、决策、实施、检查和评估六步法:①咨询——根据故障案例,查阅相关的维修技术资料;②计划——针对故障现象制定相应的工作计划可行性方案;③决策——对可行性方案进行论证;④实施——进行故障的检修;⑤检查——对所排除故障进行检查确认;⑥评估——工作总结,对故障现象进行深度分析。

◀ **知识要求**

1. 掌握汽车 ABS 系统的组成、结构与工作原理。
2. 掌握汽车 ESP 系统的组成、结构与工作原理。
3. 掌握安全气囊系统的组成、结构与工作原理。
4. 能读懂给定的参数值,对测试结果进行分析。
5. 能正确地使用工具和设备。
6. 能正确理解和分析安全系统的设备电路。

◀ **能力要求**

1. 能正确认识汽车上的主动安全与被动安全系统的设备。
2. 能正确使用常用的检测仪表和工具对汽车安全系统的设备进行测量。
3. 能够分析相关电路。
4. 能诊断和排除常见的故障。

任务1 汽车ABS系统原理与检修(迈腾B8ABS电路分析)

一、相关知识

（一）汽车ABS系统的组成与结构

1. ABS的组成

防抱死制动系统(ABS)是在传统的制动系统基础上增加电子控制系统发展起来的，它由车轮转速传感器、电控单元(ECU或ABS控制器)和制动压力调节器等部分组成，如图7-1-1所示。

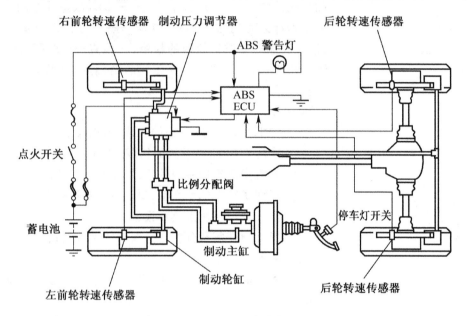

图7-1-1 ABS的组成

ABS工作时，电控单元根据各车轮转速传感器的输入信号和控制程序向制动压力调节器输出控制指令，调节各制动轮缸的压力，将轮胎滑移率控制在最佳值，使汽车具有最短制动距离，以及最佳的方向稳定性和转向操纵性能。

2. ABS的功能

ABS具有防抱死控制、电子制动力分配(EBV)和故障自诊断等功能，如图7-1-2所示。ABS正常工作时，电控单元根据各车轮转速传感器的检测信号控制液压单元调节各轮缸的制动液压，避免车轮抱死；当ABS不起作用时，对后桥制动液压进行制动力分配控制，避免出现后车轮抱死现象；当ABS出现故障时，电控单元终止控制功能，制动系统按常规方式工作，同时ABS警告灯点亮，向驾驶员发出警告信号，并将故障内容存储在电控单元的专用存储器内以便于检修。

3. 车轮转速传感器(以MK20-Ⅰ型为例)

车轮转速传感器的作用是检测车轮的转速信号并输入到电控单元。4个车轮转速传感器均为电磁感应式。前轮转速传感器安装在转向节上，前轮齿圈(43个齿)安装在传动轴上；后轮转速传感器安装在固定支架上，后轮齿圈(43个齿)安装在后轮毂上。车轮转速传感器主要由永久磁铁和感应线圈组成，其工作原理如图7-1-3所示。齿圈转动时，磁芯交替地通过齿顶和齿隙。当磁芯正对齿顶时，磁芯与齿圈的空气隙最小，电磁线圈的磁通量最大；当磁芯正对齿隙

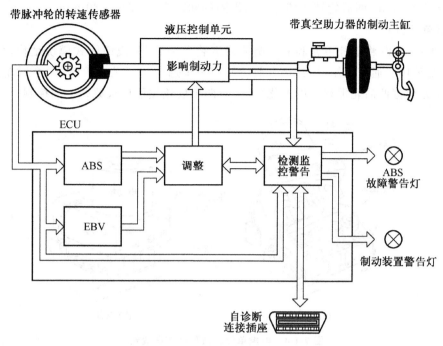

图 7-1-2　ABS 的功能

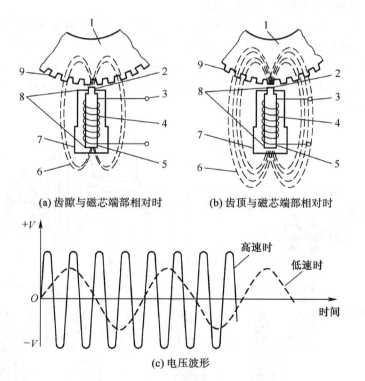

(a) 齿隙与磁芯端部相对时　　(b) 齿顶与磁芯端部相对时

(c) 电压波形

图 7-1-3　车轮转速感器的工作原理图

1—齿圈；2—极轴；3—电磁线圈引线；4—电磁线圈；5—永久磁体；6—磁力线；
7—电磁式传感器；8—磁极；9—齿圈齿顶

时，磁芯与齿圈的空气隙最大，电磁线圈的磁通量最小。磁通量交替变化使电磁线圈产生交变电压信号。4 个车轮转速传感器电磁线圈的阻值为 $1.0\sim1.3\ \text{k}\Omega$，两前轮转速传感器与齿圈的间隙为 1.1～1.97 mm，两后轮转速传感器与齿圈的间隙为 0.42～0.80 mm。

4. 电控单元(ECU)

MK20-Ⅰ型 ABS 将电控单元和液压调节器组装在一起，形成整体式模块结构，如图 7-1-4 所示。该系统采用三通道控制模式，每个前轮使用一个通道进行独立控制；两个后轮共用一个通道，电控单元根据两后轮滑移率的变化情况，对两个后轮按照低选原则一同控制。

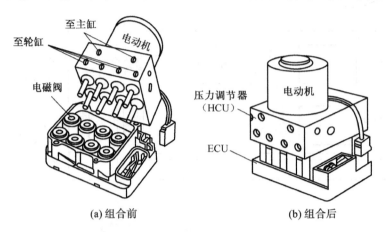

图 7-1-4 电控单元和液压调节器模块

5. 液压控制单元(以 MK20-Ⅰ型为例)

MK20-Ⅰ型 ABS 的液压控制单元由阀体、电动液压泵、低压储液罐和电磁阀等部件组成。在通向每一车轮制动轮缸的制动管路中，各设置一个进油电磁阀(二位二通常开电磁阀)和一个出油电磁阀(二位二通常闭电磁阀)，进油电磁阀串联在制动主缸压力腔与制动轮缸之间的管路中，出油电磁阀串联在制动轮缸与低压储液罐之间的管路中。液压控制单元各组成部件的连接关系如图 7-1-5 所示。

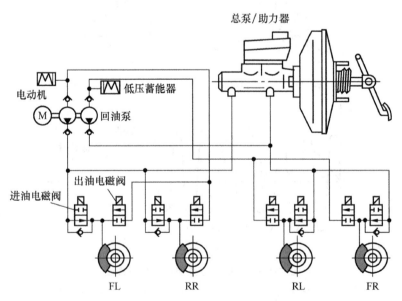

图 7-1-5 液压电控单元各组成部件的连接关系

6. 制动开关

制动开关安装在制动踏板支架上，由制动踏板摇臂控制其开与关的状态，踩下制动踏板时制动开关闭合,放松踏板时制动开关断开。制动开关作用是:当踏下制动踏板时点亮制动灯,同时向 ABS ECU 发出制动信号,使电控单元进入 ABS 制动状态。

7. 警告指示灯

MK20-Ⅰ型 ABS 有两个警告指示灯,一个是红色制动警示灯,另一个是黄褐色 ABS 警示灯。其中,制动警示灯在液压系统有故障(如储液箱制动液面过低等)或手制动未放松时点亮,ABS 警示灯则是当 ABS 出现故障时点亮。

(二) 汽车 ABS 系统的工作原理

1. 防抱死制动系统的类型

1) 液压 ABS 与气压 ABS

根据传力介质不同,ABS 可分为液压式和气压式两类。气压式 ABS 利用压缩空气作为传力介质,一般用在货车和大型客车上。液压式 ABS 利用制动液作为传力介质,主要用在轿车、小型客车上。

2) 整体式 ABS 与分离式 ABS

根据制动压力调节器的结构形式,ABS 分为整体式和分离式两种类型。在整体式 ABS 中,制动主缸和制动压力调节器结合为一个整体;在分离式 ABS 中,制动压力调节器和制动主缸分别作为独立的总成,两总成之间用高、低压管路连通。

3) 三通道 ABS 与四通道 ABS

根据 ABS 电控单元所控制通道的数量,ABS 分为三通道与四通道两种类型。在三通道 ABS 中,电控单元对 3 路制动压力进行独立的调节控制。一般对两个前轮制动压力分别控制,对两个后轮制动压力按低选原则(在两个后轮中,以制动附着系数小的一侧为依据,同时控制两个后轮制动压力的原则)一同控制。在四通道 ABS 中,电控单元对 4 路制动压力进行独立调节,对 4 个车轮的制动滑移率分别控制。

2. ABS 系统的基本工作原理

1) 滑移率的概念

要提高制动力和侧向稳定力,应尽量增大轮胎的纵向附着系数和侧向附着系数。轮胎与路面的附着系数,除与路面、轮胎等因素有关外,还与制动时车轮抱死的程度有关。

汽车制动时,车轮在路面上同时伴随着滚动和滑动,滑动的程度通常用滑移率来表示。制动滑移率的定义为

$$S = \frac{v - r_0 \omega}{v} \times 100\%$$

式中, S ——车轮制动滑移率;

v ——车轮中心移动速度;

r_0 ——没有地面制动力时的车轮滚动半径;

ω ——车轮角速度。

车轮制动滑移率的数值在 0~100% 的范围内。在非制动状态下,滑移率为 0;在车轮完全抱死时,滑移率为 100%。

2) 轮胎附着系数与滑移率的关系

实验表明,在干燥硬实路面上轮胎的附着系数与滑移率的关系如图 7-1-6 所示。从图中可以看出:在滑移率 $S=20\%$ 时纵向附着系数最大,在滑移率 $S=0$ 时侧向附着系数最大;在滑移率 $S=100\%$ 时纵向附着系数降低且侧向附着系数接近 0,汽车失去方向稳定性和转向能力;在

滑移率 $S=10\%\sim30\%$ 的范围内,纵向附着系数在最大值附近且侧向附着系数保持较大值,该区域即为 ABS 的工作区域,车轮获得最大的制动力和较大的侧向力,使汽车具有良好的方向稳定性和转向性能。

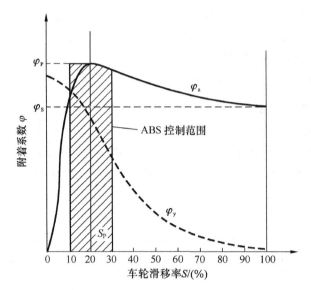

图 7-1-6　干燥硬实路面上轮胎的附着系数与滑移率的关系

φ_z—纵向附着系数;φ_y—侧向附着系数;φ_P—峰值附着系数;
φ_S—车轮抱死时纵向滑动附着系数;S_P—峰值附着系数时的滑移率

3) ABS 的基本工作原理

ABS 的基本工作原理是:当 ABS 工作时,电控单元根据各车轮传感器的检测信号与控制程序,调节各制动轮缸的制动压力,使车轮的滑移率控制在 $10\%\sim30\%$ 的范围,从而使汽车获得最大的制动力且保持制动时的方向稳定性和转向操纵性。

3. ABS 系统的工作过程

ABS 系统的液压控制单元的工作过程包括建立油压、保持油压、减少油压和增加油压的循环过程,具体如下。

1) 建立油压

开始制动时,所有电磁阀及电动液压泵均不通电,驾驶员踏下制动踏板,制动主缸产生的制动油压经常开的进油电磁阀进入制动轮缸,出油电磁阀处于常闭状态,使制动轮缸的油压不断升高,如图 7-1-7(a)所示。

2) 保持油压

随着制动压力的增加,当油压升高到车轮趋于抱死时,电控单元发出控制指令,使进油电磁阀通电关闭,出油电磁阀仍保持断电关闭状态,制动轮缸的油压保持不变,如图 7-1-7(b)所示。

3) 减少油压

当驾驶员继续踩制动踏板,车轮出现抱死趋势时,电控单元发出控制指令,使进油电磁阀仍保持断电关闭状态,出油电磁阀通电打开,与此同时电动液压泵通电运转,将制动轮缸中的制动液由低压储液罐输送回制动主缸,使制动轮缸的液压迅速减小,如图 7-1-7(c)所示。

4) 增加油压

当制动轮缸的油压降低,车轮转速增加到一定程度时,电控单元发出控制指令,使进油电磁阀断电打开,出油电磁阀断电关闭,电动液压泵通电运转,将低压储液罐中的制动液和制动主缸的油压一起输送给制动轮缸,使制动轮缸的液压迅速升高,如图 7-1-7(d)所示。随着制动压力的增加,车轮滑移率又增大,于是重复保持油压→减少油压→增加油压的循环过程,循环过程的工作频率为 5~6 次/s,使车轮的滑移率始终控制在 20% 左右。

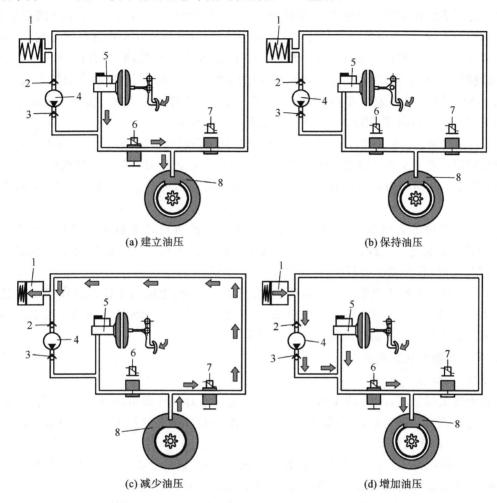

图 7-1-7 MK20-Ⅰ型 ABS 制动压力控制过程

1—低压储液罐;2—吸入阀;3—压力阀;4—电动液压泵;5—制动主缸;6—进油电磁阀;7—出油电磁阀;8—制动轮缸

(三) ABS 系统的故障诊断

1. 防抱死制动系统的使用注意事项

1) 注意观察制动警告灯

接通点火开关后、起步前和汽车行驶中,应注意观察汽车仪表板上的红色制动警告灯(显示"BRAKE")和黄色 ABS 故障警告灯(显示"ABS"或"ANTI LOCK")。

制动警告灯由制动液压力开关、液面开关及手制动灯开关控制,如果松开驻车制动器后红色制动警告灯常亮,或在汽车行驶中该警告灯亮起,说明 ABS 和普通制动系统均不能正常工作,应立即停车检查故障原因,及时排除故障后才能继续行驶。

ABS 故障警告灯由 ABS ECU 控制,如果接通点火开关后,黄色 ABS 故障警告灯常亮,或在汽车行驶中亮起,则说明 ABS 故障,须及时检修。如果汽车在行驶途中 ABS 故障警告灯常亮,须多加小心,因为这时只有普通制动系统工作,汽车在紧急制动时车轮将会抱死。

2)注意区别正常现象与故障

汽车制动系统装备防抱死装置后,工作时会有一些容易被误认为故障的现象,使用中应注意辨别。

(1) 制动踏板有升降。某些装有 ABS 的汽车,在发动机起动时,踩下的制动踏板会弹起,而在发动机熄火时,制动踏板则会下沉。这是由于这些 ABS 为变容积式制动压力调节器,其控制液压取自动力转向器液压系统(如丰田皇冠轿车)。在发动机发动,动力转向油泵开始工作时,就会使制动踏板上抬;发动机熄火,动力转向油泵停止工作时,则会使制动踏板下沉。

(2) 制动时转向盘振动。在制动时转动方向,会感到转向盘有轻微的振动。这是由于制动压力调节器与动力转向器共用一个液压泵所引起的正常反应。

(3) 制动时制动踏板下沉。在制动中有时会感到制动踏板有轻微下沉,这是由于在不同的路面行驶时附着系数会发生变化,ABS 的正常适应性反应所引起的,并非故障现象。

(4) 制动时制动踏板振动。在紧急制动时,感到制动踏板有振动,这是 ABS 工作的正常表现。

(5) ABS 故障警告灯偶尔亮起。在高速行驶中急转弯或结冰路面行驶时,有时会出现 ABS 故障警告灯亮起,但过后又很快熄灭的现象。这是汽车在上述行驶情况下出现了车轮打滑现象,ABS 产生保护动作引起的,并非 ABS 出现故障。

(6) 车轮有完全抱死现象。在制动后期,会有车轮抱死,地面留下拖滑的印痕。这是因为在车速小于 10 km/h 时,ABS 将不起作用,属正常现象。但是,ABS 紧急制动时留下的短而淡淡的印痕与普通制动器紧急制动留下的长拖印是截然不同的。

2. ABS 的故障代码显示

1) ABS 故障自诊断

当点火开关接通后,ABS ECU 的自诊断系统就立即对其外部电路进行自检,并以 ABS 故障警告灯亮起表示。自检结束(一般为 3 s 左右),ABS 故障警告灯熄灭,表示 ABS 正常。

2) ABS 故障代码的显示方式

在检修 ABS 故障时,应先取出 ABS 储存的故障代码,以便准确、迅速地排除故障。不同的车型,其 ABS 故障代码的显示方式各有不同,大致有如下几种形式。

(1) 在 ABS 有故障时,仪表板上的 ABS 故障警告灯就会闪烁,或是 ABS ECU 盒上的发光二极管闪烁直接显示故障代码。

(2) 将检测连接器和 ABS ECU 盒上的有关插孔跨接,使仪表板上的 ABS 故障指示灯灯闪烁来显示故障代码。

(3) 用专用检测设备连接故障诊断接口读取故障信息。

3. ABS 故障检修的注意事项

当 ABS 出现故障,且通过故障自诊断系统取得了故障代码,就可按故障代码的提示检修故障。如果故障代码提示的故障排除后故障现象并未完全消失,或无故障代码提示,就应根据故障现象分析故障原因,并采用正确的方法检修故障。检修时要注意以下几点。

(1) 如果出现 ABS 故障警告灯不亮、常亮,车轮抱死等故障现象时,应先检查导线的接头和连接器有无松脱、蓄电池是否亏电等。这些因素容易影响 ABS 正常工作的,而且检查方法又很简单,先对其进行检查,有利于迅速排除故障。

(2) 当汽车出现制动不良故障时,首先直观检察制动油路、泵及阀等有无漏损。如果正常,则应区分是普通制动系统(如制动器、制动主缸或轮缸、制动管路等)不良还是 ABS 的故障。辨别的方法是:拆下 ABS 继电器线束连接器或 ABS 制动压力调节器电磁阀线束连接器,使 ABS 制动压力调节器电磁阀不能通电工作,让汽车以普通制动器工作方式制动,如果制动不良故障消失,则说明是 ABS 有故障;否则,为普通制动系统有故障。

(3) 拆检车轮转速传感器时,不要碰撞或敲击传感器头,也不要以传感器齿轮当撬面,以免损坏传感器。

(4) 有蓄压器的 ABS 在拆检 ABS 液压控制器件时,应先进行减压,以避免高压油喷出伤人。减压的方法是:关掉点火开关,然后反复踩制动踏板 20 次以上,直到感觉踩制动踏板力明显增加(无液压助力)时为止。通常在拆检制动压力调节器部件、制动轮缸、蓄压器及电动液压泵、后轮分配比例阀、制动液管路和控制开关时,需要先进行减压。

4. 防抱死制动系统主要部件的故障检修

1) 车轮转速传感器故障的检查

车轮转速传感器的可能故障有:车轮转速传感器感应线圈短路、断路或接触不良等;车轮转速传感器齿圈缺损或脏污;车轮转速传感器信号探头部分安装不牢(松动)或磁极与齿圈之间有脏物。车轮转速传感器故障的检修方法如下。

(1) 直观检查。主要检查传感器安装有无松动,导线及线束连接器有无松脱。

(2) 检测传感器电阻。用欧姆表检测传感器感应线圈的电阻,如果电阻过大或过小,均说明传感器不良,应更换。

(3) 检测传感器信号。将汽车举升使车轮悬空,在车轮转动时,用交流电压表测量传感器的输出信号电压,电压表应该有电压指示,其电压值应随车轮转速的增加而升高,一般情况下,应能达到 2 V 以上。

(4) 检测传感器波形。用示波器检测传感器的输出信号电压波形,信号电压波形应是均匀稳定的正弦电压波形。如果没有信号电压或信号电压有缺损,应对传感器做进一步的检查。

2) 制动压力调节器的检查

制动压力调节器的可能故障有:制动压力调节器电磁阀线圈故障、制动压力调节器中的阀有泄漏。制动压力调节器故障的检查方法如下。

(1) 检测电磁阀电阻。用欧姆表检测电磁阀线圈的电阻,如果电阻无穷大或过小等,均说明电磁阀有故障。

(2) 检测电磁阀的工作状态。加电压试验,在制动压力调节器电磁阀两端加上电压,看其能否正常动作。如果不能正常动作,则应更换制动压力调节器。

3) ABS 控制继电器的检查

继电器的常见故障有触点接触不良、继电器线圈不良等,检查方法如下。

(1) 检查继电器是否动作。对继电器施加其正常的工作电压,看继电器是否正常动作。若能正常动作,则用欧姆表检测继电器触点间的电压和电阻,正常情况下触点闭合时的电压应为零,电阻趋于 0 Ω。若电压大于 0.5 V,则说明触点接触不良。

(2) 检测继电器线圈电阻。用欧姆表检测继电器线圈的电阻,其电阻值应在正常范围之内。

5. 具体故障分析

迈腾 B8,搭载一台 CGM 发动机,底盘号:LFV3A23C3C3060667,行驶里程 56912 km,车辆在行驶过程中仪表板上突然出现很多报警灯。其故障分析与处理详见"任务实施"。

二、任务实施

（一）任务实施的要求

1. 实训目的与要求

（1）迈腾 B8 ABS 结构与原理。

（2）迈腾 B8 ABS 电路原理图。

（3）迈腾 B8 ABS 故障诊断。

2. 实训仪器和设备

迈腾 B8 轿车一辆、万用表、示波器、故障诊断仪、世达工具一套等。

（二）实施步骤

1. 故障分析

由于此车导航是后来加装，加装后线束比较凌乱，且线束位置也没有正确排列固定，造成时钟电源线与导航壳体摩擦导致线束破裂短路使 SC15 熔断丝熔断，而 SC15 熔断丝同时控制雨量和光照传感器、ABS 控制单元、时钟、驻车制动指示灯、外部多媒体设备接口等。SC15 熔断丝熔断后 ABS 控制单元没有供电无通信，造成驱动总线出现无通信故障，引起其他相关系统同时出现诸多故障。

2. 故障诊断

（1）仪表盘故障灯如图 7-1-8 所示。

图 7-1-8　仪表板故障指示灯亮

（2）连接诊断仪检查故障如下：18259，ABS 控制单元发出的信息丢失。

（3）根据诊断仪的故障显示，分析原因可能是由于 ABS 控制单元无通信导致驱动总线故障，进而由驱动总线故障引发多个系统同时出现故障。

（4）首先根据故障显示，查找到 ABS 控制单元的供电熔断丝为 SC15，发现该熔断丝熔断。一般来说，相关线路短路或相关用电设备故障可能会导致熔断丝熔断，查看如图 7-1-9 所示的电路原理图分析原因。

（5）电路原理图显示由 SC15 熔断丝供电的有：雨量和光线传感器、ABS 控制单元、时钟、驻车制动指示灯、外部多媒体设备接口。据此怀疑可能是由 SC15 熔断丝供电的相关线路有短路现象。考虑经过 SC15 熔断丝的线路比较多而且都包裹在线束中，如果逐个检查工作量比较大，所以决定先检查从总线束中分出的部分连接到控制单元插头的这段线束。

（6）首先对 ABS 控制单元线束进行检查，未发现线束有破裂的现象，然后检查仪表台上的时钟线束，在拆卸导航（此车导航为加装）时发现导航壳体后部有烧蚀痕迹，继续拆下时钟线束检查时发现时钟线束电源线已经磨破并且有短路烧蚀的痕迹，如图 7-1-10 所示。

项目 7 汽车安全系统原理与检修

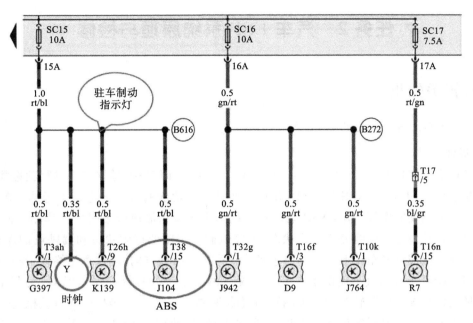

图 7-1-9　ABS 指示灯电路图

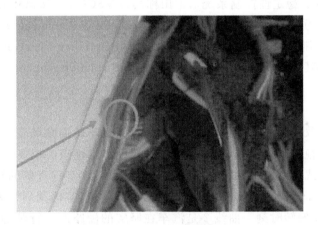

图 7-1-10　故障部位

3. 故障排除

修复时钟电源线与导航壳体之间的线束，更换熔断丝 SC15。

【任务小结】

当 ABS 系统中某一个关键固件发生故障时，ABS 系统将不再工作，但是故障指示灯是工作的，如果同时发生故障指示灯不亮和 ABS 抱死时，应首先检查 ABS 故障灯，在排除故障指示灯故障后，再使用诊断仪调取故障码，也可以使用诊断仪读数据流（若是读数据流，则对车速有要求，车子静止时读取不了），根据故障码或数据流的指示来排除故障。

若部件损坏无法修复，则应予以更换。更换的部件应与原部件的规格、型号相一致。导线更换时应尽量与原来的线径和颜色一致。若用其他颜色导线代替，应与相邻导线有所区别，以利于以后的检修。

任务2　汽车ESP系统原理与检修

一、相关知识

(一) 汽车ESP系统的组成

1. 概述

电子稳定程序控制系统(electronic stability program,即ESP)是改善汽车行驶性能的主动安全控制系统,ESP包含ABS和ASR,并在这两种系统功能的基础上进行了延伸。ABS系统一般是在车辆制动时发挥作用,ASR系统只是在车辆起步和加速行驶时发挥作用。而ESP系统则在整个行驶过程中始终处于工作状态,不停地监控车辆的行驶状态和驾驶员的操作意图,通过有选择性地控制各车轮上的制动力主动修正汽车的行驶方向,让汽车始终处于相对安全的行驶状态。ESP系统为汽车提供了在紧急情况下的一个十分有效的安全保障,大大降低了汽车在各种道路状况下以及转弯时发生翻转的可能性,提高了汽车的操控性和行驶稳定性。

不同的车型对ESP系统称呼也不尽相同,如奔驰、奥迪称为ESP,宝马称其为DSC(dynamic stability control,即动态稳定性控制系统),丰田称其为VSC(vehicle stability control,即车身稳定控制系统),三菱称为ASC/AYC(active stability control或active yaw control,即主动稳定控制系统或主动横摆控制系统),本田称为VSA(vehicle stability assist,即车身稳定性辅助系统),而沃尔沃汽车称其为DSTC(dynamic stability and traction control,即动态稳定循迹控制系统)。

2. 理论基础

汽车稳定性主要取决于汽车能否沿着车道行驶(即汽车转向角的变化尽可能与车道一致)和汽车在转向时能否稳定而不滑移,转向时汽车的操纵稳定性至关重要。图7-2-1所示为汽车行驶时的主要运动形式,其中汽车的侧向运动角用β表示,汽车垂直轴的转动用横摆角速度表示。图7-2-2所示为汽车转向角一定时的汽车横向动力学模型(即圆周行驶模型),位置1是汽车突然转向,即转向盘偏转时刻。曲线2是汽车在坚实的硬路面上行驶的车道,该车道与转向角是一致的,因为在车轮与路面间的附着系数足够大;当车轮与路面间的附着系数较小时,如在光滑路面,则角β相当大,如其行驶车道曲线3所示。控制横摆速度将使汽车进一步绕其垂直轴转动,如曲线2那样,但由于角β过大会威胁到汽车的稳定性,为此非常有必要控制汽车的横摆角速度并限制角β来保证车辆的行驶稳定,如曲线4所示。

3. 基本组成

ESP系统主要由检测汽车状态和驾驶员操作的传感器(包括转向传感器、车轮转速传感器、偏摆传感器、纵向/横向加速度传感器等)、用于估算汽车侧滑状态和计算恢复到安全状态所需的旋转动量和减速度的ECU、用于根据计算结果来控制每个车轮制动力和发动机输出功率的执行器(控制车轮制动和发动机输出功率)、用于显示故障信息等几部分组成,如图7-2-3和图7-2-4所示。

(二) 汽车ESP系统的工作原理

1. ESP基本工作原理

汽车在高速行驶急转弯时会出现两种危险状况,一种是不足转向(有冲出弯道的倾向),另

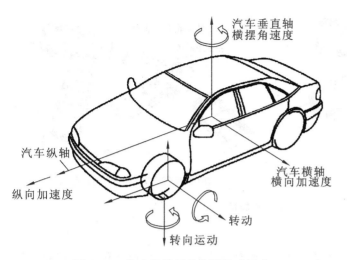

图 7-2-1 汽车行驶时的主要运动形式

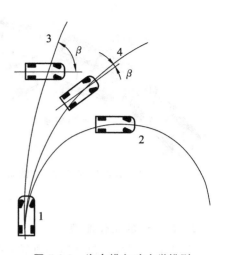

图 7-2-2 汽车横向动力学模型
1—转向角一定时的突然转向；
2—在坚实路面上行驶车道；
3—在光滑路面控制横摆速度时的行驶车道；
4—在光滑路面控制横摆速度和角 β 时的行驶车道

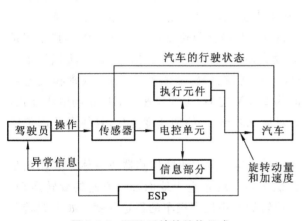

图 7-2-3 ESP 系统的结构组成

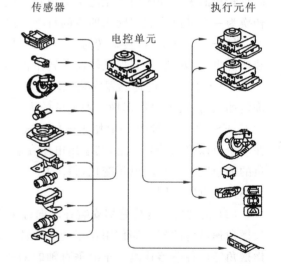

图 7-2-4 宝来某款各部件图

一种是过度转向(有甩尾的倾向)，两种状况都可导致汽车行驶时发生危险。

ESP 工作的基本原理是通过转向角传感器、车轮转速传感器、偏摆传感器、纵向/横向加速度传感器等实时检测驾驶员的驾驶意图和车辆的实际行驶情况，ECU 根据各传感器的信号计算出车辆的实际运动轨迹，如果实际运动轨迹与理论运动轨迹(驾驶员意图)有偏差，或者检测出某个车轮打滑，ECU 就会首先控制副节气门控制机构减小开度，以减小发动机输出功率，并且控制制动系统对某个车轮进行制动，来修正运动轨迹，避免汽车在高速行驶急转弯时出现转向不足或转向过度。当实际运动轨迹与理论运动轨迹相一致时，ESP 自动解除控制。例如，当 ESP 判定为出现不足转向时，将制动内侧后轮，使车辆进一步沿驾驶员转弯方向偏转，从而稳定车辆；当 ESP 判定为出现过度转向时，ESP 将制动外侧前轮，防止出现甩尾，并减弱过度转向趋势，稳定车辆，如图 7-2-5 所示。

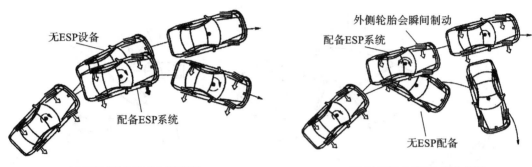

(a) 不足转向时ESP工作情况　　　　(b) 过度转向时ESP工作情况

图 7-2-5　ESP 的工作原理

2. 传感器的工作原理

ESP 主要传感器包括转向盘转角传感器、横向加速度传感器、横摆角速度传感器和制动压力传感器。

(1) 转向盘转角传感器安装在转向柱上，在转向开关与转向盘之间，与安全气囊时钟弹簧集为一体。转向盘转角传感器的作用是向带有 EDL/TCS/ESP 的 ABS 控制单元传递转向盘转角信号。其测量范围为 ±720°，测量精度为 1.5°，分辨速度为 1~2000°/s。ESP 通过计算转向盘转角的大小和转角变化速率来识别驾驶人的操作意图。转向盘转角传感器将转向盘转角转换为一个可以代表驾驶人期望的行驶方向的信号。更换控制单元或传感器后，需重新标定零点。打开点火开关后，转动转向盘 4.5°，转向盘转角传感器进行初始化。转向盘转角传感器拆装注意事项：安装时，要保证转向盘转角传感器在正中位置，一般观察孔内黄色标记可见。

(2) 横向加速度传感器安装在转向柱下方偏右侧，与横摆角速度传感器成一体。其作用是确定侧向力，反映出汽车横向加速度的大小。如没有横向加速度传感器信号，就无法识别车辆状态，ESP 失效。ESP 一般使用微机械式加速度传感器，在传感器内部，一小片致密物质连接在一个可以移动的悬臂上，其输出电压在静态时为 2.5 V 左右，正的加速度对应正的电压变化，负的加速度对应负的电压变化，每 1.0~1.4 V 对应 9.8 m/s^2 的加速度变化，具体参数因传感器不同而有所不同。

(3) 横摆角速度传感器安装在转向柱下方偏右侧，与横向加速度传感器成一体。其作用是横摆角速度传感器感知作用在车辆上的转矩，识别车辆围绕垂直于地面轴线方向的旋转运动。横摆角速度传感器检测汽车沿垂直轴的偏转，该偏转的大小代表汽车的稳定程度。如果偏转角速度达到一定值，说明汽车处于侧滑或者甩尾的危险工况，则触发 ESP 控制。当车绕垂直方向轴线偏转时，传感器内的微音叉的振动平面发生变化，通过输出信号的变化计算横摆角速度。如果没有此信号，控制单元就不能识别车辆是否发生转向，ESP 功能失效。

最初的 ESP 系统中纵向/横向加速度传感器和横摆角速度传感器都是单独实现的，现在基本都使用了传感器总成(sensor cluster)的模式，将这 3 个传感器设计为一体。

(4) 轮速传感器。ESP 与 ABS(ASR) 共用轮速传感器，在汽车上检测轮速信号，最常用的传感器是电磁感应式传感器，一般是将传感器安装在车轮总成的非旋转部分(如转向节或轴头)上，与随车轮一起转动的导磁材料制成的齿圈相对。当齿圈相对传感器转动时，由于磁阻的变化，在传感器上激励出交变电压信号，这种交变电压的频率与车轮转速成正比，ECU 采用专门的信号处理电路将传感器信号转换为同频率的方波，再通过测量方波的频率或周期来计算车轮转速。

(5) 制动压力传感器安装在主缸上,为最大限度地保证安全,有些系统采用了两个制动压力传感器(双重保障功能)来计算制动力和控制预压力。一般最大测量值为 170bar(1bar=10^5 Pa),最大功率为 0.05 W。

3. 执行元件的工作原理

ESP 最主要的作用是在紧急情况下,与 ABS 和 ASR 共同工作,帮助驾驶员保持对车辆的控制,在车辆和地面间还有附着力的前提下,通过对驾驶员的动作和路面等实际情况的判断,对车辆的行驶状态进行及时干预,从而避免重大意外事故。装了 ESP 的汽车,不再盲目服从驾驶员,它能纠正驾驶员的过度转向和不足转向操作。ABS 和 ASR 只能被动地做出反应,而 ESP 则能够探测和分析车况并纠正驾驶的错误,防患于未然。ESP 的执行元件与 ABS 和 ASR 是不可分割的。带液压泵的 ESP 液压单元的制动管路连接如图 7-2-6 所示。

液压调节器总成内部液压回路如图 7-2-7 所示。

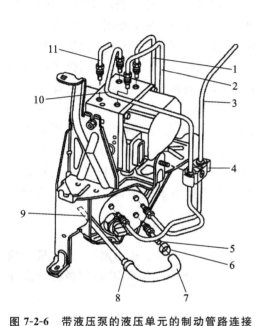

图 7-2-6 带液压泵的液压单元的制动管路连接
1—左前制动管;2—右前制动管;
3—制动管(接制动主缸/压杆活塞油路的预加压泵);
4—支架;5—连接管;6、8—软管卡箍;7—软管;
9—吸入管;10—制动管(接预加压泵);
11—制动管(接制动主缸-浮动活塞管路)

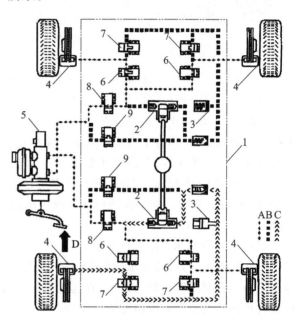

图 7-2-7 液压调节器总成内部液压回路
1—液压调节器总成;2—回程泵;3—蓄能器;4—制动钳;
5—制动主缸;6—进液阀;7—出液阀;8—隔离电磁阀;
9—起动电磁阀;A—常规的制动液压力流;
B—停止的制动液压力流;C—泵产生的制动液压力流;
D—制动踏板踩下

为了能独立控制各车轮的制动回路,液压调节器总成采用 4 通道回路结构,每个车轮的液压制动回路都是隔离的,这样当某个制动回路出现泄漏时仍能继续制动。液压调节器总成根据 ECU 发送的控制信号调节制动液压力。液压调节器总成包括回程泵、电动机、蓄能器、进液阀、出液阀、隔离阀和后起动阀等部件。在 ABS-TCS/ESP 减压阶段,两个回程泵从蓄能器和制动钳抽取过量的制动液,然后通过液压调节器将制动液返回到制动主缸以减小制动液压力。另外,回程泵还可以在制动干预阶段向制动钳施加制动液压力。电动机(M)用于驱动回程泵。蓄能器在 ABS-TCS/ESP 减压阶段储存过量的制动液,从而使液压调节器能够即时减小制动液压力。进液阀是常开阀,在常态位置时,各进液阀使制动液压力施加到制动钳上,当阀动作时,各进液阀将制动钳与制动主缸隔离开来。出液阀是常闭阀,在常态位置时,各出液阀将制动钳与蓄能器及回程泵隔离开来,当阀动作时,各出液阀将过量的制动液直接引至蓄能器和回程泵,从而使压力减小。隔离阀动作时,将后制动回路与制动主缸隔离开来,从而防止了制动液在牵引力控制系统工作期间回流至制动主缸。起动电磁阀用于在牵引力控制系统工作期间使制动液从制动主缸流至液压泵中。

4. 电控单元(ECU)的工作原理

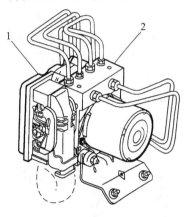

图 7-2-8 TCS/ESP 总成
1—电控单元(ECU);2—液压调节器总成

电控单元是 ABS-TCS/ESP 系统的控制中心,它与液压调节器集成在一起组成一个总成,如图 7-2-8 所示。电控单元持续监测并判断的输入信号有:蓄电池电压、车轮速度、转向盘转角、横向偏摆率以及点火开关接通、停车灯开关、串行数据通信电路等信号。根据所接收的输入信号,电控单元将向液压调节器、发动机控制模块、组合仪表和串行数据通信电路等发送输出控制信号。当点火开关接通时,电控单元会不断进行自检,以检测并查明 ABS-TCS/ESP 系统的故障。此外,电控单元还在每个点火循环都执行自检初始化程序。当车速达到 15 km/h 时,初始化程序即启动。在执行初始化程序时,可能会听到或感觉到程序正在运行,这属于系统的正常操作。在执行初始化程序的过程中,电控单元将向液压调节器发送一个控制信号,循环操作各个电磁阀并运行泵电动机,以检查各部件是否正常工作。如果泵或任何电磁阀不能正常工作,电控单元会设置一个故障码。当车速超过 15 km/h 时,电控单元会将输入和输出逻辑序列信号与电控单元中所存储的正常工作参数进行比较,以此来不断监测 ABS-TCS/ESP 系统。如果有任何输入或输出信号超出正常工作参数范围,则电控单元将设置故障码。

电控单元的具体工作过程如下。

(1) 控制驱动力,防止车轮打滑。ESP 能够避免车辆的起步打滑,系统对制动、发动机管理和变速换挡控制及时干预,让汽车在起动时保持合适的转矩,而整个过程 ESP 利用微处理器分析来自传感器的信号并输出相应的控制指令。

(2) 控制转向过度或不足。在转向过程中,如果驾驶人对车辆的操作过于激烈,会使车辆不能按照自己的轨迹行驶,后驱汽车常出现转向过度情况,此时后轮失控而甩尾。当电控单元检测到车辆转向过度时,向液压调节器发送一个信号,关闭前、后隔离阀,以将制动液回路与总泵隔离开来,防止制动液返回总泵;打开前、后起动阀,使制动液从制动主缸进入液压泵中;关闭左前和左后进液阀,以隔离左轮液压回路,从而使液压调节器只向右轮提供制动液压力;运行液压调节器泵,将合适的制动液压力施加到右轮制动钳上,以使车辆朝驾驶人想要的方向转向。

当电控单元检测到车辆转向不足时,电控单元将向液压调节器发送信号,关闭前、后隔离阀,以使后轮制动回路与总泵隔离开来,防止制动液返回总泵;打开前、后起动阀,使制动液从制动主缸进入液压泵中;关闭右前和右后进液阀,以隔离右轮液压回路,从而使液压调节器只向左轮提供制动液压力;运行液压调节器泵,将合适的制动液压力施加到左轮制动钳上,以使车辆朝驾驶人想要的方向转向。

(3) 控制方向,减少对开路面制动距离。对开路面,指的是汽车的左右轮分别位于不同附着系数的路面上,如一半是干燥路面,而另一半是积水甚至是积雪路面。在这种路面上制动时,制动系统在对附着力较低的路面上的车轮施加制动力时,为了防止车轮的抱死滑动,制动系统不能够对车轮施加与干燥路面上的车轮同样大的制动力。原因是如果没有反方向控制车身,不对称的制动力会使车辆受到一个水平方向的转矩,在路面旋转打滑,ESP 系统察觉到后,系统会给电动机一个必要的转向角度命令。这时,驾驶人能够感觉到转向盘的变化,并随之继续控制转向盘,反向旋转。在这样的作用下,制动力能够发挥地面附着力的最大值,并把制动距离缩短 5%~10%。如果在 ESP 模式下进行人工制动,则退出 ESP 制动干预模式并允许常规制动。

(三) ESP 系统的故障诊断

1. 诊断注意事项

在执行任何 ABS-TCS/ESP 诊断程序时,必须遵守下列诊断注意事项。

(1) 如果常规制动系统存在故障,则在 ABS-TCS/ESP 系统诊断之前应先排除故障。

(2) 只能使用指定的测试设备,其他测试设备可能会导致错误诊断或损坏良好的零部件。

(3) 在检查任何系统时,必须用挡块挡住车辆驱动轮,并且拉紧驻车制动器。

(4) 不要轻易清除故障码。

(5) 仔细检查线路和插接器,确认是否发生以下故障:连接器端子脱出;线束连接器配合不良;线束连接器锁扣断裂;连接器端子以及线束损坏。

(6) 如果使用故障诊断仪进行诊断,请在进行路试之前将其从数据传输连接器(DLC)上断开开关并且关闭点火开关至少 10 s。由于在多数故障诊断仪诊断程序期间,ABS-TCS/ESP 控制模块被禁用,所以要复位 ABS-TCS/ESP 控制模块。

(7) 在完成所要求的诊断和维修操作后,路试车辆,确保 ABS-TCS/ESP 系统正常工作。

2. 具体故障分析

故障案例:一辆奥迪 A4 轿车行驶路程为 15000 km,该车 ESP 灯报警。故障分析与处理详见"任务实施"。

二、任务实施

(一) 任务实施的要求

1. 实训目的与要求

(1) 能读懂汽车 ESP 系统的电路图。

(2) 通过故障案例的诊断与处理,掌握汽车 ESP 系统的基本构造和原理、调试和正确使用的方法,以及故障现象描述、原因分析和诊断方法。

2. 实训仪器和设备

带 ESP 系统的奥迪 A4 轿车、万用表、试灯、世达工具一套等。

(二) 实施步骤

1. 故障现象分析

接车后,首先用检测仪检测 ABS 电控单元的故障存储,发现其故障码为 01435——制动压力传感器 G201 信号不可靠。替换制动压力传感器试车约 10 km 后故障又呈现,故障码仍然是 01435。

2. 故障原因分析

奥迪 A4 由于装备了 ESP 系统,因而增加了制动压力传感器 G201 安装在液压操控单元 N55 上,用于监测制动压力。ESP 自检功能则连续监测制动灯开关的状况并与制动压力传感器的值进行对比。若是制动压力高于 10bar(1bar=100 kPa)而制动灯开关的信号还没有接通,则 ESP 系统将其视为一个故障 01435(制动压力传感器信号不可靠)并接通 ESP 报警灯。

3. 实践操作

使用故障诊断仪,读取 ABS 电控单元中数据块 005 组,分别显现制动灯开关 F、F47 的接通状况以及由制动压力传感器 G201 反应的压力值(单位为 bar)。当缓慢踩下制动踏板时,制动压力升到 14bar 时,制动灯开关才显现 ON(接通状况),此刻制动灯亮起。由此可看出,ESP 认为 G201 信号不可靠的缘由并不在 G201,而是由于制动灯开关的行程太长、反应太慢所形成的。

4. 故障处理

将制动灯开关拆下并对推杆进行了一定的调整,重新装上后再试,压力为 2bar 左右时制动灯开关即接通,试车也一切正常,故障排除。

【任务小结】

当 ESP 系统中某一个关键固件发生故障时,ESP 系统将不再工作,故障指示灯将亮起。当 ESP 故障亮起时,说明该系统出现故障,这时首先要排除机械部分故障和连接器松动时的故障,然后使用检测仪调取故障码或者数据流(如果读数据流,则对车速有要求,车子静止时读取不了),根据故障码或数据流的指示来排除故障。

若部件损坏无法修复,则应予以更换。更换的部件应与原部件的规格、型号相一致。导线更换时应尽量与原来的线径和颜色一致。若用其他颜色导线代替,应与相邻导线有所区别,以利于以后的检修。

任务 3　汽车安全气囊系统原理与检修（迈腾 B8 安全气囊电路分析）

一、相关知识

(一)汽车安全气囊系统的组成与结构

安全气囊(supplemental restraint system,SRS)也称辅助乘员保护系统,是一种当汽车遭到碰撞而急剧减速时能很快膨胀的缓冲垫,可保护车内乘员不致撞到车厢内部。它是一种被动安全装置,具有不受约束、使用方便和美观等优点。近年来随着世界汽车市场的竞争越来越激烈以及安全气囊制造成本的降低,安全气囊在汽车上有普及的趋势。根据碰撞类型的不同,安全气囊可分为正面碰撞防护安全气囊、侧面碰撞防护安全气囊和顶部碰撞防护安全气囊。交通事故统计表明,安全气囊与安全带配合使用,对正面碰撞事故中的乘员具有更好的保护效果。

常规安全气囊主要由传感器、安全气囊组件、SRS 指示灯和电控单元(ECU)等组成,其工作过程如图 7-3-1 所示。

(二)汽车安全气囊系统的工作原理

1. 传感器

传感器用于检测车辆发生事故后的撞击信号,输送给 ECU,以便及时起动常规安全气囊。传感器按其功能可分为前碰撞传感器、中央碰撞传感器和保险传感器。前碰撞传感器负责检测碰撞的激烈程度;保险传感器也称触发传感器,其闭合的减速度与碰撞传感器相比要稍小一些,主要起保险作用,防止因前碰撞传感器短路而造成的误开。

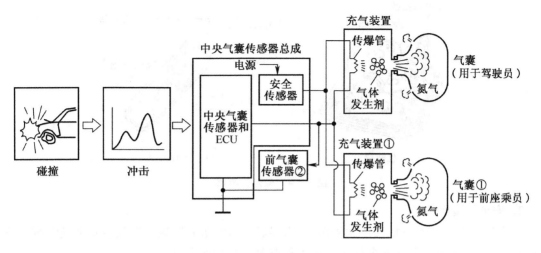

图 7-3-1 安全气囊工作过程

注:①仅限有前座乘员安全气囊的型号;②仅限某些型号。

1) 前碰撞传感器

前碰撞传感器安装在前翼子板内,主要由偏心转子、偏心重块、固定触点和旋转触点等组成,如图 7-3-2 所示。不发生碰撞时,偏心转子在螺旋弹簧弹力作用下处于图 7-3-2(a)所示位置,固定触点和旋转触点不接触;当发生正面碰撞,且作用在偏心重块上的减速度超过预定值时,偏心重块、偏心转子和旋转触点作为整体向左运动,使固定触点和旋转触点接触,前碰撞传感器输出电信号。

2) 中央碰撞传感器

中央碰撞传感器有半导体型和机械型两种。半导体型传感器由电阻应变片和集成电路组成,如图 7-3-3 所示。半导体型传感器测量减速度,并将其转换为电信号送至点火控制电路,用于判断常规安全气囊是否需要起动。机械型传感器在正面碰撞中受到超出预定值的减速力时,其触点接触并起动常规安全气囊。

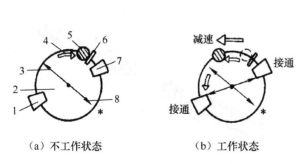

图 7-3-2 前碰撞传感器

1、7—固定触点;2—偏心转子;3、8—旋转触点;
4—螺旋弹簧负荷;5—偏心重块;6—挡块

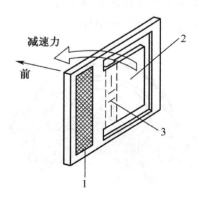

图 7-3-3 中央碰撞传感器

1—集成电路;2—惯性质量;3—电阻应变片

3) 保险传感器

保险传感器有机械型和汞开关型等,如图 7-3-4 所示。

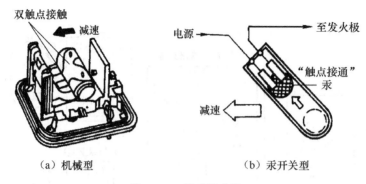

(a) 机械型　　　　　　　(b) 汞开关型

图 7-3-4　保险传感器

2. 安全气囊组件

安全气囊组件主要包括气体发生器、点火器、气囊、饰盖和底板。驾驶员安全气囊组件位于转向盘中心处，乘员安全气囊组件位于仪表板右侧手套盒的上方。

1）气体发生器

在点火器引爆点火剂时，气体发生器产生气体，向常规安全气囊充气，使常规安全气囊膨胀开。气体发生器用专用螺栓和专用螺母固定在安全气囊支架上，只能用专用工具进行装配。气体发生器由上盖、下盖、充气剂（片状叠氮化钠）和金属滤网等组成，如图 7-3-5 所示。上盖上制有若干个充气孔，充气孔有长方孔和圆孔两种。下盖上制有安装孔，以便将气体发生器安装到安全气囊支架上。上盖与下盖用冷压工艺压装成一体，壳体内装充气剂、金属滤网和点火器。金属滤网安装在气体发生器的内表面，用以过滤充气剂和点火剂燃烧后的渣粒。气体发生器利用热效反应产生氮气而充入常规安全气囊。在点火器引爆点火剂的瞬间，点火剂会产生大量热量，叠氮化钠受热立即分解释放氮气，并从充气孔充入常规安全气囊。

2）点火器

点火器外包铝箔，安装在气体发生器内部中央位置，其结构如图 7-3-6 所示。点火剂包括引爆炸药和引药，引出导线与安全气囊插接器连接，连接器中设有短路片（铜质弹簧片）。当连接器拔下或连接器未完全接合时，短路片将两根引线短接，防止静电或误通电将电热丝电路接通而造成常规气囊引爆。

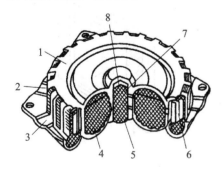

图 7-3-5　气体发生器

1—上盖；2—充气孔；3—下盖；4—充气剂；
5—点火器药筒；6—金属滤网；7—电热丝；
8—引爆炸药

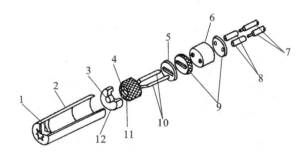

图 7-3-6　点火器的结构

1—引爆炸药；2—药筒；3—引药；4—电热丝；5—陶瓷片；
6—永久磁铁；7—引出导线；8—绝缘套管；9—绝缘垫片；
10—电极；11—电热头；12—药托

此外，当 SRS ECU 发出点火指令时，电热丝电路导通，电热丝迅速加热并引爆引药，引爆炸药瞬间产生热量，药筒内温度和压力急剧升高并冲破药筒，使充气剂受热分解，释放氮气充入常规安全气囊。

3）气囊

气囊按布置位置可分为驾驶员侧气囊、乘员侧气囊、后排气囊、侧面气囊、顶部气囊,按大小可以分为保护整个上身的大型气囊和主要保护面部的小型气囊。护面气囊成本较低,但一定要和座椅安全带配合使用才有更好的保护作用。欧洲多采用小型气囊。目前汽车上布置常规安全气囊的趋势增加。

驾驶员侧气囊多采用尼龙布涂氯丁橡胶和有机硅制成橡胶涂层,起密封和引燃作用,气囊背面有两个泄气孔。乘员侧气囊没有涂层,靠尼龙布本身的空隙泄气。

4）饰盖

饰盖是安全气囊组件的盖板,饰盖上面有撕缝,以便气囊能冲破饰盖张开。

5）底板

气囊和气体发生器装在底板上,底板装在转向盘或车身上,气囊膨胀开时,底板承受气囊的反作用力。

3. SRS指示灯

SRS指示灯位于仪表盘上,接通点火开关时,诊断单元对系统进行自检,SRS指示灯点亮6 s后熄灭表示系统正常。否则,表示常规安全气囊出现故障,应进行检修。

4. ECU

ECU主要由逻辑模块、信号处理电路、备用电源电路、保护电路和稳压电路等组成,保险传感器一般与SRS ECU一起制作在SRS控制组件中。

1）信号处理电路

信号处理电路主要由放大器和滤波器组成,用于对传感器检测的信号进行整形、放大和滤波,以便SRS ECU能够接收、识别和处理。

2）备用电源电路

常规安全气囊有两个电源:一个是汽车电源;另一个是备用电源。备用电源电路由电源控制电路和两个电容器组成。在单安全气囊的控制组件中,设有一个逻辑备用电源和一个点火备用电源。在双安全气囊的控制组件中,设有一个逻辑备用电源和两个点火备用电源,即两条点火电路各设一个点火备用电源。点火开关接通10 s后,如果汽车电源电压高于SRS ECU的最低工作电压,则逻辑备用电源和点火备用电源即可完成储能任务。

备用电源用于当汽车电源与SRS逻辑之间的电路切断后,在一定时间内维持常规安全气囊供电,保持常规安全气囊的正常功能。当汽车遭受碰撞而导致蓄电池和交流发电机与SRS ECU之间的电路切断时,逻辑备用电源能在6 s内向ECU供给电能,保证ECU测出碰撞、发出点火指令等正常功能;点火备用电源能在6 s内向点火器供给足够的点火能量引爆点火剂,使充气剂受热分解,对常规安全气囊充气。时间超过6 s后,备用电源供电能力降低,ECU备用电源不能保证ECU测出碰撞和发出点火指令;若点火备用电源不能提供最小点火能量,则SRS不能充气膨开。

3）保护电路和稳压电路

在汽车电器系统中,许多电器部件有电感线圈,电器开关多,电器负载变化频繁。当线圈电流接通或切断、开关接通或断开、负载电流突然变化时,都会产生瞬时脉冲电压即过电压,若过电压加到常规安全气囊电路上,系统中的电子元件就可能因电压过高而导致损坏。为了防止安全气囊元件受损,SRS ECU中必须设置保护电路。同时,为了保证汽车电源电压变化时,常规安全气囊能够正常工作,还必须设置稳压电路。

5. 安全气囊线束与保险机构

为了便于区别电器系统线束连接器,常规安全气囊的连接器与汽车其他电器系统的连接器有所不同。常规安全气囊的连接器采用导电性能和耐久性能良好的镀金端子,并设有防止安全气囊误爆机构、电路连接诊断机构、连接器双重锁定机构和端子双重锁定机构等,用以保证常规安全气囊可靠工作。常规安全气囊采用的各种特殊连接器如图 7-3-7 所示。

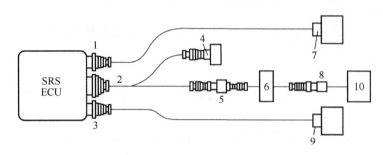

图 7-3-7　常规安全气囊采用的各种特殊插接器

1、2、3—ECU 连接器;4—SRS 电源连接器;5—中间线束连接器;6—螺旋线束;7—右碰撞传感器连接器;
8—安全气囊组件连接器;9—左碰撞传感器连接器;10—点火器

1) 防止 SRS 误爆机构

图 7-3-8 所示 SRS ECU 至 SRS 点火器之间的连接器 2、5、8 均采用了防止常规安全气囊误爆的短路片机构,拔下连接器时,短路片自动靠近 SRS 点火器一侧连接器或将连接器两个引线端子短接,防止静电或误通电将电热丝电路接通而造成常规安全气囊误膨开。当连接器正常连接时,连接器的绝缘壳体将短路片向上顶起,如图 7-3-8(a)所示,短路片与连接器端子脱开。当连接器脱开时,短路片自动将安全气囊点火器一侧连接器的引线端子短接,使点火器的电热丝与短路片构成回路,如图 7-3-8(b)所示。此时即使将电源加到安全气囊点火器一侧连接器上,由于电源被短路片短路,因此点火器不会引爆,从而防止 SRS 误爆。

2) 电路连接诊断机构

电路连接诊断机构用于监测连接器是否连接可靠。前碰撞传感器连接器及其与 SRS ECU 连接的连接器采用了电路连接诊断机构,其结构如图 7-3-9 所示。连接器上有一个诊断销和两个诊断端子,前碰撞传感器触点为常开触点。当传感器连接器处于半连接(未可靠连接)状态时,诊断端子与诊断销尚未接触,如图 7-3-9(a)所示,此时电阻尚未与传感器触点构成并联电路,连接器引线"+"与"-"之间的电阻值为无穷大。当 ECU 监测到前碰撞传感器的电阻值为无穷大时,自诊断电路便控制 SRS 指示灯闪亮报警,同时将故障编成代码储存在存储器中。当传感器连接器可靠连接时,诊断端子与诊断销可靠接触,如图 7-3-9(b)所示,此时电阻与前碰撞传感器触点并联。当 SRS ECU 检测到的阻值为该并联电阻的阻值时,即诊断为连接器连接可靠。

3) 连接器双重锁定机构

连接器双重锁定机构用于锁定连接器常规安全气囊在线束的重要连接部位,其连接器采用了双锁和两个凸台,防止连接器脱开,其结构如图 7-3-10 所示。连接器上有主锁和两个凸台,还有锁柄能够转动的副锁。

当主锁未锁定时,连接器上的两个凸台阻止副锁锁定,如图 7-3-10(a)所示;当主锁完全锁定时,副锁锁柄方能转动并锁定,如图 7-3-10(b)所示;当主锁与副锁双重锁定后,连接器连接状态如图 7-3-10(c)所示,可防止连接器脱开。

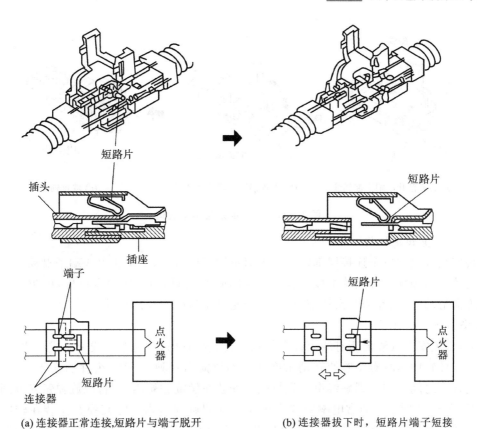

(a) 连接器正常连接,短路片与端子脱开　　(b) 连接器拔下时,短路片端子短接

图 7-3-8　防止常规安全气囊误爆机构

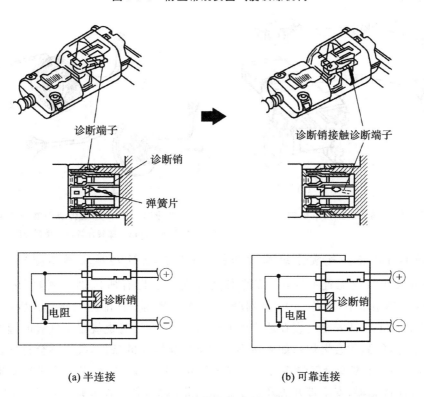

(a) 半连接　　(b) 可靠连接

图 7-3-9　电路连接诊断机构

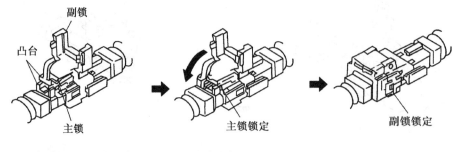

图 7-3-10 连接器双重锁定机构

4）端子双重锁定机构

常规安全气囊的每个连接器都设有端子双重锁定机构,用于防止引线端子滑动。它主要由连接器壳体上的锁柄与分隔片组成,如图 7-3-11 所示。锁柄为一次锁定机构,可防止端子沿引线轴线方向滑动；分隔片为二次锁定机构,可防止端子沿引线径向移动。

5）安全气囊线束

目前,常规安全气囊的所有线束都套装在黄色波纹管内,并与车颈线束总成连成一体,以示区别。为保证转向盘具有足够的转动角度而又不致损伤驾驶员 SRS 组件的连接线束,在转向盘与转向柱管之间采用了螺旋线束。先将线束安装在螺旋弹簧内,再将螺旋弹簧安放到弹簧壳体内,如图 7-3-12 所示。通常电喇叭线束也安装在螺旋弹簧内。螺旋弹簧安装在转向盘与转向柱管之间。安装螺旋弹簧时,应注意其安装位置和方向,安装不当将会导致转向盘转动角度不足或转向沉重。

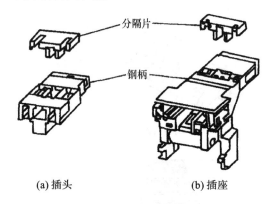

图 7-3-11 端子双重锁定机构

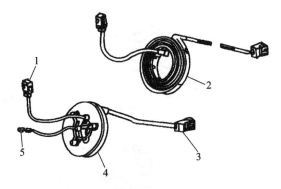

图 7-3-12 螺旋弹簧与螺旋线束

1、3—线束连接器；2—螺旋弹簧；4—弹簧壳体；5—搭铁连接器

（三）迈腾 B8 安全气囊系统原理与检修（全国技能大赛比赛车型）

大众迈腾根据参数配置不同,配备的安全气囊个数也有所区别。例如,在迈腾 2018 款 330TSI DSG 豪华型车中,配备了主/副驾驶座安全气囊、前/后排侧气囊、前/后排头部安全气囊、膝部气囊。为了保证安全气囊在适当的时候打开,大众迈腾也规定了气囊的起爆条件,只有满足了这些条件,气囊才会爆炸。如果达不到安全气囊爆炸的条件,气囊不会打开。

大众迈腾 B8L 车型安全气囊系统包括安全气囊控制单元 J234、各安全带拉紧器引爆装置、各安全气囊碰撞传感器、安全带开关及安全带警告指示灯,其工作原理如图 7-3-13 所示。具体代号含义如表 7-3-1 所示。其中,安全气囊控制单元 J234 安装在车辆的中控台下方,其连接器代号为 T90e 的 90 芯插头，如图 7-3-14 所示。

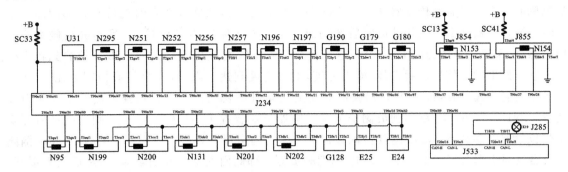

图 7-3-13　大众迈腾 B8L 车型安全气囊系统工作原理图

表 7-3-1　大众迈腾安全气囊系统各装置代号含义

代号	含义	代号	含义
J234	安全气囊控制单元	N95	驾驶员侧安全气囊引爆装置
J854	左前安全带拉紧器控制单元	J855	右前安全带拉紧器控制单元
N153	驾驶员侧安全带拉紧器引爆装置1	N154	副驾驶员侧安全带拉紧器引爆装置1
N196	驾驶员后部安全带拉紧器引爆装置	N197	副驾驶员后部安全带拉紧器引爆装置
N251	驾驶员侧头部安全气囊引爆装置	N252	副驾驶员侧头部安全气囊引爆装置
N295	驾驶员侧膝盖部安全气囊引爆装置	G190	前部安全气囊碰撞传感器
G179	驾驶员侧侧面安全气囊碰撞传感器	G180	副驾驶员侧侧面安全气囊碰撞传感器
E24	驾驶员侧安全带开关	E25	副驾驶员侧安全带开关
N199	驾驶员侧侧面安全气囊引爆装置	N200	副驾驶员侧侧面安全气囊引爆装置
N201	驾驶员侧后部侧面安全气囊引爆装置	N202	副驾驶员侧后部侧面安全气囊引爆装置
G256	驾驶员侧后部侧面安全气囊碰撞传感器	G257	副驾驶员侧后部侧面安全气囊碰撞传感器
G128	副驾驶员侧座椅占用传感器	N131	副驾驶员侧安全气囊引爆装置1
J285	组合仪表中的控制单元	K19	安全带警告指示灯
U31	诊断接口		

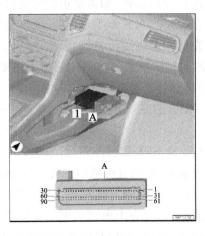

图 7-3-14　大众迈腾 B8L 车型安全气囊控制单元安装位置及插接器示意图

在车辆受到撞击后,系统首先通过 G179 驾驶员侧侧面安全气囊碰撞传感器、G180 副驾驶员侧侧面安全气囊碰撞传感器、G190 前部安全气囊碰撞传感器、G256 驾驶员侧后部侧面安全气囊碰撞传感器、G257 副驾驶员侧后部侧面安全气囊碰撞传感器和 G128 副驾驶员侧座椅占用传感器,采集碰撞的力度大小,并发送电信号至安全气囊控制单元 J234。J234 检测到各个撞击传感器发出的电信号之后,判断撞击力度,如果力度到达上限后,安全气囊控制单元 J234 接通各个气囊引爆装置,包括 N95 驾驶员侧安全气囊引爆装置、N131 副驾驶员侧安全气囊引爆装置 1、N153/N154 主/副驾驶员侧安全带拉紧器引爆装置 1、N196/N197 主/副驾驶员后部安全带拉紧器引爆装置、N295 驾驶员侧膝盖部安全气囊引爆装置、N199/N200 主/副驾驶员侧侧面安全气囊引爆装置、N201/N202 主/副驾驶员侧后部侧面安全气囊引爆装置,随后气囊爆开,保护人身安全。同时安全气囊控制单元 J234 通过驱动 CAN 总线、数据总线诊断接口 J533、舒适 CAN 总线、LIN 数据总线向所有车门控制单元发送车门解锁命令。同时,J234 和组合仪表中的控制单元 J285 发送数据信号,控制安全带警告指示灯 K19 的通断。

(四)安全气囊系统的故障诊断

1. 安全气囊故障检查注意事项

(1)安全气囊的故障很难确认,根据自诊断系统提取故障码是诊断和排除故障的重要途径和信息来源。因此在检查与排除安全气囊故障时,必须在拆下蓄电池负极电缆之前,读出故障码。

(2)检查工作务必在关闭点火开关,并将蓄电池负极电缆拆下 20 s 或更长一段时间以后进行,因为安全气囊装备有备用电源,若检查工作在拆下蓄电池负极电缆后 20 s 内就开始,安全气囊由备用电源供电,检查中很可能使安全气囊误膨胀开。另外,汽车音响系统、防盗系统、时钟、电控座椅、电控座椅安全带收紧系统、微机控制驾驶位置设定的电控倾斜和伸缩转向系统、电控车外后视镜等系统均具有存储功能,当蓄电池负极电缆拆下后,存储的内容将会丢失。因此在检查工作开始之前,应通知车主将音响、防盗系统的密码和其他控制系统的有关内容记录下来。当检查工作结束后再重新设置密码和有关内容并调整时钟。绝不允许使用车外电源供电来避免各系统存储内容丢失,以免导致 SRS 误膨开。

(3)检查安全气囊时,即使只发生了轻微碰撞而 SRS 并未膨开,也应对前碰撞传感器、驾驶员 SRS 组件、乘员 SRS 组件、座椅安全带收紧器等进行检查。安全气囊对零部件的工作可靠性要求极高。所有零部件均为一次性使用部件,如需要更换零部件,则应使用新品,并且不允许使用不同型号车辆上的零部件。在检修汽车其他零部件时,如有可能对安全气囊的传感器产生冲击,则应在检修工作开始之前,先拆下前碰撞传感器,以防 SRS 误膨开。

(4)安全气囊的保险传感器采用了水银开关式传感器。由于水银蒸气有剧毒,因此保险传感器更换之后,换下的旧的保险传感器不能随意毁掉,应作为有害废物处理。

(5)当前碰撞传感器、SRS ECU 或 SRS 组件摔碰之后或其壳体、支架、连接器有裂纹、凹陷时,应更换。

(6)前碰撞传感器、SRS ECU 或 SRS 组件不得暴晒或接近火源。

(7)绝对不能检测点火器的电阻,否则有可能引爆安全气囊。检测其他部件电阻和检测安全气囊故障时,必须使用高阻抗万用表,即最好使用数字式万用表。如果使用指针式万用表,由于其阻抗小,表内电源的电压加到安全气囊上可能引爆安全气囊。在安全气囊各总成或零部件表面上,均标有说明标牌或注意事项,使用与检查时必须按规定进行。

(8)完成安全气囊的检查之后,必须对 SRS 指示灯进行检查。当点火开关转到接通或辅助位置时,SRS 指示灯亮 6 s 左右后自动熄灭,说明安全气囊正常。

(9) 拆卸或搬运 SRS 组件时,安全气囊饰盖一面应朝上,不得将 SRS 组件重叠堆放,以防安全气囊误膨开造成严重事故。

(10) 在报废整车或报废 SRS 组件时,应在报废之前使用专用维修工具将安全气囊引爆。引爆工作应在远离电场干扰的地方进行,以免电场过强而导致安全气囊误爆。

(11) 汽车已发生过碰撞、安全气囊一旦引爆膨胀开后,SRS ECU 就不能继续使用。

(12) 当连接或拆下 SRS ECU 上的连接器时,因为保险传感器与 ECU 组件在一起,所以应在 ECU 组件安装固定之后再进行连接或拆卸,否则保险传感器就起不到保护作用。

(13) 安装转向盘时,其安装位置必须正确,即必须安装在转向柱管上,并使螺旋弹簧位于中间位置,否则会造成螺旋线束脱落或发生故障。安全气囊线束套装在黄色波纹管内,并与车颈线束和地板线束连成一体,所有线束连接器均为黄色,以便于区别。当发生交通事故而使安全气囊线束脱开或连接器破碎时,都应修理或更换安全气囊。

安全气囊具有故障自诊断功能,安全气囊一旦发生故障,自诊断电路就能诊断出来,且控制仪表板上的 SRS 指示灯闪烁,提示驾驶员安全气囊出现故障。故障编成代码存储在 SRS ECU 存储器中,以便检查安全气囊时,能通过调用故障码尽快查到故障部位。

2. 具体故障分析

故障案例:一辆大众迈腾 B8L 轿车安全气囊灯亮,进厂报修。连接故障诊断仪,显示驾驶员侧气囊引爆器 N199 超出上限。据车主反映,该故障已维修了 5 次,每次维修好后过了几天,安全气囊指示灯就亮。故障分析与处理详见"任务实施"。

二、任务实施

(一)任务实施的要求

1. 实训目的与要求

(1) 迈腾 B8 安全气囊控制结构与原理。

(2) 迈腾 B8 安全气囊电路图。

(3) 迈腾 B8 安全气囊故障诊断。

2. 实训仪器和设备

迈腾 B8 轿车一辆、万用表、示波器、故障诊断仪、世达工具一套等。

(二)实施步骤

1. 原因分析

根据前几次车间主修技师反馈,此灯亮是因为车主进行了室内装饰,地板铺垫,拆卸驾驶员座椅而导致侧气囊连接器有些损坏,所以这次是来更换驾驶员侧气囊线束总成的。经拆卸更换装配后,打开点火开关,气囊灯不灭。再次连上故障诊断仪,依旧出现故障码 01217,操作多次且无法清码,甚至气囊控制单元 J234 都更换了,还是存在故障码 01217。

接车后,先理解 01217 故障码的含义,其有二重含义:气囊引爆器 N199 电阻值太大或太小。

简单分析后可能有两方面原因:①线路断路或接触不良,造成引爆器阻值太大;②线路短路,造成引爆器阻值太小。以上测量值都说明气囊引爆装置电阻值超出规定值上限或小于规定值下限,这就比较清楚地说明气囊控制单元并没有损坏。

2. 检修步骤

（1）连上故障诊断仪，读数据流，显示驾驶员侧气囊引爆装置 N199 电阻值太小，同时显示副驾驶员侧气囊引爆装置正常。正常情况下，气囊引爆装置电阻值在 2～3 Ω 之间。拆下驾驶员座椅，线路中并联了一个 3 Ω 电阻，找到故障根源，如果说侧气囊引爆装置电阻值也是 3 Ω，那么两个电阻并联，阻值应当是 1.5 Ω，小于其规定值下限。

（2）将 3 Ω 电阻取下，用胶带包好原车线路，打开点火开关，仪表上安全气囊指示灯熄灭。用故障诊断仪检测，01217 故障码变成偶发，清除故障码，重新读取数据流，显示驾驶员侧气囊引爆装置正常。

（3）试车，一切正常。

3. 故障结论

拆除侧气囊引爆装置 N199 处并联的电阻，使 N199 恢复正常的阻值，安全气囊指示灯熄灭，车辆恢复正常。

【任务小结】

安全气囊是汽车的被动安全系统，安全气囊的检修一定要按照维修手册进行，以免安全气囊被误引爆。当安全气囊系统中某一个关键固件发生故障时，安全气囊系统将不再工作，故障指示灯将亮起，当安全气囊故障灯亮起时，说明该系统出现故障，这时首先要排除机械部分故障和连接器松动时的故障，然后使用故障诊断仪调取故障码或者数据流（如果读数据流，则对车速有要求，汽车静止时读取不了），根据故障码或数据流的指示来排除故障。

若部件损坏无法修复，则应予以更换。更换的部件应与原部件的规格、型号相一致。导线的更换应尽量与原来的线径和颜色一致。若用其他颜色导线代替，应与相邻导线有所区别，以利于以后的检修。

【拓展项目】智能型安全气囊介绍

进入 21 世纪，研究人员根据安全气囊多年使用中出现的诸多问题，开始研制新一代具有多种自适应能力的智能型安全气囊。

一、常规安全气囊存在的问题

常规安全气囊主要存在以下问题。

（1）前碰撞传感器只监测碰撞时的惯性变化，即减速度，但碰撞损坏不仅与减速度有关，还与碰撞时的初速度密不可分，即人体的动量是撞伤的能量源，不可忽视。

（2）在紧急制动或车轮碰触异物时引发误爆。

（3）乘员座位如果无人，碰撞时将发生空爆，形成无谓损失。

（4）常规安全气囊不能充分保护儿童、妇女及身体矮小人员的安全。

（5）常规安全气囊迅速充满高温气体，在保护人员的同时，不可避免地造成一定程度的冲击损伤（如击碎眼镜）和轻度烧伤。

（6）叠氮化钠燃烧反应后产生有害物质氮化钠和氢氧化钠，对驾驶员、乘员和事后的维修人员造成呼吸器官损伤。

（7）安全带不能及时有效地防止驾驶员、乘员在高速碰撞时扑向常规安全气囊而造成伤害。

二、智能型安全气囊的组成原理

鉴于常规安全气囊存在的缺点,智能型安全气囊将设置以下装置并具有相应功能以解决上述问题。

(1) 增设多普勒车速传感器,以监测汽车与障碍物的相对速度。

(2) 增设红外乘员传感器,以检测乘员的有无与其身材的大小。

(3) 安全带增设收紧装置,在智能型安全气囊引爆前先收缩安全带以缓解冲撞伤害,碰撞后自动解除收紧力。在相对车速为 30 km/h 时,只收紧安全带而不引爆智能型安全气囊。

(4) 扩展 ECU 的控制范围,增加逻辑运算功能,计算不同车速和加速度下的最佳控制模式,根据乘员红外信号决定适当的充气压力和膨胀方向。ECU 根据各传感器的信号进行运算以确定是否引爆智能型安全气囊,但碰撞只是一瞬间,在无碰撞信号的绝大部分时间内,ECU 则连续通过传感器触点并联的电阻器上的压降监测系统工作,一旦该状态偏离可维持正常工作的临界值,ECU 使安全气囊指示灯点亮。

当车辆发生碰撞后,ECU 存储和记忆相关信息,如相对速度、加速度及安全带工作状态,并记录碰撞前系统和部件的性能参数,碰撞后可通过专用设备解读这些信息,以确定碰撞前系统是否正常,并提供事故查询资料。对于充气气体有害有毒问题,可采用储压式惰性气筒,内装压缩氩气,如图 7-1 所示,当雷管引爆击穿隔膜时,氩气即刻膨胀冲入智能型安全气囊。

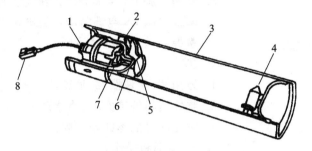

图 7-1 带有压缩氩气筒的混合型充气器

1—雷管;2—滤网;3—压缩氩气筒;4—压力传感器;5—隔膜;
6—销钉;7—炸药;8—乘员侧雷管连接器(黄色)

项目 8
汽车空调系统原理与检修

◀ **项目要求**

理解汽车空调的结构和工作原理,学会分析电路。在汽车空调系统的故障检修中,应遵循咨询、计划、决策、实施、检查和评估六步法:①咨询——根据故障案例,查阅相关的维修技术资料;②计划——针对故障现象制定相应的工作计划可行性方案;③决策——对可行性方案进行论证;④实施——进行故障的检修;⑤检查——对所排除故障进行检查确认;⑥评估——工作总结,对故障现象进行深度分析。

◀ **知识要求**

1. 掌握空调的组成、结构与工作原理。
2. 能正确理解和分析空调系统电路图。
3. 掌握迈腾 B8 空调制冷系统工作原理。
4. 掌握迈腾 B8 空调制冷系统电路图。
5. 掌握空调系统故障诊断。

◀ **能力要求**

1. 万用表、示波器、故障诊断仪等常见设备的使用。
2. 维修资料的查阅、电路原理图的识读和分析。
3. 常见故障的诊断与排除。
4. 5S 管理和操作。

任务1　汽车空调结构与工作原理

一、相关知识

（一）汽车空调概述

1. 汽车空调的功能

汽车空调是"汽车空气调节装置"的简称,就是随时对车厢内或驾驶室内空气的温度、湿度、流速、清洁度、噪声等参数进行调节,将其控制在舒适的标准范围之内的技术。汽车空调技术包括降温、供热、除湿、通风、净化、调风速、防噪声等方面的技术,是空气调节装置中功能要求最全面的空调技术。

现代汽车空调的基本功能如下。

1）调节车内温度

在夏季利用汽车空调制冷装置对车内降温,冬季利用其采暖装置升高车内温度。

2）调节车内湿度

利用制冷装置冷却降温去除空气中的水分,再由采暖装置升温以降低空气的相对湿度。

3）调节车内的空气流速

夏季空气流速稍大有利于人体散热降温,冬季气流速度过大影响人体保温,因此夏季舒适风速一般为 0.25 m/s,冬季的舒适风速一般为 0.20 m/s。

4）过滤净化车内空气

由于车内空间小,乘员密度大,车内极易出现缺氧,而车外道路上的粉尘等又容易进入车内造成空气污浊,影响乘员的身体健康,因此要求空调必须具有补充车外新鲜空气、过滤和净化车内空气的功能。

现代汽车空调就是将车内空间的环境调控到对人体最适宜的状态,改善驾驶员的工作环境、劳动条件和提高乘坐舒适性,创造良好的车内环境,保证安全行车,保护乘员的身体健康。

2. 汽车空调系统的组成

汽车空调系统由制冷装置、暖气装置、通风装置、加湿装置、空气净化装置和控制装置等部分组成。各组成部分的作用如下。

（1）制冷装置：把车内空气或从外部吸进来的新鲜空气冷却或除湿,使车内空气变得凉爽舒适。

（2）暖气装置：把车内空气或从外部吸进来的新鲜空气加热,达到取暖、除湿的目的。

（3）通风装置：把车外新鲜空气吸进车内进行换气。同时,通风对防止风窗玻璃起雾也起着良好的作用。

（4）加湿装置：在空气湿度较低时,对车内空气加湿,以提高车内空气的相对湿度。

（5）空气净化装置：除去车内存在的灰尘、气味及有毒气体,使车内空气变得清洁。

（6）控制装置：对制冷和暖气装置进行控制,使空调正常工作。

3. 汽车空调系统的分类

汽车空调按不同的分类依据可分为不同的类型。例如,按驱动方式分类,汽车空调可分为非独立式、独立式和其他动力源式汽车空调 3 种。

1) 非独立式汽车空调

非独立式汽车空调又称为被动式汽车空调。它以汽车发动机为动力直接驱动压缩机工作。之所以称它为被动式就是因其运行制冷工况受汽车行驶速度和负荷的影响。车速和负荷改变,压缩机转速也随着变化,工况不稳定,特别是在怠速时不能保证有足够的制冷量。由于是主机带动,如果主机功率不富裕,则对汽车的加速和爬坡能力有影响。其特点在于系统结构简单、不增加辅助发动机、占用空间小、质量小、造价低,一般适用于压缩机功耗不大,而主机功率也足够的轿车和小客车等。

2) 独立式汽车空调

独立式汽车空调的压缩机由专门设置的辅助发动机带动制冷,与车速和负荷无关,工况较稳定,即使在停车状况下也能向车内提供冷气。由于加装了一台辅助发动机,能耗与成本增加,占用空间位置也大,维护保养复杂。

3) 其他动力源式汽车空调

在特殊情况下,空调压缩机也可用电动机带动,如雷达指挥车、营房车等,只有停车时才开空调,可用地面电源。

4. 汽车空调工作特点

(1) 汽车空调安装在运动的车辆上,承受剧烈、频繁的振动和冲击。汽车空调的各个零部件应有足够的强度和抗震能力,接头牢固并防漏。汽车空调的制冷系统极易发生制冷剂泄漏,破坏整个空调系统的工作条件,甚至破坏制冷系统的部件。所以,各部件的连接要牢固,要经常检查空调系统内制冷剂的量。统计表明,汽车空调因制冷剂泄漏而引起空调故障约占全部故障的80%,而且泄漏频率很高。

(2) 汽车空调的动力来自发动机。轿车、轻型汽车、中小型客车及工程机械,空调所需的动力和驱动汽车前进的动力来自同一发动机;对于大型客车和中大型豪华客车,由于所需制冷量和暖气量大,一般采用专用发动机驱动制冷系统的压缩机和独立的供暖设备。对于非独立式空调系统,其制冷能力受车速影响,而与车内的需求无关,因此,需要专门的设备进行协调,结构比家用空调复杂。

(3) 要求汽车的制冷、制热能力强,其原因主要有如下几点。

①为了减轻自重,汽车隔热层较薄,同时,汽车的门窗多、面积大,从而导致隔热性能差,热量流失严重。

②车内乘员密度大,夏天产生热量多,热负荷大,而冬天人体所需的热量也大。

③汽车在野外工作,直接受太阳的照射,以及霜雪、风雨的侵袭,因而其所处的环境恶劣,千变万化。要使汽车空调能迅速地变温,使车内环境在最短的时间里达到舒适性,就要求空调的制冷量和供暖量大。

④汽车空调结构紧凑,质量小。由于汽车本身的特点,要求汽车空调结构紧凑,能在有限的空间进行安装,而且不会使汽车增重太多,影响其他性能。现代汽车空调的总重,已经比40年前下降了40%,是原始空调的1/4,而制冷能力却增加了50%。

⑤汽车空调的供暖方式与家用空调完全不同。对于非独立式汽车空调,一般采用发动机冷却水供暖;对于独立式汽车空调,则通常采用燃油暖风装置。

⑥由于汽车内部结构复杂,风量分配不易均匀,因而车内温度分布不易均匀,影响乘员的舒适性。

5. 汽车空调的发展趋势

(1) 控制装置向自动微型计算机智能化发展。微型计算机控制的汽车空调,不仅将在轿车上应用,在大客车及其他车型上也将得到进一步应用。

(2) 变排量压缩机进一步得到发展和应用。变排量压缩机以其独特的优点,无疑将在汽车空调中获得更加广泛的应用,在加工工艺、材料等问题得到更好的解决后,变排量压缩机将以其高效、节能、零部件少等优点大受人们欢迎。

(3) 新型空调结构和系统得到发展。目前,汽车空调除了单一制冷以外,不少汽车开始使用双向空调,即像家用空调一样,采用热泵系统,夏季制冷、冬季供暖。目前,一种适用于汽车的旋转叶片空气循环(ROVAC)空调系统已经研制出来,在不久的将来也许会取代现在使用的蒸汽式空调系统。如图 8-1-1 所示,旋转叶片空气循环空调系统的压缩机称为循环器,冷凝器称为主热交换器,蒸发器称为次热交换器,系统中的一个收集器以与传统系统中集液器相似的作用,将液体(氢碳)与蒸汽(空气)分离开。然而,它与集液器不同的是,液体保留在收集器中,不回到系统中去。少量的液态机油始终在系统中循环,为循环器提供润滑。另一种由酒精和氢碳组成的液体,随着其吸热在次热交换器中汽化;反之,随着其放热至外界空气中,这种蒸汽在主热交换器中又变成液体。

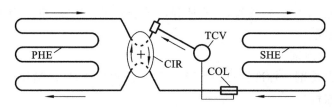

图 8-1-1 旋转叶片空气循环空调系统

COL—收集器;CIR—循环器;PHE—主热交换器;SHE—次热交换器;TCV—温度控制阀

(4) 出现新型空调部件。新结构、新材料、新工艺将不断应用于汽车空调部件,主要体现在热交换器和管口连接上,以保证得到更理想的性能。

6. 汽车空调与制冷剂

1) 汽车空调制冷剂

制冷剂在制冷循环中担负起了在被冷却对象和环境介质之间传递热量的任务,最终把热量从低温的被冷却对象传递给环境介质,即将车内热量通过制冷循环装置传给了车外空气。制冷剂是制冷循环中的工作流体。在制冷系统运转时,它在其中循环流动,通过自身热力状态的循环变化,不断与外界发生能量交换,以达到制冷的目的,又称其为制冷工作介质,或制冷工质。

2) 常用制冷剂

(1) R12 制冷剂。

R12 属于 CFCs 类制冷剂,对大气臭氧层有严重的破坏作用,并产生温室效应。其标准蒸发温度是 $-29.8\ ℃$,凝固点为 $-158\ ℃$;压力适中,压缩终温较低;热力性能优良;分子量大,流动阻力大,传热性能差。

R12 毒性小、不燃烧、不爆炸,是一种很安全的制冷剂,但不能接触明火。其极易渗透,需借助检漏仪检漏;溶水性差,需严格控制系统的含水量,膨胀阀前需加设干燥器。

(2) R22 制冷剂。

R22 属于 HCFC 类制冷剂,在大气中的寿命短,ODP 值小,对臭氧的破坏能力较小。温室效应也较 CFCs 类制冷剂降低了许多,GWP 值不大,对环境有一定的不良影响,将要被限制和禁止使用。R22 的沸点为 $-40.8\ ℃$,凝固点为 $-160\ ℃$。在相同工作温度下,R22 要比 R12 的饱和压力高 65% 左右,故不能相互替换。

(3) R134a 制冷剂。

R134a 的 ODP 值为零,但 GWP 值不小,仍有一定的温室效应。其标准沸点为-26.5 ℃,凝固点为-101 ℃。热力性质与 R12 接近。R134a 的稳定性高,然而其溶水性比 R12 要强得多,一旦有少量水分存在的话,生成的酸会腐蚀金属,产生"镀铜"现象,应在膨胀阀前安装干燥器。对合成橡胶影响较大,特别是氟橡胶。R134a 毒性非常低、不燃烧、不爆炸,是很安全的制冷剂,但不能接触明火。制造原料贵、工艺复杂,还要消耗大量的催化剂,价格高。R134a 已普遍用于替代 R12。

由于 R134a 与 R12 在性能上有一些不同(包括制冷性能、相对材料的相容性),因而汽车空调系统改用 R134a 需要在机构和材料上做一定的改动。原来使用 R12 的空调系统也只有在改进以后才可以换用 R134a 作为制冷剂,否则,制冷系统无法正常运行。另外,这两种制冷剂不得混合使用。

(4) R290(丙烷)制冷剂。

R290 是纯天然制冷剂。标准沸点为-42.17 ℃,凝固点为-187.1 ℃。其具备替代 R22 的基本条件,热力性质与 R22 很接近,且有明显的节能效果。R290 可作为单一的替代物质,在家用空调器中直接充灌。

(5) R744(CO_2)制冷剂。

R744 是纯天然制冷剂。标准沸点为-78.4 ℃。热力性质良好,适用于汽车空调系统。

7. 汽车空调冷冻机油

1)性能要求

冷冻机油是一种深度精制的专用润滑油,需具备一定的性能,能满足不同机型、不同制冷剂的需求,其性能要求具体为:①与制冷剂要互溶;②要有适当的黏度;③要有较好的黏温性能;④要有良好的低温流动性;⑤要有良好的化学稳定性和抗氧化安定性;⑥油膜强度要高;⑦吸水性要小。

2)冷冻机油使用注意事项

(1)冷冻机油应保存在干燥、密闭的容器里,放在阴暗处。

(2)使用冷冻机油时要随时关闭好容器盖,以免空气中的水分进入冷冻机油中。

(3)不同牌号的冷冻机油不能混装、混用,尤其是使用 R134a 制冷剂的制冷系统,千万不能加注矿物润滑油,应根据使用说明书或压缩机铭牌上的标注说明加入相应的冷冻机油。

(4)变质冷冻机油不能继续使用。若发现油的颜色变深,将油滴在白色吸水纸上,发现油滴中央呈现黑色,说明冷冻机油已经变质。

(5)存放在容器中的冷冻机油在使用前应确认其含水量,必要时应送化验部门鉴定,并设法干燥油品。

(6)应按制冷系统或压缩机的规定加入适量的冷冻机油。过多的冷冻机油将影响传热效率,降低系统制冷量;冷冻机油过少则会影响压缩机润滑,使压缩机过热。

(二)汽车空调制冷系统构造

1. 汽车空调制冷的工作原理

汽车空调应包括采暖装置、制冷装置、通风装置等几个部分,但通常所说的汽车空调仅是指汽车制冷装置。制冷方式很多,常见的有以下几种:液体汽化制冷、气体绝热膨胀制冷、涡流管制冷、半导体制冷及磁效应制冷等。其中,液体汽化制冷的应用最为广泛,它是利用液体制冷剂汽化时吸收周围空气中的大量热量而产生制冷效应。它又可以分为蒸气压缩式、吸收式、蒸气喷射式和吸附式制冷。目前,汽车上所采用的制冷方式全部是蒸汽压缩式制冷。蒸汽压缩制冷系统主要由压缩机、冷凝器、液体膨胀装置和蒸发器等构成。

制冷系统工作时,制冷剂以不同的状态在这个密闭系统内循环流动,汽车空调的制冷循环流程如图 8-1-2 所示。

汽车空调制冷系统的工作是由压缩、放热、节流和吸热 4 个过程组成的制冷循环过程。

1) 压缩过程

压缩机吸入蒸发器出口处的低温低压的制冷剂气体,把它压缩成高温高压的气体,然后送入冷凝器。此过程的主要作用是压缩增压,以便气体易于液化。压缩过程中,制冷剂状态不发生变化,而温度、压力不断升高,形成过热气体。

2) 放热过程

高温高压的过热制冷剂气体进入冷凝器(散热器)与大气进行热交换。由于压力及温度的降低,制冷剂气体冷凝成液体,并放出大量的热。此过程的作用是排热、冷凝。冷凝过程的特点是制冷剂的状态发生变化,即在压力、温度不变的情况下,由气态逐渐向液态转变。冷凝后的制冷剂液体是高压高温液体。

3) 节流过程

高压高温制冷剂液体经膨胀阀节流降温降压,以雾状(细小液滴)排出膨胀装置。该过程的作用是使制冷剂降温降压,由高温高压液体,迅速地变成低温低压液体,以利于吸热、控制制冷能力以及维持制冷系统正常运行。

4) 吸热过程

经膨胀阀降温降压后的雾状制冷剂液体进入蒸发器,制冷剂液体在蒸发器内蒸发、沸腾成气体。在蒸发过程中大量吸收周围的热量,降低车内温度。而后低温低压的制冷剂气体流出蒸发器等待压缩机再次吸入。吸热过程的特点是制冷剂状态由液态变化到气态,此时压力不变,即在定压过程中进行这一状态的变化。

上述过程周而复始地进行,便可使汽车内温度达到并维持在设定的状态。

汽车车型不同,其空调的布置方式差别较大,下面将分别以轿车、客车与货车的空调为代表介绍汽车空调系统的布置。

汽车空调制冷系统由制冷压缩机、冷凝器、蒸发器、储液干燥器或集液器、膨胀阀或节流管、连接管路等组成。

2. 压缩机

1) 压缩机的作用

压缩机是汽车空调制冷系统中的心脏,其作用主要是在系统中建立低压条件,并对制冷剂进行抽吸、压缩和循环,如图 8-1-3 所示。

(1) 低压条件。

在压缩机入口建立一个低压条件,可以帮助蒸发器排出热负荷的制冷剂蒸气。为了使得制冷剂计量装置允许适量的液态制冷剂进入蒸发器,这种低压状况是必不可少的。

(2) 压缩、循环制冷剂。

压缩机吸入低压低温的制冷剂蒸气,经过它的压缩把低温、低压的制冷剂蒸气转变成高温高压的制冷剂蒸气,使得制冷剂更易在冷凝器中液化,并完成热量的交换,因此制冷剂在压缩机的带动下能够在制冷系统中不断地循环利用,故压缩机也经常被称为空调泵。

2) 压缩机的性能要求

除部分客车空调压缩机是由专门的辅助发动机直接驱动外,大部分汽车空调压缩机均由汽

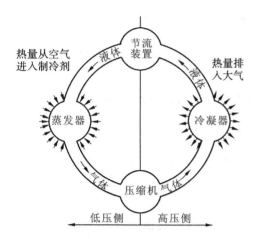

图 8-1-2　汽车空调的制冷循环

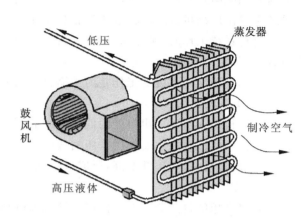

图 8-1-3　压缩机的工作原理

车主发动机带动,压缩机的转速受汽车发动机转速影响,变化很大,并且工作条件很差。因此,对汽车空调压缩机在性能和结构上提出了下列特殊要求。

（1）要有良好的低速性能,即要求在低速运转时有较大的制冷供暖能力和较高的效率。

（2）高速运行时要求输入功率低,这样不仅能节省油耗,而且能降低发动机用于空调方面的功率消耗,提高汽车动力性。

（3）体积小,质量小,这也是对所有汽车零件的要求。从发动机机舱安装空间越来越小这一角度考虑,也要求压缩机小型化。

（4）要能经受恶劣的运行条件,可靠性好。由于汽车发动机舱温度较高,怠速时常高达 90 ℃以上,并且汽车空调的冷凝压力较高,因此要求压缩机耐高温、高压。由于汽车在颠簸的道路上高速行驶,部件必须有良好的抗震性,机组密封性能要好。

（5）对汽车的不利影响要小。要求压缩机运行平稳、噪声低、振动小,开、停压缩机时对发动机转速的影响不应太大,起动扭矩要小。

3）汽车空调压缩机的结构

汽车空调压缩机一般采用开启式、容积式结构,除部分由专门的辅助发动机直接驱动外,大多靠电磁离合器由带轮与发动机通过传动带进行连接。汽车用空调压缩机的分类如图 8-1-4 所示。

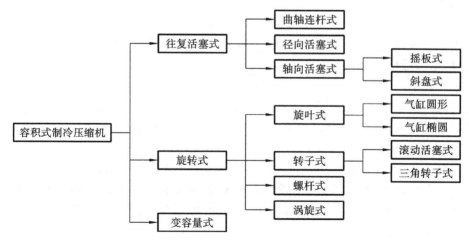

图 8-1-4　汽车空调压缩机的分类

（1）往复活塞式压缩机。

常见的往复活塞式压缩机包括曲轴连杆式压缩机和斜板式压缩机两种，下面介绍斜板式压缩机。

斜板式压缩机是往复活塞式压缩机的一种，其活塞进行轴向运动，常见的有摇板式压缩机和斜盘式压缩机两种，这种类型的压缩机在当今汽车空调压缩机中的应用比例比较高。两者之间的不同在于摇板式的活塞运动属于单向作用，而斜盘式的活塞运动属于双向作用。

①摇板式压缩机。摇板式压缩机是通过压在主轴上的轴板带动活塞作往复式运动。它包括摇板、连杆、活塞、凸轮转子、吸气/排气阀等部件，具体的结构组成如图 8-1-5 所示。

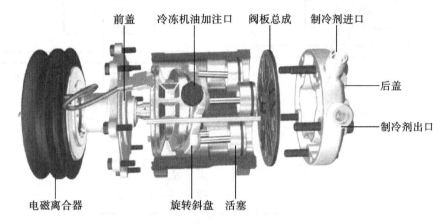

图 8-1-5　摇板式压缩机结构图

具体工作过程：摇板在旋转的过程中，由连杆带动活塞往复运动，当活塞与气缸之间的容积变大时，将低压制冷剂蒸气通过吸气阀片吸入到吸气端，当压缩容积变小时，压缩制冷剂蒸气将高压蒸气从排气阀输送到冷凝器。

②斜盘式压缩机。斜盘式压缩机的主要部件是驱动轴、回转斜盘和活塞。斜盘式压缩机分单向斜盘和双向斜盘结构，如图 8-1-6(a)和图 8-1-6(b)所示。各气缸以压缩机主轴为中心呈圆周布置，活塞运动方向与压缩机的主轴平行。大多数斜盘式压缩机的活塞被制成双头活塞，如轴向 6 缸压缩机，其 3 缸在压缩机前部，另外 3 缸在压缩机后部，而 6 缸压缩机的 3 对活塞以 120°角间隔安装在旋转斜盘上。

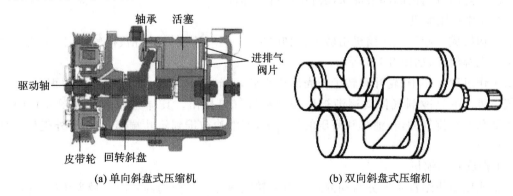

(a) 单向斜盘式压缩机　　　(b) 双向斜盘式压缩机

图 8-1-6　斜盘式压缩机结构图

具体工作过程：斜盘旋转时，双头活塞在相对的气缸中一前一后地滑动，一端活塞在前缸中压缩制冷剂蒸气时，另一端活塞就在后缸中吸入制冷剂蒸气。各缸均配有高低压气阀，另有一根高压管，用于连接前后高压腔。具体工作过程如图 8-1-7 所示。

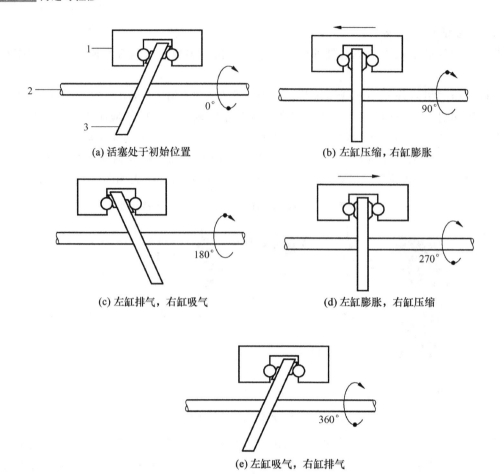

图 8-1-7 斜盘式压缩机工作示意图
1—双头活塞；2—轴；3—轴板

斜盘式压缩机的润滑方式有两种，一种是采用强制润滑，它通过由主轴驱动的机油泵将润滑油供到润滑部位及油封处，主要用于高档轿车或小型客车制冷量较大的压缩机。另一种是采用飞溅润滑，它设有油池，没有油泵，而是依靠润滑油和制冷剂一起循环，利用在吸气腔内因压力和温度下降而分离出的润滑油来润滑压缩机各部件。

（2）叶片式压缩机。

①结构组成。叶片式压缩机由转子、轮叶（3～4个）、油泵、储油槽、排气口，以及尺寸精确的转子外壳等组成，如图 8-1-8 所示。

②工作过程。转子、轮叶和转子外壳形成小腔，当转子转动时，这些小腔的体积变小，由此从吸气口吸入的制冷剂气体就逐渐被压缩并从排气口排出。具体工作过程如图 8-1-9 所示。油槽和油泵设在排气侧，在油泵和高压的作用下，润滑油被推到轮叶端部，在转子外壳处起到了润滑和密封作用。

（3）涡旋式压缩机。

涡旋式压缩机结构主要分为动静式和双公转式两种。目前动静式应用最为普遍，它的工作部件主要由动涡轮与静涡轮组成，动、静涡轮的结构十分相似，都是由端板和由端板上伸出的渐开线形涡旋齿组成，如图 8-1-10 所示。两者偏心配置且相差 180°，静涡轮静止不动，而动涡轮在专门的防转机构的约束下，由曲柄轴带动作偏心回转平动，即无自转，只有公转，从而使密闭空间中的容积发生变化从而排出高压气体。内部涡旋的结构组成如图 8-1-11 所示。

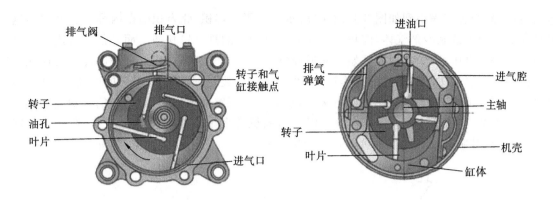

(a) 四叶片式圆形压缩机　　　　　　(b) 四叶片式椭圆形压缩机

图 8-1-8　叶片式压缩机的结构

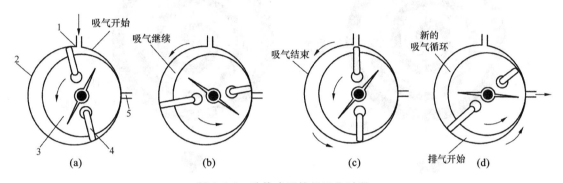

图 8-1-9　叶片式压缩机工作过程

1—吸气口；2—转子外壳；3—转子；4—轮叶；5—排气口

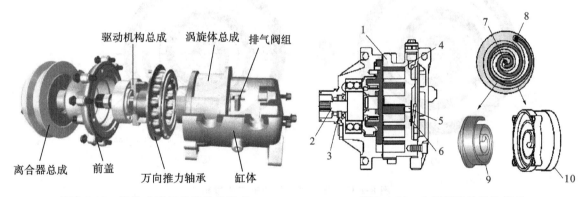

图 8-1-10　涡旋式压缩机的结构组成　　　图 8-1-11　内部涡旋的结构组成

1、10—静涡轮；2—轴；3—轴油封；4、9—动涡轮；
5、7—排气孔；6—排气阀；8—吸气孔

一对参数相同的型线构成的涡旋盘，它们相互错开180°成一对啮合副（几个点上相互接触）。当主轴旋转时，动涡旋盘围绕一定的回旋半径作回旋运动（动涡旋盘并不围绕其涡旋盘中心旋转）时，一对涡旋盘的接触点向中心移动，月牙形空间也向中心移动，容积不断缩小，制冷剂气体压力不断升高。在吸气结束时，一对涡旋盘共形成两对月牙形容积，其中最大的一对月牙形容积即将开始压缩，如图8-1-12(a)所示。动涡旋盘以一定的回旋半径绕定涡旋盘继续回转运动，原来最大的月牙形容积被压缩到图8-1-12(b)所示的大小。在压缩的同时，动涡旋盘与定涡旋盘的外周又形成吸气空间，进行吸气过程，如图8-1-12(c)所示。主轴驱动涡旋盘继续回旋运动,被压缩的容积缩小到如图 8-1-12(d)所示最小压缩容积(此容积根据内容积比确定),这一对月牙形空间中的制冷剂气体,即将与设在涡旋盘中心的排气口相通。而外部又形成一对吸气空间,又回旋,再压缩,如此周而复始地完成吸气、压缩、排气工作过程。一股制冷剂气体在涡旋压缩机中,从吸气、压缩到排气的工作过程,并不是动涡旋盘回旋一个 360°内所能完成的,需要多少个 360°才能完成,与涡旋的圈数有关。例如,一台三整圈的涡旋压缩机,需动涡轮回旋三个 360°才能完成一个循环。由此可知,由于涡旋压缩机有多个工作空间同时工作,在动涡轮回旋一个 360°内,其吸气、压缩、排气过程是连续进行的。

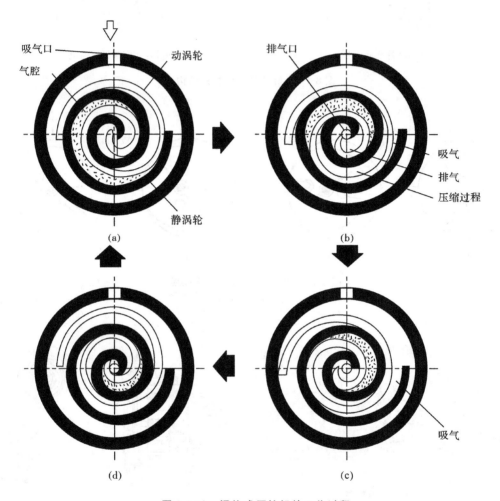

图 8-1-12 涡旋式压缩机的工作过程

(4) 变排量压缩机。

为了更好地发挥压缩机的功效,降低压缩机对汽车能量的消耗,保证发动机在高速情况下的动力性,在上述压缩机类型的基础上设计制造了变排量压缩机。变排量压缩机可分为内控式和外控式两种类型。

变排量压缩机主要优点为:消除了由于电磁离合器吸合、脱开动作引起的发动机转速的波动;在某些工况下(如低速、爬坡)可防止发动机熄火;减少了空调系统制冷温度的波动;④功率消耗减少,最大可减少 25%;大大改善低温环境中的舒适性。

①内控式变排量压缩机。内控式变排量压缩机具体构造如图 8-1-13 所示。

内控式变排量压缩机的工作原理:排量的改变是依靠摇板箱压力的改变来实现的。摇板箱

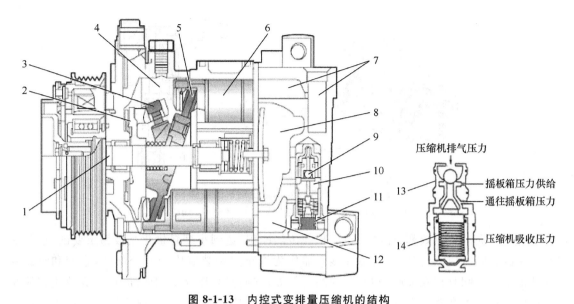

图 8-1-13　内控式变排量压缩机的结构
1—轴；2—焊耳；3—导杆；4—摇板箱；5—摆动盘；6—活塞；7、12—低压室；8—高压室；
9—阀；10—控制阀；11、14—波纹管；13—控制阀总成

压力降低，作用在活塞上的反作用力就使摆动盘倾斜一定的角度，这就增加了活塞行程（即增加了压缩机排量）；反之，摇板箱压力增加，这就增加了作用在活塞背面的作用力，使摆动盘往回移动，减小了倾角，即减小了活塞行程（也就减小了压缩机排量）。

若制冷负荷增加，压缩机吸气侧压力增加，当吸气侧压力超过了设定值，高的吸气压力使波纹管收缩，针阀下落，钢球落在球座上，将高压侧气体和摇板箱内气体的通道封死。这样就阻止了高压侧气体通向摇板箱。与此同时，从低压侧到摇板箱的通道打开，部分摇板箱的气体通向吸气侧，从而降低了摇板箱内压力，使压缩机排量增加。

反之，当制冷负荷减小，吸气压力降低到低于控制点时，波纹管膨胀，针阀把钢球向上推，使之离开球座。这样，高压气体就能通过控制阀进入摇板箱。结果是摇板箱内压力增加，从而减小压缩机排量。

在变排量压缩机制冷系统中，若制冷负荷不变，而发动机转速增加，则压缩机活塞行程减小，降低了压缩机的排量，使制冷剂流量保持不变。这样既满足了制冷负荷的要求，同时也降低了发动机的功耗。

② 外控式变排量压缩机。内控式变排量压缩机用内部控制阀使吸气压力保持在一个较低的恒定温度（一般蒸发器温度为 0 ℃），往往用再热方式提高送风温度来保持车内的舒适性。而外控式压缩机是通过外部电磁调节阀调节控制压缩机的排量，这样可以根据当时的冷负荷情况确定一个合适的吸气压力，不需要再热，从而达到节能的目的。其具体结构如图 8-1-14 所示。

3. 热交换器

冷凝器和蒸发器是汽车空调系统中两个重要的部件。它们的作用是实现两种不同温度流体之间的热量交换，所以通常又称为热交换器。汽车空调系统热交换器的换热效果，不仅直接影响空调系统的制冷性能，而且影响到其金属材料的消耗量和所占的体积。从质量角度来衡量，它要占到整个空调装置的一半左右；从体积角度来看，不仅占据整个空调系统的大部分体积，而且也直接影响着汽车的有效容积，占据汽车空间。特别是由于汽车空调系统安装在汽车上，其载荷和空间要求尤其苛刻。因此，研究高效传热的热交换器，使之结构更为紧凑，强化传

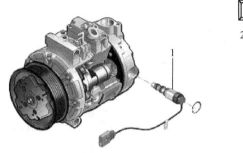
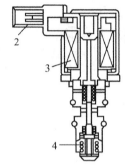

图 8-1-14 外控式变排量压缩机的结构
1—外部电磁调节阀；2—接线端子；3—线圈；4—阀门

热、降低热阻、提高传热效率、提高单位体积的传热面积,达到小型轻量化是极为重要的,也是有现实意义的。同时应该看到,冷凝器和蒸发器作为汽车空调装置中的两个部件,它们和空调系统的其他部件之间是相互关联、相互制约的。例如,它们要与压缩机相匹配,还应和节流膨胀机构相适应。冷凝器和蒸发器的工作状态,直接影响到制冷系统的能力(制冷量)、压缩机功耗及整个空调装置的经济性。因此,对冷凝器和蒸发器性能的评价,首先应考虑它们对制冷系统性能的影响如何。总之,汽车空调装置对冷凝器和蒸发器的总的要求是换热效率高、结构紧凑、安装空间小、质量小、制冷剂侧和空气侧的阻力损失小、适应于系统匹配、便于在汽车上安装和维修、安全可靠等。

1) 冷凝器

(1) 冷凝器的作用。

冷凝器是把来自压缩机的高温高压气体通过散热部分将其中的热量传递给冷凝器外的空气,从而使气态制冷剂冷凝成高温高压的液体,使其通过节流元件(如膨胀阀或节流管)后吸收大量热量而汽化,如图 8-1-15 所示。在汽车空调中,冷凝器都是采用空气冷却方式,或者称为风冷方式。冷凝器中制冷剂的放热过程有三个阶段,即降低过热、冷凝和过冷三个阶段。进入冷凝器的制冷剂是高压的过热气体,向外放出热量后,首先是降温至冷凝压力下的饱和温度,仍然是气态工质。然后在冷凝压力下,因放出热量而逐渐冷凝成液体,温度保持不变。最后继续放出热量,液态制冷剂温度下降,成为过冷液体。冷凝器的过冷度对提高制冷量和制冷系数,以及保证膨胀阀有效而安全地工作是很有作用的。

(2) 冷凝器的安装位置。

汽车空调的冷凝器,大多数布置在车头部、侧面或车底,轿车的冷凝器一般布置在汽车发动机舱的前部、发动机散热水箱前端和进气栅格的后面,一般会在水箱后面加装两个风扇。但由于其布置位置的特殊性,经常有地面上的尘土和泥浆飞溅在冷凝器上。这样既增加了热阻,降低了传热性能,冷凝器的管子又受到这种酸性物质的腐蚀,管子容易烂穿。因此,在使用时应经常对冷凝器表面进行清理。

(3) 冷凝器的结构与类型。

汽车空调冷凝器的材料可以是钢、铜或铝,在汽车空调系统中经常采用的冷凝器主要有管翅式、管带式和平流式三种结构类型。

① 管翅式冷凝器。这种冷凝器一般用于大型客车的冷气装置中,一般由铜管和铝翅片组成换热设备。其具体构造如图 8-1-16 所示。

② 管带式冷凝器。这种冷凝器一般在一些小型轿车上采用,如捷达轿车。它采用一整根扁

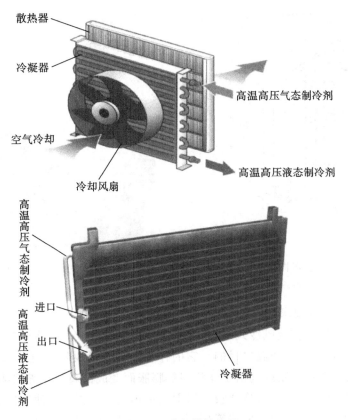

图 8-1-15 冷凝器的作用

形盘管(铝管),盘管中由隔筋形成 3~4 个孔道。把扁形管弯成蛇形管后,在管外用 0.2 mm 的铝片焊在上下两管外壁上。铝片上有褶皱,以增强换热的效果。其具体结构如图 8-1-17 所示。

③平流式冷凝器。这种冷凝器一般用在使用 R134a 的空调制冷系统中,它由圆筒集管、铝制内肋扁管、波形散热翅片及连接管组成,其设计很像水箱。不同于管带式冷凝器只在一路中循环,平流式冷凝器是使制冷剂同时在几路中循环,这使得制冷剂与外界空气有更大的接触面积,其效率比管带式冷凝器要高 25%。其具体构造如图 8-1-18 所示。

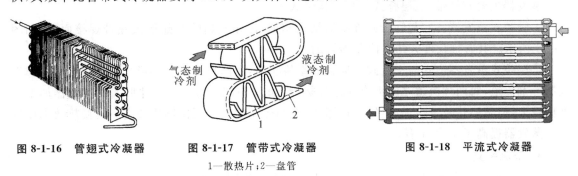

图 8-1-16 管翅式冷凝器 　　图 8-1-17 管带式冷凝器 　　图 8-1-18 平流式冷凝器

1—散热片;2—盘管

2)蒸发器

蒸发器是将节流后的液体制冷剂,在其中吸热汽化达到制冷效果的设备。它由箱、管和散热片组成,管子穿过散热器片形成小通道,以便有良好的传热率,如图 8-1-19 所示。

图 8-1-20 所示为车中贯穿地板的蒸发器排水管。

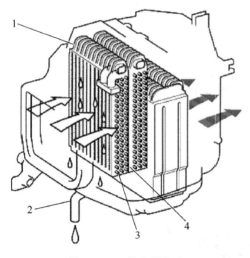

图 8-1-19 蒸发器构造

1—箱；2—排水管；3—管；4—散热片

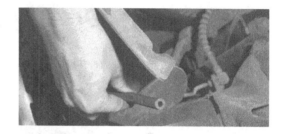

图 8-1-20 贯穿地板的蒸发器排水

(1) 蒸发器的作用与要求。

汽车空调蒸发器属于直接风冷式结构，它利用低温低压的液态制冷剂蒸发时吸收周围空气中的大量热量，从而达到车内降温之目的。它的作用原理与冷凝器正好相反，从膨胀阀或节流管流出而直接进入蒸发器的制冷剂由于体积突然膨胀而变成低温低压雾状物（微粒液体），这种状态的制冷剂很容易汽化，汽化时将会吸收周围大量热量。空调风机使车内空气从蒸发器表面流过时，接触到表面温度极低的蒸发器管片，空气中的热量被管片吸收传给蒸发器内的制冷剂，使液态（雾状）制冷剂汽化，而车内空气则因为热量被带走而变冷。由于空调蒸发器要求尺寸紧凑，它的管片距离也就比一般空调小（即管片排列比较密），结露后容易形成"水桥"而影响热交换，因而防结露或防止形成"水桥"的问题在车用空调蒸发器中更显得重要。蒸发器出口要有一定过热度是为了保证压缩机吸入的一定是气态制冷剂，不会发生"液击"现象。对于采用膨胀阀的系统，蒸发器出口过热度是由膨胀阀控制的。对于采用固定节流管的系统，是靠蒸发器后面的气液分离器来保证压缩机吸入的一定是气体。

(2) 蒸发器的主要结构形式。

蒸发器主要有管带式、层叠式两种结构形式。

①管带式蒸发器。它与管带式冷凝器结构相似，由多孔扁管与蛇形散热带焊接而成，如图8-1-21所示。其管带长度大约是冷凝器管的5倍。

②层叠式蒸发器。它与平流式冷凝器的结构相似，由两片冲成复杂形状的铝板叠在一起组成制冷剂流道，每两片流道之间夹有蛇形散热带，如图8-1-22所示。这种形式的蒸发器加工难度比较大，但是换热效率也最高，结构最紧凑，在当今车型中采用比例比较高。其换热效率比管带式蒸发器提高了10%左右。

4. 节流装置

汽车空调制冷系统中的节流装置包括膨胀阀和节流管两种。

1) 膨胀阀

在膨胀阀式空调制冷系统中，膨胀阀是一个非常重要的部件。主要作用如下。

(1) 节流降压。

膨胀阀将从储液干燥器出来的高温高压的液态制冷剂从小孔中喷出，使液态制冷剂突然膨

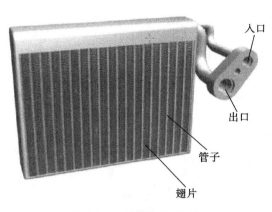

图 8-1-21 管带式蒸发器

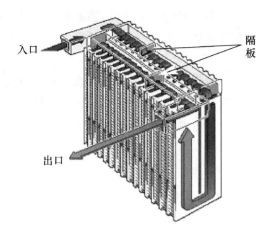

图 8-1-22 层叠式蒸发器

胀,变成低温、低压的制冷剂雾气进入蒸发器,即分隔了制冷剂的高压侧与低压侧。

(2)调节流量。

由于制冷剂负荷的改变以及压缩机转速的变化,需要调整制冷剂流量,以保持车内温度稳定。膨胀阀就起到了把进入蒸发器的流量自动调节到制冷循环所要求合适程度的作用。

(3)防止液击、蒸发器结冰和异常过热。

膨胀阀以感温包作为感温元件来控制流量大小,保证蒸发器尾部有一定量的过热度,从而保证蒸发器总容积的有效利用,避免液态制冷剂进入压缩机而造成液击或蒸发器表面结冰的现象出现,同时又能将过热度控制在一定范围内,从而防止异常过热现象发生。

2)膨胀阀的种类

膨胀阀主要有热力膨胀阀和 H 形膨胀阀两种类型。其中热力膨胀阀又分为内平衡式膨胀阀和外平衡式膨胀阀,由于无论是内平衡式还是外平衡式的热力膨胀阀,均要由较长的毛细管间接感知蒸发器出口的温度,因此其控制精度受到环境温度和其他许多因素的影响,而 H 形膨胀阀可以很好地解决这个问题。

H 形膨胀阀是因为它的内部通路像 H 字母而得名,其结构如图 8-1-23 所示。它有 4 个接口,分别与储液干燥器出口、蒸发器入口和出口、压缩机入口相连接。在连接储液干燥器出口和蒸发器入口之间有一个针阀,用来控制节流孔开度,针阀上部与控制杆和热敏杆相连,针阀下面与弹簧相抵;热敏杆内一般有密封的制冷剂。

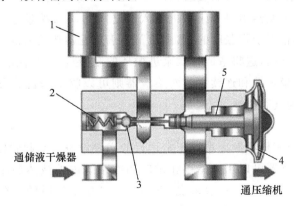

图 8-1-23 H 形膨胀阀的结构

1—蒸发器;2—压力弹簧;3—针阀;4—膜片;5—热敏杆

当蒸发器的温度高时,感温器内的制冷剂压力升高,控制杆推动针阀向下克服弹簧力,将节流孔的开度加大,制冷剂流量增大,蒸发器温度下降。

3) 节流管

节流管(又称节流膨胀管或孔管式节流阀),属于节流口固定的膨胀阀,直接安装在冷凝器和蒸发器之间的管路中,它只有节流降压的作用。它是一根装在塑料套内的小铜管,是一种固定孔口的节流装置,其两端都装有过滤网,如图 8-1-24 所示。

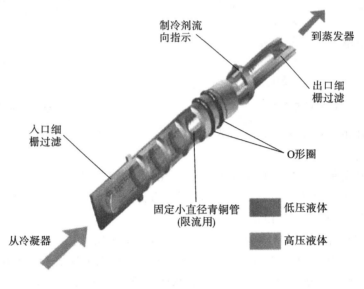

图 8-1-24 节流管结构

高温高压的制冷剂经进口过滤网进入节流孔,节流减压成为容易蒸发的低温低压雾状制冷剂,再经出口过滤器流向蒸发器。其制冷剂的流量由压缩机电磁离合器周期性开闭来调节。

由于汽车空调系统在运行时,车内温度通常变化不大,空调系统并不主动要求经常改变制冷工质的流量,而且节流管与膨胀阀相比,它内部没有运动零件,也没有感温包,结构简单、工作可靠、成本低廉,这使得节流管得以广泛应用。

5. 其他辅助装置

1) 储液干燥器和集液器

储液干燥器是与膨胀阀共同出现,安装在冷凝器出口和蒸发器入口之间的;而集液器是与节流管一起存在,安装在蒸发器出口和压缩机的入口之间的。二者都有过滤和干燥的功用,储液干燥器在制冷系统中,相当于膨胀阀的"蓄水池",由于蒸发器热负荷的不同、冷凝器散热效率的不同,因此压缩机转速不同,这将造成每次泵进循环的制冷量不同,储液干燥器可以补偿这种波动,保证制冷剂流动的稳定性和连续性。而集液器则可以收集来自蒸发器的液态制冷剂,以确保压缩机吸入的全部为气态制冷剂。

(1) 储液干燥器。

储液干燥器是保证压缩机和制冷系统正常运行的必要设备。它起着以下三个方面的作用。

①储液作用:储液干燥器可以用来储存和供应制冷系统内的液体制冷剂,以便工况变动时能补偿和调剂液体制冷剂的盈亏。一般来说,空调系统开始工作时的负荷量大,要求制冷剂的循环量也大,当工作一段时间后,负荷将减小下来,这时所需的制冷剂量相应地减少。因此,负荷大时,储液器中的液体制冷剂补充进来,而负荷小时又可将液体制冷剂储存起来。同时,由于

开启式压缩机和橡胶连接软管总有一定的制冷剂泄漏,储液器还可弥补系统中制冷剂的微量渗漏。

②过滤作用:制冷系统中的各个部件在出厂前应进行严格的清洗和干燥,但是管路维修时,有可能不注意将污物带入,管道中也可能产生污物,制冷剂本身也不那么干净,压缩机运行时会产生粉末磨屑等,通过过滤可以清除掉这些机械杂质和污物,保证制冷剂顺利流通,不致因堵塞影响正常工作。

③干燥作用:储液干燥器的另一个作用是用来吸收制冷剂中的水分。水分来源于制冷系统干燥不严格,或有空气进入,或制冷剂中溶解的水分。水分的存在有可能造成"水堵"。

储液干燥器的结构如图 8-1-25 所示。大部分储液干燥器都是一个密封焊死的铁瓶,内部不可拆卸。储液干燥管不是全向的,制冷剂只能沿着一个方向流动。大部分的干燥器上标有"IN"和"OUT"或箭头,以指明制冷剂流动的方向,制冷剂总是从冷凝器向蒸发器流动。储液干燥器内部包括过滤装置、干燥剂、引入管和输出管等。在部分车型上,在储液干燥器上设有视液镜,可以方便地观察制冷剂的量。而有的车型中视液镜设在储液干燥器和膨胀阀之间的管路中。

(2)集液器。

采用节流管的制冷系统中,在蒸发器和压缩机之间的低压端安装集液器。集液器也被称为气液分离器。它的作用是留下液态制冷剂,使其在低压区缓慢地蒸发,从集液器里出去的只是气态制冷剂,因而起到了气液分离、防止压缩机液击的作用。

集液器的结构如图 8-1-26 所示。当制冷系统工作时,制冷剂从集液器的顶部进入,液态制冷剂沉入底部,而位于顶部的气态制冷剂被吸入压缩机,集液器底部的 U 形吸气管上有一个小孔,只允许少量冷冻机油流回压缩机,以保证压缩机的正常润滑。滤网只允许润滑油通过,而不允许液态制冷剂通过。

2) 高、低压软管

软管是连接汽车空调中各部件的管子,起传输制冷剂的作用。由于空调系统是装在汽车上,汽车在行驶过程中的颠簸和振动很大,往往是采用软连接方式,即采用橡胶管连接。软管有高压软管和低压软管之分。

3) 维修阀

在汽车空调系统中,为了简化制冷系统,方便维修,在高压和低压管路上一般加装两个维修阀,用来测量系统压力、抽真空和充注制冷剂等工作。

4) 密封圈

在空调系统的管路接口上都有 O 形密封圈,帮助保持系统密封,其材料一般为丁腈橡胶。在安装密封圈时,可以用矿物质机油润滑。O 形密封圈是以备件的形式提供的,不同类别的密封圈往往颜色不相同,比如用于 R12 制冷剂系统的密封圈为黑色,而用于 R134a 系统的密封圈为紫色。不同的密封圈不能彼此互换。

(三)汽车空调电气控制系统

常用电气控制装置如下。

1) 电磁离合器

在非独立式的汽车空调制冷系统中,大多数压缩机运转的动力是由发动机通过皮带进行驱动的,并且压缩机的主轴与发动机的曲轴不是直接相连,而是通过电磁离合器把动力传递给压

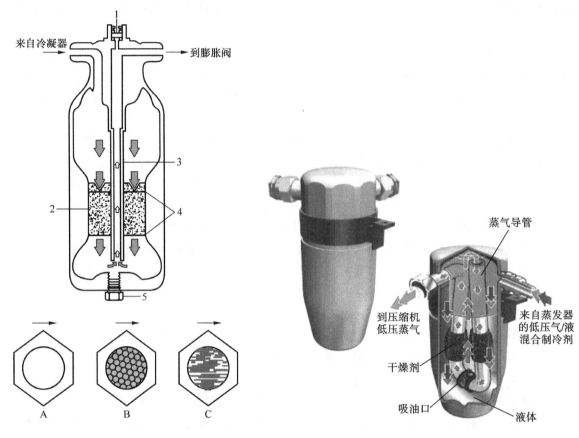

图 8-1-25 储液干燥器的结构
A—过满(没有气泡);B—不足(连续气泡);
C—足量(几乎没有气泡);
1—视液镜;2—干燥剂;3—拾取管;
4—过滤器;5—易熔塞

图 8-1-26 集液器的结构

缩机的,电磁离合器是发动机和压缩机之间的一个动力传递机构,一般装在压缩机前端面,成为压缩机总成的一部分。电磁离合器由皮带轮、电磁线圈、传动轮毂等部件组成,如图 8-1-27 所示。正常情况下,皮带轮与压缩机轴之间处于分离状态,主轴与传动轮毂之间通过连接键相连。当电磁离合器通电时,轮毂将在电磁力的作用下与皮带轮结合,发动机的动力就可以传递到压缩机的主轴上,制冷系统的制冷剂开始循环;当处于断电状态时,传动轮毂与皮带轮将会分离,压缩机停止工作,皮带轮空转。因此可以看出,电磁离合器可以根据空调制冷系统的具体工作状态,分离和结合发动机与压缩机之间的动力传输,并可以起到过载保护的作用。

2)温度控制器

温度控制器是汽车空调的温度控制部件。在离合器控制的制冷系统中,温度控制器有三种形式:波纹管式、双金属片式和热敏电阻式。这里介绍热敏电阻式温度控制器。

热敏电阻式温度控制器一般采用负温度系数的热敏电阻,安装在蒸发器的表面,当温度升高时热敏电阻的阻值降低,温度降低时热敏电阻的阻值增加。热敏电阻将温度的变化转化为电阻的变化,再转换为电压的变化,传递给空调控制单元。当温度低于某一设定值时,空调控制单元切断电磁离合器的电路,如图 8-1-28 所示。

3）制冷系统压力开关

在汽车空调制冷系统中,一般都设有压力保护开关,包括低压开关、高压开关和组合开关。

(1) 低压开关。

低压开关位于制冷系统的高压端,一般安装在储液干燥器上,它主要是防止压缩机在制冷系统泄漏、压力过低情况下空转,避免压缩机因缺乏润滑油而损坏;同时它也起到环境低温保护的作用,即在低温情况下禁止压缩机运行制冷。当环境温度过低时,制冷剂温度也低,相应的压缩机排出的制冷剂的温度和压力也低,当压力达到低压开关的临界值,低压开关就会切断压缩机的电磁离合器线圈供电。一般情况下,当环境温度低于 10 ℃,低压保护开关起作用。低压开关的结构如图 8-1-29 所示,其串联在压缩机的电路上,当高压侧压力高于 0.23 MPa 时,触点保持闭合;而当高压侧压力低于 0.21 MPa 时,触点在弹簧力作用下断开,压缩机停止运转。

还有一种低压保护开关安装在制冷系统的低压端,主要用来控制蒸发器的压力不至于过低而结冰,保证制冷系统正常工作。

(2) 高压开关。

现代汽车空调系统都设置有高压开关,它一般安装在压缩机至冷凝器之间的高压管路上,一旦系统出现高

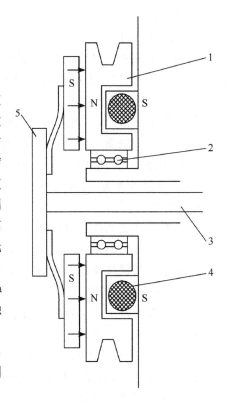

图 8-1-27　电磁离合器的结构

1—皮带轮;2—轴承;3—压缩机轴;
4—电磁线圈;5—传动轮毂

压,高压开关动作,切断离合器电源或接通冷凝风扇高速挡电路,以加强散热,尽快降低系统的温度和压力。高压开关有常开型和常闭型两种类型,常开型一般用作压缩机电源切断;而用于冷凝风扇控制的有常开型和常闭型两种。以常闭型压力开关为例,正常情况下,高压端压力小于弹簧的弹力,固定触点与活动触点闭合,电路处于接通状态。一旦系统压力超过 3.14 MPa 时,高压蒸汽压力大于弹簧弹力,金属膜片反弹变形,致使活动触点与固定触点快速分离,切断离合器电路,压缩机停转。当高压端制冷压力下降到 2.55 MPa 时,触点恢复闭合,电路接通,

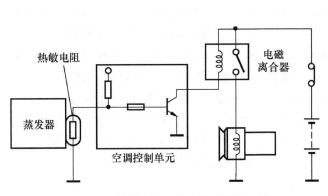

图 8-1-28　热敏电阻式温度控制器的电路

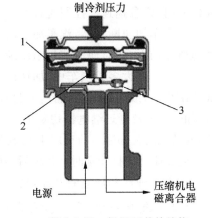

图 8-1-29　低压开关的结构

1—膜片;2—制动销;3—触点

压缩机恢复运转。

(3) 高、低压开关。

新型的空调制冷系统是把高、低压开关组合成一体,安装在储液干燥器上。这样可以减少接口和质量,一定程度上减小制冷剂泄漏的可能性。

(4) 三功能组合开关。

如今很多车型中,不再采用上述的三种压力开关,而是在高压回路中设置一个三功能组合开关。这种开关既能起到高低压保护作用,同时还可以控制冷凝风扇高低速运转,以改善冷凝器的散热条件。三功能组合开关由隔膜、蝶形弹簧、轴和接点组成。

4) 环境温度开关、冷却液温度开关及除霜开关

(1) 环境温度开关。

环境温度开关的作用是感知环境温度,一般串联在电磁离合器的电路中,当环境温度小于5 ℃时,切断压缩机电磁离合器电路,也就说低温不适宜开启压缩机,因为低温起动压缩机,润滑油还没来得及循环流动,压缩机会因为润滑不良磨损加剧甚至损坏。

(2) 冷却液温度开关。

冷却液温度开关安装在发动机散热器或冷却水管路上,感测发动机冷却液温度,防止发动机过热。当冷却液温度超过一定值时,冷却液温度开关直接切断或通过控制单元切断空调压缩机的电磁离合器供电;当水温降到某一值时,冷却液温度开关接通,空调压缩机重新工作。例如,奥迪轿车的冷却液温度开关在冷却液温度超过 120 ℃时,切断电磁离合器供电;在冷却液温度低于 106 ℃时开关接通。

(3) 空调运行工况的控制装置。

对于非独立式的空调系统,汽车发动机的配置功率大小是以满足汽车整体性,特别是汽车的动力性和燃油经济性为基准的,所以能额外提供给空调系统的动力是不多的,因此,安装空调系统后对汽车的工况会产生许多不利的影响。为了消除这些不利的影响,充分发挥非独立式空调系统的优点,必须根据汽车在不同的工况下对动力要求的情况,分别对空调系统的运行工况进行控制。

①怠速控制器:在交通堵塞或停车期间,发动机处于怠速或低速运转,发动机输出功率小,在此状态下驱动压缩机会使发动机过载并导致过热和发动机停车。因此往往安装怠速提升装置以使怠速转速提升,以便使用空调系统。其具体工作情况是:当发动机计算机接收到 A/C 接通信号时,将怠速速度控制阀打开少许,增加进气,使发动机以合适的转速转动。

②汽车加速断开器:汽车加速时或汽车超车加速时,需要增加发动机输出功率来提供汽车加速所需动力,此时便应该切断压缩机离合器的电路,停止压缩机运行,汽车加速断开器便能实现该功能。在大多数汽车中,加速断开器由加速开关和延迟继电器组成,加速开关一般安装在加速踏板下,或装在其他位置,通过连杆或钢索来操纵。当加速踏板行程达到最大行程的 90% 时,加速开关及延迟继电器切断电磁离合器线圈电路,使压缩机停止工作,解除了压缩机动力负荷,发动机的全部输出功率用来克服加速时的阻力,提高了车速。当踏板行程小于最大行程的 90% 或加速开关打开延时十几秒后,则自动接通电磁离合器线圈电路,使压缩机又自动恢复工作。

还有一种汽车加速断开器,是用发动机的进气管真空度控制的。

(四) 汽车空调制冷系统典型电路分析

图 8-1-30 所示为捷达轿车空调控制系统的电路图。该电路中鼓风机控制电路与桑塔纳轿车控制方式一致,均为手动开关和调速电阻结合的控制方式,但是冷凝风扇和压缩机电路的控

项目 8　汽车空调系统原理与检修

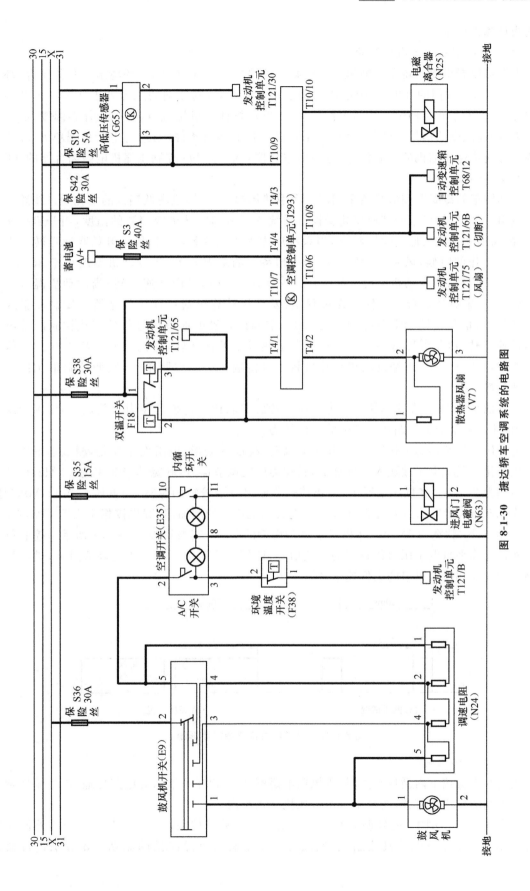

图 8-1-30　捷达轿车空调系统的电路图

制均为计算机控制。

1）空调压缩机电磁离合器的控制

由图可以看出捷达轿车压缩机工作的必要条件是 A/C 开关闭合、环境温度开关闭合（环境温度＞5 ℃），节气门的开度≤80%，冷却液温度＜120 ℃，制冷剂的压力处于 0.22～3.2 MPa 之间，鼓风机处于非零挡位。具体工作原理是：发动机计算机接收空调开关、外界温度、制冷系统压力、冷却温度的信号，判断是否符合压缩机闭合的必要条件，通过与空调控制单元 J293 之间的信号线传递压缩机的通断信号，进而由空调控制单元 J293 控制压缩机电磁离合器的通断。

2）冷凝风扇的控制

捷达轿车的冷凝器和散热器采用同一个散热风扇，风扇转速高低挡位的变化通过线路中的调速电阻实现，散热风扇的转速变化受控于系统的压力和发动机冷却液的温度，当开启空调系统，冷凝风扇就会进入低速运转状态，当系统压力大于 1.6 MPa 时，风扇开始高速运转。当空调系统不工作的时候，风扇的运转受控于冷却系统的双温开关，当发动机温度小于 85 ℃时，冷却风扇不运转；当发动机温度大于 85 ℃小于 105 ℃时，风扇低速运转；当发动机温度大于 105 ℃时，风扇高速运转。具体工作过程是：发动机计算机通过高压传感器感知制冷系统压力的变化，将信号传输给空调控制单元 J293，空调计算机根据该信号值的变化控制冷凝风扇的高低速运转；冷却温度低温开关直接控制散热风扇低速运转，而高温开关将冷却高温信号传输给发动机计算机，再经发动机计算机将信号传输给空调控制单元，空调控制单元控制风扇高速运转。

与其他车型不同，在捷达轿车中电子压力传感器取代了传统的压力开关，它不仅仅记录临界压力，还监测整个工作循环中任何时刻的压力。

电子压力传感器的工作原理：当压力升高时，硅晶片变形，电阻发生变化，测试端电压也相应发生变化。测试电压被送入微处理器，转化为脉宽调节信号，脉宽信号频率为 50 Hz，也就是一个周期为 20 ms。在低压情况下，高压传感器输出一个较短的脉宽，当低压为 0.14 MPa 时，脉宽为 2.6 ms，相当于整个周期的 13%。随着系统压力的增加，脉宽也按相应比例增加，在 3.7 MPa 的高压下，脉宽为 18 ms，这相当于整个周期的 90%，其波形如图 8-1-31 所示。控制单元就是通过计算来自电子压力传感器的频宽信号，监控制冷剂的压力是否过高或过低，进而控制压缩机的开停和冷凝风扇的高低速运转。

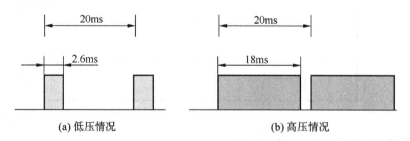

图 8-1-31　电子压力传感器的波形图

3）内外循环控制

当驾乘人员按下内循环开关时，进风门电磁阀 N63 和开关指示灯电路导通，内外循环翻板将在电磁阀的作用下打开，新鲜空气由鼓风机吹入车内。

当今在很多车型中，内外循环翻板大多由定位电动机控制。空气流量翻板与内外循环控制翻板用同一个定位电动机控制，它们通过一个带有两个导向槽的驱动滑轮分别进行独立调节。

(五)暖风装置

汽车空调供暖系统的主要作用是能与蒸发器一起将空气调节到乘员舒适的温度;在冬季向车内提供纯暖气,提高车内环境温度;当车上玻璃结霜和结雾时,可以输送热风用来除霜和除雾。汽车空调供暖系统按暖气设备所使用的热源可分为发动机余热式和独立热源式;按空气循环方式可分为内循环、外循环和内外混合循环式;按载热体可分为水暖式和气暖式。本节主要对水暖式供暖系统进行介绍。

水暖式供暖系统包括暖风水箱(散热器)、鼓风机及外壳。它与制冷系统的蒸发器组成一体,与冷风系统共用鼓风机及壳体。暖风水箱的进水管上设置调节水阀以实现热水从发动机分流到暖风水箱,并可调节水流量的大小。如图 8-1-32 所示。轿车、载货汽车和小型客车经常利用发动机冷却循环水的余热作为热源,将其引入热交换器,由鼓风机将车内或车外空气吹过热交换器而使之升温。此装置设备简单,安全经济,但热量小,受发动机运行工况影响大。

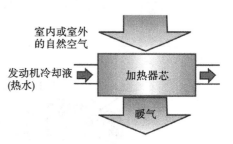

图 8-1-32 水暖式供暖系统工作原理图

水暖式供暖系统的工作原理是通过发动机上的热水控制阀分流出来的冷却水送入暖风机的加热器芯子,放热后的冷却水由加热器出水管流回发动机。冷空气被加热器鼓风机送至加热器芯子,被加热后,由不同的风口吹入车内,进行风窗除霜和供暖。另一路冷却水通过水箱进水管进入水箱,降温后由水箱出水管回到发动机。通过控制冷却水控制阀的开闭和流水量大小,可调节暖风机的供热量。水暖式供暖系统如图 8-1-33 所示。

(六)汽车空调系统机械故障诊断

故障案例:在夏季,帕萨特 B5 轿车在强烈阳光照射下,空调出风口的温度不稳定。帕萨特 B5 空调系统结构如图 8-1-34 所示。故障分析与处理详见"任务实施"。

二、任务实施

(一)任务实施的要求

1. 实训目的与要求

(1)能掌握汽车空调组成元件结构及工作原理。

(2)通过故障案例诊断与处理,掌握汽车空调机械结构以及故障现象描述、原因分析和诊断方法。

2. 实训仪器和设备

汽车空调实训台架或整车、歧管压力表、万用表、世达工具等。

(二)实施步骤

1. 帕萨特 B5 空调制冷系统工作原理分析

帕萨特汽车使用的空调系统为孔管式空调系统也称为 CCOT 系统,其工作循环如图 8-1-35 所示。从其制冷的工作原理来看,孔管式的制冷循环系统与膨胀阀式的制冷系统无本质的差别,只不过将可调节流量的孔管换成不可调节流量的孔管,使其结构更加简单,成本更低,可靠性更高,能耗更低。在 CCOT 系统中,由于节流管本身不能调节流量,在某些工况下,可能进入蒸发器的制冷剂量比需要的多,即制冷剂在蒸发器中未能全部汽化,从蒸发器出来的制冷剂中

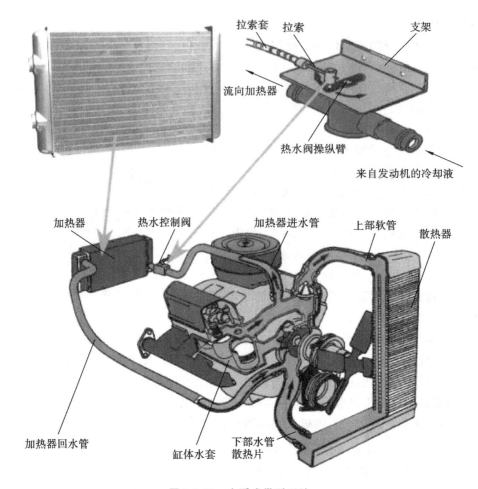

图 8-1-33　水暖式供暖系统

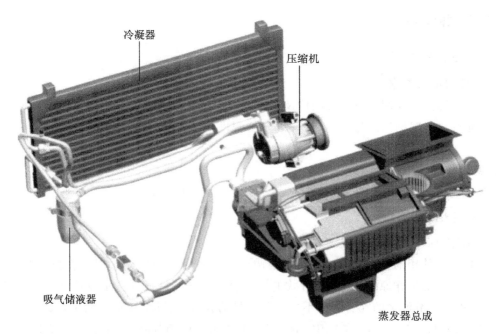

图 8-1-34　帕萨特 B5 CCOT 空调系统结构

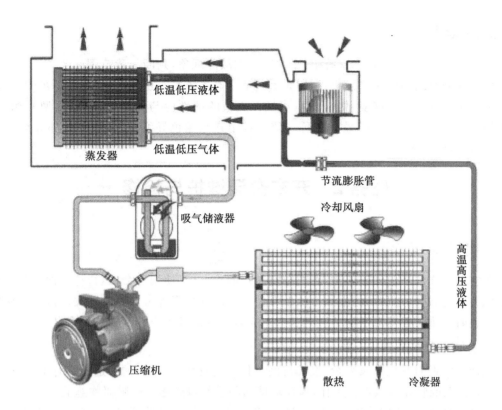

图 8-1-35　CCOT 空调系统工作循环

会有部分液体(与膨胀阀组合的空调系统,膨胀阀会自动调节制冷剂流量,保证蒸发器出口的制冷剂一定是过热气体)。若没有气液分离器,这部分液态制冷剂进入压缩机,可能造成"液击"现象,使压缩机损坏。为防止这种现象发生,必须在蒸发器出口与压缩机进口之间安装气液分离器,让液态制冷剂留在气液分离器底部,只有气态制冷剂可以进入压缩机。

2. 故障原因分析

本次故障为帕萨特 B5 空调系统在高温下出风口温度不稳定,检测出风口温度不正常时系统压力明显升高,因此故障出现的原因可能有:①过量加注制冷剂;②空调冷凝器过脏;③冷凝器散热风扇工作不良,散热能力不足。

3. 实践操作

具体步骤如下。

(1) 打开点火开关起动发动机,打开 AC 开关,空调系统调至最冷挡,鼓风机转速调至最高。

(2) 打开发动机舱盖,检测系统制冷剂量,正常。

(3) 观察压缩机的运行情况,发现运行一段时间后,系统压力升高,冷凝器散热风扇高速运转,压缩机电磁离合器自动断开,压缩机停止运转,出风口出热风。

(4) 拆下前保险杠及前脸,检查冷凝器,发现冷凝器太脏,散热片上夹有很多杂物,散热片上覆盖了很厚的一层尘土。故障原因可能是冷凝器脏污造成的。

4. 故障处理

清理冷凝器,试车,故障排除。

【任务小结】

发生故障时,首先要分析该系统工作原理,根据故障现象,判断故障范围。

在罗列故障原因的同时,要学会利用车上其他共有系统是否也发生故障,进一步缩小范围。

若电气设备损坏无法修复,则应予以更换。更换的部件应与原部件的规格、型号相一致。导线更换时应尽量与原来的线径和颜色一致。若用其他颜色导线代替,应与相邻导线有所区别,以利于以后的检修。

◀ 任务2　汽车空调维护与检修 ▶

一、相关知识

汽车空调工作的环境比较恶劣,对汽车空调的制冷性能、使用寿命、运行稳定性及功耗提出了较高的要求,而这些与空调的使用方法及在使用中的维护保养方式紧密相关。汽车空调的正确使用与适时的维护保养对于保证和延长汽车空调的寿命都有非常重要的意义。

(一)使用注意事项

正确使用空调对其性能及寿命、发动机的工作稳定及功耗、乘员的舒适性都有很大影响。

(1)为保证取暖和通风正常工作,风窗玻璃前的进风口应避免被障碍物遮盖。

(2)空调的设计使用温度应在环境温度5 ℃以上,故使用时的环境温度应高于5 ℃。在使用前应检查系统中制冷剂的量是否合适,是否存在泄漏部位,冷凝器冷却风扇能否正常工作,如发现问题,要在修复后方可使用。

(3)使用空调,必须保持系统的清洁,特别是需要经常清除冷凝器和蒸发器散热片中的灰尘,以保持良好的热交换效果。

(4)当车辆在太阳下停放时间过长,车厢内温度很高时,应首先打开车门、车窗,开启空调驱散热气,然后关闭门、窗,以提高空调制冷效果。

(5)空调系统应在发动机冷却水温度正常时使用,如发动机因大负荷工作引起水温过高,需暂停使用空调,直至水温正常再重新开启。

(6)应避免在停车时,或在急速、高温下长时间使用空调,以免因系统温度和压力过高而损坏。

(7)汽车使用R134a制冷剂时,不允许与R12(氟利昂)混用,否则会引起制冷性能下降和系统损坏。

(8)在不使用空调的季节,每周也需使空调工作5～10 min,以便润滑空调系统,防止压缩机等部件内部生锈,使其保持良好的技术状态。

(二)常规检查

由于不同的制冷剂的特性不同,要求系统配制不同的冷冻机油、干燥剂、橡胶密封材料、连接软管以及不同的压缩机、膨胀阀、恒温控制器、压力开关等部件,因此,对空调系统进行维护时,首先要确认该系统采用了何种制冷剂,以便采取相适应的措施和材料,这一点非常重要。

空调系统常规检查(指不打开制冷系统)的内容有:①检查制冷剂是否有泄漏;②检查制冷量是否正常;③检查电路是否接通,各控制元件是否正常工作;④检查冷凝器是否有明显污垢、杂物,是否通畅;⑤检查压缩机传动带张力是否正常;⑥检查软管及连接处是否牢固;⑦检查系统运行时是否有异响和气味。

（三）充注制冷剂

在充注制冷剂之前必须清除制冷系统中的空气,即抽真空。若系统中有空气,会降低热交换率,使水蒸气在膨胀中凝结,腐蚀制冷系统的金属部件。

1. 抽真空及充注制冷剂的工具

（1）真空泵。其容量必须超过 $18\ L/min(2.6\ Pa)$。

（2）歧管压力计。歧管压力计是汽车空调检修操作中的主要工具。在抽真空、加注制冷剂和检查制冷循环压力情况时都要使用到。其结构如图 8-2-1 所示,主要由高压表(计)、低压表(计)、阀体、单向阀(史特拉阀)、高低压侧手动阀、连接软管等组成。

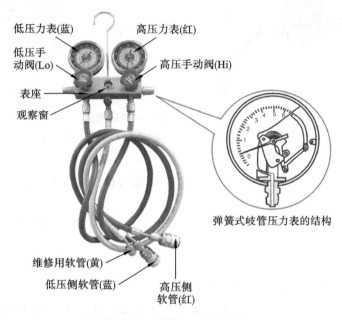

图 8-2-1　歧管压力计表结构

（3）电子检漏仪。利用电子检漏仪检漏,不是向系统输入氮气,而是向系统输入制冷剂蒸气,并且使其压力值达到 $3.5×10^5 Pa$,然后将电子检漏仪上的检测开关置于检测位置,使之能听到有固定节奏的电子信号声("嘟……嘟"声),再把电子检漏仪上的吸管口对准可能有泄漏的部位,顺着系统路径连续地移动。如吸管口吸到制冷剂,电子检漏仪的电子信号声便明显增强,并且吸管口与漏点越接近,发出的电子信号声也就越大,由此来确定漏点。

若充注的制冷剂为小罐,则还需备有制冷剂注入阀,如图 8-2-2 所示。若为大瓶制冷剂,则必须备有制冷剂计量工具。

2. 抽真空

（1）分别将高压表接入储液罐的维修阀,低压表接入自蒸发器至压缩机低压管路上的维修阀,中间注入软管安装于真空泵接口,如图 8-2-3 所示。

（2）启动真空泵,打开歧管表高、低压手动阀。

（3）系统抽真空,使低压表所示的真空度达 $1×10^5 Pa$。抽真空时间为 5～10 min。

（4）关闭真空泵手动阀,真空泵继续运转,打开制冷剂罐,让少量 R134a 制冷剂进入系统(压力为 0～49 kPa),关闭罐阀。

（5）放置 5 min,观察压力表,若指针继续上升,说明真空下降,系统有泄漏之处,应使用检

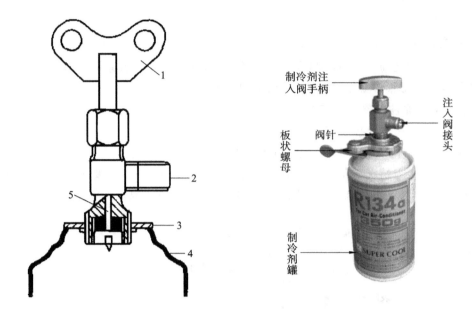

图 8-2-2 制冷剂罐注入阀结构
1—旋转手柄;2—注入阀上接头;3—板状锁紧螺母;4—制冷剂罐;5—阀针

漏仪进行泄漏检查,并修理堵漏。

(6) 继续抽真空 20～25 min,并重复第(5)项,如压力指针保持不动,说明无泄漏,可进行下一步工作。

(7) 关闭高、低压压力表的手动阀,停止抽真空,从真空泵的接回拆下中间注入软管,准备注入制冷剂。

3. 加注制冷剂

(1) 抽完真空后,将注入阀连接在制冷剂罐上。

(2) 将高、低压压力表的中间注入软管安装在注入阀接口上,顺时针拧紧注入阀手柄,使阀上的顶针将制冷罐顶开一个小孔。逆时针旋松注入阀手柄,退出顶针,使制冷剂进入中间注入软管。如一罐用完,再用第 2、3 罐时,仍应先关闭压力表的手动阀,重新顶开罐孔,中间注入软管在表头处拧松,以排出管内空气。

(3) 拧松连接高、低压压力表中心接头的注入软管螺母,如看到白色制冷剂气体外溢,或听到嘶嘶声,说明注入软管中的空气已排出,可以拧紧该螺母。桑塔纳 2000 系列轿车制冷剂充注量为(1150±50) g。

(4) 高压加注制冷剂:旋开高压表侧手动阀,将制冷剂罐倒立,使制冷剂以液态注入制冷系统。在充注时不得起动发动机和打开空调,以防制冷剂倒灌,如图 8-2-4(a)所示。

低压加注制冷剂:起动发动机,打开 A/C 开关,制冷调到最大,鼓风机挡位调到最高挡,旋开低压表侧手动阀,将制冷剂罐正立,使制冷剂以气态注入制冷系统,如图 8-2-4(b)所示。

(四) 冷冻油加注

一般来说,在空调制冷系统正常运行情况下,压缩机的冷冻润滑油是不需再进行加注的。但是,由于汽车发生碰撞、制冷系统软管破裂、接头泄漏以及制冷系统需更换某一总成等原因时,将会导致冷冻润滑油的减少。这时就必须检查压缩机的冷冻润滑油,进行冷冻油的加注。加注润滑油这个环节可在系统抽真空之前,也可在系统抽真空之后进行。但在抽真空之前注入润滑油则可不需用专用设备。用量筒量好需加注的油量,从压缩机的加油塞口注入即可。

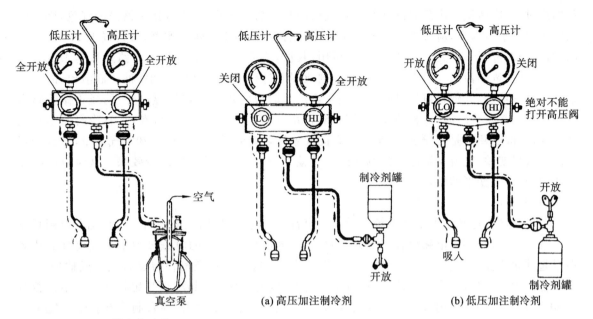

图 8-2-3 抽真空连接

图 8-2-4 充注制冷剂

抽真空前加注润滑油的方法有两种。

(1) 压缩机吸入润滑油。利用压缩机工作运转时的抽吸作用,在保持发动机处于低速运转的情况下,将冷冻润滑油从压缩机的低压阀口吸入。

(2) 抽真空法吸入润滑油。歧管压力表与真空泵及制冷系统的连接如图 8-2-5 所示。将连接在压缩机上的低压软管从歧管压力表上拧下来,一端接在压缩机的低压检修阀上,另一端插入装好足够量的量筒内。启动真空泵,微微打开歧管压力表上的手动高压阀,补充的冷冻润滑油应会从压缩机的低压侧吸入到空调系统中。当冷冻润滑油量达到规定时,应停止真空泵的抽吸,并关闭手动高压阀。在按抽真空法加注冷冻润滑油后,则应再抽真空,加注制冷剂。

(五) 汽车空调的故障诊断

1. 汽车空调故障检查方法

汽车空调故障检修是通过看(查看系统各设备的表

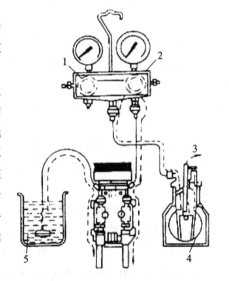

图 8-2-5 抽真空法加注冷冻润滑油
1—低压手动阀关闭;2—高压手动阀开启;
3—排出空气;4—真空泵;5—冷冻润滑油

面现象)、听(听机器运转声音)、摸(用手触摸设备各部位的温度)、测(利用压力表、温度计、万用表、检测仪检测有关参数)等手段来进行的。同时还应仔细向驾驶员询问故障情况,判断是操作不当,还是设备本身造成的故障。若属前者,则应向驾驶员详细介绍正确的操作方法;若属后者,就应按上述四个方面进行综合分析,找出故障所在。先查出故障原因,然后再进行修理。看、听、摸、测的具体应用如下。

1) 看现象

用眼睛来观察整个空调系统。首先,查看干燥过滤器视液镜中制冷剂的流动状况,若流动的制冷剂中央有气泡,说明系统内制冷剂不足,应补充至适量。若视液镜呈透明状,则表示制冷剂加注过量,应缓慢放出部分制冷剂。若流动的制冷剂呈雾状,且水分指示器呈淡红色,则说明制冷剂中含水量偏高,应缓慢放尽系统中的原有制冷剂,拆下干燥过滤器,将其置于 110 ℃ 烘箱内,对干燥剂进行干燥处理,排除水分后再用;其次,查看系统中各部件与管路连接是否可靠密封,是否有微量的泄漏。若有泄漏,在制冷剂泄漏的过程中常夹有冷冻润滑油一起泄出,故在泄漏处有潮湿痕迹,并依稀可见黏附的一些灰尘。此时应将该处的连接螺母拧紧,或重做管路喇叭口并加装密封橡胶圈,以杜绝慢性泄漏,防止系统内制冷剂的减少;再次,查看冷凝器是否被杂物封住,散热翅片是否倾倒、变形。若有此现象将影响流过冷凝器的冷却空气流量,导致冷凝器冷凝效果变差,使流经膨胀阀的制冷剂温度偏高,从而影响系统的制冷效果。这时应将冷凝器清扫干净,将变形的散热翅片修正。

2) 听响声

用耳朵聆听运转中的空调系统有无异常声音。首先,听压缩机电磁离合器有无发出刺耳噪声。若有噪声,则多为电磁离合器磁力线圈老化,通电后所产生的电磁吸力不足或离合器片磨损引起其间隙过大,造成离合器打滑而发出尖叫声。这时应重绕离合器磁力线圈或抽掉 1~2 片离合器调整垫片,减小离合器间隙,防止其打滑,以消除噪声;其次,听压缩机在运转中是否有"液击"声。若有此声,则多为系统内制冷剂过多或膨胀阀开度过大,导致制冷剂在未被完全汽化的情况下吸入压缩机。此现象对压缩机的危害很大,有可能损坏压缩机内部零件,应缓慢释放制冷剂至适量,或调整膨胀阀开度,及时排除故障。

3) 摸温度

在无温度计的情况下,可用手触摸空调系统各部件及连接管路的表面。触摸高压回路(压缩机出口→冷凝器→储液器→膨胀阀进口),应呈较热状态,若在某一部位特别热或进出口之间明显温差,则说明此处有堵塞。触摸低压回路(膨胀阀出口→蒸发器→压缩机进口)应较冷。若压缩机高、低压侧无明显温差,则说明系统存在泄漏或制冷剂不足的问题。

4) 测数据

通过看、听、摸这些过程,只能发现不正常的现象,但要做最后的结论,还要借助于有关仪表来进行测试,在掌握第一手资料的基础上,对各种现象做认真分析,才能找出故障所在,然后予以排除。

(1) 用检漏仪检漏。用检漏仪检查整个系统各接头处是否泄漏。

(2) 用万用表检查。用万用表可以检查出空调电路故障,判断出电路是断路还是短路。

(3) 用温度计检查。用温度计可以判断出蒸发器、冷凝器、储液器的故障。正常工作时,蒸发器表面温度在不结霜的前提下越低越好;冷凝器入口管温度为 70~90 ℃,出口管温度为 50~65 ℃ 左右;储液器温度应为 50 ℃ 左右,若储液筒上下温度不一致,说明储液器有堵塞。

(4) 用压力表检查。将歧管压力计的高、低压表分别接在压缩机的排气口、吸气口的维修阀上,当空气温度为 30~35 ℃、发动机转速为 2000 r/min 时检查。将风机风速调至高挡,温度调至最冷挡,其正常状况是:高压端压力应为 1.421~1.470 MPa,低压端压力 0.147~0.196 MPa,若不在此范围,则说明系统有故障。

2. 使用歧管压力表进行故障诊断

使用歧管压力表测量高低压管路的压力状况可以判断故障产生的原因。在空气温度为 30~35 ℃,发动机转速 1500~2000 r/min,风扇速度开关在最大位置,冷度开关在最强位置时,从歧管压力表上读取压力值。正常情况下,R134a 空调系统歧管压力表读数:低压侧为 0.15~0.25 MPa,高压侧为 1.37~1.81 MPa。R12 空调系统歧管压力表读数:低压侧为 0.147 MPa~

0.196 MPa；高压侧为 1.442 MPa~1.471 MPa。连接好歧管压力表后，读取高低压力表的显示值，如图 8-2-6 所示。

（1）高压侧、低压侧压力指示值都高出正常值，如图 8-2-7(a)所示。

故障现象：空调的制冷效果差，冷凝器散热不良，通过观察孔也看不到气泡。

故障原因：系统内制冷剂过多。

解决措施：排出多余制冷剂，使留下的制冷剂达到标准量。

（2）高压侧、低压侧压力指示值瞬间上升再下降，同时压力指示值偏高，如图 8-2-7(b)图所示。

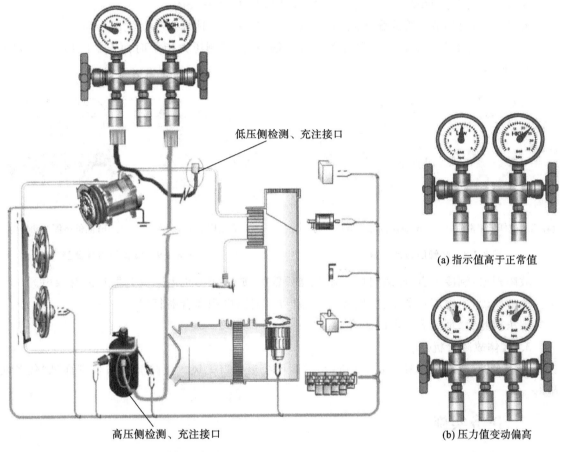

图 8-2-6　歧管压力表连接示意图

图 8-2-7　歧管压力表测量

故障现象：空调不制冷或制冷量不足。

故障原因：制冷系统有空气。

解决措施：抽真空并重新充注制冷剂。如在抽真空过程中仍然出现上述现象，则更换储液干燥器及冷冻润滑机油，并清洗制冷系统。

（3）高压侧、低压侧压力指示值都低于正常值，但都稳定指示，压缩机排气温度低于正常值，如图 8-2-8(a)所示。

故障现象：空调不制冷或制冷量不足；通过视液镜可见较多气泡，有泡沫不断流过。

故障原因：系统泄漏，制冷剂不足。

解决措施：用检漏仪测漏，并进行修理，补足制冷剂。

(4) 高压侧压力指示低于正常值,低压侧压力指示高于正常值,且高、低压压力指示摆动,如图 8-2-8(b)所示。

故障现象:空调不制冷或制冷量不足,压缩机排气温度不高,压缩机伴有噪声。

故障原因:压缩机不良,活塞或高、低压阀片损坏。

解决措施:更换压缩机,并重新抽真空和充注制冷剂。

(5) 高压侧压力指示低于标准值,但稳定指示,低压侧压力指示值低,甚至真空,如图 8-2-9(a)所示。

故障现象:制冷不良,压缩机排气温度不高,膨胀阀结霜。

故障原因:制冷剂循环在节流管或膨胀阀处堵塞,膨胀阀关闭。

解决措施:更换节流管或膨胀阀,清洗制冷系统,并重新抽真空和充注制冷剂。

(6) 高压侧压力指示时而正常时而偏低或偏高,低压侧压力指示时而正常时而偏高,如图 8-2-9(b)所示。

(a) 指示值低于正常值　　(b) 高压侧低、低压侧高　　(a) 高压侧低于正常值　　(b) 高低压侧波动异常

图 8-2-8　歧管压力计测量　　　　　　　　图 8-2-9　歧管压力计测量

故障现象:制冷不良,压缩机电磁离合器频繁吸、放。压缩机电磁离合器打滑有杂声。

故障原因:电磁离合器不良,电磁离合器电压偏低,电磁离合器打滑。

解决措施:修理或更换电磁离合器。

3. 具体故障分析

故障案例:桑塔纳(如图 8-2-10 所示)空调系统出风口无风。故障分析与处理详见"任务实施"。

二、任务实施

(一)任务实施的要求

1. 任务实施的目的

(1) 能读懂汽车空调系统的电路图。

(2) 通过故障案例诊断与处理,掌握汽车空调系统的基本构造和原理、调试和正确使用的方法,以及故障现象描述、原因分析和诊断方法。

2. 实训仪器和设备

汽车实训台架或整车、万用表、试灯、一字螺钉旋具、十字螺钉旋具、世达工具等。

(二)实施步骤

1. 电路图分析

该电路包括压缩机电磁离合器控制电路、鼓风机转速控制电路、冷却风扇转速控制电路、怠

项目 8　汽车空调系统原理与检修

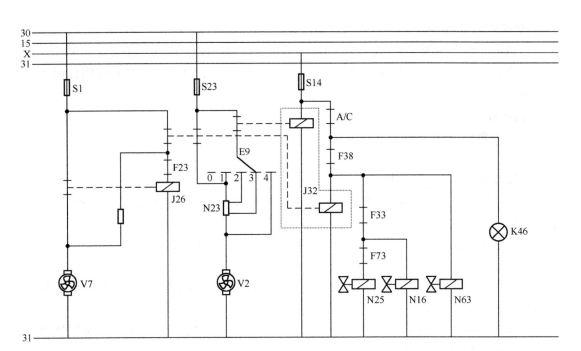

图 8-2-10　桑塔纳轿车空调系统电路

N23—调速电阻；V7—冷却风扇；V2—鼓风机；N25—压缩机电磁离合器；N16—怠速电磁阀；
N63—新鲜空气电磁阀；J32—空调继电器；J26—冷却风扇继电器；K46—空调指示灯；S1、S23、S14—熔断器；
F33—蒸发器温度开关；F38—环境温度开关；F73—低压开关；F23—高压开关；E9—鼓风机开关

速控制电路等。

1) 压缩机电磁离合器控制电路

由电路图中可以看出压缩机电磁离合器闭合的必要条件是电源电压正常、A/C 开关闭合、环境温度开关 F38 闭合（环境温度高于 10 ℃）、蒸发器温度开关 F33 闭合和低压开关 F73 闭合，电磁离合器线圈才会通电工作，压缩机开始运转制冷。很显然，这些条件中任何一个无法达到，压缩机都将停止运行。

2) 鼓风机转速控制电路

鼓风机 V2 的转速由鼓风机开关 E9 和调速电阻 N23 共同控制。具体工作过程是：当压缩机电磁离合器电路接通，无论鼓风机开关在什么位置，鼓风机都至少以低速运转，以防止蒸发器表面结冰，影响系统的正常工作。鼓风机转速有 4 个挡位可供选择，通过鼓风机开关 E9 调整调速电阻串联到电路中的阻值，改变电路中的电流值，进而改变鼓风机的转速。

3) 冷却风扇转速控制电路

当压缩机电磁离合器电路闭合，空调继电器将控制冷却风扇低速电路闭合，冷却风扇 V7 开始低速运转。当系统压力感知大于 1.60 MPa 时，高压开关 F23 闭合，冷却风扇继电器将闭合，控制冷却风扇高速运转，以增强冷凝器的冷却能力。这种冷却风扇是通过在电路中串接电阻的形式，改变线路阻值，进而改变风扇的转速。

4) 怠速控制电路

当外界温度大于 10 ℃时，环境温度开关 F38 闭合，允许使用空调系统的制冷功能。开启空调时，将接通怠速电磁阀 N16 的电路，提高发动机的转速，保证空调工作的动力需要。

这种机械-电气控制的空调系统电路，虽然没有电子温度控制器，车内温度也不能调节，但其结构简单，电路器件可靠，所以在一些低端品牌的轿车中仍有广泛的应用。

2. 故障原因分析

本次故障是空调系统无风,故障原因有:出风口或出风道被堵、鼓风机不工作。经检查压缩机运作正常、出风口、出风道无堵塞,风门及出风模式控制系统工作正常,判断故障原因可能是鼓风机不工作。

3. 实践操作

根据故障现象,具体操作步骤如下。

(1) 打开点火开关,打开 A/C 开关。

(2) 将万用表调到直流电压挡位。

(3) 将万用表黑表笔搭铁,红表笔分别搭在熔断器 S23 两端,检查熔断器 S23 电压,电压值为蓄电池电压,正常。

(4) 将万用表黑表笔搭铁,红表笔搭在鼓风机 V2 上部线束端,检查鼓风机 V2 电压,电压值为 0,不正常。

(5) 将万用表黑表笔搭铁,红表笔搭在鼓风机控制开关下部线束端,检查鼓风机控制开关电压,电压值为 0,不正常。

(6) 分别调动鼓风机挡位 1～4 挡,重复步骤(4),检查电压值为 0,跨接 S23 至鼓风机控制开关下部线束输出端,鼓风机运行,出风口出风。

由此判断鼓风机控制开关故障。

4. 故障处理

更换鼓风机控制开关,使用万用表重新测量鼓风机两端电压,电压值正常,出风口出风正常。

【任务小结】

鼓风机是汽车空调的重要电器,其出现故障时,首先要理解其结构,读懂电路图,然后再分析其故障,分析故障的思路如下。

1. 汽车电气电路出现故障时,一般先要搞清楚故障的表现以及伴随出现的现象,判明故障所在的局部电路,然后再对该局部电路进行检验,查明故障所在部位,予以排除。

2. 电路故障的产生原因是多种多样的,如元件老化、自然磨损、调整不当、环境腐蚀、机械摩擦、导线短路或断路等。电路出现故障时,要善于运用分析的方法,先对故障的发生范围进行初步的诊断。切忌在情况不明时,或不加思考的盲目拆卸,乱接瞎碰。否则,不仅会延误检修,而且还会造成不必要的损坏。要善于发现故障前的异常征兆和故障特征,结合整车电路进行分析,尽可能把故障诊断缩小到一个较小的范围。

3. 在检修故障时,应根据故障发生的范围,先检查故障率较高且容易检查的部件,然后检查故障率较低且不易检查的部件。只有当某个部件的故障已经确诊,必须打开进行维修时,方可进行拆卸。要尽量做到不拆或少拆零件,以减少麻烦。检修故障还要采用正确的检查方法和测试手段,以提高检修故障的速度。

4. 电路出现故障,一般先对电路进行检查和测试,判断故障发生在哪个部件上,然后再对故障发生部位的外部性能及内部参数进行测试或检查,找出故障发生点进行排除。在检修故障的同时,还应注意对有关部件及电路进行保养,使之恢复较好的状态。

5. 若电气设备损坏无法修复,则应予以更换。更换的部件应与原部件的规格、型号相一致。导线的更换应尽量与原来的线径和颜色一致。若用其他颜色导线代替,应与相邻导线有所区别,以利于以后的检修。

任务 3　迈腾 B8 空调系统原理与检修（全国技能大赛比赛车型）

> **故障现象：**
> 迈腾 B8 打开点火开关，开启空调制冷或制热功能，出风口温度无明显变化。

一、相关知识

空调控制单元 J255 是空调系统的核心部分，它可以根据用户设定的温度以及检测到车内、车外的温度，自动调节鼓风机转速、进气模式、工作模式以及压缩机的运行，让车内的温度和湿度处于设定范围之内，这样，乘坐时既方便又舒适。空调新鲜鼓风机控制电路原理图如图 8-3-1 所示。

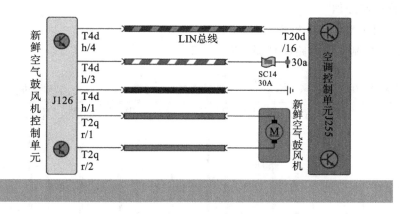

图 8-3-1　空调新鲜鼓风机控制电路原理图

1. 温度控制

温度控制系统包括阳光照射光电传感器 G107、蒸发器传感器 G308、左侧出风口温度传感器 G150、右侧出风口温度传感器 G151、后部出风口温度传感器 G174、脚部空间出风口温度传感器 G192、温度设定电阻、空气混合控制伺服电机、空气混合控制伺服电位计等部件。J255 不仅能按照成员的需要吹出最适宜温度的风，而且可以根据需要调节风速和风量，改变压缩机运行状态，还具有故障自诊断功能。

2. 鼓风机控制

J255 通过计算分析且比较设定温度所表示的电阻阻值与车内温度传感器阻值、车外温度传感器阻值、出风口处温度传感器阻值和日照、节能修正量的电阻阻值之和做出相应的判断后向执行机构发出各种指令，由执行机构执行相应操作。迈腾 B8 空调控制执行机构不再使用电子真空阀和真空电机来操纵各个功能键和温度键，而是通过 J255 控制各个部件上的伺服电机。通过开关按钮向 J255 输入各种信号，J255 通过计算分析、比较后发出指令，接通相应电路使伺服电机转动，打开相应的出风口风门并调节温度，按照输入的温度，控制温度风门的位置。

3. 数据通信

J255 接收空调系统的传感器信号，同时通过舒适 CAN 总线从其他系统获得信号以及向其他系统发送或接收指令，如接收外界温度传感器信号、发送空调系统启动信号、自诊断功能等。

二、任务实施

（一）任务实施的要求

1. 实训目的与要求

（1）掌握迈腾 B8 空调制冷系统工作原理。

（2）识读并理解迈腾 B8 空调制冷系统电路图。

（3）掌握迈腾 B8 空调系统故障诊断方法。

2. 实训仪器和设备

迈腾 B8 轿车一辆、万用表、示波器、故障诊断仪、世达工具一套等。

（二）实施步骤

1. 故障现象

迈腾 B8 打开点火开关，开启空调制冷或制热功能，出风口温度无明显变化。

2. 故障分析与处理

1）鼓风机调速控制信号检查

鼓风机调速控制信号电路原理图见图 8-3-2。

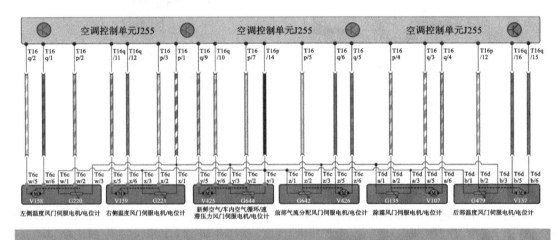

图 8-3-2　空调伺服电机电位计电路原理图

第一步：测量 J126 调速控制信号 T4dh/4 端子对搭铁波形，点火开关打开，开启空调，调节鼓风机调速开关，测试波形应为方波信号。

第二步：测量 J255 的 T20d/1 端子对搭铁电压，点火开关打开，开启空调，调节鼓风机调速开关，测试波形应为方波信号。

第三步：测量 J126 的 T4dh/4 端子与 J255 的 T20d/16 端子之间导线的通断。

第四步：测量 J255 的 T20d/16 端子对地电阻，点火开关关闭，拔掉 J255 和 J126 端连接器，测试结果应为无穷大。

2）空调伺服电机电位计及电路检查

空调伺服电机电位计电路原理见图 8-3-2。

第一步：测量 J255 的 T16p/2 端子对搭铁电压，点火开关打开，开启空调至 ON 挡，调整空调风口模式至不同挡位，不同挡位测试电压应为 1 V 到 5 V 之间的电压。

第二步：测量电位计 G220 的 T6cw/2 端子对搭铁电压，点火开关打开，开启空调至 ON 挡，调整空调风口模式至不同挡位，不同挡位测试电压应为 1 V 到 5 V 之间的电压。

第三步：测量发动机控制单元 J623 的 T105/69 端子对搭铁电压，点火开关打开或发动机运行，测试值应为 5 V。

第四步：测量 J255 的 T16p/2 端子与 G220 的 T6cw/2 端子之间导线的通断。

第五步：测量 J255 的 T16p/2 端子对应线路对搭铁电阻，关闭点火开关，应先拔掉 G220 和 J255 端插接件，测试结果应为无穷大。

第六步：检查 J255 和 G220 内部对搭铁电阻，关闭点火开关，测试结果应为无穷大。

第七步：测量电位计 G220 的连接器端 T6cw/1 和 T6cw/3 之间电压，点火开关打开，断开 G220 端连接器，测试结果应为 5 V。

第八步：测量电位计 G220 的 T6cw/3 端子对搭铁电压，点火开关打开，测试结果应为 5 V。

第九步：测量 J255 的 T16p/1 端子对搭铁电压，点火开关打开，测试结果应为 5 V。

第十步：测量 J255 的 T16p/1 端子与 G220 的 T6cw/3 端子之间电路的电阻，点火开关关闭，断开 G220 和 J255 端连接器，测量结果应小于 2 Ω。

第十一步：测量 G220 的 T6cw/1 端子对搭铁电压，点火开关打开，测试结果应小于 0.1 V。

第十二步：测量 J255 的 T16p/14 端子对搭铁电压，点火开关打开，测试结果应小于 0.1 V。

第十三步：测量 J255 的 T16p/14 端子与 G220 的端子 T6cw/1 之间电路的电阻，点火开关关闭，断开 G220 与 J255 端连接器，测量结果应小于 2 Ω。

3) 空调风门伺服电机及控制电路检查

空调左侧风门伺服电机/电位计电路原理图见图 8-3-3。

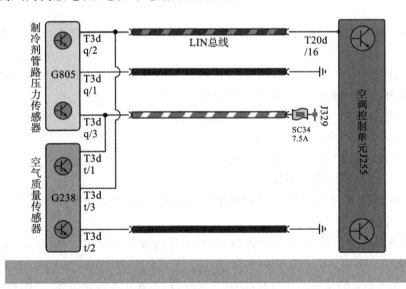

图 8-3-3 空调左侧温度风门伺服电机/电位计电路原理图

第一步：测量 V158 的 T6cw/5 和 T6cw/6 端子之间电压，点火开关打开或发动机运行，开启空调，调节出风口模式开关至不同位置，测量电机的 T6cw/5 和 T6cw/5 端子之间电压应在 −B 和 +B 之间切换。

第二步：测量 J255 的 T16q/1 和 T16q/2 端子之间电压，点火开关打开或发动机运行，开启空调，调节出风口模式开关至不同位置，测量 J255 的 T16q/1 和 T16q/2 端子之间电压应在 −B 和 +B 之间切换。

第三步：检查 J255 端子 T16q/1 与 V158 和 T6cw/6 端子间线路的导通性，点火开关关闭，拔掉 J255 和 V158 端连接器，测试结果应小于 2 Ω。

第四步：检查 J255 端子 T16q/2 与 V158 的 T6cw/5 端子间线路的导通性，关闭点火开关，拔掉 J255 和 V158 端连接器，测试结果应小于 2 Ω。

第五步：检测电机 V158 电阻，关闭点火开关，断开电机 V213 的 T6cw 连接器，测试值应为 1.3 Ω。

4) 空调制冷剂管路压力传感器 G805 信号及电路检查

空调制冷剂管路压力传感器电路原理图见图 8-3-4。

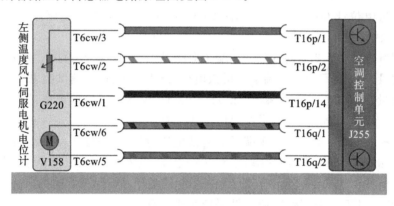

图 8-3-4 空调制冷剂管路压力传感器电路原理图

第一步：测量 J255 的 T20d/16 端子对地波形，发动机运行或怠速状态，开启空调，测试波形应为方波信号。

第二步：测量 G805 的 T3dq/2 端子对地波形，发动机运行或怠速状态，开启空调，测试波形应为方波信号。

第三步：测量 G805 的 T3dq/2 端子和 J255 的 T20d/16 端子之间线路的导通性，关闭点火开关，拔掉 J255 和 G805 端连接器，测试结果应小于 2 Ω。

第四步：测量 G805 的 T3dq/2 对地电阻，关闭点火开关，为了测试更加准确，应先拔掉 J255 和 G805 端连接器，测试结果应为无穷大。

5) 蒸发器温度传感器 G308 及电路检查

蒸发器温度传感器电路原理图见图 8-3-5。

第一步：测量 J255 的 T16p/11 端子对地电压，发动机运行或处于怠速，开启空调，测试结果应随温度变化而变化。

第二步：测量 G308 的 T2pu/2 对地电压，发动机运行或处于怠速，开启空调，测试结果应随温度变化而变化。

第三步：测量 G308 的 T2pu/2 和 J255 的 T16p/11 之间电路的导通性，关闭点火开关，拔掉 J255 的 T16p 连接器、G308 的 T2pu 连接器，测试结果应为小于 2 Ω。

第四步：测量 G308 的 T2pu/2 对地电阻，关闭点火开关，拔掉 J255 的 T16p 连接器、G308 的 T2pu 连接器，测试结果应为无穷大。

第五步：测量 G308 的 T2pu/1 对地电压，发动机运行或处于怠速，开启空调，测试结果应小于 0.1 V。

第六步：测量 J255 的 T16p/14 对地电压，打开点火开关至 ON 挡，并打开空调开关时，测试 T16p/14 端子对地电压应小于 0.1 V。

项目 8 汽车空调系统原理与检修

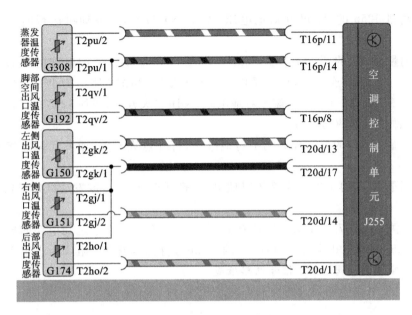

图 8-3-5　蒸发器温度传感器电路原理图

第七步：测量 G308 的 T2pu/1 和 J255 的 T16p/14 之间电路的导通性，关闭点火开关，拔掉 J255 的 T16p 连接器和 G308 的 T2pu 连接器，测试结果应为小于 2 Ω。

6）阳光照射光电传感器 G107 及电路检查

阳光照射传感器电路原理图见图 8-3-6。

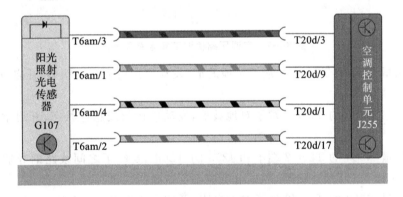

图 8-3-6　阳光照射传感器电路原理图

第一步：测量 J255 的 T20d/3 端子对地电压，打开点火开关或发动机运行时，T20d/3 端子电压应为 0.5～4.2 V 间。

第二步：测量 G107 的 T6am/3 对地电压，打开点火开关或发动机运行时，T6am/3 端子电压应为 0.5～4.2 V 间。

第三步：测量 G107 的 T6am/3 和 J255 的 T20d/3 之间电路的导通性，关闭点火开关，拔掉 J255 的 T20d 连接器、G107 的 T6am 连接器，测试结果应为小于 2 Ω。

第四步：测量 G107 的 T6am/3 端子对地电阻，关闭点火开关，拔掉 J255 的 T20d 和 G107 的 T6am 连接器，测试结果应为无穷大。

第五步：测量 G107 的 T6am/1 对地电压，点火开关打开或发动机运行时，测试结果应为 5 V 左右。

第六步:测量J255的T20d/9对地电压,点火开关打开,或发动机运行时,测试结果应为5 V左右。

第七步:测量G107的T6am/1端子和J255的T20d/9端子之间电路的导通性,点火开关关闭,拔掉J255的T20d连接器和G107的T6am连接器,测试电阻应为小于2 Ω。

第八步:测量G10的T6am/1端子对地电阻,关闭点火开关,拔掉J255的T20d和G107的T6am连接器,测试结果应为无穷大。

第九步:测量G107的T6am/2端子对地电压,打开点火开关,或发动机处于怠速时,测试结果应小于0.1 V。

第十步:测量J255的T20d/17端子对地电压,打开点火开关,或发动机处于怠速时,测试结果应小于0.1 V。

第十一步:测量G107的T6am/2端子和J255的T20d/17端子之间电路的导通性,点火开关关闭,拔掉J255的T20d连接器和G107的T6am连接器,测试电阻应为小于2 Ω。

7) 空调压缩机调节阀N280信号电路检查

空调压缩机调节阀电路原理图见图8-3-7。

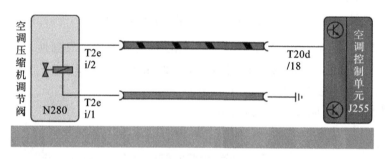

图8-3-7 空调压缩机调节阀电路原理图

第一步:测量J255的T20d/18端子对地波形,发动机运行或怠速状态,开启空调,测试值应为方波信号。

第二步:测量N280的T2ei/2端子对地波形,发动机运行或怠速状态,开启空调,测试值应为方波信号。

第三步:测量N280的T2ei/2端子和J255的T20d/18端子之间线路的导通性,关闭点火开关,拔掉J255和N280端连接器,测试电阻应小于2 Ω。

第四步:测量N280的T2ei/2端子对地电阻,关闭点火开关,为了测试更加准确,应先拔掉J255和N280端连接器,测试结果应为无穷大。

8) 舒适CAN总线的检查

舒适系统电路原理图见图8-3-8。

第一步:测量数据总线诊断接口J533的T20e/5(CAN-L)、T20e/15(CAN-H)端子对地波形,测试值应为高低对称波形。

第二步:测量数据总线诊断接口J533的T20e/15(CAN-H)线路通断状态,点火开关关闭,断开蓄电池,测试结果应小于2 Ω。

第三步:测量数据总线诊断接口J533的T20e/15(CAN-H)线路对地电阻状态,点火开关关闭,断开蓄电池负极,测试结果应为无穷大。

第四步:测量数据总线诊断接口J533的T20e/15(CAN-H)线路对地电压状态,点火开关打开,应为2.5 V左右。

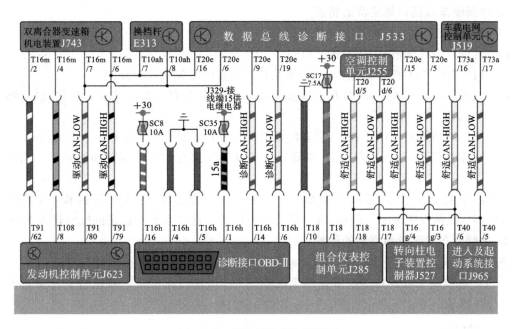

图 8-3-8 舒适系统电路原理图

第五步:测量数据总线诊断接口 J533 的 T20e/5(CAN-L)线路通断状态,点火开关关闭,断开蓄电池,测试结果应小于 2 Ω。

第六步:测量数据总线诊断接口 J533 的 T20e/5(CAN-L)线路对地电阻,点火开关关闭,断开蓄电池负极,测试结果应为无穷大。

第七步:测量数据总线诊断接口 J533 的 T20e/5(CAN-L)线路对地电压,点火开关打开,应为 2.5 V 左右。

第八步:测量舒适 CAN-L 和 CAN-H 之间电阻,点火开关关闭,应为 42 Ω 左右。

【拓展项目】双区自动空调

双区自动空调是指驾驶位和副驾驶位的空调温度可以独立调节的汽车空调。下面主要介绍 2016 款速腾轿车双区自动空调(见图 8-1)。其控制面板如图 8-2 所示。

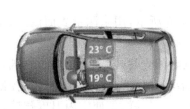

图 8-1 速腾轿车双区自动空调

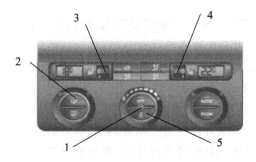

图 8-2 速腾轿车双区自动空调控制面板

1—室内温度传感器;2—二极管指示灯;3—驾驶位座椅加热调节开关;
4—副驾驶位座椅加热调节开关;5—辅助加热开关

271

1. 速腾轿车双区自动空调的特点

(1) 温度可在 16~29.5 ℃之间任意调节。

(2) 具有六个控制电机，并都带有电位计。

(3) 按压"AUTO"按键超过两秒钟，则左右两侧将由驾驶侧同时控制。

(4) 如果压缩机被关闭，同时刮水器被接通，自动空调会自动加大除霜翻板角度，以增加空气流量，防止前挡风玻璃结霜（雾）。

(5) 当车速增加时，自动空调会自动降低鼓风机转速，以降低气流噪音。此时，为了能够依然保持车内温度舒适，当设定制冷时，则降低出风口空气温度；若设定制热时，则提高出风口空气温度。

(6) 除了具有一个空气循环翻板之外，还有一个单独的新鲜空气翻板，当车速超过 100 km/h 时，此翻板将关闭。这样，可以保证在不同的车速时有相对稳定的气流进入车内。

2. 速腾轿车双区自动空调的结构

速腾轿车双区自动空调的结构和普通全自动空调的结构一样，主要由传感器、ECU、执行器等组成。速腾轿车双区自动空调控制系统如图 8-3 所示。速腾轿车双区自动空调各部件位置如图 8-4 所示。

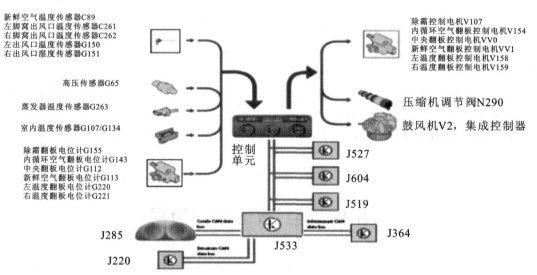

图 8-3 速腾轿车双区自动空调控制系统

下面简单了解一下速腾轿车双区自动空调部分的组成部件。

1) 室内温度传感器

速腾轿车室内温度传感器为不通风室内温度传感器，如图 8-5 所示，用来测量表面温度、控制单元温度、阳光强度。

此传感器实际上是一个集成了光电二极管和负温度系数电阻的光热传感器。因此，它既可以测量温度，又可以测量太阳光的热辐射强度。室内温度传感器将温度和光强信号传递给控制单元，控制单元对信号进行评估，准确地计算出驾驶室的实际温度。这样，即使室内温度传感器表面受光照影响变得很热，控制单元也可以准确地计算出车内实际温度。

2) 鼓风机

速腾轿车双区自动空调的鼓风机是此空调系统一个主要的执行器，如图 8-6 所示。

速腾轿车双区自动空调的鼓风机内置一个控制器 ECU，鼓风机继电器 J255 可以通过一个

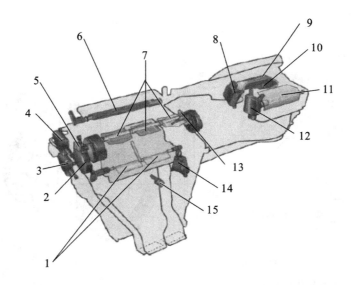

图 8-4 速腾轿车双区自动空调各部件位置

1—温度翻板(左、右);2—中央翻板控制电机;3—左温度翻板控制电机;4—除霜翻板控制电机;5—左脚窝出风口温度传感器;6—除霜翻板;7—中央翻板;8—新鲜空气翻板控制电机;9—新鲜空气翻板;10—新鲜空气温度传感器;11—内循环空气翻板;12—内循环空气翻板控制电机;13—右脚窝出风口温度传感器;14—右温度翻板控制电机;15—蒸发器温度传感器

脉宽调制信号来控制鼓风机,而鼓风机控制器 ECU 则将一个自诊断信号反馈给鼓风机继电器 J255,如图 8-7 所示。

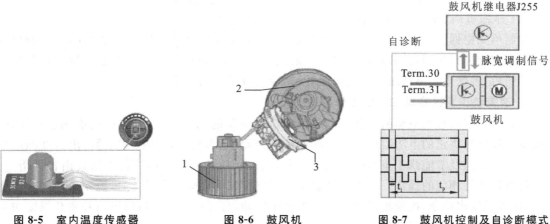

图 8-5 室内温度传感器　　图 8-6 鼓风机　　图 8-7 鼓风机控制及自诊断模式

1—鼓风机;2—支架;3—鼓风机控制器

鼓风机诊断原理如下。

(1) 当反馈信号中有一个脉冲时,表明没有故障。

(2) 当反馈信号中有两个脉冲时,表明电流被限制。

(3) 当反馈信号中有三个脉冲时,表明温度太高,可能导致输出效率的降低甚至鼓风机不工作。

3) 蒸发器温度传感器

蒸发器下游通风口温度由蒸发器温度传感器进行检测。蒸发器温度传感器如图 8-8 所示,它确保在 0 ℃时关闭制冷功能,并与外部调节式压缩机一起,使蒸发器下游通风口温度在 0 ℃到 12 ℃之间进行自适应控制。

4) 七活塞斜盘式压缩机

速腾轿车双区自动空调压缩机采用的是七活塞斜盘式压缩机,如图 8-9 所示。

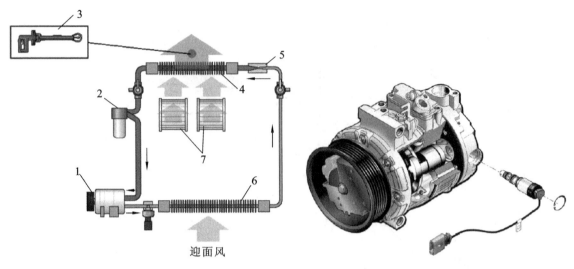

图 8-8 蒸发器温度传感器　　　　图 8-9 七活塞斜盘式压缩机

1—压缩机；2—储液干燥器；3—蒸发器温度传感器；
4—蒸发器；5—膨胀阀；6—冷凝器；7—鼓风机

七活塞斜盘式压缩机有如下结构特点。
(1) 排量可变，以适应制冷量的要求。
(2) 采用中空活塞。
(3) 皮带轮驱动机构带有一体式过载保护装置，没有电磁离合器。
(4) 压缩机调节阀用于压缩机内压力状况的自适应控制。

控制单元根据所需温度、外部与内部温度、蒸发器温度以及制冷剂压力的变化，对压缩机调节阀的占空比进行控制，控制斜盘倾斜位置的改变，从而控制排量及产生的制冷量。在制冷功能被关闭后，多楔带仍驱动压缩机连续运转，制冷剂流量被相应降。

3. 速腾轿车双区自动空调的工作原理

速腾轿车双区自动空调的工作原理与普通自动空调的工作原理相同，控制单元通过计算、比较设定温度所决定的电阻阻值与车内温度传感器阻值、车外温度传感器阻值、出口处温度传感器阻值和日照及节能修正量的电阻阻值之和，做出相应的判断后向执行机构发出各种指令，由执行机构进行相应的操作。人们通过触摸按钮向控制单元输入各种信号，控制单元通过计算分析、比较后发出指令，接通相应电路使伺服电机转动，打开相应的出风口风门并调节温度按照输入的温度控制温度风门的位置。

速腾轿车双区自动空调压缩机的工作条件如下。
(1) 外界温度传感器与室内温度传感器传感的数值正常。
(2) 蒸发器温度传感器与空调压力传感器传感的数值正常。
(3) 发动机转速信号正常。
(4) 发动机冷却液温度正常。
(5) 发电机性能正常。

以上是双区自动空调压缩机正常工作的必要条件，缺一不可。至于空调制冷量和风量的大小，则通过控制单元根据温度传感器信号调节压缩机排量和出风量及各风门开度来控制，以达到司乘人员所要求的温度。制冷效果还与冷凝器的散热能力、电子风扇的运行速度、制冷剂质量、膨胀阀质量等密切相关。

项目 9
车载网络技术原理与检修

◀ **项目要求**

理解 CAN-BUS 的基本组成及工作原理,学会 CAN 总线系统的故障诊断方法。在汽车 CAN 总线的故障检修中,应遵循咨询、计划、决策、实施、检查和评估六步法:① 咨询——根据故障案例,查阅相关的维修技术资料;② 计划——针对故障现象制定相应的工作计划可行性方案;③ 决策——对可行性方案进行论证;④ 实施——进行故障的检修;⑤ 检查——对所排除故障进行检查确认;⑥ 评估——工作总结,对故障现象进行深度分析。

◀ **知识要求**

1. 掌握 CAN-BUS 系统基本组成及工作原理。
2. 了解 LIN-BUS、MOST-BUS 等其他总线技术。
3. 熟悉 CAN 总线系统的故障诊断方法。
4. 掌握迈腾 B8 车载网络电路图。
5. 掌握迈腾 B8 车载网络系统故障诊断。

◀ **能力要求**

1. 万用表、示波器、故障诊断仪等常见设备的使用。
2. 维修资料的查阅、电路原理图的识读和分析。
3. 常见故障的诊断与排除。
4. 5S 管理和操作。

任务1　车载网络基本原理

一、相关知识

（一）车载网络技术的产生背景

1. 信息传输的瓶颈问题

在汽车单片机控制时代，特别是汽车生产的早期，汽车上只有一个电子控制单元（electronic control unit，ECU），其信息传输量较少，电子控制系统的传感器、电子控制单元和执行器之间的连接电线（线束）的数量还不太多，尚可接受。随着汽车技术的进步和消费者需求的进一步提高，汽车上的电子控制系统越来越多，其内部的线束也越来越复杂，如图9-1-1所示。

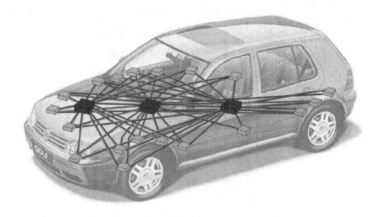

图9-1-1　汽车内部的线束（装备了3个电子控制单元）

随着汽车电子化程度的逐年提高，从发动机控制到传动系统控制，从行驶系统控制、制动系统控制、转向系统控制到安全保障系统控制及仪表报警系统控制，从电源管理到提高乘坐舒适性，汽车电子形成了一个复杂的大系统，如图9-1-2所示。

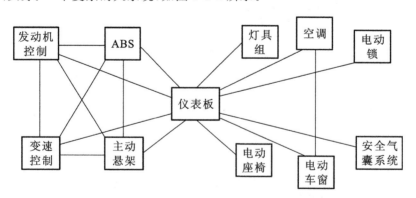

图9-1-2　复杂的、多电子控制单元的汽车电子系统

这些控制系统除需要互相通信之外，信息传输量也急剧加大。如果依然采用传统的布线方式（一对一布线，见图9-1-3），那么，对于复杂的控制系统，其连接线束的数量将急剧增加，甚至使汽车难以承受。

对于复杂的控制系统，若采用传统的布线方式（一对一布线），将导致车上电线的数量急剧

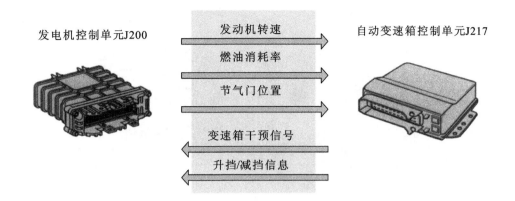

图 9-1-3 传统的布线方式(一对一布线)

增加,其质量将会占到整车质量的4%左右。而且,数量庞大的线束、电线连接器也会降低车辆电气系统的可靠性,使故障率加大。为解决这一制约汽车电子技术进一步发展的信息传输瓶颈问题,一种新的信息传输技术——车载网络技术应运而生。

2. 采用车载网络技术进行信息传输

在采用车载网络技术的现代汽车上,信息的传输是基于数据总线 DB(data bus)原理进行的。所谓数据总线技术,简单地说,就是指一种能在一条或几条数据线上,同时或分时传输大量的按照一定规律进行编码的数据或信号的技术,其所传输的数据或信号可以被多个系统共享,从而可以最大限度地提高系统的信息传输效率,充分利用有限的资源。

采用数据总线技术在两个控制单元之间进行信息传输,可以有效减少数据传输线束的数量,如图 9-1-4 所示。

图 9-1-4 采用数据总线技术在两个控制单元之间进行信息传输

在具有 3 个电子控制单元的系统中采用 CAN 数据总线进行信息传输,汽车内部的线束连接变得简洁、清晰,不再是一团乱麻,如图 9-1-5 所示。

3. 车载网络系统的优点

(1) 减轻整车自重。减少电线用量,耗铜量下降,整车自重得以降低。同时,全车线束变细,也为安装其他新的部件预留了空间。

(2) 降低生产成本。除了电线用量减少、耗铜量下降带来的成本降低之外,车载网络技术所秉持的"信息共享、一线多能"也充分发挥了每一条电线的作用,实现了物尽其用。

(3) 提高工作可靠性。电线数量的减少,也使汽车电气系统的线束连接器数量大大减少,由线束和连接器引发的断路、短路、接触不良等故障的发生率也大大降低,整车电气系统的工作

图 9-1-5　在具有 3 个电子控制单元的系统中采用 CAN 数据总线进行信息传输

可靠性得以提高。

（4）便于后续开发。采用开放式的车载网络技术，为后续技术的开发留有充分的余地。以后，随着技术的不断进步，新的电子控制系统可以很方便地融入已有的系统之中，而不必对现有系统做太大的改动。

（二）现场总线与车载网络

1. 现场总线的概念

现场总线（field bus）是一种工业数据通信总线，主要用于过程自动化控制（如钢铁冶金、啤酒酿造）、制造自动化控制（如机械加工）、楼宇自动化控制等领域，以解决工业现场的智能化仪器仪表、控制器、执行机构等现场设备间的数字通信以及这些现场控制设备和高级控制系统之间的信息传递问题。

目前，汽车上广泛使用的控制器局域网络（controller area network，CAN）就可以归为现场总线类网络，但同时又有自身的一些特点。车载网络系统不仅有 CAN 总线和 LIN 总线这样的控制网络，还有多媒体影音娱乐信息网络，如 MOST 总线、DDB 总线等。目前，汽车电子控制系统中应用最广泛的是 CAN 总线。

2. 现场总线系统的组成

现场总线系统由两大部分组成，即数据传输线和节点，如图 9-1-6 所示。

在现场总线系统中，节点包括控制单元和总线辅助设备，控制单元由控制器、滤波器、收发器、两个数据传输终端组成。控制单元在硬件上多了专门的总线接口装置（如 CAN 总线接口），并有相应的软件即通信标准的支持。

在现场总线系统中，传统意义上的传感器、执行器称为总线辅助装置。同一现场的一个或多个辅助装置与控制器（控制单元）组合，构成节点（也称为总线模块），如图 9-1-7 所示。

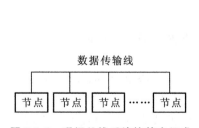

图 9-1-6　现场总线系统的基本组成

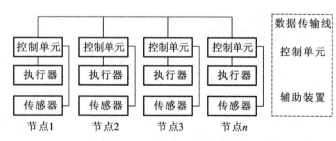

图 9-1-7　现场总线中的节点

3. 现场总线系统的工作原理

现场总线系统是一个网络系统,每一个节点都可以向网络发送信息,同时也可以接收网络信息,节点可以根据这些信息决定控制策略,向执行器发送指令。各节点之间的关系是平等的,节点的信息(包括所有传感器信息和控制信息)是共享的。

由于单片机技术和网络技术的高速发展,在现代汽车的 CAN 总线中,一个节点可以包括十几个传感器和执行器,即一个节点可以同时接收并发送十几个传感器信号,同时控制十几个执行器。在大众速腾轿车的电源管理系统中,J519 作为中央电器控制网络系统的一个节点,可以实现电源管理、车外灯控制、车内灯控制、仪表照明及光亮度调整、转向信号控制、接线柱控制、前后挡风玻璃的雨刷控制、燃油泵电源接通、发电机励磁、后风窗加热等十几种功能,控制功能十分丰富。大众速腾轿车中央电器控制网络系统的 J519 节点如图 9-1-8 所示。

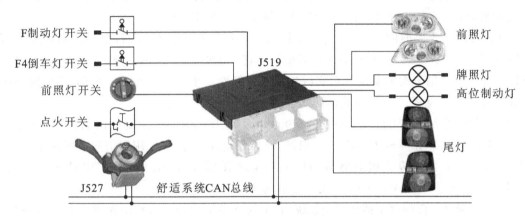

图 9-1-8　大众速腾轿车中央电器控制网络系统的 J519 节点
J519—中央电器控制单元;J527—转向柱控制单元

(三) 车载网络系统的分类

1. 根据传输导线的类型分类

根据传输导线的不同,车载网络系统可分为单线传输式(如 LIN 总线系统)、双线传输式(如 CAN 总线系统)和无线传输式(如蓝牙总线系统)。LIN 总线系统在后面会有介绍,在 CAN 总线系统中一般采用双线传输。

2. 根据网络传输形式分类

根据网络传输形式,车载网络系统可分为分路型、星型和环型,如图 9-1-9 所示。

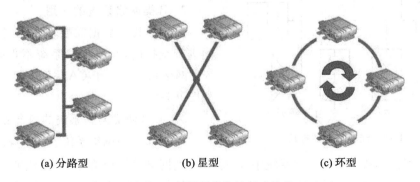

图 9-1-9　根据网络传输形式分类

3. 根据网络传输速度分类

目前存在多种汽车网络标准，它们所侧重的功能有所不同。为方便研究和设计应用，美国汽车工程师学会(SAE)的汽车网络委员会按照系统的复杂程度、传输流量、传输速度、传输可靠性、动作响应时间等参量，将汽车数据传输网络划分为 A、B、C、D、E 五类。

(1) A 类网络是面向传感器与执行器控制的低速网络，数据传输位速率一般在 1～10 Kb/s，网络协议种类主要有 LIN、UART、CCD 等，适用于对实时性要求不高的场合，主要应用于车身控制，如电动门窗、中央锁、后视镜、座椅调节、灯光照明等控制。

(2) B 类网络是面向独立模块间数据共享的中速网络，数据传输位速率在 10～125 Kb/s 之间，网络协议主要有 ISO 11898-3(容错 CAN)、J2248、VAN(vehicle area network)、J1850(OBD2)等。主要应用于电子车辆信息中心、故障诊断、仪表显示等方面的控制。随着汽车网络技术的发展，目前及未来的 B 类网络主流协议将是 ISO 11898-3。

(3) C 类网络主要面向高速、实时闭环控制的多路控制多路传输网，数据传输位速率可达 10 Mb/s 以上，网络协议主要有 ISO 11898-2(高速 CAN)、TTP(time-triggered protocol)/C、FlexRay 等。主要用于动力系统等对实时控制及可靠性要求较高的场合。目前，C 类网络中广泛应用于动力与传动系统控制与通信的协议为 ISO 11898-2。

(4) D 类网络统称智能数据总线(intelligent data bus，IDB)，主要面向信息、多媒体系统等，其位速率在 250 Kb/s～400 Mb/s。根据 SAE 分类，D 类网络使用在信息多媒体系统中，多采用 D2B、MOST 光纤传输和 IDB-Wireless 无线通信 Blue tooth 技术。IDB-C 为低速网络，IDB-M 为高速网络，IDB-Wireless 为无线通信网络。

(5) E 类网络是面向汽车被动安全系统(安全气囊系统)的网络，其位速率一般为 20 Kb/s～10 Mb/s，网络协议种类主要有 SafetyBUS、Planet、Byteflight 等。

> **注意：**
> 汽车上可能装备多个网络。

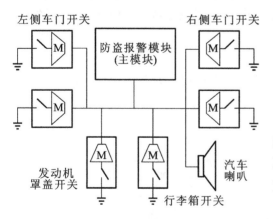

图 9-1-10 汽车防盗报警系统

(四) 车载网络系统的典型应用

1. A 类网络系统的应用

汽车防盗报警系统是典型的 A 类网络系统(LIN 总线系统)应用实例，如图 9-1-10 所示。

2. B 类网络系统的应用

当大量共享数据需要在车内各个控制单元间进行交换时，A 类网络系统不再胜任，可采用 B 类网络系统。基于 CAN 总线的 B 类网络系统如图 9-1-11 所示。

3. A、B 两类网络系统的组合应用

通常将 A 类网络系统通过车身计算机(网关)连接到 CAN 总线组成的 B 类网络系统中，使得该 A 类网络系统成为 CAN 总线的一个节点。这样，无须在各传感器和执行器部件安装 CAN 控制器件，就能使得信号在 CAN 总线上传输，有效地利用了 A 类网络系统低成本的优点。A、B 两类网络系统的组合应用如图 9-1-12 所示。

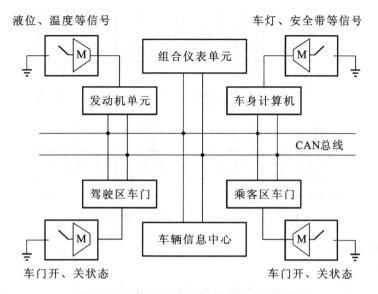

图 9-1-11 基于 CAN 总线的 B 类网络系统

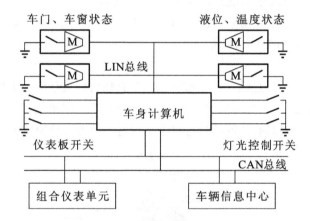

图 9-1-12 A、B 两类网络系统的组合应用

4. C 类网络系统的应用

在 C 类网络系统中,CAN 总线有效地将发动机控制系统、驱动防滑系统及巡航控制系统等连接成一个综合控制系统,整车性能得到大幅度提高。基于 CAN 总线的 C 类网络系统如图 9-1-13 所示。

(五) 多路传输的基本原理

1. CAN 的含义

CAN 是 controller area network 的缩写,称为控制器局域网络,它是车用控制单元传输信息的一种传送形式。汽车上的布线空间有限,CAN 总线系统控制单元的连接方式采用铜缆串行合用方式。由于控制器采用串行合用方式连接,因此不同控制器之间的信息传送是广播式传输。也就是说,每个控制单元不指定接收者,把所有的信息都往外发送,由接收控制器自主选择是否需要接收这些信息。CAN 是一种世界标准的串行通信协议,为数据高速公路确定统一的"交通"规则。

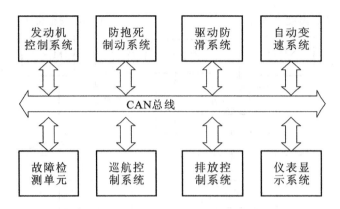

图 9-1-13　基于 CAN 总线的 C 类网络系统

2. 多路传输的概念

1）信息通信

你给邻居打电话时，你和邻居就在使用通信网络。你和邻居通过电话线连接，通过电话线发送和接收信息。CAN 总线中的数据传递就像一个电话会议，一个电话用户（控制单元）将数据"讲入"网络中，其他用户通过网络"接听"这个数据，对这个数据感兴趣的用户就会利用数据，而其他用户则选择忽略，如图 9-1-14 所示。

2）广播方法

那些被交换的信息称为信息帧。一个被发送的信息帧可以被任何一个控制单元接收，这种规则称为广播。广播的原理是：一个控制单元发送，其他所有的控制单元接收。通过广播方法，可以使所有联网的控制单元总是具有相同的信息状态。通过广播方法传递数据如图 9-1-15 所示。

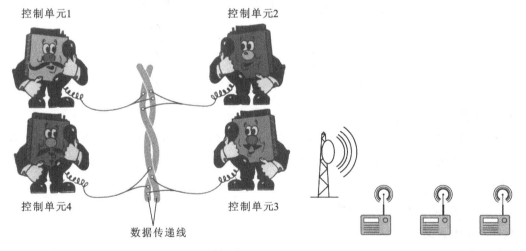

图 9-1-14　CAN 总线中的数据传递示意图　　　图 9-1-15　通过广播方法传递数据

3）数据总线的概念

数据总线可比作公共汽车，可以同时运输大量乘客。CAN 总线包含大量的数据信息。和导线的信息传输相比，数据总线组成的网络系统能够快速、准确、大量地传输信息。数据总线运送指定控制单元或所有控制单元之间的数据，就像公共汽车运送不同站的乘客，如图 9-1-16 所示。

二、任务实施

(一) 任务实施的要求

1. 任务实施的目的

(1) 认识车载网络体系结构。
(2) 了解车载网络系统的基本组成。

2. 实训仪器和设备

汽车 CAN 总线实训台架。

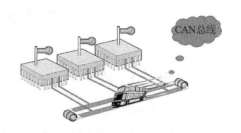

图 9-1-16 数据在控制单元间的数据传输

(二) 实施步骤

图 9-1-17 所示为某车型的车载网络体系结构。在该车载网络体系中,主要有 CAN 总线、LIN 总线、MOST 总线、无线蓝牙、IEEE1394 等多种不同的网络系统。

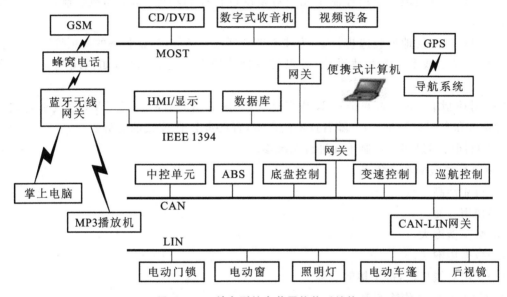

图 9-1-17 某车型的车载网络体系结构

其中无线蓝牙、MOST 总线、IEEE 1394 属于 D 类网络,主要面向影音娱乐信息、多媒体系统。CAN 总线用于 ABS、底盘控制、变速控制、巡航控制等,属于 C 类网络。

LIN 总线用于电动门锁、电动车窗、照明灯、电动车篷、后视镜等,适用于对实时性要求不高的场合,属于 A 类网络。

各种网络系统之间由于传送速度不同、网络协议不同,相互的信息通信通过网关来实现。

【任务小结】

1. CAN 是 controller area network 的缩写,称为控制器局域网络,它是车用控制单元传输信息的一种传送形式。

2. 数据总线可比作公共汽车,可以同时运输大量乘客。CAN 总线包含大量的数据信息。和导线的信息传输相比,数据总线组成的网络系统能够快速、准确、大量地传输信息。

3. 目前存在多种汽车网络标准,它们所侧重的功能有所不同。为方便研究和设计应用,美国汽车工程师学会(SAE)的汽车网络委员会按照系统的复杂程度、传输流量、传输速度、传输可靠性、动作响应时间等参数,将汽车数据传输网络划分为 A、B、C、D、E 五类。

任务2　CAN总线原理

一、相关知识

（一）CAN总线简介

CAN是国际标准化的串行通信协议。目前，CAN总线是汽车网络系统中应用最多、也最为普遍的一种总线。

1. CAN总线的优点

（1）控制单元间的数据交换都在同一平台上进行，这个平台称为协议，CAN总线起到数据交换"高速公路"的作用。

（2）可以很方便地实现用控制单元来对系统进行控制功能，如发动机控制、变速器控制、ESP控制等。

（3）可以很方便地加装选装装置，为技术进步创造了条件，为新装备的使用埋下了伏笔。

（4）CAN总线是一个开放系统，可以与各种传输介质进行适配，如铜线和光导纤维（光纤）。

（5）对控制单元的诊断可通过K线来进行，车内的诊断有时通过CAN总线来完成（如安全气囊系统和车门控制单元）。随着技术的进步，有逐步取消K线的趋势。

（6）可同时通过多个控制单元进行系统诊断。

2. CAN总线的结构特点

(1)可靠性高。

(2)使用方便。

(3)数据密度大。

(4)数据传输快。

(5)采用双线传输，抗干扰能力强。

3. CAN总线的传输速率

目前，CAN总线系统中的信号是采用数字方式经铜导线传输的，其最大稳定传输速率可达1 000 Kb/s。

大众汽车公司和奥迪公司将最大标准传输速率规定为500 Kb/s，并将CAN总线系统分为如下三个专门的系统。

（1）驱动CAN总线（高速），亦称动力CAN总线，其标准传输速率为500 Kb/s，可基本满足实时性要求，主要用于发动机、变速器、ABS、转向助力等汽车动力系统的数据传输。

（2）舒适CAN总线（低速），其标准传输速率为100 Kb/s，主要用于空调系统、中央门锁系统、座椅调节系统的数据传输。

（3）信息CAN总线（低速），其标准传输速率为100 Kb/s，主要用于对时间要求不高的领域，如导航系统、组合音响系统、CD转换控制等。

4. CAN总线的自诊断功能

（1）控制单元具有自诊断功能，通过自诊断功能还可识别出与CAN总线相关的故障。

（2）用诊断仪读出CAN总线故障记录之后，即可按这些提示信息，快速、准确地查寻并排除故障。

(3) 控制单元内的故障记录用于初步确定故障,还可用于读出排除故障后的无故障说明,即确认故障已经被排除。如果想要更新故障显示内容,必须重新起动发动机。

(4) CAN 总线正常工作的前提条件是车辆在任何工况下均无 CAN 总线故障记录。

（二）CAN 总线系统的组成

CAN 总线系统由 CAN 控制器、CAN 收发器、数据传输终端和数据传输线等部分组成,如图 9-2-1 所示。

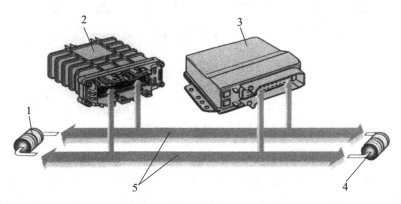

图 9-2-1　CAN 总线系统的组成

1、4—数据传输终端；2—带有 CAN 控制器和 CAN 收发器的发动机控制单元；
3—带有 CAN 控制器和 CAN 收发器的自动变速器控制单元；5—数据传输线

1. CAN 控制器

CAN 控制器的作用是接收控制单元中微处理器发出的数据,处理数据并传给 CAN 收发器。同时,CAN 控制器也接收 CAN 收发器发出的数据,处理数据并传给微处理器。

2. CAN 收发器

CAN 收发器安装在控制器内部,是发送器和接收器的组合,它将 CAN 控制器提供的数据转化成电信号并通过数据总线发送出去。同时,它也接收总线数据,并将数据传到 CAN 控制器。CAN 收发器如图 9-2-2 所示。

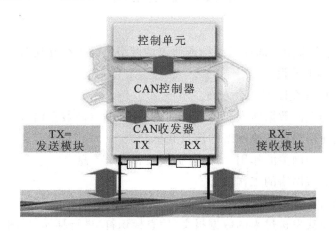

图 9-2-2　CAN 收发器

3. 数据传输终端

数据传输终端是一个终端电阻,防止数据在导线终端被反射产生反射波,反射波会破坏数据。在驱动系统中,数据传输终端接在CAN高线和CAN低线之间。标准CAN总线的原始形式中,在总线的两端接有两个终端电阻,如图9-2-3所示。

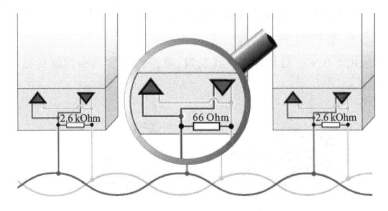

图9-2-3 终端电阻的布置图

4. 数据传输线

为了防止外界电磁波干扰和向外辐射,CAN总线的传输线多采用双绞线,其绞距为20 mm,截面积为0.35 mm^{2}或0.5 mm^2,数据传输线是双向的。这两条线传输相同的数据,分别被称为CAN高线和CAN低线。双绞线的结构如图9-2-4所示。在双绞线上,信号是按相反相位传输的,这样可有效抑制外部干扰。

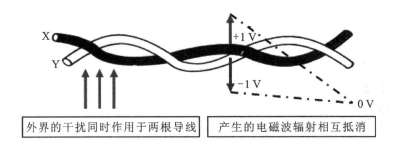

图9-2-4 双绞线的结构

5. 网关

网关(gateway)是在采用不同体系结构或协议的网络之间进行互通时,用于提供协议转换、数据交换等网络兼容功能的设备。

网关的作用主要体现在以下几个方面。

(1) 可以把局域网上的数据转变成可以识别的OBD Ⅱ诊断数据语言,方便诊断。
(2) 可以实现低速网络和高速网络的信息共享。
(3) 与计算机系统中网关的作用一样,负责接收和发送信息。
(4) 激活和监控局域网络的工作状态。
(5) 实现汽车网络系统内数据的同步性。
(6) 对各种数据总线发送过来的数据报文(信息标识符)进行翻译,如图9-2-5所示。

6. 诊断总线

诊断总线用于诊断仪器和相应控制单元之间的信息交换,它被用来代替原来的K线或者L线(废气处理控制器除外)。诊断总线通过网关连接各控制器如图9-2-6所示。

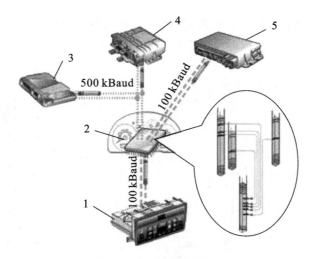

图 9-2-5　翻译数据报文

1—空调控制单元；2—仪表内的网关；3—发动机控制单元；
4—自动变速箱控制单元；5—舒适系统中央控制单元

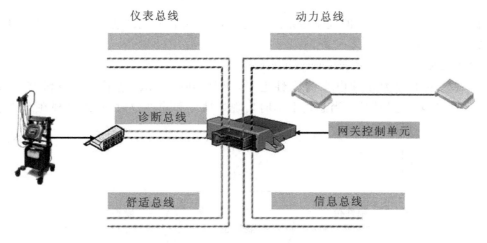

图 9-2-6　诊断总线通过网关连接各控制器

（三）CAN 总线系统的工作原理

1. CAN 总线上的信息

1）二进制信号

CAN 总线上的信息是以二进制形式出现的。也就是说，控制单元将信息转换成二进制信号，CAN 总线用电平来模拟二进制信号，接收控制单元将电平信号转换成二进制信号，再将二进制信号转换成正常数据。二进制信号如图 9-2-7 所示。

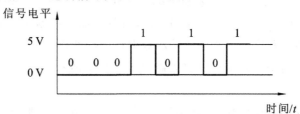

图 9-2-7　二进制信号

图 9-2-8 所示为转速信号传输示意图，控制单元 A 将发动机转速值信号先转换成二进制信号(00010101)，后由收发器转换成一串电平信号发送出去。

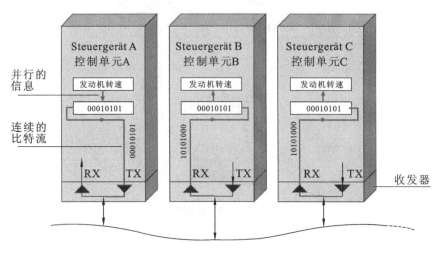

图 9-2-8 转速信号传输示意图

控制单元 B、控制单元 C 的收发器先读取电平信号，再转换成二进制信号(00010101)，然后再解码成发动机转速值。

2) 电平定义

CAN 总线电平分为显性电平与隐性电平，显性(dominant)电平表示逻辑"0"，而隐性(recessive)电平表示逻辑"1"。当总线上同时出现显性位和隐性位时，最终呈现在总线上的是显性位，如图 9-2-9 所示。

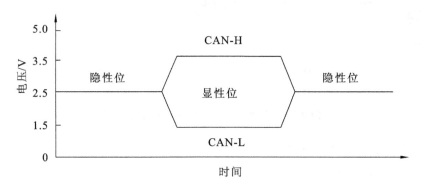

图 9-2-9 总线上的显线位和隐性位

CAN 总线的传输介质由两根传输线组成，其中一根被称为高电平传输线(CAN-H 传输线)，即 CAN 高线，另一根被称为低电平传输线(CAN-L 传输线)，即 CAN 低线，对地电压分别被表示为 $V_{CAN\text{-}H}$ 和 $V_{CAN\text{-}L}$，它们之间的差值被称为差分电压 V_{diff}，即 $V_{diff}=V_{CAN\text{-}H}-V_{CAN\text{-}L}$。满足条件 $0.9\text{ V}<V_{diff}<5.0\text{ V}$ 时，代表逻辑数字"0"，当前传输的数据称为显性位。当 $-0.1\text{ V}<V_{diff}<0.5\text{ V}$ 时，代表逻辑数字"1"，当前传输的数据称为隐性位。CAN 控制器根据 2 根传输线的电位差来判定总线的电平。差动运算放大器如图 9-2-10 所示。

3) 多控制器通信

当用两个以上的控制器连接在 CAN 总线上时，用逻辑数字"1"来表示断开，用逻辑数字"0"表示闭合。在不考虑其他总线规则的情况下，总线会出现图 9-2-11 所示的情况，具体如下。

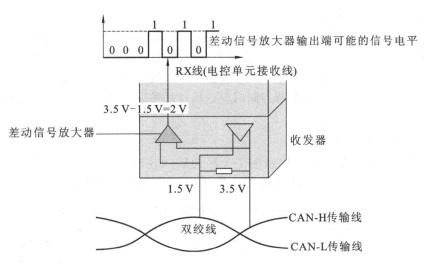

图 9-2-10 差动运算放大器

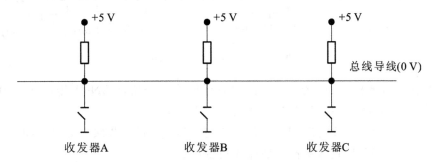

图 9-2-11 多个收发器耦合在一根总线上

(1) 任何开关闭合,总线上的电压为 0 V,CAN 总线进行通信。
(2) 所有开关断开,总线上的电压为 5 V,CAN 总线未通信。

三个收发器耦合在一根总线上,可以得出 8 种开关状态,收发器的开关状态与总线电平的逻辑关系如表 9-2-1 所示。

表 9-2-1 收发器的开关状态与总线电平的逻辑关系

收发器 A	收发器 B	收发器 C	总线电平
1	1	1	1(5 V)
1	1	0	0(0V)
1	0	1	0(0V)
1	0	0	0(0V)
0	1	1	0(0V)
0	1	0	0(0V)
0	0	1	0(0V)
0	0	0	0(0V)

因此，可以得出以下结论。

（1）只要任何一个控制器激活，则总线激活，激活的总线电平称为显性电平。

（2）所有控制器关闭，总线处于未激活状态，未激活的总线电平称为隐性电平。

（3）与总线相连的所有节点都可以发送信息，发送信息的节点通过改变所连总线的电平就可将信息发送到接收节点。在两个节点同时发送信息的情况下，具有优先最高信息的节点获得发送权，其他节点转为信息接收状态。

2. CAN 总线的数据结构

CAN 总线所传输的每条完整信息由 7 个区构成，如图 9-2-12 所示，信息最大长度为 108 bit。在两条 CAN 传输线上，所传输的数据内容是相同的，但是两条传输线的电压状态相反。

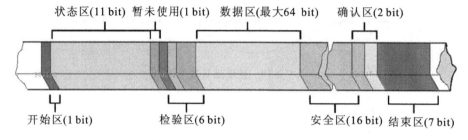

图 9-2-12　CAN 总线的信息结构

（1）开始区。开始区（长度为 1 bit）标志数据传输的开始，CAN-H 传输线的电压大约为 5 V（具体数值视系统而定），CAN-L 传输线的电压大约为 0 V。

（2）状态区。状态区（长度为 11 bit）用于确定所传数据的优先级。如果在同一时刻有两个控制单元都想发送数据，则优先级高的数据先行发出。

（3）检验区。检验区（长度为 6 bit）用于显示数据区中的数据数量，以便让接收器（接收数据的控制单元）检验自己接收到的、来自发送器（发送数据的控制单元）的数据是否完整。

（4）数据区。数据区（长度不确定，视具体情况而定，最大长度为 64 bit）是信息的实质内容。

（5）安全区。安全区（长度为 16 bit）用于检验数据在传输中是否出现错误。

（6）确认区。确认区（长度为 2 bit）是数据接收器发给数据发送器的确认信号，表示接收器已经正确、完整地收到了发送器发送的数据。如果检测到在数据传输中出现错误，则接收器会迅速通知发送器，以便发送器重新发送该数据。

（7）结束区。结束区（长度为 7 bit）标志着数据传输的结束。

3. 数据传输过程

多个控制单元以并联方式经收发器与总线连接，数据传输过程如图 9-2-13 所示，每个控制单元都有权向总线发送信息，但同一时刻只有一个控制单元向总线发送信息，其他的控制单元接收信息，其中一些控制单元对这些信息感兴趣并采用这些信息，而另一些控制单元则可能不理会这些信息。

（1）提供数据：控制单元向 CAN 控制器提供需要发送的数据。

（2）发送数据：CAN 收发器接收由 CAN 控制器传来的数据，将其转为电信号并发送。

（3）接收数据：其他控制单元转为接收器接收数据。

（4）检查数据：控制单元检查判断所接收的数据是否为其所需要的数据。

（5）接收数据：如接收的数据为控制单元所需要的数据，它将被接受并被处理。

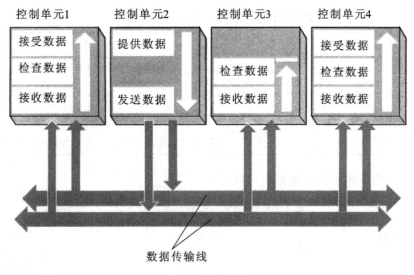

图 9-2-13　数据传输过程

4. 优先权确认

因为 CAN 总线采用串行数据传递（单根数据线）方式，如果有多个控制器同时发送信息，那么数据总线上必然会发生数据冲突。为了避免发生这种情况，CAN 总线具有冲突仲裁机制，以便按照信息的重要程度分配优先权，确保优先权高的信息能够优先发送。当有多个控制器试图发送信息时，它们自己的接收器为信息的优先权进行仲裁，当其他控制器发送的信息的优先权高于自己控制器发送的信息的优先权时，通知自己的发送器停止发送，整个控制器进入接收状态。

在信息数据列中有 11 位的状态区，这 11 位二进制数中前 7 位既是发送信息的控制器标识符，又表示了它的优先权，即从前往后数，前面零越多，优先权越高。而后 4 位则是这个控制器发送不同信息的编号，如发动机控制单元既要发送转速信号，又要发送冷却液温度信号，则这两种信号状态区 11 位二进制数中的后 4 位就有所不同。数据总线上的数据冲突如图 9-2-14 所示，当发动机控制单元、自动变速器控制单元和 ABS 控制单元等多个控制单元都要发送数据时，哪个控制单元有优先权先发送数据呢？各控制单元的发送数据优先权如表 9-2-2 所示。

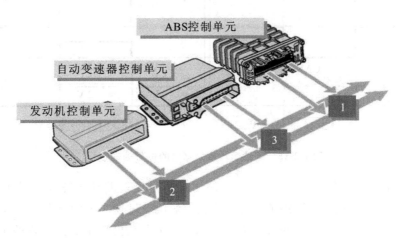

图 9-2-14　数据总线上的数据冲突

表 9-2-2　各控制单元的发送数据优先权

优先权	控制单元	数据传递
1	ABS 控制单元	(1)发动机制动控制信号；(2)驱动防滑信号
2	发动机控制单元	(1)发动机转速信号；(2)节气门位置信号；(3)强迫降挡开关信号
3	发动机控制单元	(1)冷却液温度信号；(2)车速信号
4	自动变速器控制单元	(1)挡位开关信号；(2)变速箱模式开关信号；(3)换挡点信号

表 9-2-3 所示为 3 组不同数据报告的优先权。

表 9-2-3　3 组不同数据报告的优先权

优先权	数据报告	状态区
1	Brake1(制动 1)	00110100000
2	Engine1(发动机 1)	01010000000
3	Gearbox1(变速器 1)	10001000000

5．CAN 总线的抗干扰措施

车辆在工作过程中，电火花和电磁开关联合作用会产生电磁干扰，移动电话和发送站以及任何产生电磁波的物体都会产生电磁干扰，电磁干扰能够影响甚至破坏 CAN 的数据传输。为防止数据传输受到干扰，将 2 根数据传输线缠绕在一起，这样可以防止数据传输线产生辐射、噪音。

CAN 收发器的差动运算放大器在处理信号时，会用 CAN-H 传输线上作用的电压减去 CAN-L 传输线上作用的电压，具体的处理过程如图 9-2-15 所示。

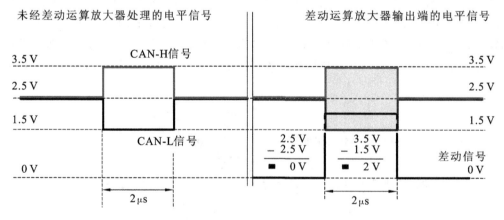

图 9-2-15　差动运算放大器内的信号处理过程

CAN-H 传输线上的信号和 CAN-L 传输线上的信号经过差动运算放大器处理后(就是所谓的差动传输技术)，可最大限度地消除外界干扰的影响。即使车上的供电电压有波动(如起动发动机时)，也不会影响各个控制单元的数据传输，这就大大提高了数据传输的可靠性。CAN 总线抗干扰信号波形如图 9-2-16 所示。

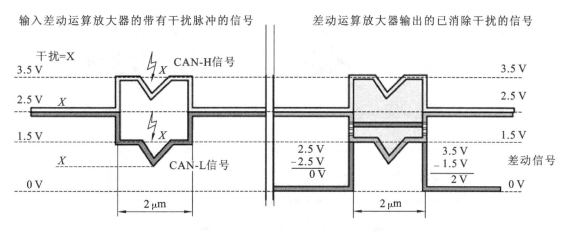

图 9-2-16 CAN 总线抗干扰信号波形

二、任务实施

(一)任务实施的要求

1. 任务实施的目的

(1) 认识大众车系 CAN 总线系统的结构特点。
(2) 理解 CAN 总线系统系统的组成及工作原理。

2. 实训仪器和设备

大众车系 CAN 总线实训台架。

(二)实施步骤

1. 大众车系的 CAN 总线系统

由于不同控制器对 CAN 总线的性能要求不同,因此最新版本的 CAN 总线系统设定为 5 个不同的区域,分别为驱动总线系统、舒适总线系统、信息总线系统、仪表总线系统、诊断总线系统 5 个局域网,各子局域网传输速率如表 9-2-4 所示。CAN 总线系统的具体组成如图 9-2-17 所示。

表 9-2-4 各子局域网传输速率

序号	子局域网名称	电源提供	传输速率(Kb/s)
1	驱动总线系统	15 号线	500
2	舒适总线系统	30 号线	100
3	信息总线系统	30 号线	100
4	诊断总线系统	30 号线	500
5	仪表总线系统	15 号线	100

CAN 总线系统中不同子局域网的区别如下。

(1) 驱动总线系统通过 15 号接线柱切断,或经过短时无载运行后自行切断。
(2) 舒适总线系统由 30 号线供电且必须保持随时可用状态。若汽车网络系统不再需要舒适总线系统工作,则舒适总线系统进入休眠模式。
(3) 舒适总线系统和信息总线系统具有单线工作模式,可以单线工作。

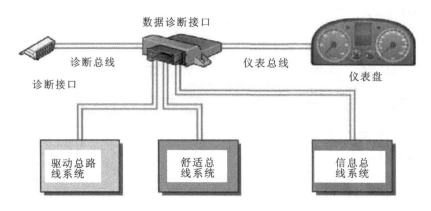

图 9-2-17　CAN 总线系统的具体组成

（4）驱动总线系统的电信号与舒适总线系统、信息总线系统的电信号是不同的。

（5）驱动总线系统无法与舒适总线系统或信息总线系统直接进行电气连接,但可以通过网关连接在一起,构成一个更大的网络。

2. 驱动总线系统

驱动总线系统的组成如图 9-2-18 所示。驱动总线系统由 15 号线激活,速率是所有子局域网中最高的,达到 500 Kb/s,采用终端电阻结构,其中心电阻为 66 Ω（发动机电阻）,其高低 CAN 线为环状结构,即任意一根 CAN 线断路,则系统无法工作。

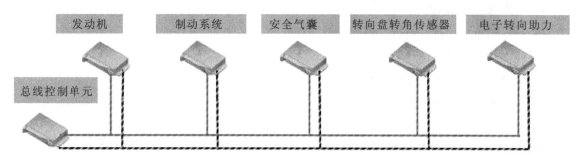

图 9-2-18　驱动总线系统的组成

当驱动总线系统的总线电平为隐性电平（逻辑"1"）时,V_{CAN-H} 和 V_{CAN-L} 为 2.5 V（电位差为 0 V）;当驱动总线系统的总线电平为显性电平（逻辑"0"）时,V_{CAN-H} 和 V_{CAN-L} 分别为 3.5 V 和 1.5 V（电位差为 2 V）,驱动总线系统的信号电压如图 9-2-19 所示。

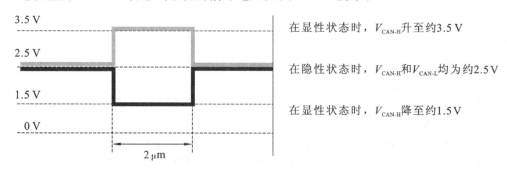

图 9-2-19　驱动总线系统的信号电压

3. 大众舒适 CAN 总线

舒适总线系统的组成如图 9-2-20 所示。舒适总线系统由 30 号线激活,速率达到 100 Kb/s,没有终端电阻,且高低 CAN 线分离,即任意一根 CAN 线断路,系统不受影响。舒适总线系统 CAN 总线信号与驱动总线系统的有很大区别。

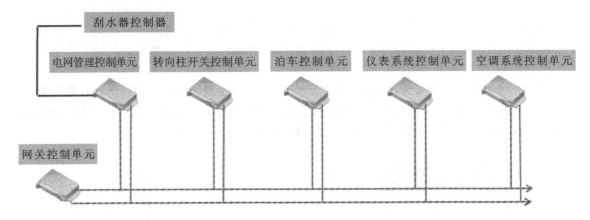

图 9-2-20 舒适总线系统的组成

当舒适总线系统的总线电平为隐性电平(逻辑"1")时,V_{CAN-H} 和 V_{CAN-L} 分别为 0 V 和 5 V(电位差为 −5 V);当舒适总线系统的总电平为显性电平(逻辑"0")时,V_{CAN-H} 和 V_{CAN-L} 分别为 3.6 V 和 1.4 V(电位差为 2.2 V)。舒适总线系统的信号电压如图 9-2-21 所示。

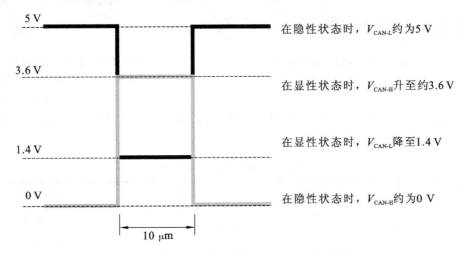

图 9-2-21 舒适总线系统的信号电压

4. 网关

由于不同区域 CAN 总线系统的速率和识别代号不同,驱动总线系统的传输速率为 500 Kb/s,舒适总线系统的传输速率为 100 Kb/s,信息总线系统的传输速率为 100 Kb/s。因此,一个信号要从一个总线系统进入另一个总线系统,必须对它的识别信号和传输速率进行改变,使其能被另一个总线系统接收,这个任务由网关完成。

网关就像一个车辆换乘站,网关工作示意图如图 9-2-22 所示。另外,网关还具有改变信息优先权的作用,如车辆发生碰撞事故,安全气囊系统控制单元会发出负加速度信号,这个信号的优先权在驱动总线系统中很高,但传到舒适总线系统后,网关调低了它的优先权,因为它在舒适总线系统中的作用只是打开门和灯。

5. 诊断总线系统

诊断总线用于诊断仪器和相应控制单元之间的信息交换,它被用来代替原来的 K 线或者 L 线。诊断总线目前只能在 VAS5051、VAS5052 和 VAS5053 下工作,而不能适用于原来的诊断工具,如 1552 等。

> **注意:**
> VAS5051 仪器的版本号必须在 3.0 以上才能使用诊断总线。

诊断总线通过网关转接到相应的 CAN 总线上,然后再连接相应的控制器进行数据交换。

随着诊断总线的使用,大众汽车公司将逐步淘汰控制器上的 K 线存储器,而采用诊断总线作为诊断仪器和控制器之间的信息连接线,我们称之为虚拟 K 线,如图 9-2-23 所示。

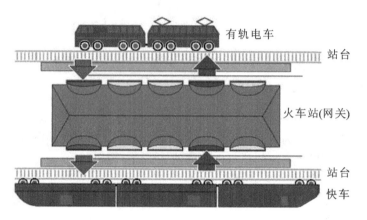

图 9-2-22　网关工作示意图

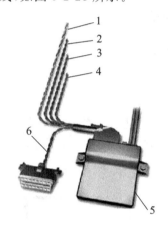

图 9-2-23　诊断总线(虚拟 K 线)

1—仪表总线；2—驱动总线；3—舒适总线；
4—信息总线；5—网关；6—诊断总线

随着诊断总线的应用,汽车上的诊断接口也做出了相应的改动,诊断接口端子含义如表 9-2-5 所示。

表 9-2-5　诊断接口端子含义

针脚号	对应的线束	针脚号	对应的线束
1	15 号线	7	K 线
4	接地	14	CAN 低线
5	接地	15	L 线
6	CAN 高线	16	30 号线

注:未标明的针脚号暂未使用。

> **注意:**
> 新型诊断总线能够适用于旧型诊断接口。

【任务小结】

1. CAN 总线系统由 CAN 控制器、CAN 收发器、数据传输终端和数据传输线等构成。

2. CAN 控制器的作用是接收控制单元中微处理器发出的数据,处理数据并传给 CAN 收发器。同时,CAN 控制器也接收 CAN 收发器收到的数据,处理数据并传给微处理器。

3. CAN 收发器安装在控制器内部,是发送器和接收器的组合,它将 CAN 控制器提供的数据转化成电信号并通过数据总线发送出去。同时,它也接收总线数据,并将数据传到 CAN 控制器。

4. 数据传输终端是一个终端电阻,防止数据在导线终端被反射产生反射波,反射波会破坏数据。

5. 为了防止外界电磁波干扰和向外辐射,CAN 总线的传输线多采用双绞线,其绞距为 20 mm,截面积为 0.35 mm² 或 0.5 mm²,数据传输线是双向的。这两条线传输相同的数据,分别被称为 CAN 高线和 CAN 低线。

6. CAN 总线数据传输过程一般包括提供数据、发送数据、接收数据、检查数据、接收数据。

7. CAN 总线电平分为显性电平和隐性电平,显性(dominant)电平表示逻辑"0",而隐性(recessive)电平表示逻辑"1"。

8. 当驱动总线系统的总线电平为隐性电平(逻辑"1")时,V_{CAN-H} 和 V_{CAN-L} 为 2.5 V(电位差为 0 V);当驱动总线系统的总线电平为显性电平(逻辑"0")时,V_{CAN-H} 和 V_{CAN-L} 分别为 3.5 V 和 1.5 V(电位差为 2 V)。

9. 当舒适总线系统的总线电平为隐性电平(逻辑"1")时,V_{CAN-H} 和 V_{CAN-L} 分别为 0 V 和 5 V(电位差为 −5 V);当舒适总线系统的总线电平为显性电平(逻辑"0")时,V_{CAN-H} 和 V_{CAN-L} 分别为 3.6 V 和 1.4 V(电位差为 2.2 V)。

任务 3　其他总线传输系统

一、相关知识

(一) LIN 总线系统

1. LIN 总线的含义

LIN 总线(LIN-BUS)即 local interconnect network,其含义是局域互联网络。LIN 总线所控制的控制单元一般都分布在距离较近的空间内(如车顶、仪表板、车门等处),所以 LIN 总线也被称为局域子系统。

LIN 总线为现有汽车网络(如 CAN 总线)提供辅助功能,LIN 总线是一种辅助的串行通信总线网络。在不需要 CAN 总线的带宽和多功能的场合,如智能传感器和制动装置之间的通信,使用 LIN 总线可大大节省成本。LIN 总线与 CAN 总线的连接关系如图 9-3-1 所示。

2. LIN 总线系统的传输特征

(1) 传输速率最高可达 20 Kb/s。
(2) 采用单主机、多从机模式,无须总线仲裁机制。
(3) 通常一个 LIN 网络上的接点少于 16 个。
(4) LIN 总线系统中,仅使用一根 12 V 的总线连接。
(5) 单线式总线底色是紫色,有标志色。

3. LIN 总线系统的基本组成

LIN 总线系统的控制器有主控制器和从控制器之分,整个总成内的主控制器和从控制器之间、从控制器和从控制器之间都由 LIN-BUS 相连,然后由主控制器通过 CAN-BUS 与外界相

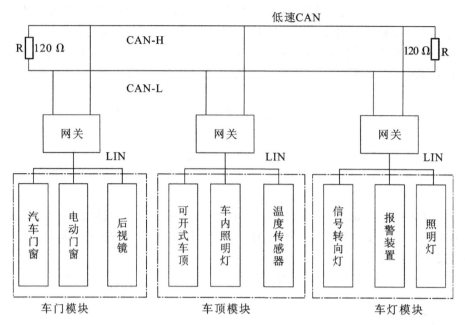

图 9-3-1 LIN 总线与 CAN 总线的连接关系

连。LIN-BUS 是 CAN-BUS 的子网。LIN 总线系统的基本组成如图 9-3-2 所示。

1) LIN 总线系统主控制单元

LIN 总线系统主控制单元连接在 CAN 总线上，它执行 LIN 总线系统的主功能。在 LIN 总线系统中，主控制单元在从控制单元与 CAN 总线之间起"翻译"作用，它是 LIN 总线系统中唯一与 CAN 总线相连的控制单元。LIN 总线系统通过主控制单元进行与之相连的从控制单元的自诊断。

2) LIN 总线系统从控制单元

在 LIN 总线系统内，单个的控制单元(如新鲜空气鼓风机)或传感器及执行元件(如水平传感器及防盗警报蜂鸣器)都可看作从控制单元。每个 LIN 总线系统中最多可以连接 16 个从控制器，从控制器主要接收或传送与主控制器的查询或指令有关的数据。LIN 总线信息的单线传输如图 9-3-3 所示。

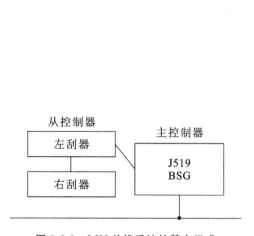

图 9-3-2 LIN 总线系统的基本组成

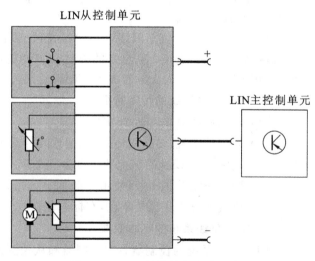

图 9-3-3 LIN 总线信息的单线传输

4. LIN 总线系统在汽车上的应用

LIN 总线系统在汽车上的应用领域主要有防盗系统、自适应大灯、氙气前照灯、驾驶员侧开关组件、外后视镜、中控门锁、电动天窗、空调系统的鼓风机等。图 9-3-4 所示为 LIN 总线与 CAN 总线的连接实例。

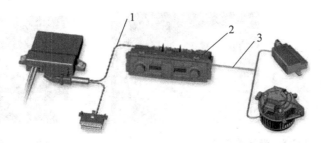

图 9-3-4 LIN 总线与 CAN 总线的连接实例
1—CAN 总线；2—LIN 总线系统主控制单元；3—LIN 总线

（二）MOST 总线系统

1. MOST 总线的概念和特点

MOST 是 media oriented system transport 的缩写，顾名思义，MOST 总线（MOST-BUS）、媒体系统数据交换总线，是一种用于多媒体数据传输的网络。

MOST 总线系统采用光纤作为传输介质，可连接汽车音响系统、视频导航系统、车载电视、高保真音频放大器、车载电话、多碟 CD 播放器等模块，其数据传输速率最高可达 22.5 Mb/s，而且没有电磁干扰。

MOST 总线系统有如下特点。

（1）采用环状拓扑结构，连接器简单。

（2）面向多媒体娱乐系统、GPS 导航系统、车载电话等，传输数据量大、损耗小、速度快。

（3）每套 MOST 网络允许连接节点最多达 64 个。

（4）MOST 总线系统支持即插即用机制。

（5）使用光纤作为传输介质，具有高宽带、无干扰、价格低廉等优点。

2. MOST-光纤技术

在实际的汽车领域，光纤数据传输能实现一个完整的信息娱乐系统的意义在于，到目前为止 CAN-BUS 系统无法提供足够快的数据传输及所需的输送量。由于视频和音频的运用，需要很高的数据传输速率，单是一个带立体声的数字电视信号就要求大约 6 Mb/s 的传输速率。

借助于光纤的 MOST-BUS 部件间的数据传输以数字方式进行，在显著提高传输速率的同时，仅需要较少的电缆。与无线电波相比，光波的波长较短，不会产生电磁干扰波，而且对电磁干扰波不敏感，具有较高的传输速率和抗干扰安全性。

1) MOST-光纤的结构

光纤是光导纤维的简称。其典型结构为多层同轴圆柱体，自内向外分别为纤芯、包层和保护层，如图 9-3-5 所示。光纤是有线传输介质中性能最好的一类介质。

光纤具有以下特征。

（1）工作波长为 650 nm。

（2）传送距离为 50 m。

（3）使用寿命至少 15 年。

(4) 使用的温度范围为-40 ℃~85 ℃。

2) MOST-光纤的功能原理

MOST-光纤的数据传输过程,实际上是光波的全反射原理在光纤中的典型应用。光纤的功能原理如图9-3-6所示。

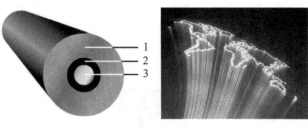

图 9-3-5 光纤的结构
1—纤芯;2—包层;3—保护层

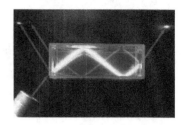

图 9-3-6 光纤的功能原理

3. MOST总线系统的环形结构

1) MOST总线系统的拓扑结构

MOST总线系统的显著特点是它的环形结构,如图9-3-7所示。控制单元通过一根光纤把数据传送至环形结构中的下一个控制单元,这个过程一直在持续进行,直至首先发出数据的控制单元又接收到这些数据为止。采用光纤传输的MOST总线系统的传输速率达21.2 Mb/s,可实现声音和图像数据的同时传输。

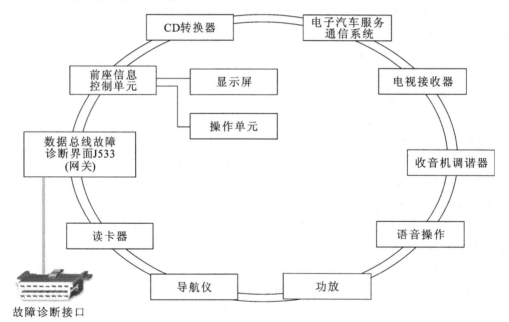

图 9-3-7 MOST总线系统的环形结构

在MOST总线系统中,每个终端设备(节点、控制单元)在一个具有环形结构的网络中通过光纤相互连接。各个控制单元之间的连接通过一个数据只沿一个方向传输的环形总线实现。也就是说,一个控制单元拥有两根光纤,一根光纤用于连接发送器,一根光纤用于连接接收器。

2) MOST总线系统在汽车上的应用

图9-3-8所示为奥迪轿车MOST总线系统。

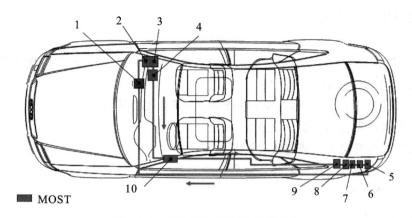

图 9-3-8 奥迪轿车 MOST 总线系统

1—网关；2—主单元；3—带 CD 的导航；4—CD 转换器；5—通信盒（收音机，语音操作系统）；
6—数字音响广播；7—电视调谐器；8—带 DVD 的导航；9—数字音响处理；10—电话

（三）FlexRay 总线系统

1. FlexRay 总线概述

目前，FlexRay 为车内分布式网络系统的实时数据传输提供了有效协议，已经成为汽车网络系统的协议之一。FlexRay 总线将在未来很多年内，引领汽车网络系统的发展方向。FlexRay 总线是继 CAN 总线和 LIN 总线之后的最新研发成果，可以有效管理多重安全功能和舒适功能，如线控操作等。

由于目前通过 CAN 总线实现联网的方式已经达到其效率的极限，业界普遍认为，FlexRay 总线将替代 CAN 总线。

2. FlexRay 总线的数据传输速率

FlexRay 总线的最大数据传输速率为每通道 10 Mb/s，明显高于以前在车身和动力传动系统及底盘方面所用的数据总线的传输速率。以前只有光纤才能达到该传输速率。

3. FlexRay 总线系统的优点

FlexRay 总线系统具有以下优点。

（1）数据传输速率较高（每通道可达 10 Mb/s）。

（2）确定性（实时）传输数据。

（3）数据通信可靠。

（4）支持系统集成。

（四）蓝牙技术

1. 蓝牙技术的无线连接功能

蓝牙技术是一种支持短距离（一般在 10 m 以内）通信的无线电技术。它支持在移动电话、掌上电脑、无线耳机、笔记本电脑、无线鼠标、计算机相关外部设备等众多设备之间进行无线信息交换。

利用蓝牙技术，能够有效地简化移动通信终端设备之间的通信，也能够成功地简化设备与因特网之间的通信，从而使数据传输变得更加迅速和高效，为无线通信拓宽了道路。

蓝牙技术采用分散式网络结构以及快速跳频和短包技术，支持点对点及点对多点通信，工作在全球通用的 2.4 GHz ISM（即工业、科学、医学）频段。蓝牙技术使用 IEEE 802.15 协议，采用时分双工传输方案实现全双工传输，其数据传输速率可达 1 Mb/s。

2. 蓝牙技术的工作原理

1) 蓝牙技术的数据传输

使用蓝牙技术的短距离无线电收发器（发送器和接收器）直接安装在所选用的移动装置内或集成在适配器（如 PC 卡、USB 等）内。

在每个蓝牙微网上，有一个装置执行主控功能，其数据传输过程如下。

(1) 主控装置首先与其他蓝牙设备建立联系。

(2) 其他蓝牙装置与主控装置进行同步设定。

(3) 收到主控装置数据包的蓝牙装置做出应答。

2) 蓝牙技术的特点

蓝牙技术具有如下特点。

(1) 具有抗干扰性。

(2) 能进行数据分割。

(3) 具有数据安全性。

3. 蓝牙技术在汽车上的应用

图 9-3-9 所示为蓝牙设备在汽车上的应用。在汽车网络系统中，蓝牙设备主要以节点的形式存在，并以 CAN 总线网关为蓝牙基站。

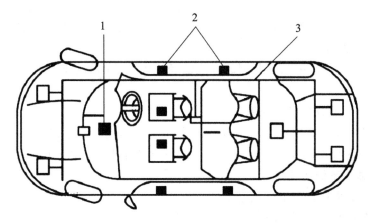

图 9-3-9 蓝牙设备在汽车上的应用
1—蓝牙基站；2—蓝牙节点；3—总线

二、任务实施

（一）任务实施的要求

1. 任务实施的目的

熟悉 LIN 总线系统的故障诊断方法。

2. 实训仪器和设备

LIN 总线实训台架。

（二）实施步骤

1. LIN 总线系统的自诊断

LIN 总线系统各部件故障可利用故障检测仪 VAS 5051 进行自诊断，如图 9-3-10 所示。

2. LIN 总线系统常见故障

1) LIN 总线系统短路

当 LIN 总线系统对电源正极短路（见图 9-3-11）或对电源负极短路（见图 9-3-12）时，LIN 总线系统都会关闭，无法正常工作。

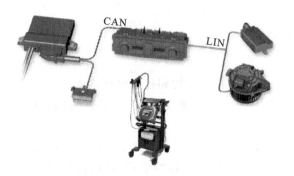

图 9-3-10　利用故障诊断仪 VAS 5051 进行自诊断

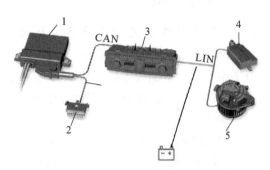

图 9-3-11　LIN 总线系统对电源正极短路
1—数据总线自诊断接口（网关）；2—自诊断接口；
3—LIN 主控制单元；4—LIN 从控制单元 1；5—LIN 从控制单元 2

2) LIN 总线系统断路

当 LIN 总线系统发生断路故障（见图 9-3-13）时，其功能丧失情况视发生断路故障的具体位置而定。根据 LIN 总线系统发生断路故障时其功能的丧失情况，结合 LIN 总线控制关系并参阅电路图，就可以判断出发生断路故障的大致位置。

图 9-3-12　LIN 总线系统对电源负极短路　　　　图 9-3-13　LIN 总线系统发生断路故障

【任务小结】

1. LIN-BUS 即 local interconnect network，其含义是局域互联网络。LIN-BUS 是 CAN-BUS 的子网，但它只有一根数据线，该数据线的截面积为 0.35 mm^2，并且没有屏蔽措施。LIN 总线系统的控制器有主控制器和子控制器之分。LIN-BUS 系统规定一个主控制单元最多可以连接 16 个子控制单元。

2. MOST 是 media oriented system transport 的缩写，MOST 总线系统为面向多媒体的网络传输系统，可称为多媒体定向传输系统。MOST 总线系统采用光纤作为传输介质，可将音响设备、车载电视、卫星导航系统及车载电话等设备相互连接起来，给用户带来极大的便利。

3. FlexRay 总线是继 CAN 总线和 LIN 总线之后的最新研发成果，可以有效管理多重安全功能和舒适功能，如线控操作。

4. 蓝牙技术是一种支持短距离（一般在 10 m 以内）通信的无线电技术。它支持在移动电话、掌上电脑、无线耳机、笔记本电脑、无线鼠标、计算机相关外部设备等众多设备之间进行无线信息交换。

任务4 车载网络系统的故障检修

一、相关知识

(一) 车载网络系统的故障类型及常见故障

车载网络系统的故障类型如下。

对于车载网络系统故障的维修,应根据车载网络系统的具体结构和控制回路具体分析。一般来说,车载网络系统故障可根据故障原因分为三种类型:电源系统故障、节点故障、链路故障。

1) 电源系统故障

电控模块的正常工作电压为 10.5 V~15.0 V。如果汽车电源系统提供的电压低于该电压值,就会造成一些对工作电压要求较高的电控模块出现短暂停止工作的情况,从而使整个车载网络系统出现短暂无法通信的现象,如车辆行驶过程中出现的发动机转速表、里程表、燃油表或冷却液温度表指示为零的现象。

2) 节点故障

节点是指车载网络系统中的控制单元,因此节点故障就是控制单元故障,它包括软件故障和硬件故障。软件故障,即传输协议或软件程序有缺陷或冲突,从而使车载网络系统通信出现混乱或无法工作的故障,这种故障一般成批出现,且无法维修;硬件故障,即一般由于通信芯片或集成电路故障造成的车载网络系统无法正常工作的故障。

对于采用低版本信息传输协议和点到点信息传输协议的车载网络系统,如果有节点故障,整个车载网络系统将无法工作。

3) 链路故障

链路故障即通信线路故障。当出现链路故障时,如通信线路短路、断路等,都会引起多个控制单元无法工作或控制系统错误动作。判断车载网络系统故障是否为链路故障时,一般采用示波器或汽车专用光纤诊断仪来观察通信数据信号是否与标准通信数据信号相符。另外,当车载网络系统工作不稳定时,使用解码器可以检测出有关总线的故障码。

(二) 车载网络系统故障的检修步骤

(1) 了解故障车载网络系统的结构形式,最好画出其网络结构基本框图。

(2) 了解该车型多路信息传输系统的特点,具体包括三个方面:①传输介质,如双绞线、同轴电缆、光纤或无线电(蓝牙技术)等;②网络系统类型,如 CAN 总线系统或 LAN 总线系统等;③网络通信协议类型,如 CAN 协议、VAN 协议、CCD 协议、ABUS 协议、HBCC 协议或 DLCS 协议等。

(3) 了解车载网络系统的各种功能,如有无唤醒功能、休眠功能等。

(4) 检查汽车电源系统是否存在故障,检查交流发电机的输出波形是否正常等。

(5) 检查汽车多路信息传输系统的链路是否存在故障。

(6) 检查是否为节点故障。

(7) 利用车载网络系统的故障自诊断功能进行如下操作。①连接解码器,与出现故障的各控制系统进行通信,读取故障码。②如有故障码,按故障码的提示进行检查。当车载网络系统的故障码与其他故障码同时出现时,应优先对车载网络系统进行故障诊断。若解码器具有控制单元诊断支持监视器功能,可充分利用该功能确定故障位置。③检查控制单元的电源供应及搭铁回路是否良好。④检查 CAN 总线的两条线路是否良好,用多通道示波器对其进行波形检测。如不正常,再用万用表检查其是否断路或短路。⑤拔下控制单元线束连接器,对控制单元在 CAN 总线接口两端的数据传递终端电阻进行检测。如不符合要求,说明控制单元内部接触不良。⑥拔下控制单元线束连接器,检查 CAN 总线接口的接触情况,并使该控制单元在不接入车内网络系统的情况下观察故障现象的变化。若故障消失,则说明控制单元硬件损坏或内部软件故障(如未进行相应编程、设定等)。⑦对该控制单元进行重新设定,若故障不消失,则换用新的控制单元,再视情况进行重新设定。

(三) 车载网络系统的故障诊断

1. 利用车载网络系统的故障自诊断功能

车载网络系统故障诊断过程中,首先,应检查控制单元编码;其次,查询所有控制单元的故障记忆,并在此基础上阅读数据块;最后,用示波器 DSO 或万用表测量 CAN-BUS 波形和数据信息。

1) 解码器与车辆连接

诊断时使用最新的修理资料和专用诊断仪,如大众车系使用 VAS 5051、VAS 5052 及更高版本的解码器。自诊断接口位于驾驶员侧仪表板饰板内的杂物箱下。只有通过自诊断接口,借助自诊断仪器内的登录程序,才可激活 CAN 总线的自诊断程序,来实现自诊断功能。解码器与自诊断接口的连接如图 9-4-1 所示。

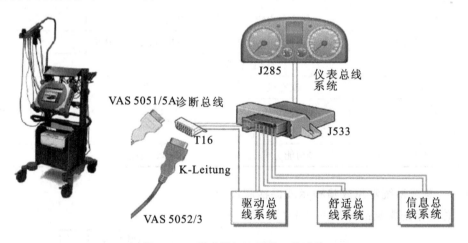

图 9-4-1　解码器与诊断接口的连接

2) 驱动总线系统的故障自诊断

(1) 通过车辆自诊断接口进行通信后,首先分别进入驱动总线系统各节点地址码,如发动机地址码 01、自动变速器地址码 02、ABS/EDL 地址码 03,对各控制单元进行自诊断。

(2) 再进入功能码 02 查询各控制单元中是否储存有关 CAN 总线数据传输的故障码。

(3) 若已查询出有关 CAN 总线数据传输的故障码,则利用万用表、示波器和全车电路图进行检测。参照电路图先决定要测量的点,然后使用万用表对数据总线进行测量以确定故障点的位置。

3) 舒适总线系统的故障自诊断

(1) 通过车辆自诊断接口进行通信后,进入地址码 46,对舒适总线系统控制单元进行自诊断。

(2) 进入功能码 02,查询舒适总线系统中央控制单元是否储存故障码。

(3) 若已查询出有关 CAN 总线数据传输的故障码,利用万用表和全车电路图,参照电路图先决定要测量的点,然后使用万用表对数据总线进行测量以确定故障点的位置。

4) 读取数据块

在自诊断过程中,可通过网关J533(进入地址码19,再进入功能码08)阅读数据块。网关控制单元关于CAN总线系统的数据块通道号如表9-4-1所示。

表9-4-1 网关控制单元关于CAN总线系统的数据块通道号

		驱动总线系统		
125	发动机控制单元	变速器控制单元	ABS控制单元	—
126	转向盘转角传感器	安全气囊系统控制单元	电动转向	柴油泵控制单元
127	中央电气系统	全轮驱动	车距调节电气系统	
128	蓄电池管理	电子点火锁	自水平调节	减震调节
129	—	—		
		舒适总线系统		
130	单线/双线	中央舒适系统	司机车门控制单元	乘客车门控制单元
131	左后车门电气系统	右后车门电气系统	司机座椅记忆电气系统	中央电气系统
132	组合仪表	多功能方向盘	全自动空调	轮胎压力监控
133	车顶电气系统	乘客座椅记忆电气系统	后座椅记忆电气系统	驻车距离调节电气系统
134	驻车加热	电子点火锁	雨刮电气系统	
135	挂车控制单元	前部中央操纵显示单元	后部中央操纵显示单元	
		信息总线系统		
140	单线/双线	收音机	导航系统	电话
141	语音操纵	CD转换器	网关	telematic
142	前部操纵显示单元	后部操纵显示单元	—	组合仪表
143	数字式音响系统	多功能方向盘	驻车加热	

2. CAN总线系统常见故障和示波器检测波形

CAN总线系统常见故障如图9-4-2所示。

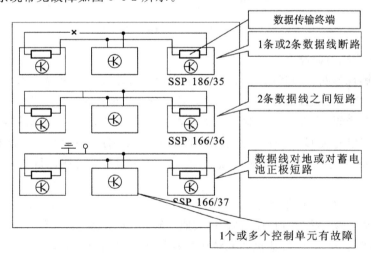

图9-4-2 CAN总线系统常见故障

1) CAN 低线断路故障

CAN 低线断路故障如图 9-4-3 所示，CAN 低线断路故障的示波器检测波形如图 9-4-4 所示。

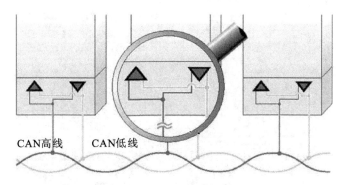

图 9-4-3　CAN 低线断路故障

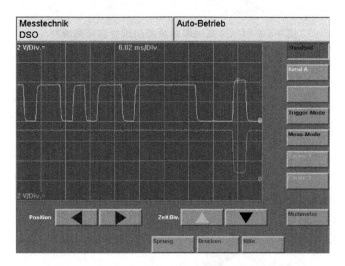

图 9-4-4　CAN 低线断路故障的示波器检测波形

2) CAN 高线断路故障

CAN 高线断路故障如图 9-4-5 所示，CAN 高线断路故障的示波器检测波形如图 9-4-6 所示。

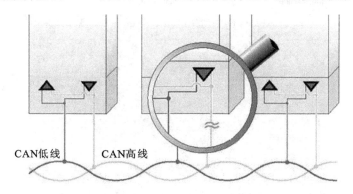

图 9-4-5　CAN 高线断路故障

3) CAN 低线对蓄电池正极短路故障

CAN 低线对蓄电池正极短路故障如图 9-4-7 所示，CAN 低线对蓄电池正极短路故障的示波器检测波形如图 9-4-8 所示。

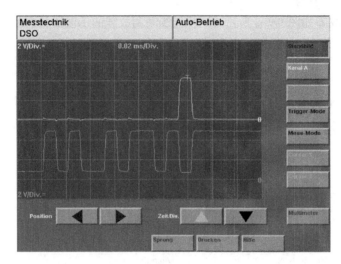

图 9-4-6 CAN 高线断路故障的示波器检测波形

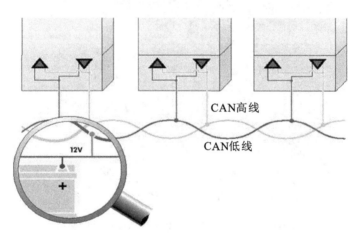

图 9-4-7 CAN 低线对蓄电池正极短路故障

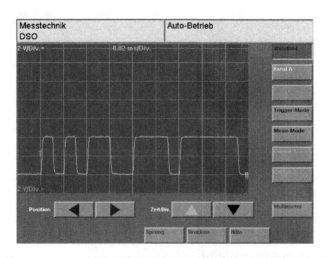

图 9-4-8 CAN 低线对蓄电池正极短路故障的示波器检测波形

4) CAN 低线对地短路故障

CAN 低线对地短路故障如图 9-4-9 所示，CAN 低线对地短路故障的示波器检测波形如图 9-4-10 所示。

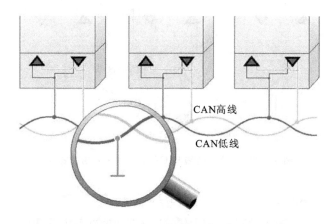

图 9-4-9　CAN 低线对地短路故障

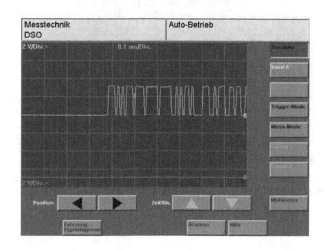

图 9-4-10　CAN 低线对地短路故障的示波器检测波形

5) CAN 高线与 CAN 低线之间短路故障

CAN 高线与 CAN 低线之间短路故障如图 9-4-11 所示，CAN 高线与 CAN 低线之间短路故障的示波器检测波形如图 9-4-12 所示。由故障波形可以看出，CAN 高线与 CAN 低线的电压波形完全相同。

6) CAN 高线与 CAN 低线混装故障

CAN 高线与 CAN 低线混装故障如图 9-4-13 所示，CAN 高线与 CAN 低线混装故障的示波器检测波形如图 9-4-14 所示。

发生 CAN 高线与 CAN 低线混装故障时，CAN 总线的隐性电压会有一个偏移。在隐性状态下，某控制单元的导线混装会导致 CAN 高线上的电压升高和 CAN 低线上的电压下降。

3. 终端电阻的检测与诊断

终端电阻通常安装在车载网络系统的两个控制单元内，其作用是阻止 CAN 总线信号在 CAN 总线上产生变化电压的反射。当终端电阻出现故障时，线路的反射影响使得控制单元的信号无效。当用示波器进行 CAN 总线信号测量时，若该信号与标准信号不相符，则故障可能

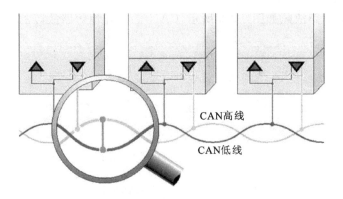

图 9-4-11　CAN 高线与 CAN 低线之间短路故障

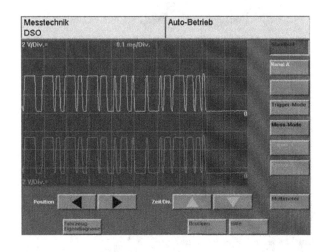

9-4-12　CAN 高线与 CAN 低线之间短路故障的示波器检测波形

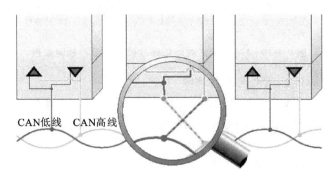

图 9-4-13　CAN 高线与 CAN 低线混装故障

为终端电阻损坏。

驱动总线系统中 CAN 高线和 CAN 低线之间的总电阻为 50～70 Ω。如果点火开关断开，可以用万用表测量 CAN 高线和 CAN 低线之间的电阻。舒适总线系统和信息总线系统 CAN 总线的特点是，控制单元的终端电阻不在 CAN 高线和 CAN 低线之间，而是在导线和地之间。电源电压断开时，CAN 低线上的电阻也断开，因此不能用万用表测量电阻。终端电阻测试图如图 9-4-15 所示。

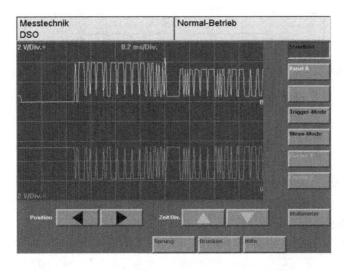

图 9-4-14 CAN 高线与 CAN 低线混装故障的示波器检测波形

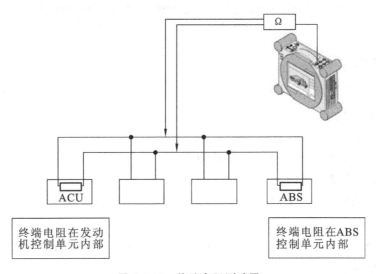

图 9-4-15 终端电阻测试图

1) 终端电阻的测量步骤

(1) 将蓄电池的电源线拔除。

(2) 等待大约 5 min,直到所有的电容器都充分放电。

(3) 连接测量仪器并测量总电阻。

(4) 将一个带有终端电阻的控制单元的插头拔下。

(5) 检测总电阻是否发生变化。

(6) 将第一个带有终端电阻的控制单元插头连接好后,再将第二个带有终端电阻的控制单元的插头拔下。

(7) 检测总电阻是否发生变化。

(8) 分析测量结果。

2) 终端电阻的检测方法

测量 CAN 高线与 CAN 低线之间电阻值的电路如图 9-4-16 所示,由于 4 个电阻均为 60 Ω,因此测量结果应均为 60 Ω。如果测量得出以下数值是不正常的。

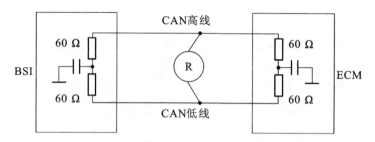

图 9-4-16　测量 CAN 高线与 CAN 低线之间电阻值的电路

(1) 电阻值＞60 Ω，说明线路断路。

(2) 电阻值＜60 Ω，说明线路短路，或网络中有多于两个的终端电阻。

4. 故障案例分析

高尔夫 1.6L 轿车动力总线故障诊断。

> **故障现象：**
> 发动机不能起动，组合仪表盘上的机油警告灯以及 ABS、ASR、SRS 警告灯均报警。

二、任务实施

（一）任务实施的要求

1. 任务实施的目的

(1) 熟悉 CAN 总线系统的故障诊断方法。

(2) 会用解码器诊断 CAN-BUS 系统故障。

2. 实训仪器和设备

汽车 CAN 总线系统实训台架或整车、解码器、示波器、万用表等。

（二）实施步骤

高尔夫轿车发动机不能起动，组合仪表板上的机油警告灯以及 ABS 故障警告灯、ASR 故障警告灯、SRS 故障警告灯均报警。

1. 故障诊断与分析

(1) 用 VAS 5051 解码器检测发动机控制单元，发现故障为发动机控制单元无法通信、SRS 无法通信、ABS 无法通信、数据总线故障、发动机控制单元锁死。

(2) 检测仪表控制单元和网关控制单元，查询出的故障类似于发动机的故障。

(3) 因为各系统的故障码中都包含数据总线故障，因此用示波器测量 CAN 总线数据传输的波形，CAN 高线信号为接近 0 V 的一条直线，CAN 低线信号正常，即 CAN 总线系统处于单线运行状态。

(4) 拆下仪表板，拔开绿色连接器，测量线束端的"19"端子（CAN 高线）与搭铁间的电阻为 0 Ω，测量"20"端子（CAN 低线）与搭铁间的电阻为 2.6 kΩ。

2. 故障排除

判断故障为 CAH 高线断路，检修后恢复正常。

【任务小结】

1. 车载网络系统故障可根据故障原因分为三类：电源系统故障、节点故障、链路故障。

2. 当车载网络系统工作不稳定时，使用解码器可以检测出有关总线系统的故障码。

3. 车载网络系统故障诊断过程中，首先，应检查控制单元编码；其次，查询所有控制单元的故障记忆，并在此基础上阅读数据块；最后，用示波器 DSO 或万用表测量 CAN-BUS 波形和数据信息。

4. 当出现链路故障时，如通信线路短路、断路等，都会引起多个控制单元无法工作或控制系统错误动作。判断车载网络系统故障是否为链路故障时，一般采用示波器来观察通信数据信号是否与标准通信数据信号相符。

任务 5　迈腾 B8 车载网络系统原理与检修（全国技能大赛比赛车型）

一、相关知识

（一）迈腾轿车 CAN 总线的特点

总线数据通信网络提供了一个可靠的、经济有效的通路，使车辆内的不同部件之间可以互相联系并分享信息。迈腾 B8 在原有的基础上增加了底盘 CAN 总线和扩展 CAN 总线，其全部 CAN 总线有：驱动 CAN 总线、底盘 CAN 总线、舒适 CAN 总线、信息 CAN 总线、诊断 CAN 总线、扩展 CAN 总线、MOST150 CAN 总线。其中，常用的包括驱动 CAN 总线、舒适 CAN 总线、诊断 CAN 总线及网关。

1. 驱动 CAN 总线

迈腾 B8 的驱动 CAN 总线用于需要高速交换数据的地方，以使传感器、执行器的信息及车辆控制装置之间的信息交换为最小延迟。驱动 CAN 总线由双绞线组成。一个信号电路被识别未驱动 CAN-H，另一个信号电路被识别未驱动 CAN-L。在数据总线末端的模块 J623 和 J533 内部，设置了 120 Ω 的终端电阻。二进制数据（1 和 0）以 500kbit/s 的速率按顺序传输。迈腾 B8 驱动 CAN 总线框架图如图 9-5-1 所示。

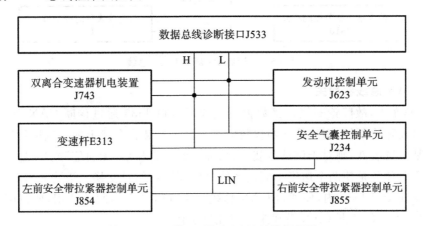

图 9-5-1　迈腾 B8 驱动 CAN 总线框架图

通过总线传输的数据采用 CAN-H 和 CAN-L 的信号电压的电压差来表示。在两条线路处于静止时，CAN-H 和 CAN-L 信号电路未被驱动，这代表逻辑"0"。在此状态下，两个信号电路均为 2.5 V，电压差为 0 V。当传输逻辑"1"时，CAN-H 信号电路被拉高至约 3.5 V，且 CAN-L

电路被拉低至约 1.5 V,电压差约为 2 V。

2. 舒适 CAN 总线

迈腾 B8 舒适系统总线由 CAN 总线和 LIN 总线组成。其中,在数据总线末端的模块 J519 和 J533 内部,设置了 120 Ω 的终端电阻。舒适 CAN 总线的主要连接对象包括 4 个车门中控锁、4 个车门玻璃升降器电动机、行李舱锁、车外后视镜、车内顶灯、驾驶人和前排乘员座椅调整记忆及加热;同时在具备遥控功能的情况下,还包括对遥控信号的接收处理和其他防盗系统的控制。迈腾 B8 舒适 CAN 总线如图 9-5-2 所示。

舒适 LIN 总线又被称为局域子系统,是单线式总线。LIN 总线可以让一个 LIN 主控制单元与最多 16 个 LIN 从控制单元进行数据交换。数据传输速率为 1~20kbit/s,在 LIN 控制单元的软件内已经设定完毕,该速率最大能达到舒适 CAN 总线传输速率的五分之一。

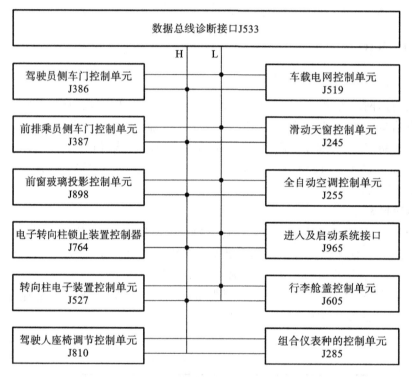

图 9-5-2 迈腾 B8 舒适 CAN 总线

3. 诊断 CAN 总线和网关

迈腾 B8 整车上,故障诊断仪连接数据总线诊断接口 J533 通过诊断 CAN 总线进行通信。如果车辆连接故障诊断仪,则故障诊断仪将尝试与每个选装在车辆上的装置进行通信。如果车辆上未安装某个选装件,则对于该选装装置,故障诊断仪将显示"无通信"或"未连接"。

网关的主要任务是使两个速度不同的系统之间能进行信息交换。迈腾 B8 轿车的网关安装在数据总线诊断接口 J533 内,使通过 CAN 总线的所有信息都供网关使用,所以网关也用作诊断机构,即通过上述的诊断 CAN 总线来完成此项工作。

(二)迈腾 B8 CAN 数据导线故障类型

CAN 控制器和收发器很少会出现故障,出现故障时,将会通过信息缺失或通过总线关闭控制单元表现出来。通过各种各样的机械安全机构和自动校正功能可以推测出,在一万辆车中,整个使用寿命期限内出现的未识别传输故障不超过一个。而车辆的振动、装配及维修过程中,可能会导致数据传输介质的物理层出现故障。例如,可能出现绝缘层的磨损、导线线束混淆、导线折断或插接器接触故障等情况。由于 CAN 总线可能产生的故障很多,因此没有普遍适用的测量或检测方法。但是,当 CAN 数据总线出现故障时,并且可以用示波器进行检测,可以确定故障点的位置以及故障引发的原因。

结合整车试验,归纳出 CAN 数据导线出现的常见故障现象有:①CAN-H 或 CAN-L 断路、虚接;②CAN-H 或 CAN-L 对正极短路、虚接;③CAN-H 或 CAN-L 短路、虚接;④CAN-H 和 CAN-L 互短。

CAN 数据导线出现的典型故障如表 9-5-1 所示。

表 9-5-1 CAN 数据导线出现的故障类型

序号	故障类型
1	CAN-H 断路
2	CAN-H 虚接
3	CAN-L 断路
4	CAN-L 虚接
5	CAN-H 对+B 短路
6	CAN-H 对+B 虚接
7	CAN-L 对+B 短路
8	CAN-L 对+B 虚接
9	CAN-H 对接地短路
10	CAN-H 对接地虚接
11	CAN-L 对接地短路
12	CAN-L 对接地虚接
13	CAN-H 和 CAN-L 互短

二、任务实施

(一)任务实施的要求

1. 实训目的与要求

(1)掌握迈腾 B8 车载网络结构与原理。

(2)掌握迈腾 B8 车载网络电路图。

(3)掌握迈腾 B8 车载网络系统故障诊断。

2. 实训仪器和设备

迈腾 B8 轿车一辆、万用表、示波器、故障诊断仪、世达工具一套等。

(二)实施步骤

1. 故障现象

迈腾 B8 车辆,车载网络故障。

2. 故障分析与处理

实车检测中,通过双通道示波器采集的波形,并使用检测仪进行全车的检测诊断,同时使用万用表检测 CAN-H 和 CAN-L 线电压值。下面以迈腾 B8 的驱动 CAN 网络系统为例,详细分析 CAN 网络的常见故障及诊断方法。

1) CAN-H 线路断路及虚接故障诊断

(1) CAN-H 线路断路。

故障现象：EPC 灯不亮，制动踏板指示灯不亮，防侧滑警告指示灯和胎压警告指示灯常亮，转向盘有助力。仪表显示多个系统故障，起动发动机，起动机不转，发动机无法起动。

波形特征：CAN-H 电压有反向切换，说明 CAN-H 导线上没有拉高电压，也没有形成差分压信号，因此网络上的数据信号不能被模块识别（见图 9-5-3）。

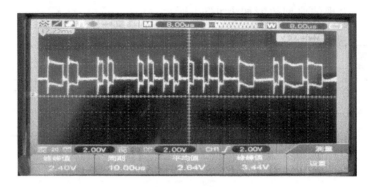

图 9-5-3　CAN-H 线路断路示波器波形图

实测数据：使用万用表测量，数据记录为 CAN-H 为 2.90 V，CAN-L 为 1.65 V。

(2) CAN-H 线路虚接故障。

故障现象：与 CAN-H 线路断路故障现象相同。

波形特征：CAN-H 电压信号波形也存在反向切换，但是低于 CAN-H 断路的临界值电压。若 CAN-H 存在虚接，虚接电阻越大，反向切换后的显性电平越低（见图 9-5-4）。

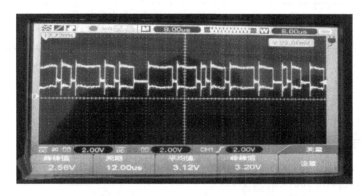

图 9-5-4　CAN-H 线路虚接示波器波形图

实测数据：虚接电阻选用 1000 Ω 电阻，使用万用表测量，CAN-H 为 2.94 V，CAN-L 为 1.74 V。

2) CAN-L 线路断路及虚接故障诊断

(1) CAN-L 线路断路故障。

故障现象：与 CAN-H 线路断路故障现象相同。

波形特征：CAN-L 电压有反向切换，说明 CAN-L 导线上没有拉低电压，也没有形成差分压信号，因此网络上的数据信号不能被模块识别（见图 9-5-5）。

实测数据：使用万用表测量，CAN-H 为 3.41 V，CAN-L 为 2.34 V。

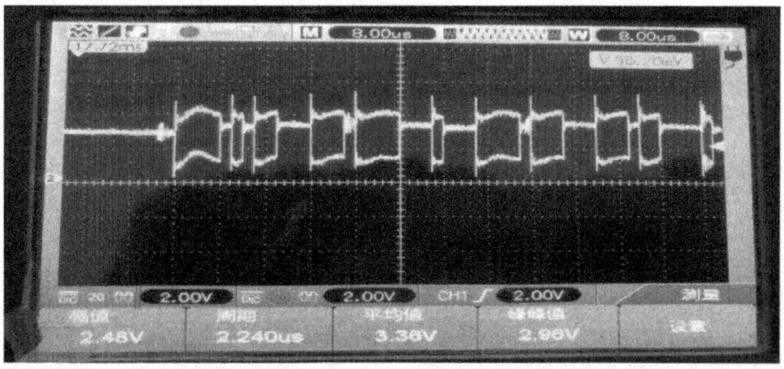

图 9-5-5 CAN-L 线路断路示波器波形图

（2）CAN-L 线路虚接故障。

故障现象：与 CAN-H 线路断路故障现象相同。

波形特征：CAN-L 电压信号波形也存在反向切换，但是高于 CAN-L 断路的临界值电压。若 CAN-L 存在虚接，虚接电阻越大，反向切换后的显性电平越高（见图 9-5-6）。

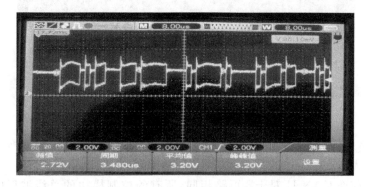

图 9-5-6 CAN-L 线路虚接示波器波形图

实测数值：虚接电阻选用 1000 Ω 电阻，使用万用表测量，CAN-H 为 3.37 V，CAN-L 为 2.30 V。

3）CAN-H 线路对＋B 短路及虚接故障诊断

（1）CAN-H 线路对＋B 短路故障。

故障现象：无明显现象，驱动总线单线运行模式。

波形特征：所有的控制模块的总线波形的隐性电平有一根信号线电压始终保持在电源电压（见图 9-5-7）。

实测数据：使用万用表测量，CAN-H 为 12.41 V，CAN-L 为 10.30 V。

（2）CAN-H 线路对＋B 虚接故障。

故障现象：EPC 灯不亮，制动踏板指示灯不亮，防侧滑警告指示灯、胎压警告指示灯、安全气囊故障指示灯常亮，转向盘有助力，P 挡指示灯闪烁。起动机不转，发动机无法起动。

波形特征：所有控制模块总线波形的隐性电平同时大于 2.5 V，同时 CAN-H 的隐性电压高于 CAN-L 的隐性电压（见图 9-5-8）。

实测数据：虚接电阻选用 200 Ω 电阻，使用万用表测量，CAN-H 为 9.87 V，CAN-L 为 9.13 V。

4）CAN-L 线路对＋B 短路及虚接故障诊断

（1）CAN-L 线路对＋B 短路故障。

故障现象：EPC 灯不亮，制动踏板指示灯不亮，防侧滑警告指示灯、胎压警告指示灯、安全

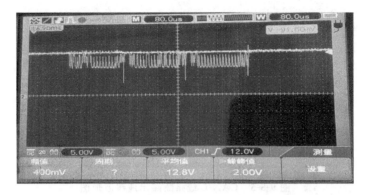

图 9-5-7　CAN-H 线路对＋B 短路示波器波形图

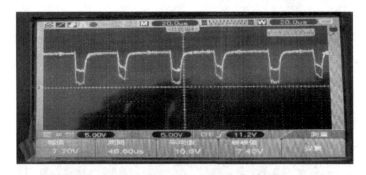

图 9-5-8　CAN-H 线路对＋B 虚接示波器波形图

气囊故障指示灯常亮,转向盘有助力,P挡指示灯闪烁,仪表显示多个系统故障,起动发动机,起动机不转,发动机无法起动。

波形特征:与前面 CAN-H 对＋B 短路相同,所有的控制模块的总线波形的隐性电平有一根信号线电压始终保持在电源电压(见图 9-5-9)。

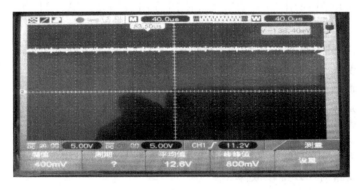

图 9-5-9　CAN-L 线路对＋B 短路示波器波形图

实测数据:使用万用表测量,CAN-H 为 10.15 V,CAN-L 为 12.05 V。

(2) CAN-L 线路对＋B 虚接故障。

故障现象:与 CAN-L 线路对＋B 短路故障现象相同。

波形特征:所有控制模块总线波形的隐性电平同时大于 2.5 V,同时 CAN-L 的隐性电压高于 CAN-H 的隐性电压(见图 9-5-10)。

实测数据:虚接电阻选用 200 Ω 电阻,使用万用表测量,CAN-H 为 11.32 V,CAN-L 为 11.54 V。

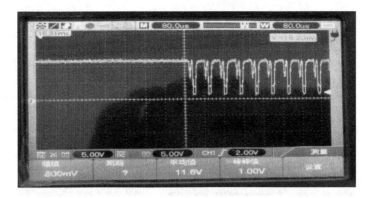

图 9-5-10　CAN-L 线路对＋B 虚接示波器波形图

5）CAN-H 线路对接地短路及虚接故障诊断

（1）CAN-H 线路对接地短路故障。

故障现象：EPC 灯不亮，制动踏板指示灯不亮，防侧滑警告指示灯、胎压警告指示灯、安全气囊故障指示灯常亮，转向盘有助力，P 挡指示灯闪烁，仪表显示多个系统故障，起动发动机，起动机不转，发动机无法起动。

波形特征：所有模块总线波形的隐性电平有一根信号线电压始终为 0 V，同时另外一根约为 0.05 V。CAN-H 为 0 V 则 CAN-H 对地短路，如图 9-5-11 所示。

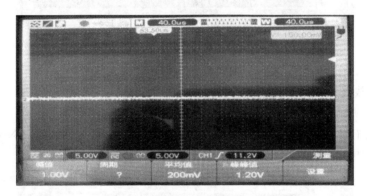

图 9-5-11　CAN-H 线路对接地短路示波器波形图

实测数据：使用万用表测量，CAN-H 为 0 V，CAN-L 为 0.05 V。

（2）CAN-H 线路对接地虚接故障。

故障现象：与 CAN-H 线路对接地短路故障现象不相同。

波形特征：所有控制模块总线波形的隐性电平同时小于 2.5 V，同时 CAN-L 的隐性电压高于 CAN-H 的隐性电压（见图 9-5-12）。

实测数据：虚接电阻为 200 Ω，使用万用表测量，CAN-H 为 0.03 V，CAN-L 为 0.07 V。

6）CAN-L 线路对接地短路及虚接故障诊断

（1）CAN-L 线路对接地短路故障。

故障现象：无明显现象。

波形特征：所有模块总线波形的隐性电平有一根信号线电压始终为 0 V，同时另外一根约为 0.05 V。CAN-L 为 0 V 则 CAN-L 对地短路（见图 9-5-13）。

实测数据：使用万用表测量，CAN-H 为 0.7 V，CAN-L 为 0.01 V。

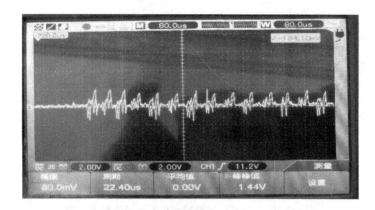

图 9-5-12　CAN-H 线路对接地虚接示波器波形图

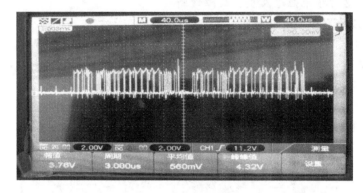

图 9-5-13　CAN-L 线路对接地短路示波器波形图

（2）CAN-L 线路对接地虚接故障。

故障现象：无明显现象，驱动总线单线运行模式。

波形特征：所有控制模块总线波形的隐性电平同时小于 2.5 V，同时 CAN-H 的隐性电压高于 CAN-L 的隐性电压，如图 9-5-14 所示。

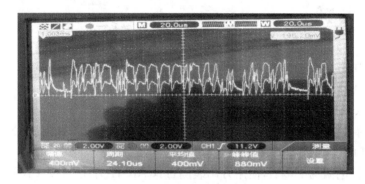

图 9-5-14　CAN-L 线路对接地虚接示波器波形图

实测数据：虚接电阻为 200 Ω，使用万用表测量，CAN-H 为 1.28 V，CAN-L 为 0.66 V。

7）CAN-H 和 CAN-L 之间线路互短故障诊断

故障现象：EPC 灯不亮，制动踏板指示灯不亮，防侧滑警告指示灯、胎压警告指示灯、安全气囊故障指示灯常亮，转向盘有助力，P 挡指示灯闪烁，仪表显示多个系统故障，起动发动机，起动机不转，发动机无法起动。

波形特征：不管是隐性电平还是显性电平，CAN-H 和 CAN-L 的信号始终维持在 2.5 V（见图 9-5-15）。

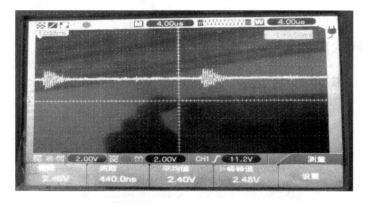

图 9-5-15　CAN-H 和 CAN-L 线路互短示波器波形图

实测数据：使用万用表测量，CAN-H 为 2.49 V，CAN-L 为 2.49 V。

【任务小结】

结合迈腾 B8 CAN 导线的故障现象、数据特征，总结 CAN 总线故障诊断的流程，见图 9-5-16。

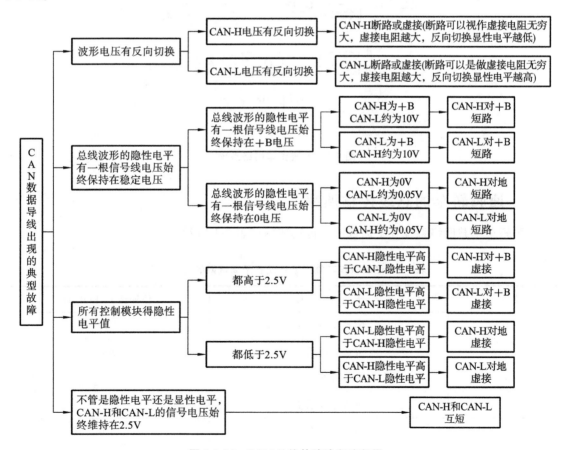

图 9-5-16　CAN 总线故障诊断流程图

【项目拓展】速腾轿车的车载网络系统

一、速腾整车网络系统

速腾整车网络系统如图 9-1 所示。

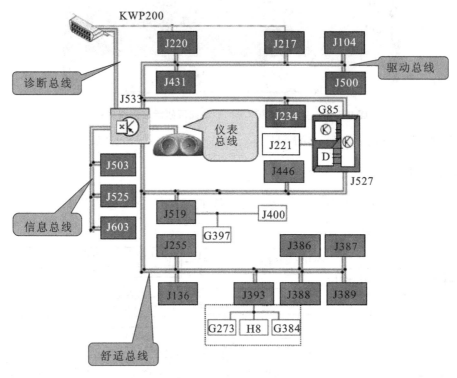

图 9-1 速腾整车网络系统

二、速腾轿车的总线传输速率

速腾轿车车载网络系统各子局域网的传输速率如表 9-1 所示。

表 9-1 速腾轿车车载网络系统各子局域网的传输速率

序号	子局域网名称	传输速率（kbit/s）
1	驱动总线系统	500
2	舒适总线系统	100
3	信息总线系统	100
4	仪表总线系统	500
5	诊断总线系统	500
6	LIN 子系统	20

三、动力总线系统

速腾轿车的动力总线系统如图 9-2 所示。

四、舒适总线系统

速腾轿车的舒适总线系统如图 9-3 所示。

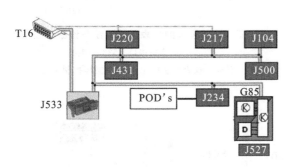

图 9-2　速腾轿车的动力总线系统

J220—发动机控制单元；J217—自动变速器控制单元；
J104—带 EDS 的 ABS 控制单元；J431—大灯调节控制单元；
J500—机电式助力转向控制单元；J234—安全气囊系统控制单元；
G85—转向盘转角传感器；J527—转向柱开关模块；J533—网关；
T16—自诊断接口；POD's—副驾驶员座位 LIN 控制器

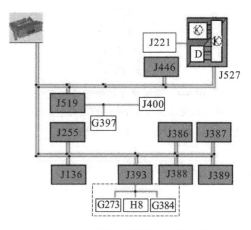

图 9-3　速腾轿车的舒适总线系统

J446—停车辅助控制单元；J527—转向柱开关模块；
J221—多功能方向盘 LIN 控制器；
J519—中央电气系统控制单元；
G397—雨滴、光强传感器，LIN 控制器；
J400—雨刮电机 LIN 控制器；J255—空调控制单元；
J136—座椅位置记忆控制单元；
J393—舒适总线系统控制单元；
G273—内部监控传感器 LIN 控制器；
H8—报警喇叭 LIN 控制器；
G384—车辆倾斜传感器 LIN 控制器；
J386、J387、J388、J389—车门控制单元

五、信息总线系统

速腾轿车的信息总线系统如图 9-4 所示。

六、仪表总线系统与诊断总线系统

速腾轿车的仪表总线系统与诊断总线系统如图9-5所示。

七、网关

速腾轿车的网关位置及插脚说明如图 9-6 所示。

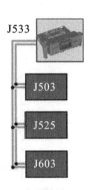

图 9-4 速腾轿车的信息总线系统

J533—网关；J503—收音机；J525—数字音响组件；
J603—指南针控制单元

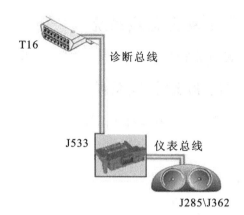

图 9-5 速腾轿车的仪表总线系统与诊断总线系统

T16—自诊断接口；J533—网关；
J285—仪表控制单元；J362—防盗控制单元

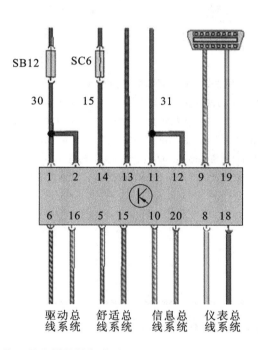

图 9-6 速腾轿车的网关位置及插脚说明

项目 10
汽车电气设备总线路分析

◀ **项目要求**

　　理解汽车电路结构,学会分析电路。在汽车电气设备电路系统的故障检修中,应遵循咨询、计划、决策、实施、检查和评估六步法:①咨询——根据故障案例,查阅相关的维修技术资料;②计划——针对故障现象制定相应的工作计划可行性方案;③决策——对可行性方案进行论证;④实施——进行故障的检修;⑤检查——对所排除故障进行检查确认;⑥评估——工作总结,对故障现象进行深度分析。

◀ **知识要求**

1. 掌握汽车电路的特点以及组成元件,电路图种类。
2. 掌握汽车电路图的基本识读方法。
3. 了解汽车电路中常用图形符号、有关标志等内容。
4. 了解典型车系汽车电路的分析方法。

◀ **能力要求**

1. 能正确识读汽车电路图。
2. 能正确使用汽车常用的检测仪表和工具。
3. 能够根据电路图分析检修汽车电器故障。

任务1 汽车电路分析基础知识

一、相关知识

（一）导线与线束

汽车电路的导线主要有低压导线、高压导线两种，二者均采用铜质多芯软线。

1. 低压导线

（1）普通低压导线。普通低压导线为铜质多芯软线。普通低压导线主要根据用电设备的工作电流进行选择，但最小截面积不得小于 0.5 mm^2。

（2）起动电缆。起动电缆用于连接蓄电池与起动机开关的主接线柱，截面有 25 mm^2、35 mm^2、50 mm^2、70 mm^2 等多种规格，允许电流达 500~1000 A。为了保证起动机正常工作，并有足够的功率，要求线路上第 100 A 的电流电压降不得超过 0.1~0.15 V。

（3）屏蔽线。屏蔽线也称同轴电缆，其作用是将导线与外界的磁场隔离，避免外界磁场对导线产生干扰，尤其在防止汽油机高压点火干扰方面非常有效。屏蔽线常用于低压微弱信号线路，如天线连接线及各种传感器和电子控制单元之间的通讯，在爆震传感器信号电路、氧传感器信号电路等处使用普遍。

（4）蓄电池搭铁电缆。蓄电池搭铁电缆是由铜丝编织而成的扁形软铜线，国产汽车常用的蓄电池搭铁电缆长度有 300 mm、450 mm、600 mm、760 mm 四种。

随着汽车电器的增多，导线数量也不断增多，低压导线通常以不同的颜色进行区分。截面积在 4 mm^2 以上的用单色，在 4 mm^2 以下的均采用双色。汽车用低压导线的颜色和代号如图 10-1-1 所示。

汽车用低压导线的颜色和代号

导线颜色	黑	白	红	绿	黄	棕	蓝	灰	紫	橙
代号	B	W	R	G	Y	Br	Bl	Gr	V	O

图 10-1-1 汽车用低压导线的颜色和代号

国外汽车厂商在电路图中多以英文字母来表示导线外皮的颜色及其条纹的颜色。日本常用单个字母表示，个别用双字母表示，其中后一个是小写字母；美国常用 2~3 个字母表示一种颜色，如果导线上有条纹，则要书写较多的字母；德国汽车的导线颜色代号，各厂商甚至各车型不尽相同，奥迪、宝马、奔驰、桑塔纳的颜色代号各不相同，在读图时要注意区别。也有厂商如斯堪尼亚生产的汽车采用数字代号表示导线颜色。

2. 高压导线

高压导线用来传送高压电，由于工作电压很高，电流强度较小，因此高压导线的绝缘包层很厚，耐压性能很好，但线芯截面积很小。按其结构不同，高压导线有普通铜芯高压线和高压阻尼线两种。为了衰减火花塞产生的电磁波干扰，目前已广泛使用高压阻尼线。不同车型采用的高压阻尼线的阻值不相同。

3. 汽车线束

为了使汽车上的全车线路（除高压线之外）不零乱，安装方便和保护导线良好绝缘，一般都将同路不同规格的导线用棉纱或用薄聚氯乙烯带缠绕包扎成束，称为线束。

汽车线束主要由导线、端子、连接器和防尘罩等组成。

(1) 端子：一般用黄铜、紫铜和铅材料等制成，它与导线的连接采用冷铆压合的方式连接。

(2) 连接器：用于导线之间的连接，为了保证连接可靠，一般采用一次锁紧、二次锁紧装置。安装线束时应注意以下事项。

(1) 线束应用卡簧或绊钉固定，以免松动磨坏。

(2) 线束不可拉得过紧，尤其在拐弯处更要注意。

(3) 连接电器时，应根据连接器的规格以及导线的颜色或接头处套管的颜色，分别接于电器上，若不容易辨别导线的头尾，一般可用试灯分辨。

（二）电路保护装置

在汽车电路中均有一个或多个电路保护装置，以防止过载或短路时损坏导线和用电设备。电路保护装置主要有熔断器、易熔丝和继电器等。

熔断器和易溶丝的电路符号如图10-1-2所示。

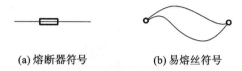

(a) 熔断器符号　　(b) 易熔丝符号

图 10-1-2　熔断器与易熔丝的电路符号

1. 熔断器

熔断器的材料是铅锡合金，一般装在玻璃管中或直接装在熔断器盒内。它主要用在负荷不大的电路中，当电路中的电流超过规定值时，熔断器的熔丝发热熔断而切断电路。

熔断器按结构不同可分为片式（见图10-1-3(a)）、管式（见图10-1-3(b)）等多种类型，其中片式熔断器应用最为广泛。为了便于选用和识别，熔断器都根据其容量大小用颜色编码，在其外壳上标示额定电流值，如红色（10A）、蓝色（15A）、黄色（20A）等。表10-1-1所示为车用熔断器的熔断要求。

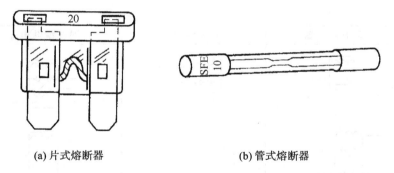

(a) 片式熔断器　　　　　　(b) 管式熔断器

图 10-1-3　熔断器

表 10-1-1　车用熔断器的熔断要求

流过熔丝的电流（熔丝公称电流为100%）	熔丝熔断的时间
流过的电流为110%	不熔断
流过的电流为135%	在60 s内熔断
流过的电流为150%	(1) 20 A以内的熔丝，在15 s以内熔断； (2) 30 A的熔丝，在30 s以内熔断

熔断器熔断后，一般用观察法就可发现。对于较隐蔽的故障，需要对电器电路进行详细的检查。更换时，一定要使用与原规格相同的熔断器，同时特别要注意检查熔断器与支架有无氧化现象和脏污。若有氧化物和脏污，须用细砂纸打磨光滑，使其接触良好。

2. 易熔丝

易熔丝又称FUL电线，是截面大小一定，可长时间通过额定电流的一种铜芯或合金导线，主要用来保护电源电路和大电流电路。

3. 继电器

继电器是利用较小电流来控制大电流的一种电磁开关,广泛应用于电源系统、起动系统和电子控制系统等,在电路中能起到自动操作、自动调节和安全保护的作用。

继电器主要由电磁线圈和带复位弹簧的触点构成,通过电磁线圈产生的电磁吸力来改变触点的原始状态,实现对电流回路的控制。典型继电器内部如图 10-1-4 所示,外形及符号如图 10-1-5 所示。当电磁线圈通电时,触点将在电磁吸力的作用下闭合,接通 SW、E 之间的电路。

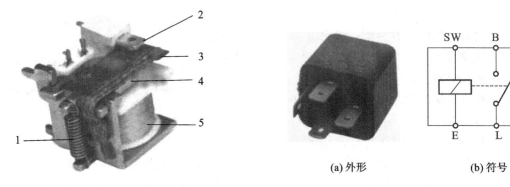

图 10-1-4 典型继电器内部　　　　　　图 10-1-5 典型继电器外形及符号

1—弹簧;2—静触点;3—动触点;4—衔铁;5—电磁线圈

继电器通常分为常开继电器、常闭继电器和混合型继电器 3 种类型,其表示方法如图 10-1-6 所示。

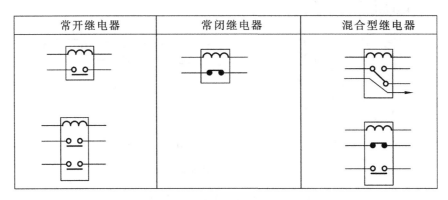

图 10-1-6 常见类型继电器的表示方法

(1) 常开继电器

常开继电器不通电时,其触点在弹簧力的作用下处于断开状态,当继电器通电后触点闭合。

(2) 常闭继电器

常闭继电器不通电时,其触点在弹簧力的作用下处于闭合位置,当继电器通电后触点打开。

(3) 混合型继电器

在混合型继电器中,既有常开触点又有常闭触点。当继电器通电后,常开触点闭合,常闭触点打开。

4. 具体故障分析

故障案例:广州本田雅阁喇叭不工作,其他电器正常。故障分析处理详见"任务实施"。

二、任务实施

(一) 任务实施的要求

1. 任务实施的目的

(1) 能掌握汽车电器的电气元件结构、作用、工作原理。

(2) 通过故障案例诊断与处理,掌握汽车电器的电气元件故障现象描述,以及原因分析和诊断方法。

2. 实训仪器和设备

汽车实训台架或整车、万用表、试灯、一字螺丝刀、十字螺丝刀、扳手等。

(二) 实施步骤

1. 故障现象分析

喇叭不工作,其他电器都正常工作,说明电源电路正常,因此故障可能出现在喇叭电流回路中。

2. 故障原因分析

广州本田雅阁喇叭控制电路如图10-1-7所示。

由于此电路中有继电器(常开继电器),因此电路分成以下两个部分。

(1) 继电器电磁线圈电流回路:蓄电池正极→发动机熔断器盒→喇叭继电器"86"接线柱→喇叭继电器"85"接线柱→接触线圈→喇叭开关→搭铁→蓄电池负极。

(2) 继电器开关电流回路:蓄电池正极→发动机熔断器盒→喇叭继电器"30"接线柱→喇叭继电器"87"接线柱→主喇叭、辅助喇叭→G101(搭铁)→蓄电池负极。

通过电路分析,初步判断喇叭不工作的可能原因主要有蓄电池故障、线路故障、发动机熔断器盒故障、喇叭继电器故障、喇叭故障、喇叭开关故障、搭铁故障等。

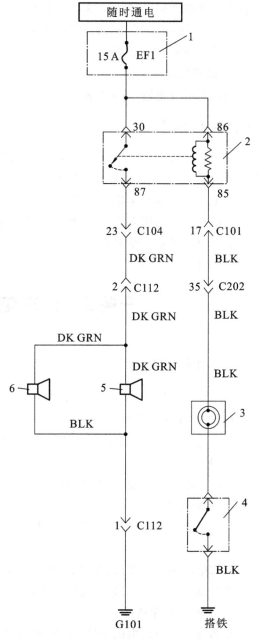

图 10-1-7 广州本田雅阁喇叭控制电路
1—发动机熔断器盒;2—喇叭继电器;3—接触线圈;
4—喇叭开关;5—主喇叭;6—辅助喇叭

3. 实践操作

根据故障描述与电路故障诊断原则,具体操作步骤如下。

(1) 打开点火开关。

(2) 将万用表调到直流电压挡位。

(3) 打开发动机舱盖,按下喇叭开关,将万用表的黑表笔搭铁,用另一个表笔检测发动机熔断器盒中的熔断器EF1两端的电压,电压值与蓄电池电压相同,EF1熔断器正常。

(4) 按下喇叭开关,将万用表的黑表笔搭铁,用另一个表笔检测喇叭继电器"30"接线柱、"87"接线柱、"86"接线柱、"85"接线柱的端电压,检测到"30"接线柱、"86"接线柱的端电压与蓄电池电压相同,"87"接线柱、"85"接线柱端的电压为0。

(5) 按下喇叭开关,用跨接线跨接喇叭继电器的"30"接线柱、"87"接线柱,喇叭正常工作。由此判断喇叭继电器故障。

4. 故障处理

更换喇叭继电器,故障排除。

【任务小结】

发生故障时,首先要分析该系统是局部故障还是整体故障,如果是整体故障,则需要寻找共有部分原因,如果是局部故障,只需要寻找分支部分故障原因。在罗列故障原因的同时,要学会利用车上其他共有系统是否也发生故障,进一步缩小范围。

若电气设备损坏无法修复,则应予以更换。更换的部件应与原部件的规格、型号相一致。导线更换时应尽量与原来的线径和颜色一致。若用其他颜色导线代替,应与相邻导线有所区别,以利于以后的检修。

任务2 汽车电路识读与故障检修

一、相关知识

(一) 汽车电路的组成及特点

1. 汽车电路的组成

汽车电路由相对独立的电路系统组成,全车电路一般包括以下几个部分。

1) 电源电路

电源电路由蓄电池、发电机、调节器及工作状况指示装置(电流表、充电指示灯)等组成。

2) 起动电路

起动电路由起动机、起动继电器、起动开关及起动保护装置等组成。

3) 点火电路

点火电路由点火线圈、分电器、电子点火器、火花塞、点火开关等组成。此外,由发动机控制单元进行点火控制时,可以不使用分电器。

4) 照明与信号电路

照明与信号电路由前照灯、雾灯、示宽灯、转向信号灯、制动信号灯、倒车灯、电喇叭等及其控制继电器和开关等组成。

5) 仪表与警报电路

仪表与警报电路由仪表、传感器、各种警告灯及控制器等组成。

6) 电子控制装置电路

电子控制装置电路由电控燃油喷射系统、自动变速器、防抱死制动系统、恒速控制系统及悬架平衡控制系统等组成。

7) 辅助装置电路

辅助装置电路由为提高车辆安全性、舒适性、经济性等各种功能的电器装置等组成,因车型不同而有所差异。辅助装置一般包括刮水器及风窗洗涤装置、风窗除霜及防雾装置、起动预热装置、音响装置、车窗电动升降装置、电动座椅调节装置及中央电控门锁装置等。

2. 汽车电路的特点

汽车电路具有以下特点。

1) 低压

汽车电气系统的标称电压有 12V、24V 两种,轿车普遍采用 12V,而重型柴油车多采用 24V。对发电装置,12V 系统的额定电压为 14V。低压系统的主要优点是:安全;蓄电池单格数少,对减小蓄电池的质量和尺寸有利;白炽灯的灯丝较粗,寿命较长。

2) 直流

汽车采用直流系统的原因是发动机要靠起动机起动,起动机由蓄电池供电,而蓄电池的电能被消耗后又必须用直流电充电,所以汽车电气系统为直流系统。

3) 单线制

单线制是指从电源到用电设备只用一根导线连接,以汽车底盘、发动机等金属机体作为另一根共用导线。线路简化、清晰,安装和检修方便,且电器部件也不需要与车体绝缘。所以现代汽车普遍采用单线制,但在特殊情况下,有时也需采用双线制。

4) 并联

为了让各用电设备能独立工作,互不干扰,各用电设备均采用并联方式连接,每条电路均有自己的控制器件及电路保护装置。控制器件保证每条电路独立工作,电路保护装置防止因电路短路或过载而引起导线及用电设备的损坏。

5) 负极搭铁

采用单线制的汽车,蓄电池的一个电极接到车体上,俗称"搭铁"。若蓄电池的负极与车体连接,则称为负极搭铁;反之,则称为正极搭铁。现在国内外汽车均统一采用负极搭铁。

(二) 汽车电路图的表示方式

1. 汽车电路图的种类

汽车电路图有汽车电气线路图(布线图)、汽车电路原理图、汽车线路定位图(线束图)三种表示方法。

2. 汽车电气线路图

汽车电气线路图也称为布线图。

1) 布线图的特点

布线图是指专门用来标记电器设备的安装位置、外形、线路走向等的指示图,如图 10-2-1 所示。布线图按照全车电器设备安装的实际方位绘制,部件与部件之间的连线按实际关系绘出,并将线束中同路的导线尽量画在一起。这样,汽车布线图就较明确地反映了汽车实际的线路情况,查线时导线中间的分支、接点很容易找到,为安装和检测汽车电路提供了方便。但其线条密集、纵横交错,给识图、查找、分析故障带来不便。

2) 布线图的绘制原则

(1) 布线图中的元器件、部件、组件和设备等项目,应尽量采用其简化外形(如圆形、方形、矩形等)来表示,为了便于识图,必要时也允许用图形符号表示。

(2) 在布线图中,接线端子应用端子代号表示。

(3) 导线可用连续线或中断线表示。连续线是指用来表示端子之间实际存在的导线的连续实线;中断线是指用来表示端子之间实际存在的导线的中断实线,采用中断线时应在中断处标明去向。

3. 汽车电路原理图

电路原理图重点表达各电气系统电路的工作原理,既可以是全车电路原理图,也可以是各

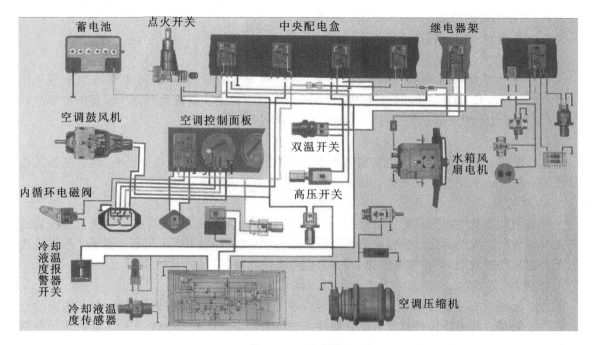

图 10-2-1 布线图

系统电路原理图,可清楚地反映出电气系统各部件的连接关系和电路原理,且具有以下特点。

(1) 用电器符号表达各种电器部件。

(2) 在大多数电路原理图中,电源线在图上方,搭铁线在图下方,电流方向自上而下。电路迂回曲折较少,电器的串、并联关系十分清楚,易于识读。

(3) 各电器不再按电器在车上的安装位置布局,而是依据工作原理,在图中合理布局,使各系统处于相对独立的位置,从而易于对各用电设备进行单独的电路分析。

(4) 各电器旁边通常标注电器名称及代码(如控制器件、继电器、过载保护器件、用电器、铰接点及搭铁点等)。

(5) 电路原理图中所有开关及用电器均处于不工作的状态,例如点火开关是断开的,发动机不工作,车灯关闭等。

(6) 导线一般标注颜色和规格代码,有的车型还标注导线所属电器系统的代码。根据以上标注,易于对照线路定位图找到该电器或导线在车上的位置。

(7) 电路原理图有整车电路原理图和局部电路原理图之分。

① 整车电路原理图。为了需要,常常要尽快找到某条电路的始末,以便分析、确定有故障的路线。在分析故障原因时,不能仅局限于某一部分电路,而要将这一部分电路在整车电路中的位置及与相关电路的联系都表达出来。

② 局部电路原理图。为了弄清汽车电器的内部结构和各个部件之间的相互连接关系,弄懂某个局部电路的工作原理,常从整车电路原理图中抽出某个需要研究的局部电路原理图,参照其他详细的资料,必要时根据实地测绘、检查和试验记录,将重点部位进行放大、绘制并加以说明。金杯海狮汽车局部电路原理图如图 10-2-2 所示。

4. 汽车线路定位图

汽车线路定位图也称为线束图。

整车线束图常用于汽车厂总装线和修理厂汽车线路的连接、检修与配线。线束图主要表明

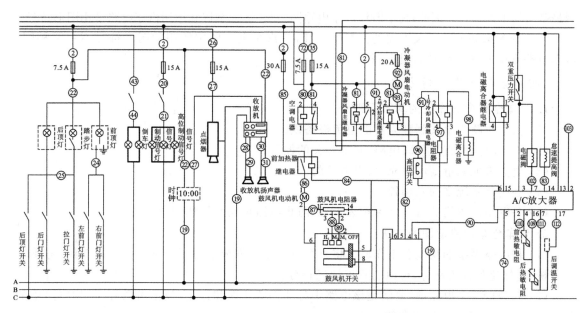

图 10-2-2　金杯海狮汽车局部电路原理图

线束与各用电设备的连接部位、接线端子的标记、线头、连接器的形状及位置等。通用赛欧仪表板线束图如图 10-2-3 所示。

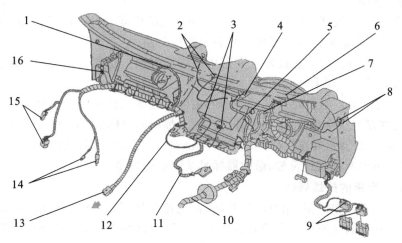

图 10-2-3　通用赛欧仪表板线束图

1—与安全气囊连接的连接器(副驾驶员)；2、4—与内部通风控制单元连接的连接器；3—与收音机连接的连接器；5—与仪表组件连接的连接器；6—仪表板的接地点；7—与安全气囊连接的连接器(驾驶员)；8—与车灯开关连接的连接器；9—与前、后车体线束连接的连接器；10—仪表板线束；11—与安全气囊系统控制单元连接的连接器；12—与点烟器连接的连接器；13—与散热风扇连接的连接器；14—与天线连接的连接器；15—与发动机线束连接的连接器；16—与继电器连接的连接器

线束图一般不详细描绘线束内部的导线走向,只对露在线束外面的线端与连接器做详细编号或用字母标记,它是一种给出装配记号的电路表现形式,非常便于安装、配线、检测与维修。如果再将此图各线端都用序号、颜色准确无误地标注出来,并与电路原理图和布线图结合起来使用,则会起到更大的作用,且能收到更好的效果。

(三)汽车电路常用图形符号

图形符号是用于电气图或其他文件,表示项目或概念的一种图形、标记或字符,是电气技术领域最基本的工程语言。因此,为了看懂汽车电路图,要熟练地掌握和运用汽车电路常用图形符号。

不同的国家和地区以及不同的汽车生产商,其汽车电路图中所用的图形符号不一定相同。汽车电路常用的图形符号如图10-2-4所示。

(四)全车电路分析方法

1. 汽车全车电路布置的基本原则

(1) 汽车线路为单线制且为蓄电池负极搭铁。
(2) 汽车电路为直流并联电路,并受开关的控制。
(3) 电流表能测量蓄电池充、放电电流的大小。
(4) 各电路系统之间互相独立。
(5) 各电路系统均装有电路保护装置,以防止电路短路而烧坏用电设备。

2. 汽车全车电路读图的方法

(1) 按电路系统的功能及工作原理将整个电气系统划分成若干个独立的电路系统,分别进行分析,这样化整体为部分,可以有重点地进行分析。
(2) 在分析某个电路前,要清楚该电路中各部件的功能和作用、技术参数等,例如电路中的各种开关在什么条件下是闭合的。
(3) 阅读电路图时,应掌握回路原则,即电路中的工作电流是由电源正极流出,经过开关、电路保护装置、用电设备后流回负极(接地)的,电路中有电流流过,用电设备才能工作。

3. 汽车电路的组成

(1) 外线部分。外线部分以粗实线画出,集中在图的中间部分,每条线上都有导线颜色、导线截面积的标注,线端有接线柱号或抽口号表示连接关系。
(2) 内部连接部分。内部连接部分在图中以细线画出。这部分连接的线路实际上是不存在的,画出线路只是为了说明连接关系。
(3) 电器元件部分。电器元件是电路图的主体。电器元件在图中用框图辅以相应的标号表示,每一个元件都有一个代号,电器元件的接线点都用标号标出,标号在元件上可以找到。
(4) 继电器、熔断器及其连接部分。这一部分表示在图的上部,反映的内容有继电器位置号、继电器名称、继电器连接件符号、熔断器标号及熔断器容量。

4. 汽车全车电路的接线规律

汽车电路一般采用单线制,用电设备并联,蓄电池负极搭铁,导线有颜色和编号加以区分,并以点火开关为中心将全车电路分成几条主干线。下面以德系汽车为例进行说明。

(1) 蓄电池火线(30号线),从蓄电池正极引出直通熔断器盒,也有汽车的蓄电池火线接到起动机火线接线柱上,再从那里引出较细的火线。
(2) 附件电源线(ACC线),用于发动机不工作时需要接入的电器,如收音机、点烟器等。点火开关单独设置一个挡位对这些电器进行供电,但发动机运行时收音机等仍需接入,与点火仪表指示灯等同时工作,所以点火开关触刀与触点的接触结构要做特殊设计。
(3) 点火开关电源线(15号线),点火开关在ON(工作)挡和ST(起动)挡时才有电的导线。必须有汽车钥匙才能接通点火系统、励磁电路、仪表系统、指示灯、信号系统、电子控制系统等重要电路。
(4) 起动控制线(ST线或50号线),起动机主电路的控制开关(触盘)常通过磁力开关来通断,磁力开关的吸引线圈、保持线圈可以由点火开关的起动挡控制,装有自动变速器的汽车为了保证能空挡起动,常在50号线上串有空挡开关。
(5) 搭铁线(接地线或31号线),搭铁点分布在汽车全身,由于不同金属相接(如铁、铜与铝,铅

项目 10 汽车电气设备总线路分析

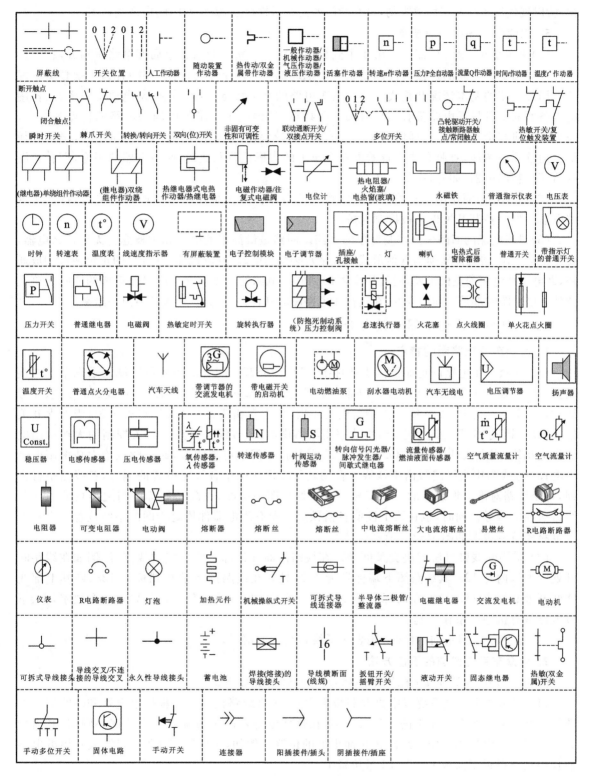

图 10-2-4 汽车电路常用的图形符号

与铁)形成电极电位差,有些搭铁部位容易沾染泥水、油污或生锈,有些搭铁部位是很薄的钣金件,都可能引起搭铁不良,如灯不亮、仪表不起作用、喇叭不响等。要将搭铁部位与火线接点同等重视,所以现代汽车局部采用双线制,设有专门的公共搭铁接点,编绘专门的搭铁线路图。

5. 识读电路图的一般要点

(1)纵观全车,眼盯局部——由集中到分散。全车电路一般由各个局部电路所构成,它表达了各个局部电路之间的连接和控制关系。要把局部电路从全车总电路中分割出来,就必须掌握各个局部电路的基本情况和接线规律。汽车电路的基本特点是:单线制、蓄电池负极搭铁、各用电设备并联。各局部电路都有其自身的一些特点,识读汽车电路要以局部电路的特点为指导,去分解并研究全车电路,这样做会少一些盲目,能较快速、准确地识读汽车电路图。首先,必须认真地读几遍图注,对照布线图查看电器在车上的大概位置及数量,厘清电器的用途,查看有没有新颖独特的电器,如有,应加倍注意。

(2)抓住开关的作用——关注开关所控制的对象。开关是控制电路通断的关键,特别注意继电器不但是控制开关也是被控制对象。

(3)寻找电流的回路——控制对象的通路。回路是最简单的电气相关概念。无论什么电器,要想正常工作(将电能转换为其他形式的能量),必须与电源(发电机或蓄电池)的正负两极构成通路,即电流从电源的正极出发,通过用电器回到同一电源的负极。这个简单而重要的原则无论在读什么电路图时都是必须用到的,在读汽车电路图时却往往被忽略,让人理不出头绪来。

(五)典型车系电路图识读与分析

1. 大众车系电路图的特点

(1)大众车系电路图遵循德国工业标准 DIN 725527。图上部的灰色区域表示汽车中央接线盒的熔断器与继电器。灰色区域内部水平线为接电源正极的导线,有 30 号线、15 号线、X 号线、31 号线等。其中,30 号线直接接蓄电池正极,称为常相线;15 号线接点火开关,当点火开关处于"ON"挡或"ST"挡时通电,给小功率用电器供电;X 号线是受点火开关控制的大功率用电器供电相线,当点火开关接至"ON"挡或"ST"挡时,中间继电器闭合,通过触点给大功率用电器供电;31 号线为中央线路板内搭铁线。在图最下端标注图中各线路位置的编号,各线路平行排列,每条线路对准下框线上的一个编号。线路如在图中中断,在断口处标注与之连接的另一段线路所在的编号。同时,也在线上注明各搭铁点。所有用电器件均处于图的中间位置。大众汽车电路图符号说明如图 10-2-5 所示。

(2)采用断线带号法解决交叉问题。在线路的断开处标上要连接的线路号,例如在线路断开处的方框内有 128,其线路图下端标号为 147,只要在线路图下端找到标号 128,则其上部线路断开处必标有 147,说明在两标号即 128 与 147 处为断线连接处。通过以上两个数字,上、下段电路就有机地联系在一起了。

(3)在表示线路走向的同时,还表达了线路结构的情况。

2. 大众车系电路图的识读方法

图 10-2-5 中的圈内数字标号是注释号,其具体含义如下。

(1)汽车整个电气系统以中央线路板为中心,中央线路板的正面板插继电器和熔断器。在图纸的灰色部分画有汽车上的各种继电器,在这些继电器的旁边都有一个黄底小圆圈,其内标数字表示该继电器插在中央线路板正面板上的位置。例如,小圆圈里标数字 12,表示该继电器插在中央线路板正面板上的第 12 号位置上。

(2)以分数形式标明继电器插脚与中央线路板插孔的配合。例如,第 12 号继电器有两个插脚,在图纸上标有 1/49、4/31,其中,"分子"1、4 是指板上第 12 号位置的两个插孔,"分母"49、31 是指继电器上的两个插脚。"分子"与"分母"对应,且工艺上已保证它们不会插错。

(3)中央线路板上的插头与线束插座有对应的字母标记。中央线路板的背面是各种形式

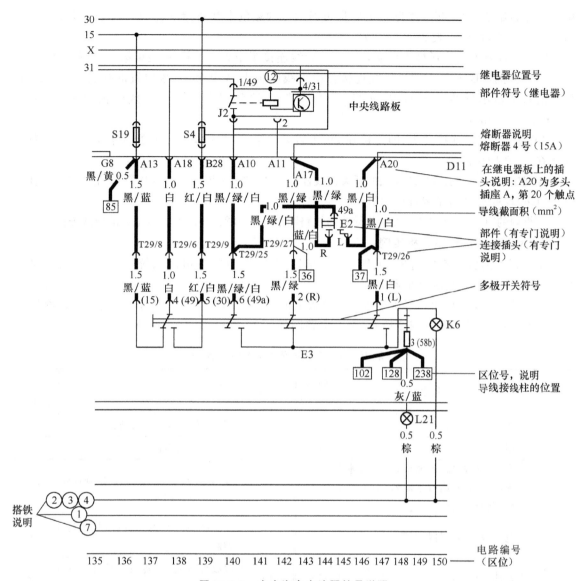

图 10-2-5　大众汽车电路图符号说明

的组合插头,每一个组合插头都有一个英文字母作为它的代号,并分别和各线束的组合式插座插接。几根主要线束各自只有一只组合式插座,在同一线束里的所有导线在同一英文字母下被编成从 1 开始的不同序号。

(4)导线颜色采用直观表达法。在总线路图中,车上的导线用什么颜色,线路图中就印什么颜色,一看便知。大众车系导线颜色也有一定规律:红色线大多为控制相线,棕色线为搭铁线,白、黄色线用来控制灯,蓝色线大多用于指示灯或传感器,全绿、红黑或绿黑线多用于脉冲式的用电器。

(5)电路图中使用了一些统一符号。除上面介绍的 30 号线、15 号线、X 号线、31 号线四条线外,搭铁线也分三路:标有"①"的为蓄电池搭铁线,标有"②""③""④"的为中央线路板搭铁线,标有"⑦"的为尾灯线束搭铁线。

对照图 10-18 可知,J2 为转向继电器,由其旁边的标号"⑫"可知,该继电器位于中央线路板上第 12 号位置。

"S"代表熔断器,数字代表该熔断器在中央线路板上的位置。如"S19"表示该熔断器处于中央线路板第19号位置。熔断器的容量可通过它的颜色来判断：紫色代表3A，红色代表10A，蓝色代表15A，黄色代表20A，绿色代表30A。

"A13"为中央线路板接头说明，该黑/蓝导线连接于中央线路板A线束第13号位置的插头上。以此类推，"B28"即说明该导线连接在中央线路板B线束第28号位置的插头上。导线上标注的数字表示导线的截面积，如"1.5""1.0""2.5"分别表示该导线截面积为1.5 mm²、1.0 mm²、2.5 mm²。

"T29/26"表示连接插头，即连接在29孔插头的第26号位置上。以此类推，"T29/6"表示连接在29孔插头的第6号位置上。

导线尾部标号表示该导线连接的开关接线柱号，如"15"表示该导线连接开关E3的"15"接线柱。

"K6"表示报警闪光装置指示灯。

方框内的"102""128""238"表示此导线与线路图下端第102、128、238编号上方的导线连接。

3. 大众车系电路图分析实例

下面以上海大众桑塔纳2000型轿车的电路图为例，分析各电路系统的工作原理、线路连接、电器设备的布置及线束布置。

上海大众桑塔纳2000型轿车中央线路板上的熔断器如表10-2-1所示，电气系统零部件及其在电路中的位置如表10-2-2所示，全车电路图如图10-2-6～图10-2-16所示。

表10-2-1 中央线路板上的熔断器

编号	名称	额定电流/A	编号	名称	额定电流/A
1	散热器风扇熔断器	30	15	倒车灯熔断器、车速传感器熔断器	10
2	制动灯熔断器	10	16	双音喇叭熔断器	15
3	点烟器熔断器、收放机熔断器、钟表熔断器、车内灯熔断器、中央集控门锁熔断器	15	17	进气预热器温控开关熔断器、怠速截止电磁阀熔断器	10
4	危险报警闪光灯熔断器	15	18	驻车制动熔断器、阻风门指示灯熔断器	15
5	燃油泵熔断器	15	19	收放机熔断器、转向信号灯熔断器、防盗器控制单元熔断器	10
6	前雾灯熔断器	15	20	牌照灯熔断器、杂物箱照明灯熔断器	10
7	尾灯和停车灯（左）熔断器	10	21	前照灯近光（左）熔断器	10
8	尾灯和停车灯（右）熔断器	10	22	前照灯近光（右）熔断器	10
9	前照灯远光（右）熔断器	10	23	后雾灯熔断器	10
10	前照灯远光（左）熔断器	10	24	空调熔断器	30
11	前风窗刮水器及洗涤装置熔断器	15	25	自动天线熔断器	10
12	电动车窗熔断器、ABS控制单元熔断器	15	26	电动后视镜熔断器	3
13	后窗加热器熔断器	20	27	ECU熔断器	10
14	鼓风机（空调）熔断器	20			

注：熔断器23～27为桑塔纳2000GSi型轿车的熔断器，插在中央线路板的旁边。

表 10-2-2　电气系统零部件及其在电路中的位置

符号	零部件名称	在电路中的位置	符号	零部件名称	在电路中的位置
①	蓄电池搭铁线		F	制动信号灯开关	155
②③④	中央线路板搭铁线		F1	油压开关(180kPa)	54
⑤	发动机室左线束搭铁线		F2	前车门接触开关(左)	59
⑥	阅读灯搭铁线		F3	前车门接触开关(右)	58
⑦	尾灯线束搭铁线		F4	倒车灯开关	161
30	常相线		F5	行李箱照明灯开关	57
15	小容量电器用相线		F9	驻车制动指示灯开关	56
X	大容量电器用相线		F10	后车门接触开关(左)	68
31	中央线路板内搭铁线		F11	后车门接触开关(右)	65
A	蓄电池	5	F18	热敏开关	
B	起动机	7	F22	油压开关(30kPa)	53
C	发电机	2	F23	空调高压开关	229
C1	发电机电压调节器	21	F34	制动液不足指示开关	55
D	点火开关	23	F35	进气预热温控开关	19
E1	灯光开关	92	F38	空调室温开关	240
E2	转向信号灯开关	143	F66	冷却液不足指示开关	56
E3	报警闪光开关	142	F69	发动机室照明灯开关	107
E4	变光和转向信号灯开关	112	F70	杂物箱照明灯开关	104
E9	空调风速开关	234	F73	空调压缩机开关	242
E15	后窗加热器开关	131	G	燃油表传感器	52
E19	停车灯开关	25	G1	燃油表	46
E20	仪表板照明灯调节器	102	G2	冷却液温度传感器	51
E22	前风窗刮水器开关	172	G3	冷却液温度表	48
E23	雾灯开关	125	G5	转速表	35
E30	空调开关	237	G6	车速表	34
E33	空调风量开关	242	G7	车速传感器	159
E39	电动车窗安全开关	208	G40	霍尔传感器	11
E40	电动车窗开关(左前)	200	H	双音喇叭开关	246
E41	电动车窗开关(右前)	195	H1	高、低音喇叭	251、252
E52	电动车窗开关(左后)	205	J2	转向信号灯继电器	139
E53	电动车窗开关(左后)	205	J4	双音喇叭继电器	246

续表

符　号	零部件名称	在电路中的位置	符　号	零部件名称	在电路中的位置
E54	电动车窗开关(右后)	212	J5	雾灯继电器	124
E55	电动车窗开关(右后)	212	J6	稳压器	48
E56	后阅读灯开关(右)	66	J26	空调减负继电器	229
E59	遮阳灯开关	64	J31	前风窗刮水器及洗涤装置	169
J32	空调继电器	234	M3	示宽灯灯泡(右)	108
J51	电动车窗自动继电器	188	M4	尾灯灯泡(左)	110
J52	电动车窗延时继电器	190	M5	转向信号灯(前左)	152
J53	中央集控锁控制器(左前)	215	M6	转向信号灯(后左)	151
J59	X-接触继电器	91	M7	转向信号灯(前右)	154
J81	进气歧管预热继电器	18	M8	转向信号灯(后右)	153
J114	油压检查控制器	33	M9	制动信号灯(左)	157
J120	冷却液不足指示控制器		M10	制动信号灯(右)	156
J121	内部照明继电器	59	M16	倒车信号灯(左)	163
K1	远光指示灯	42	M17	倒车信号灯(右)	161
K2	充电指示灯	31	M18	发动机室照明灯	107
K3	油压指示灯	31	M20	空调控制装置指示灯	239
K5	转向指示灯(右)	36	N	点火线圈	15
K6	危险报警闪光灯指示灯	150	N3	怠速截止电磁阀	21
K7	驻车制动指示灯	38	N16	空调升速电磁阀	
K10	后窗加热指示灯	41	N23	鼓风机换挡电阻	232
K17	雾灯指示灯	127	N25	电磁离合器	242
K28	冷却液温度指示灯	47	N47	晶体管点火开关装置	11
K48	空调开关照明灯	237	N51	进气预热器	18
K49	阻风门指示灯	39	N62	进气门电磁阀	241
K50	冷却液液位指示灯	43	O	分电器	15
K51	燃油不足指示灯	46	P	火花塞插头	13～17
L1	前照灯双丝灯泡(左)	116、118	Q	火花塞	13～17
L2	前照灯双丝灯泡(右)	117、119	R	收放机	83
L8	时钟照明灯	92	R2、R3	扬声器	81、74
L9	灯光开关照明灯泡	103	R4、R5		83、75

续表

符　号	零部件名称	在电路中的位置	符　号	零部件名称	在电路中的位置
L10	仪表板照明灯	93～99	S1、S2	见表10-3	226、155
L20	后雾灯灯泡	122	S3、S4		57、138
L21	暖风开关照明灯	148	S6、S7		120、96
L22	前雾灯灯泡(左)	120	S8、S9		98、117
L23	前雾灯灯泡(右)	121	S10、S11		116、166
L28	点烟器照明灯	89	S12、S13		181、131
L39	后窗加热器开关照明灯	129	S14、S15		242、161
L40	雾灯开关照明灯	128	S16、S17		251、21
L53	电动车窗开关照明灯	196、200、206、209、212	S18、S19		244、136
M	电动后视镜开关	181	S20		106
M1	示宽灯灯泡(左)	111	S21、S22		119、118
M2	尾灯灯泡(右)	109	S23	空调熔断器30(A)	230
S27	后雾灯熔断器	123	V31	中央集控锁电动机(右后)	220
S37	电动车窗热保护器	188	V32	中央集控锁电动机(左后)	222
S38	电动后视镜熔断器(3A)	181	V33	电动后视镜电动机(右)	179
S39	电动天线熔断器	87	V34	电动后视镜电动机(左)	183
U1	点烟器	88	V44	电动天线	87
V	前风窗刮水器电动机	164	W	车内前部照明灯	63
V2	鼓风机电动机	232	W3	行李箱内照明灯	57
V5	前风窗洗涤泵	177	W4	遮阳灯	64
V7	散热器风窗	226	W5	后阅读灯(右)	66
V14	电动车窗电动机(左前)	200	W6	后阅读灯(左)	69
V15	电动车窗电动机(右前)	195	X	牌照照明灯	105
V26	电动车窗电动机(左后)	205	Y2	电子钟	71
V27	电动车窗电动机(右后)	212	Z1	后窗加热器	134
V30	中央集控锁电动机(右前)	218			

　　(1) 电源系统电路。与电源系统有关的元件主要有内装电子电压调节器的硅整流发电机、充电指示灯、点火开关、总熔断器及蓄电池。

　　电源系统电路包括两个部分：①发电机工作电路——发电机励磁电路及充电指示灯电路；②充电电路。桑塔纳2000型轿车电源系统电路如图10-2-6所示，其电路编号为1～6、23～30。

　　发电机他励电路。当点火开关D置于I挡，发电机转速低于怠速时的转速时，蓄电池担负着向用电设备供电的任务，同时向发电机提供励磁电流。

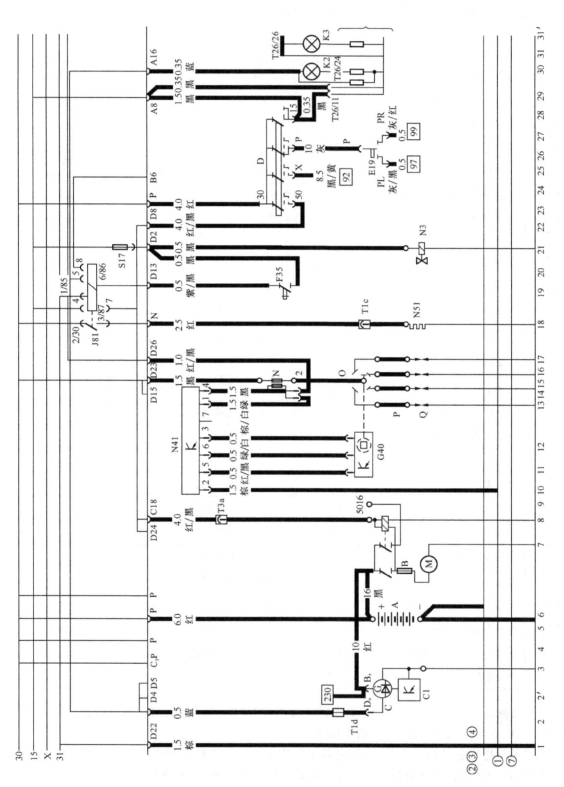

图 10-2-6 上海大众桑塔纳 2000 型轿车电路图（一）

其励磁电流回路为：蓄电池正极→中央线路板单端子插座"P"端子→中央线路板内部线路→中央线路板单端子插座"P"端子→点火开关"30"端子→点火开关"15"端子→组合仪表板下方"26"端子连接器的"11"端子→两只并联电阻和充电指示灯K2→二极管→组合仪表板下方"26"端子连接器的"26"端子→中央线路板"A16"端子→中央线路板内部线路→中央线路板"D4"端子→中央线路板单端子连接器"T1d"（蓄电池旁边）→交流发电机"D+"端子→交流发电机励磁绕组→电子电压调节器功率管→编号6电路搭铁→蓄电池负极。充电指示灯亮，表示发电机处于他励状态。

发电机自励电路。在发电机转速达到或高于怠速时的转速时，发电机电压高于蓄电池电动势，发电机自励，外电路用电设备由发电机（蓄电池协助）供电，同时发电机向蓄电池充电，充电指示灯熄灭，指示发电机工作状态良好。发电机自励电流回路为：交流发电机内部小功率二极管的共阴极端→交流发电机的励磁绕组→电子电压调节器功率管→编号3电路搭铁→发电机负极。

发电机充电电流回路为：交流发电机的"B"端子→起动机"30"端子→蓄电池正极→蓄电池负极→编号3电路搭铁→发电机负极。

（2）起动系统电路。直流串励式电动机（功率为950W）由点火开关的起动挡直接控制。起动系统电路一般由起动机主电路和控制起动机线路通断的控制电路组成，如图10-2-6所示，其电路编号为5~8、23~28。

当点火开关置于起动挡时，其"30"端子和"50"端子接通。起动机电磁开关电路和起动机主电路如下。

① 电磁开关线圈电流回路为：蓄电池正极→中央线路板单端子插座"P"端子→中央线路板内部线路→中央线路板单端子插座"P"端子→点火开关"30"端子→点火开关"50"端子→中央线路板"B8"端子→中央线路板内部线路→中央线路板"C18"端子→起动机"50"端子→电磁开关，然后分为两路，一路径保持线圈→编号8电路搭铁→蓄电池负极；一路径吸引线圈→起动机"C"接线柱→起动机励磁绕组→起动机电枢绕组→编号7电路搭铁→蓄电池负极。电磁开关产生电磁吸力接通起动机主电路。

② 起动机主电路电流回路为：蓄电池正极→起动机"30"接线柱→电磁开关接触盘→起动机"C"接线柱→起动机励磁绕组→起动机电枢绕组→编号7电路搭铁→蓄电池负极。

（3）点火系统电路。点火系统的主要元件有点火线圈、分电器、点火模块、火花塞、点火开关等。电火系统电路如图10-2-6所示，其电路编号为9~30。将点火开关置于Ⅰ挡（即点火挡），点火系统的初级电路接通。

① 初级（低压）电路电流回路为：蓄电池正极→中央线路板单端子插座"P"端子→中央线路板内部线路→中央线路板单端子插座"P"端子→点火开关"30"端子→点火开关"15"端子→中央线路板"A8"端子→中央线路板内部电路→中央线路板"D23"端子→点火线圈"15"端子→一次绕组→点火线圈"1"端子→点火控制器"1"端子→点火控制器内部大功率晶体管→点火器控制器"2"端子→编号10电路搭铁→蓄电池负极。

② 次级（高压）电路电流回路为：点火线圈二次绕组"+"端子→点火线圈"15"端子→中央线路板"D23"端子→中央线路板内部电路→中央线路板"A8"端子→点火开关→中央线路板"P"端子→蓄电池→搭铁→火花塞→分缸高压线→配电器旁电极→分火头→中央高压线→点火线圈二次绕组"—"端子。

③ 点火控制器电流电路为：蓄电池正极→中央线路板单端子插座"P"端子→中央线路板内部电路→中央线路板单端子插座"P"端子→点火开关"30"端子→点火开关"15"端子→中央线路板"A8"端子→中央线路板内部电路→中央线路板"D23"端子→点火线圈"15"端子→点火控制器"4"端子→点火控制器内部电路→点火控制器"2"端子→编号10电路搭铁→蓄电池负极。

④ 霍尔传感器信号电路。霍尔传感器的电源线(红/黑)、信号线(绿/白)、搭铁线(棕/白)分别与点火控制器"5"端子、"6"端子、"3"端子连接,将信号传给点火控制器,点火控制器内部大功率晶体管导通与截止,控制初级电路的通断。

(4) 进气预热和怠速截止阀电路。

① 进气预热电路。进气预热电路由点火开关、进气预热温控开关F35、进气预热继电器J81、进气预热器N51等组成,如图10-2-6所示,电路编号为18～20。

点火开关闭合,当发动机冷却液温度低于65℃时,安装在发动机出水管内的进气预热温控开关F35闭合,进气预热继电器J81工作。进气预热继电器线圈电流回路为:电源正极→中央线路板单端子插座→点火开关"30"端子→点火开关"15"端子→中央线路板"A8"端子→熔断器S17→中央线路板"D2"端子→进气预热热敏开关F18→紫/黑色导线→中央线路板"D13"端子→进气预热继电器"86"端子→进气预热继电器励磁线圈→进气预热继电器"85"端子→中央线路板"D22"端子→搭铁→电源负极。位于进气管内的进气预热器N51通电加热混合气,其电流回路为:电源正极→中央线路板单端子插座P→进气预热继电器"30"端子→进气预热继电器触点→进气预热继电器"87"端子→中央线路板单端子插座N→连接器T1c→进气预热加热电阻→编号18电路搭铁→电源负极。在发动机冷却液温度高于设定温度时,温控开关F35自动断开,进气预热器N51断电停止工作。

② 怠速截止阀电路。怠速截止阀电路由点火开关D、怠速截止阀N3等组成,如图10-2-6所示,电路编码为21～29。当点火开关闭合时,电流通过点火开关、熔断器S17、怠速截止阀N3,怠速截止阀通电,怠速量孔打开,使发动机发怠速状态能稳定运转。当点火开关切断时,怠速截止阀N3断电,怠速量孔关闭,保证发动机很快熄火,并能减少发动机燃烧室的积炭和排气污染。

(5) 仪表系统电路。仪表系统电路由冷却液温度表、机油压力表、燃油表、油压警告灯、发动机转速表等组成。仪表系统受点火开关(或电源总开关)控制。点火系统工作的同时,仪表系统电路同时工作。仪表系统电路图如图10-2-6～图10-2-8所示,电路编号为23～56。

① 润滑系统低压传感器电路。当发动机润滑系统的机油压力低于30 kPa时,低压传感器闭合,其电流回路为:电源正极→点火开关"30"端子→点火开关"15"端子→油压检查控制器J114的"15"端子→油压检查控制器J114→中央线路板"B15"端子→中央线路板内部电路→中央线路板"D21"端子→低压传感器F1(低压油压开关)触点→低压传感器F1外壳→编号54电路搭铁→电源负极。当油压高于30 kPa时,低压传感器触点断开。

② 润滑系统高压传感器电路。当发动机润滑系统的机油压力低于180 kPa时,高压传感器触点断开;当油压高于180 kPa时,高压传感器触点闭合。高压传感器电流回路为:电源正极→点火开关"30"端子→点火开关"15"端子→油压检查控制器J114的"15"端子→油压检查控制器J114→蓝/黑色导线→中央线路板"A4"端子→中央线路板"D1"端子→高压传感器F22(高压油压开关)触点→高压传感器壳体→编号53电路搭铁→电源负极。若发动机转速高于2 150 r/min,油压仍不正常时,则油压检查控制器J114发出蜂鸣报警声,应停车检查。

③ 油压指示灯电路。油压指示灯电路回路为:电源正极→点火开关"30"端子→点火开关"15"端子→黑色导线→仪表板"26"端子连接器的"11"端子→降压电阻→油压指示灯→油压检查控制器J114的"A"端子→油压检查控制器内部电路→油压检查控制器J114的"6"端子→仪表板"26"端子连接器的"5"端子→棕色导线→编号49电路搭铁→电源负极。

④ 冷却液温度表电路。冷却液温度表电流回路为:电源正极→中央线路板单端子插座P→点火开关"30"端子→点火开关"15"端子→稳压器J6→冷却液温度表G3→连接器T26/16→中

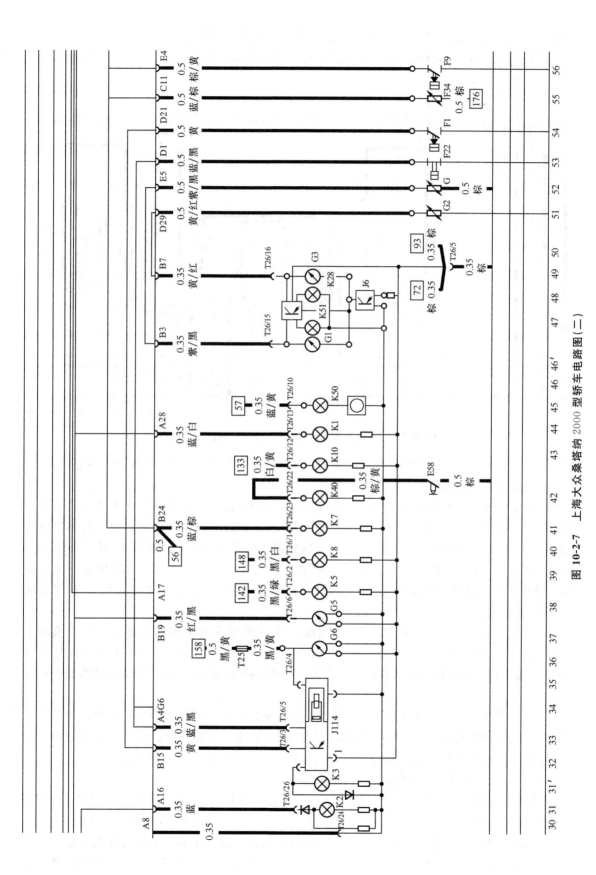

图 10-2-7 上海大众桑塔纳 2000 型轿车电路图（二）

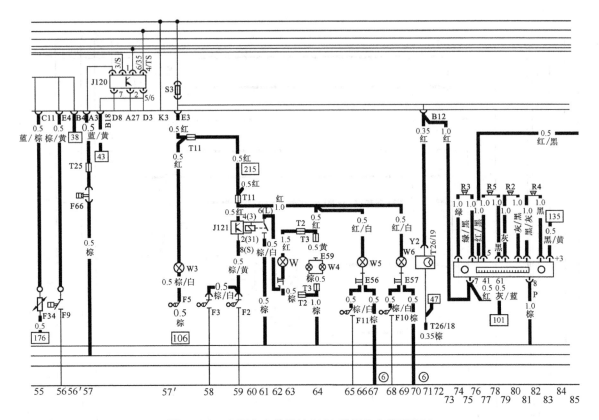

图 10-2-8 上海大众桑塔纳 2000 型轿车电路图(三)

央线路板"B7"端子→中央线路板内部电路→中央线路板"D29"端子→冷却液温度传感器 G2→编号 51 电路搭铁→电源负极。

⑤ 冷却液液位报警灯电路。冷却液液位报警灯电流回路为:电源正极→中央线路板单端子插座 P→点火开关"30"端子→点火开关"15"端子→稳压器 J6→冷却液液位报警灯 K28→连接器 T26/16→中央线路板"B7"端子→中央线路板内部电路→中央线路板"D29"端子→中央线路板内部电路→液位控制器 J120→中央线路板"A3"端子→连接器 T25→冷却液不足开关 F66→编号 57 电路搭铁→电源负极。当冷却液温度超过 124℃或液位低于限定值时,冷却液液位报警灯 K28 点亮。

⑥ 燃油表电路。燃油表电流回路为:电源正极→中央线路板单端子插座 P→点火开关"30"端子→点火开关"15"端子→稳压器 J6→燃油表 G1→连接器 T26/15→中央线路板"B3"端子→中央线路板内部电路→中央线路板"E5"端子→燃油表传感器 G→编号 52 电路搭铁→电源负极。

⑦ 电子式发动机转速表电路。当点火线圈初级电路接通、切断时,产生的脉冲信号经中央线路板、仪表板印制电路板、仪表板"26"端子插座进入转速表控制电路。转速表控制电路为数字集成电路,脉冲信号经集成电路处理后,使转速表指针动作,指示出发动机转速。

(6) 照明系统及灯光信号电路。

桑塔纳轿车的照明系统由前照灯(L1、L2)、仪表照明灯(L10)、牌照灯(X)、停车灯(M1、M3)、尾灯(M2、M4)、雾灯(L22)等组成,如图 10-2-9 和图 10-2-10 所示,电路编号为 88～134。

① 前照灯电路。前照灯 L1、L2 受车灯开关 E1 和转向组合手柄开关中的变光与超车灯开关 E4 控制。当向上抬起组合开关手柄时,E4 中的变光与超车灯开关接通,30 号线电源经熔断

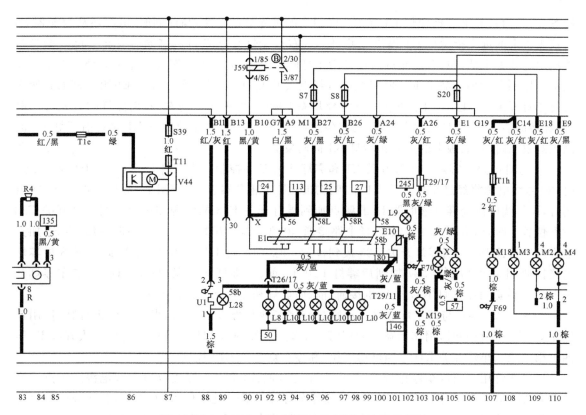

图 10-2-9　上海大众桑塔纳 2000 型轿车电路图(四)

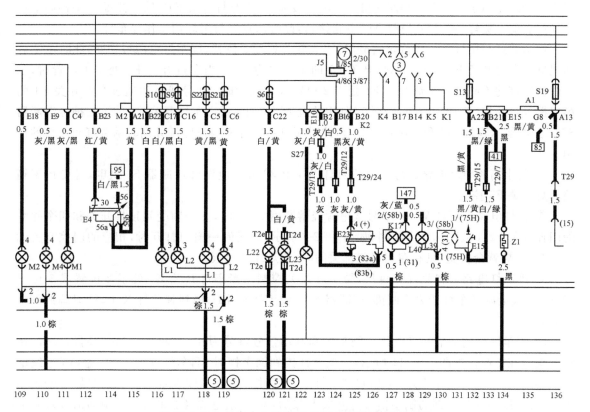

图 10-2-10　上海大众桑塔纳 2000 型轿车电路图(五)

器 S9、S10 直接接通左前照灯 L1、右前照灯 L2 的远光灯丝电路，与此同时，电源还从熔断器 S9 向仪表板上的远光指示灯 K1 提供电源，使左、右远光灯与远光指示灯同时发亮。反复抬起与放松组合开关手柄，左、右远光灯与远光指示灯同时闪烁，向前方汽车发出超车信号。当车灯开关 E1 拨到第二挡（位置 3）时，30 号线电源经点火开关 D 第二挪、车灯开关 E1 第一挪加到变光与超车灯开关 E4 上，当向上拨动一下组合开关手柄时，可依次接通左、右前照灯的近光灯丝电路（经熔断器 S21、S22）或远光灯丝电路（经熔断器 S9、S10），当左前照灯 L1 或右前照灯 L2 的远光灯发亮时，仪表板上的远光指示灯 K1 同时发亮。

② 雾灯电路。雾灯受车灯开关 E1 和雾灯开关 E23 控制。当车灯开关 E1 处于位置 2 或 3 时，30 号线电源将经过车灯开关 E1 第四挪加到雾灯继电器 J5 的线圈上，雾灯继电器 J5 触点闭合，X 号线电源经雾灯继电器 J5 的触点加到雾灯开关 E23 的电源端子上。当雾灯开关 E23 拨到位置 2 时，前雾灯 L22、L23 灯丝电路接通，电源经雾灯开关 E23 的第一挪、熔断器 S6 加到前雾灯 L22、L23 上；当雾灯开关 E23 拨到位置 3 时，前雾灯 L22、L23 仍然亮，此时 E23 后雾灯电路接通，电源经熔断器 S27 加到后雾灯 L20 上，前、后雾灯均发亮，与此同时，安装在雾灯开关 E23 内的雾灯指示灯 K17 电路也接通，前、后雾灯和雾灯指示灯同时发亮。

③ 示宽灯、尾灯与停车灯电路。示宽灯与尾灯兼作停车灯使用，当汽车停止行驶时，用作停车灯；当汽车行驶时，用作示宽灯和尾灯。示宽灯 M1、M3 和尾灯 M2、M4 受点火开关 D（第四挪第三位）、车灯开关 E1（第四挪第三位）和停车灯开关 E19 控制。

作停车灯用。当汽车停止行驶时，点火开关 D 断开（位于 1 位置），30 号线电源通过点火开关 D 的第三挪加到停车灯开关 E19 上。当停车灯开关 E19 处于位置 2（空位）时，示宽灯与尾灯电源切断。停车灯开关 E19 在转向灯组合手柄开关内，当停车灯开关 E19 处于位置 1（手柄向下拨动）时，左前示宽灯 M1 和左尾灯 M4 电路接通；当停车灯开关 E19 处于位置 3（手柄向上拨动）时，右前示宽灯 M3 和右尾灯 M2 电路接通，此时示宽灯与尾灯均用作停车灯。

作示宽灯与尾灯用。当汽车行驶时，点火开关处于 2 位置，停车灯电源被切断，此时示宽灯和尾灯受车灯开关 E1 控制。车灯开关 E1 的 1 位置为空位，当车灯开关 E1 处于 1 位置时，示宽灯和尾灯均不亮。当车灯开关 E1 处于 2 位置或 3 位置时，30 号线电源通过车灯开关 E1 的第二挪经熔断器 S7 加到左前示宽灯 M1 和左尾灯 M4 上，通过车灯开关 E1 的第三挪经熔断器 S8 加到右前示宽灯 M3 和右尾灯 M2 上，此时两只示宽灯和两只尾灯分别起示宽灯和尾灯的作用。

④ 行李箱照明灯电路。行李箱照明灯 W3 由 30 号线电源经熔断器 S3 供电，且受行李箱照明灯开关 F5 控制。

⑤ 顶灯电路。顶灯 W 由 30 号线电源经熔断器 S3 供电，并分别受到顶灯开关和四个并联的门控开关 F2、F3、F10、F11 控制，如图 10-2-8 所示，当任何一扇门打开时，相应的门控开关就会闭合，顶灯就会发亮，只有在四扇门都关闭时，顶灯才会熄灭。

⑥ 牌照灯电路。牌照灯有两只，受车灯开关控制。当车灯开关 E1 处于 2 位置或 3 位置时，30 号线电源经车灯开关第四挪、熔断器 S20、线束插头 T1v 加到牌照灯 X 上，两只牌照灯 X 发亮。

⑦ 倒车灯与制动信号灯电路。倒车灯和制动信号灯分为左、右两只，与后转向信号灯、尾灯等组合在一起。如图 10-2-11 所示，当变速杆拨到倒车挡时，倒车灯开关 F4 接通，15 号线电源经熔断器 S15、倒车灯开关 F4 加到倒车灯上，倒车灯 M16、M17 发亮。当驾驶员踩下制动踏板时，位于踏板支架上部的制动信号灯开关 F 接通，30 号线电源经熔断器 S2、制动信号灯开关 F 加到制动信号灯 M9、M10 上，制动信号灯发亮。

⑧ 其他照明灯电路。仪表板照明灯 L10、时钟照明灯 L8、点烟器照明灯 L28、烟灰缸照明灯 L41、除霜器开关照明灯 L39、雾灯开关照明灯 L40、空调开关控制面板照明灯 L21 等七种照明灯均受车灯开关控制。如图 10-2-8～图 10-2-11 所示，当车灯开关 E1 处于 1 位置时，七种照明灯熄灭；当车灯开关 E1 处于 2 位置或 3 位置时，30 号线电源经车灯开关第四挡、仪表板调光电阻 E20 接通七种照明灯电路，照明灯均发亮。

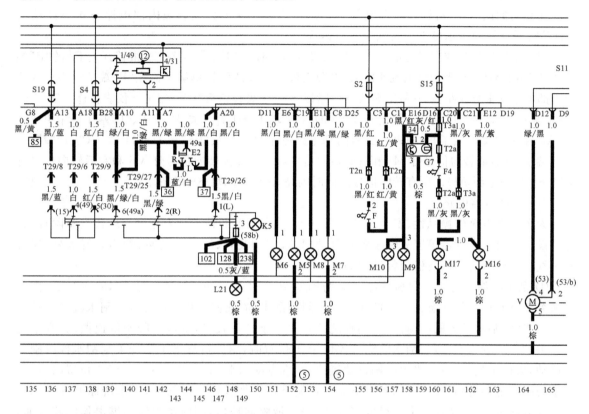

图 10-2-11　上海大众桑塔纳 2000 型轿车电路图（六）

⑨ 转向信号灯与报警灯电路。转向信号灯与报警信号系统电路如图 10-2-11 所示，电路编号为 135～165。四只转向信号灯 M5、M6、M7、M8 兼作报警灯使用。

当汽车行驶过程中需要指示左转向时，向前拨动组合手柄开关，其转向信号灯开关 E2 的"49a"端子与"L"端子接通，左转向信号灯电流回路为：电源正极→中央线路板单端子插座"P"端子→中央线路板内部电路→中央线路板单端子插座"P"端子→点火开关"30"端子→点火开关"15"端子→中央线路板"A8"端子→中央线路板内部电路→熔断器 S19→中央线路板"A13"端子→仪表板连接器 T29/8→报警开关 E3 的"15"端子→报警开关 E3 的"49"端子→仪表板连接器 T29/6→中央线路板"A18"端子→复合式闪光器 J2 触点→中央线路板"A10"端子→仪表板连接器 T29/25→转向信号灯开关 E2 的"49a"端子→转向信号灯开关 E2 的"L"端子→中央线路板"A20"端子→中央线路板内部电路→中央线路板"C19"端子、"E6"端子→左前转向信号灯 M5、左后转向信号灯 M6→搭铁→电源负极。

当汽车行驶过程中需要指示右转向时，向前拨动组合手柄开关，其转向信号灯开关 E2 的"49a"端子与"R"端子接通，右转向信号灯电流回路为：电源正极→中央线路板单端子插座"P"端子→中央线路板内部电路→中央线路板单端子插座"P"端子→点火开关"30"端子→点火开关"15"端子→中央线路板"A8"端子→中央线路板内部电路→熔断器 S19→中央线路板"A13"

端子→仪表板连接器 T29/8→报警开关 E3 的"15"端子→报警开关 E3 的"49"端子→仪表板连接器 T29/6→中央线路板"A18"端子→复合式闪光器 J2 触点→中央线路板"A10"端子→仪表板连接器 T29/25→转向信号灯开关 E2 的"49a"端子→转向信号灯开关 E2 的"R"端子→中央线路板"A7"端子→中央线路板内部电路→中央线路板"C8"端子、"E11"端子→右前转向信号灯 M7、右后转向信号灯 M8→搭铁→电源负极。

在转向的同时,电流经转向继电器 J2 的"49a"端子→中央线路板内部电路→中央线路板"A17"端子→转向指示灯 K5,转向指示灯闪亮。

当汽车发生故障或有紧急情况需要发出报警信号时,按下报警开关 E3,报警开关 E3 的"R"端子和"L"端子都接通,报警灯电流回路为:电源正极→中央线路板单端子插座"P"端子→中央线路板内部电路→中央线路板 30 号电源线→熔断器 S4→中央线路板"B28"端子→仪表板连接器 T29/9→报警开关 E3 的"30"端子→报警开关 E3 的"49a"端子→报警开关"R"端子、"L"端子→中央线路板"A7"端子("A20"端子)→中央线路板内部电路→中央线路板"C8"端子、E11 端子("C19"端子、"E6"端子)→右前转向信号灯 M7 和右后转向信号灯 M8(左前转向信号灯 M5 和左后转向信号灯 M6)→搭铁→电源负极。所有转向信号灯同时闪亮,报警指示灯 K6 闪亮。

(7)辅助电器电路。

为了提高汽车的操纵性、安全性和舒适性等,汽车电器的种类越来越多。现代汽车除音响、通信设备、时钟、点烟器等服务性装置及电动门窗、空调装置、洗涤电动泵、除霜装置等外,还有安全气囊、电动燃油泵、防盗报警装置等。

① 刮水洗涤器电路。刮水洗涤器电路图如图 10-2-12 所示,电路编号为 164~177。刮水洗涤系统有 6 种工作状态:高速、低速、点动、间歇刮水、清洗玻璃和停机复位。刮水洗涤开关位于 1 位置时,刮水橡胶刷高速摆动;刮水洗涤开关位于 2 位置时,刮水橡胶刷低速摆动;刮水洗涤开关的 0 位置为空挡位;刮水洗涤开关位于 T 位置时,驾驶员按下手柄开关则刮水橡胶刷低速摆动,放松手柄开关,刮水橡胶刷自动复位,实现点动刮水;刮水洗涤开关位于 J 位置时,接通刮水间歇继电器电路,在刮水间歇继电器的控制下刮水橡胶刷间歇摆动;刮水洗涤开关手柄向转向盘方向拨动时,洗涤器电动机电路接通,洗涤液喷向玻璃,同时刮水洗涤继电器电路接通,控制刮水橡胶刷摆动 3~4 次后停止。

② 电动后视镜电路。电动后视镜电路图如图 10-2-12 所示,电路编号为 178~185。电动后视镜由 X 号线电源供电,两侧后视镜各有两个永磁电动机 V33、V34,通过控制电动后视镜开关 M,每个电动机可获得两种旋转方向,两个电动机即可完成镜面 4 个方位的位置调整。

③ 电动玻璃升降器电路。电动玻璃升降器电路图如图 10-2-13 和图 10-2-14 所示,电路编号为 195~214。组合开关的 4 个白色按键开关分别控制相应门窗玻璃的升降,中间的黄色开关为锁定开关,按下此开关,后门的玻璃升降开关就失去作用。驾驶员一侧车门的操作与其他车门的有所不同,只需点一下下降键,车门玻璃即可下降到底,如需中途停止,点一下上升键即可。由于延时继电器的作用,点火开关钥匙位于"OFF"挡后 50s 内,玻璃升降开关仍起作用。

④ 中央集控门锁电路。中央集控门锁电路图如图 10-2-14 和图 10-2-15 所示,电路编号为 215~223。蓄电池通过熔断器 S3,直接给左前集控锁控制器 J53 供电,遥控器通过左前集控锁控制器控制所有门锁的开启与关闭,车门上的提钮可控制各自门锁的开启与关闭。

⑤ 空调装置电路。空调装置电路图如图 10-2-15 和图 10-2-16 所示,电路编号为 224~245。当外界气温高于 10 ℃时,才允许使用空调。当需要制冷系统工作时,接通空调开关 A/C,此时电源经空调开关、环境温度开关接通下列电路。

新鲜空气风门电磁阀电路接通,该阀动作接通新鲜空气风门控制电磁阀真空通路,使新鲜

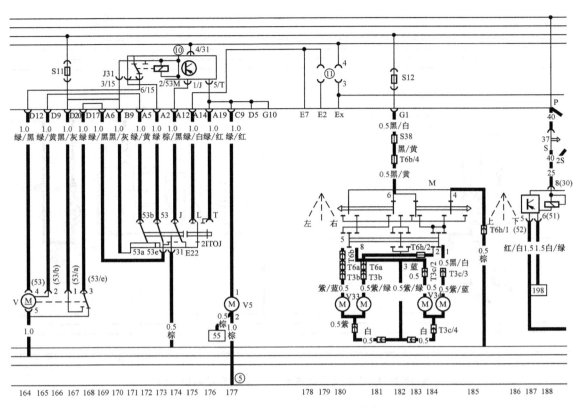

图 10-2-12 上海大众桑塔纳 2000 型轿车电路图（七）

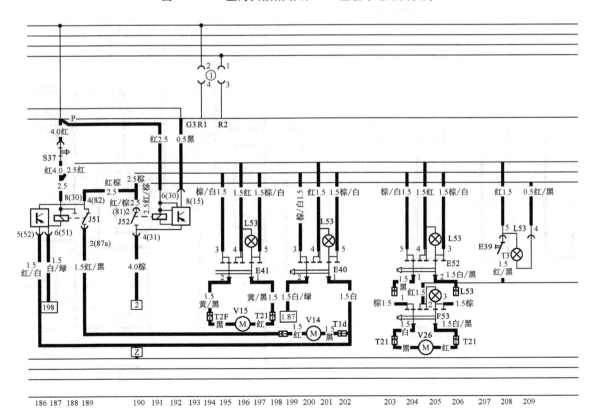

图 10-2-13 上海大众桑塔纳 2000 型轿车电路图（八）

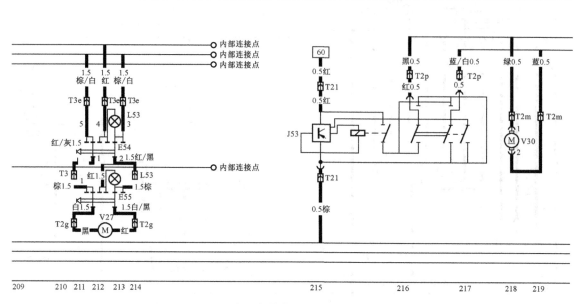

图 10-2-14　上海大众桑塔纳 2000 型轿车电路图(九)

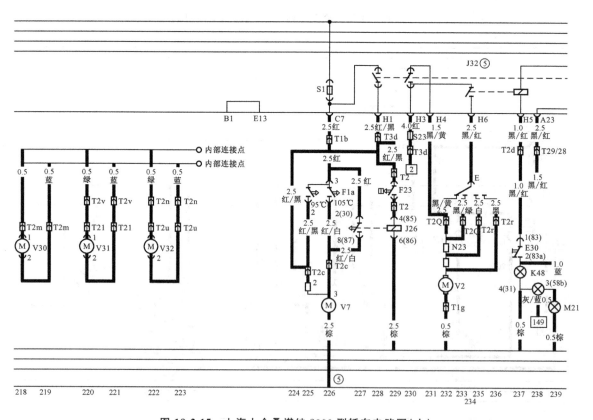

图 10-2-15　上海大众桑塔纳 2000 型轿车电路图(十)

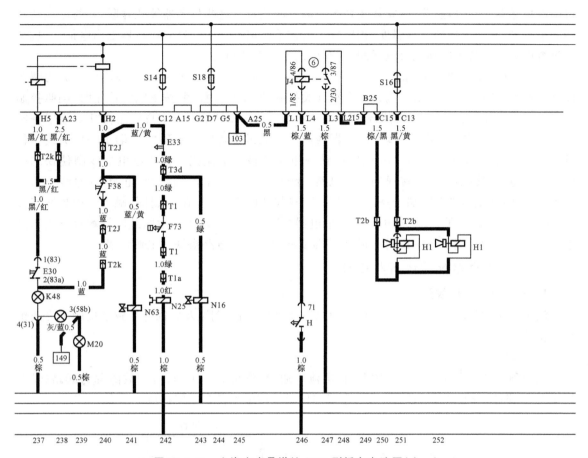

图 10-2-16 上海大众桑塔纳 2000 型轿车电路图(十一)

空气进口关闭,制冷系统进入车内空气循环。

经蒸发器温控开关、低压保护开关对压缩机电磁离合器线圈供电,同时电源还经蒸发器温控开关接通怠速提升真空转换阀,提高发动机转速,以满足空调动力的需要。

对空调继电器中的线圈 J1 供电,使其两对触点同时闭合,其中一对触点接通冷凝器风扇继电器线圈电路,另一对触点接通鼓风机电路。

低压保护开关串联在蒸发器温控开关和电磁离合器之间,当制冷系统因缺少制冷剂使制冷系统压力过低时,低压保护开关断开,压缩机停止工作。高压保护开关串联在冷却风扇继电器和空调继电器 J1 的一对触点之间,当制冷系统高压值正常时,高压保护开关触点断开,将鼓风机调速电阻 R 串入冷却风扇电动机电路中,使冷却风扇电动机低速运转。当制冷系统高压超过规定值时,高压保护开关触点闭合,接通冷却风扇继电器线圈电路,冷却风扇继电器触点闭合,将调速电阻 R 短路,使冷却风扇电动机高速运转,以增强冷凝器的冷却能力。同时,冷却风扇电动机还直接受发动机冷却液温控开关控制,当不开空调开关,发动机冷却液温度低于 95℃ 时,冷却风扇电动机不转动;高于 95℃ 时,冷却风扇电动机低速转动;达到 105℃ 时,冷却风扇电动机高速转动。

空调继电器中的 J1 触点在空调开关接通时即闭合,使鼓风机低速运转,以防止蒸发器表面因温度过低而结冰。

目前,汽车大都使用电子控制空调,电子控制部分主要由电控单元、传感器和执行器等组成。汽车空调的电控系统采用了多个温度传感器,如进风口温度传感器、车内温度传感器、出风口温度传感器、光照传感器等,安装在系统内的不同位置。这些传感器彼此并联,并与温度选择器的电信号(乘员选择的车内温度)相比较。电控单元根据这些信号向执行器发出电信号,例如通过继电器控制各种电动机及电磁阀,使车内的温度保持恒定。

(8) 喇叭电路。喇叭电路图如图10-2-16所示,电路编号为246~252。喇叭电路分为喇叭控制电路和喇叭主电路。喇叭电路由点火开关控制的15号线控制,按下喇叭按钮时,喇叭控制电路的电流回路为:15号线→熔断器S18→中央线路板"A25"端子→中央线路板"L1"端子→喇叭继电器"4"端子/"86"端子→喇叭继电器线圈→喇叭继电器"1"端子/"85"端子→中央线路板"L4"端子→喇叭按钮→编号246电路搭铁→电源负极。电流流过喇叭继电器线圈使铁芯磁化,吸下触点臂使触点闭合,接通喇叭主电路。喇叭主电路的电流回路为:电源15号线→熔断器S16→中央线路板"C13"端子→连接器T2b→喇叭"H1"端子→喇叭线圈、触点→中央线路板"C15"端子、"B25"端子、"L2"端子→喇叭继电器"3"端子/"87"端子→喇叭继电器触点→喇叭继电器"2"端子/"30"端子→中央线路板"L3"端子→编号247电路搭铁→电源负极。

(六) 汽车电路故障诊断与检修

1. 汽车电路常见故障

汽车电路常见故障包括断路、短路、漏电以及接线松脱、潮湿及腐蚀等导致的接触不良或绝缘不良等。

1) 断路

电源到负载的电路在某一点中断时,电流不通,导致负载不工作,这种故障称为断路(见图10-2-17)。断路一般由导线折断、导线连接端松脱或接触不良等原因造成。

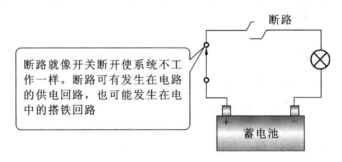

图 10-2-17 断路

2) 短路

电源正、负极的两根导线直接接通,使电器部件不能工作,导线发热或线路中的熔断器熔断,这种故障称为短路(见图10-2-18)。造成短路的原因有:导线绝缘不良,并相互接触;开关、接线盒、灯座等外接线螺丝松脱,造成线头相碰;接线不慎,使两线头相碰;线头碰触金属部分等。搭铁短路如图10-2-19所示。

3) 漏电

漏电使电路耗电量增大、导线发热。造成漏电的原因有电器设备绝缘不良,导线破坏,绝缘老化、破裂、受潮等。

2. 汽车电路故障诊断的程序和方法

第一步:验证车主(用户)所反映的情况,并注意通电后的各种现象。在动手拆检之前,尽量缩小产生故障的范围。

第二步:分析电路原理图,弄清电路的工作原理,对故障部位做出推断。

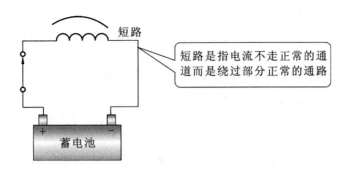

图 10-2-18　短路

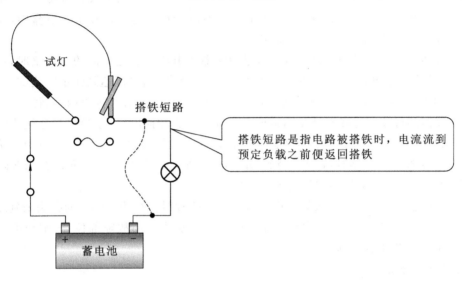

图 10-2-19　搭铁短路

第三步：重点检查问题集中的线路和部件，验证第二步做出的推断。

第四步：进一步进行诊断与检修。常用的检修方法有：直观法，通过直观检查来发现明显故障（高温、冒烟、火花、断接等），提高检修速度；检查保险法，如某电器突然停止工作，应先检查该支路上的保险装置是否动作，如动作，查明原因，检修后恢复保险装置；试灯法，检查线束是否断路或短路，电器有无故障；短路法，用一根导线将某段导线或电器短接后观察用电器的变化；替换法，将被怀疑的部件用已知完好的部件替换，验证怀疑是否正确；模拟法，用于对各种传感器信号、指示机构工况的判断，运用此法必须熟悉汽车的电路参数。

第五步：验证电路是否恢复正常。

3. 汽车电路故障诊断与检修注意事项

（1）拆卸蓄电池时，总是最先拆下负极电缆；装上蓄电池时，总是最后连接负极电缆。拆下或装上蓄电池电缆时，应确保点火开关或其他开关都已断开，否则会导致半导体元器件的损坏。

（2）不允许使用欧姆表及万用表的 R×100 以下低阻欧姆挡检测小功率晶体三极管，以免电流过载损坏三极管。更换三极管时，应首选接入基极，拆卸时，则应最后拆卸基极。对于金属氧化物半导体管，则应当心静电击穿，焊接时，应从电源上拔下烙铁插头。

（3）拆卸和安装元件时，应切断电源。如无特殊说明，元件引脚距焊点应在 10 mm 以上，以免烙铁烫坏元件，且宜使用恒温或功率小于 75 W 的电烙铁。

（4）更换烧坏的保险装置时，应使用相同规格的保险装置。使用比规定容量大的保险装置会导致电器损坏或产生火灾。

（5）靠近振动部件（如发动机）的线束部分应用卡子固定，将松弛部分拉紧，以免由于振动造成线束与其他部件接触。

（6）与尖锐边缘磨碰的线束部分应用胶带缠起来，以免损坏。安装固定零件时，应确保线束不要被夹住或被破坏。安装时，应确保连接器连接牢固。

（7）进行保养时，若温度超过80℃（如进行焊接时），应先拆下对温度敏感的零件（如继电器和ECU）。

（8）熔断器的使用。熔断器在电路中起保护作用，当电路中流过的电流超过规定值时，熔断器的熔丝发热而熔断，使电路切断来达到防止电路连接导线和用电设备被烧坏，并将故障限制在最小范围内的目的。通常情况下，将多个熔断器组合在一起安装在熔断器盒内，并在熔断器盒盖上注明各熔断器的位置、名称和额定容量。

在环境温度为18~32℃的条件下，当流过熔断器的电流为额定电流的1.1倍时，熔丝不会熔断；当电流达到额定电流的1.35倍时，熔丝在60s内熔断；当电流达到额定电流的1.5倍时，20A以内的熔断器熔丝将在15s以内熔断，30A的熔断器熔丝将在30s以内熔断。

（9）连接器的拆装。连接器就是通常所说的连接插头和插座，用于导线与导线或线束与继电器或用电设备之间的相互连接。为了防止连接器在汽车行驶过程中脱开，所有的连接器均采用闭锁装置。要拆开连接器时，首先要解除闭锁，然后把连接器拉开。不允许在未解除闭锁的情况下用力拉导线，这样会损坏闭锁装置和连接导线。

（10）20世纪80年代以前，人们在检修汽车电气装置时往往用"试火"的办法来判断故障部位。在装有电子线路的汽车上，不允许使用"试火"的方法来判断故障部位，否则会给某些电路和电子元件造成意想不到的损害。

4．具体故障分析

故障案例：桑塔纳2000GSi型轿车不能起动，起动机不转，其电路图如图10-2-20所示。故障分析与处理详见"任务实施"。

二、任务实施

（一）任务实施的要求

1．任务实施的目的

（1）能读懂汽车全车的电路图。

（2）通过故障案例诊断与处理，掌握汽车全车电路的组成和特点，以及故障现象描述、原因分析和诊断方法。

2．实训仪器和设备

汽车实训台架或整车、万用表、试灯、世达工具一套等。

（二）实施步骤

1．电路图分析

直流串励式电动机由点火开关的起动挡直接控制。起动系统电路一般由起动机主电路和控制起动机线路通断的控制电路组成。桑塔纳2000GSi型轿车起动系统电路如图10-2-20所示，电路编号为9~10、12~16。

当点火开关置于起动挡时，其"30"端子和"50"端子接通。起动机电磁开关电路和起动机主电路如下：

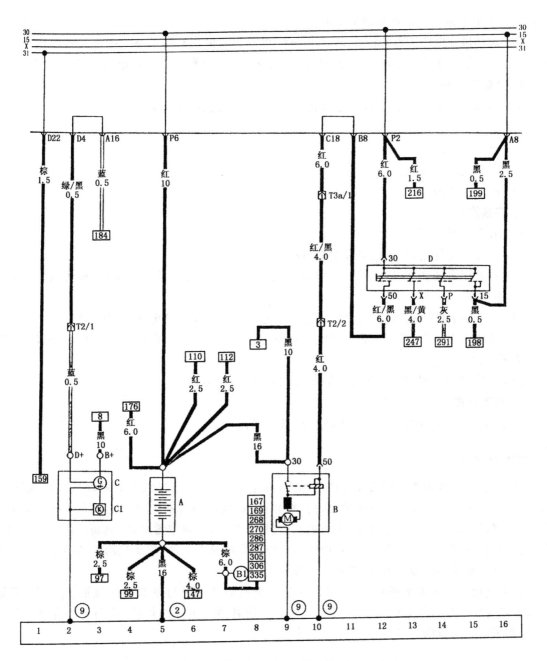

图 10-2-20　桑塔纳 2000GSi 型轿车起动系统电路

A—蓄电池；B—起动机；C—交流发电机；C1—调压器；D—点火开关；
T2—发动机线束与发电机线束插头连接（2 针，在发动机舱中间支架上）；
T3a—发动机线束与前大灯线束插头连接（3 针，在中央线路板后面）；
②—接地点（在蓄电池支架上）；⑨—自身接地；B1—接地连接线（在前大灯线束内）

（1）起动机电磁开关线圈电流回路为：蓄电池正极→中央线路板单端子插座"P6"端子→中央线路板内部电路→中央线路板单端子插座"P2"端子→点火开关"30"端子→点火开关"50"端子→中央线路板"B8"端子→中央线路板内部电路→中央线路板"C18"端子→起动机"50"端子→电磁开关，然后分为两路，一路经保持线圈→编号 10 电路搭铁→蓄电池负极；一路经吸引线圈→起动机"C"端子→起动机励磁绕组→起动机电枢绕组→编号 9 电路搭铁→蓄电池负极。

电磁开关产生电磁吸力接通起动机主电路。

(2) 起动机主电路的电流回路为：蓄电池正极→起动机"30"端子→电磁开关接触盘→起动机"C"端子→起动机励磁绕组→起动机电枢绕组→编号9电路搭铁→蓄电池负极。

2. 故障原因分析

本次故障为起动机不转造成的发动机不能起动，主要故障原因如下。

(1) 蓄电池故障。

(2) 点火开关故障。

(3) 部分线路故障。

(4) 起动机故障。

3. 实践操作

具体操作步骤如下。

(1) 打开发动机舱，打开点火开关至ST挡。

(2) 将万用表调到直流电压挡位，将万用表的黑表笔搭铁，用红表笔测量起动机"50"端子的电压，电压正常。

(3) 将万用表的黑表笔搭铁，用红表笔测量起动机"30"端子的电压，电压正常。

(4) 开闭点火开关，将万用表调到电阻挡位，测量起动机"50"端子与"C"端子之间的电阻，电阻值无穷大。

由此判断起动机吸引线圈损坏，造成起动机不能正常运转。

4. 故障处理

更换同型号的起动机，发动机起动正常，故障排除。

【任务小结】

发生故障时，首先要分析故障形成的原因，确定故障范围，通过汽车故障诊断方法，制订故障诊断方案，在制订方案的过程中要考虑关联排除，提高故障诊断效率。比如本节故障案例诊断中，先测量起动机"50"端子电压，如有电压，电压正常，可以确定蓄电池、起动机输入端线路及点火开关没有故障；如若没有电压，可以确定故障的原因是蓄电池、起动机输入端线路及点火开关故障，进一步缩小故障范围，最终确定故障。

若电气设备损坏无法修复，则应予以更换。更换的部件应与原部件的规格、型号一致。导线更换时应尽量与原来的线径和颜色一致。若用其他颜色导线代替，应与相邻导线有所区别，以利于以后的检修。

任务3 迈腾B8汽车控制电路分析（全国技能大赛比赛车型）

1. 迈腾B8汽车灯光系统控制电路

大众迈腾B8轿车的灯光系统，主要由远光灯、近光灯、示廓灯、转向灯、制动灯、倒车灯、尾灯、灯光开关、变光开关和警报灯开关等组成。在为汽车行驶提供内部、外部照明的同时，也为车辆外部环境提供车辆行驶意图的警示信号。灯光系统电路原理图如图10-3-1所示，各元件代号及其含义如表10-3-1所示。

表 10-3-1 大众迈腾 B8 轿车灯光系统电路中的代号及其含义

代号	含义	代号	含义
MX3	左侧尾灯	MX4	右侧尾灯
M4	左尾灯 1	M8	右后转向灯
M9	左制动灯	M10	右侧制动灯
M6	左后转向灯	M2	右侧尾灯
MX5	左侧尾灯 2	MX1	左前照灯
M49	左尾灯 2	M29	左侧近光灯控制
M58	左尾灯	M59	右尾灯
M21	左制动灯	M30	左侧远光灯控制
L46	右后雾灯	M5	左前转向灯控制
M86	左侧制动灯 2	M1	左侧驻车示廓灯控制
M16	左侧倒车灯	MX2	右前照灯
MX6	右侧尾灯 2	M31	右侧近光灯控制
M17	右侧倒车灯	M32	右侧远光灯控制
M87	右侧制动灯 2	M7	右前转向灯控制
M50	右侧尾灯 2	M3	右侧驻车示廓灯控制
M22	右制动灯	E2	转向信号开关
J527	转向柱电子装置控制单元	L22	左前雾灯
L23	右前雾灯	E1	车灯开关
EX22	危险警报灯开关	E313	选挡杆
EX3	危险警报灯开关	L76	危险警报灯
F	制动信号灯开关	M25	高位制动灯

1）近光灯

（1）工作原理。

将灯光开关旋钮旋至近光灯位置时，灯光旋钮开关模块接收到近光灯开启信号。模块将接收到的模拟电压信号转变成数字信号，通过开关 LIN 数据线将此信号发送至车载电网控制单元 J519。控制单元 J519 接收到信号后，分别接通左前、右前近光灯控制信号，近光灯点亮。

（2）控制电路。

点火开关处于 ON 挡或 ST 挡，灯光开关处于近光灯挡位，近光灯的电流通路为：灯光开关 T4di/1 端子→车载电网控制单元 T73c/28 端子→车载电网控制单元 T73c/5 端子→车内下部左侧连接插头 T17b/17→车内下部左侧连接插头 T17j/17→左侧近光灯 T14af/6 端子→搭铁→蓄电池负极，同时车载电网控制单元通过 T46b/1 端子→右侧近光灯 T14ad/6 端子→搭铁→蓄电池负极，控制近光灯通断。

2）远光灯

（1）工作原理。

将灯光旋钮开关旋至远光灯位置时，变光开关向下按动，开关内部接通远光灯控制触点，随即转向柱电子装置控制单元 J527 接收到远光灯开启的模拟信号。通过舒适 CAN 总线将数据

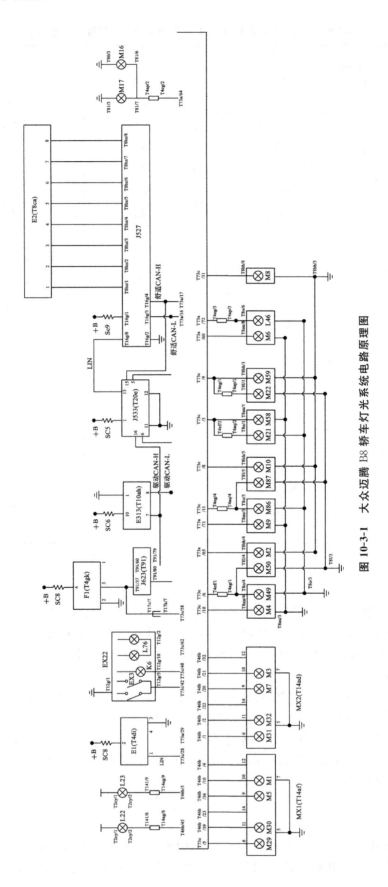

图 10-3-1 大众迈腾 B8 轿车灯光系统电路原理图

发给车载电网控制单元 J519 和组合仪表控制单元 J285。J519 接到信号后,分别接通左前、右前远光灯信号,所有远光灯点亮。组合仪表控制单元 J285 接收到此信号后,点亮仪表板上的远光灯指示灯,提示驾驶员灯光状态。

(2) 控制电路。

点火开关处于 ON 挡或 ST 挡,灯光开关 EX1 处于 ON 挡位,变光开关处于远光灯挡位,远光灯的电流通路为:蓄电池正极→熔断丝 SC8→EX1 车灯开关 T4di/2→T4di/1 至 J519 车载电网控制单元 T73c28,一路经过 J519 车载电网控制单元 T46b/39→左侧远光灯 T14af/11→T14af/5→搭铁→蓄电池负极,控制左侧远光灯通断;另一路经过 J519 车载电网控制单元 T46b/2→右侧远光灯 T14ad/11→T14ad/5→搭铁→蓄电池负极,控制右侧远光灯通断。

3) 制动灯

(1) 工作原理。

当踩下制动踏板时,发动机控制单元 J623 检测到制动灯开关两个霍尔芯片发出的两个制动踏板状态信号,发动机控制单元 J623 通过驱动 CAN 总线将这一数据信息发送至双离合变速器机电装置 J743 和数据总线诊断接口 J533。

数据总线诊断接口 J533 将数据处理后,通过舒适 CAN 总线将这一数据信息发送至车载控制单元 J519 和组合仪表控制单元 J285。组合仪表板控制单元 J285 接收到此信息后控制仪表板上制动踏板指示灯熄灭;J519 接收到此信息后,分别接通左后、右后以及高位制动灯总成中的 LED 电源,LED(制动灯)点亮。

(2) 控制电路。

点火开关处于 ON 挡或 ST 挡,踩下制动踏板,制动灯的电流通路为:制动灯开关 T4 gk/1 和 T4 gk/3 端子→发动机控制单元 T91/60 和 T91/37 端子→发动机控制单元 T91/79 和 T91/80 端子→左前 A 柱下侧车内连接插头 T17i/1 和 T17i/2 端子→左侧 A 柱下侧车内连接插头 T17a/1 和 T17a/2 端子→数据总线诊断接口 T20e/16 和 T20e/6 端子→数据总线诊断接口 T20e/15 和 T20e/5 端子→车载电网控制单元 T73a/16 和 T73a/17 端子→车载电网控制单元收到制动信号后通过 T73a/71、T73c/3、T73c/8、T73c/9 端子→各制动灯→搭铁→蓄电池负极,控制制动灯通断。

4) 转向灯

(1) 工作原理。

打开点火开关至 ON 挡,向前拨动转向开关,接通开关内部右转向灯触点,随即转向柱电子装置控制单元 J527 接收到右转向灯开启模拟信号,控制单元 J527 将这个模拟信号转换为数字信号,通过舒适 CAN 总线将数据发给车载电网控制单元 J519、组合仪表板控制单元 J285、前排乘客侧车门控制单元 J387。车载电网控制单元 J519 接收到右转向灯开启的模拟信号,接通右前灯及右后转向灯;组合仪表控制单元 J285 通过舒适 CAN 总线接收到此信号后,点亮控制单元 J285 内部右转向指示灯,提示驾驶员转向灯状态;前排乘客侧车门控制单元 J387 通过舒适数据总线接收到此信号后,点亮右侧后视镜上的转向指示灯来提醒行人以及外部车辆。

打开点火开关至 ON 挡,向后拨动转向开关,接通开关内部左转向灯触点,随即转向柱电子装置控制单元 J527 接收到左转向灯开启模拟信号,控制单元 J527 将这个模拟信号转换为数字信号,通过舒适 CAN 总线将数据发给车载电网控制单元 J519、组合仪表板控制单元 J285、驾驶员侧车门控制单元 J386。车载电网控制单元 J519 接收到左转向灯开启的模拟信号,接通左前及左后转灯;组合仪表控制单元 J285 通过舒适 CAN 总线接收到此信号后,点亮控制单元 J285 内部左转向指示灯,提示驾驶员转向灯状态;驾驶员侧车门控制单元 J386 通过舒适 CAN 总线接收到此信号后,点亮左侧后视镜上的转向指示灯来提醒行人以及外部车辆。

任何时候按下危险警告灯开关,开关内部触点接通,随即车载电网控制单元 J519 就可接收到危险警告灯开关开启的模拟信号。车载电网控制单元 J519 控制危险警告灯开关上的危险警告灯闪烁。同时,车载电网控制单元 J519 还将模拟信号转换成数字信号,通过舒适 CAN 总线将数据传输给组合仪表板控制单元 J285、驾驶员侧车门控制单元 J386、前排乘客侧车门控制单元 J387。车载电网控制单元 J519 接收到危险警告灯开关开启的模拟信号后,接通左前、左后、右前、右后转向灯;组合仪表控制单元 J285 通过舒适 CAN 总线接收到此信号后,点亮控制单元 J285 内部的左、右转向指示灯,提醒驾驶员危险警告灯状态;驾驶员侧车门控制单元 J386、前排乘客侧车门控制单元 J387 通过舒适 CAN 总线接收到此信号后,点亮左、右两侧后视镜上的转向指示灯来提醒行人以及外部车辆。

(2) 控制电路。

点火开关处于 ON 挡或 ST 挡,拨动转向开关,转向灯的电流通路为:蓄电池正极→熔断丝 SC9→J527 的 T16 g/1→T16 g/3 和 T16 g/4→J519 的 T73a/17 和 T73a/16,控制转向灯点亮;蓄电池正极→熔断丝 SC11、SC42、SC24、SC27 分别到 J519 的 T73c/1、T73a/73、T73a/66、T73c/73 针脚→J519 的 T46b/36、T46b/20、T73a/60、T73c/31→左前转向灯 T14af/9、右前转向灯 T14ad/9、左后转向灯 T8au/6、右后转向灯 T8th/8→搭铁→蓄电池负极,控制转向灯通断。

5) 雾灯

(1) 工作原理。

灯光旋钮开关旋至示廓灯或近光灯位置时,灯光旋钮开关模块接收到示廓灯或近光灯开启信号。模块将接收到的模拟电压信号转变成数字信号,通过开关模块 LIN 数据线将此信号发送至车载电网控制单元 J519。车载电网控制单元 J519 接收到此信号后,接通车外示廓灯或近光灯电路,并通过数据总线将示廓灯开启信号发送至其他控制单元。各控制单元接收到此信号后开启对应的开关照明。

按下前雾灯开关,前雾灯开关信号接通,灯光旋钮开关模块接收到前雾灯开启信号。模块将接收的模拟电压信号转换为数字信号,通过开关模块 LIN 数据线将此信号发送至车载电网控制单元 J519。车载电网控制单元 J519 接收到此信号后,接通车外前雾灯电路,前雾灯点亮。

此时再按下后雾灯开关,后雾灯开关信号接通,灯光旋钮开关模块接收到前后雾灯开启信号。模块将接收的模拟电压信号转换为数字信号,通过开关模块 LIN 数据线将此信号发送至车载电网控制单元 J519。车载电网控制单元 J519 接收到此信号后,接通车外左后雾灯电路,左后雾灯点亮。

(2) 控制电路。

点火开关处于 ON 挡或 ST 挡,灯光旋钮开关旋至示廓灯或近光灯位置时,按下雾灯开关,雾灯的电流通路为:蓄电池正极→熔断丝 SC8→灯光和开关 E1 的 T4di/2→T4di/1→J519 的 T73c/28→J519 的 T46b/45→左前雾灯 T2cy/2→搭铁→蓄电池负极,控制左前雾灯通断;另一条电流通路经 J519 的 T46b/5→右前雾灯 T2cv/2→搭铁→蓄电池负极,控制右前雾灯通断;还有一条经过 J519 的 T8o/6→搭铁→蓄电池负极,控制左后雾灯通断。

2. 迈腾 B8 汽车舒适系统控制电路

车辆舒适控制系统是指为驾乘人员提供舒适性控制的装置,包括车内外照明控制、中央门锁、电动窗机、智能刮水器、无钥匙系统、电动转向柱、电动座椅、辅助加热系统、智能空调器等。结合大众迈腾 B8L 轿车的舒适系统电路原理图,分析主电动门锁、电动车窗、电动后视镜等部件的工作原理和控制电路。舒适系统电路原理图如图 10-3-2 所示,各元件的代号及含义如表 10-3-2 所示。

1) 电动门锁

(1) 工作原理。

迈腾 B8 轿车舒适系统中的电动门锁控制电路对门锁的控制,是通过两根 CAN 数据总线及无线遥控器(集成在钥匙内)或手动开关来对各车门的门锁开闭进行控制的。在 4 个车门上分别装有电动门锁,在中央控制单元 J393 的控制下,完成对 4 个车门门锁的打开与关闭。遥控钥匙可以遥控门锁的开闭,左前车门(钥匙锁孔)中控开关控制门锁开闭,驾驶员侧车门上的锁按钮控制门锁开闭,气囊控制单元在车辆发生碰撞时开启所有车门锁。由此可知,正常情况下,门锁的控制可分为车内控制和车外控制两种方式。车内控制可通过车门上锁按钮来执行,车外控制可以通过"遥控器"或"车门锁孔中控开关"来执行。

表 10-3-2 大众迈腾 B8 轿车舒适系统电路中的代号及其含义

代号	含义	代号	含义
EX11	车外后视镜调节	E52	左后车门内的车窗升降器开关
E43	后视镜调节开关	W37	左后车门警告灯
E231	车外后视镜加热按钮	V27	后右车窗升降器电机
E48	后视镜调节旋转开关	V215	右后车门内中央门锁电机,锁止
E263	后视镜内折开关	F11	右后车门接触开关
E308	驾驶员侧车内上锁按钮	F246	右后车门中央门锁 SAFE 功能执行元件
E512	驾驶员车门中的车窗升降器操作单元	VX24	右后车门闭锁单元
L76	按钮照明灯泡	J389	右后车门控制单元
K236	儿童安全锁激活指示灯	E54	右后车门车窗升降器开关
E318	儿童安全锁按钮	W38	右后车门警告灯
E710	驾驶员侧前部车窗升降器按钮	J388	左后车门控制单元
E711	驾驶员侧后部车窗升降器按钮	V26	后左车窗升降器电机
E713	副驾驶员侧后部车窗升降器按钮	V214	左后车门内中央门锁电机,锁止
E716	副驾驶员侧前部车窗升降器按钮	F10	左后车门接触开关
J386	驾驶员侧车门控制单元	F245	左后车门中央门锁 SAFE 功能的执行元件
W30	驾驶员侧车门警告灯	VX23	左后车门闭锁单元
V17	驾驶员侧后视镜调节电机 2	L132	副驾驶员侧外后视镜警告灯泡
V149	驾驶员侧后视镜调节电机	W36	副驾驶员侧车门警告灯
V121	驾驶员侧后视镜内折电机	V15	右侧车窗升降器电机
Z4	驾驶员侧可加热车外后视镜	V57	副驾驶员车门中央锁电机
L131	驾驶员侧外后视镜警告灯泡	F244	副驾驶员车门中中央门锁 SAFE 功能执行元件
VX4	驾驶员侧车外后视镜	F3	副驾驶员侧车门接触开关
V14	左侧车窗升降器电机	E107	副驾驶员车门中的车窗升降器开关

续表

代号	含义	代号	含义
V56	驾驶员车门中央门锁电机	J387	副驾驶员侧车门控制单元
V161	驾驶员车门内中央门锁SAFE功能电机	V25	副驾驶员侧后视镜调节电机2
F2	驾驶员侧车门接触开关	V150	副驾驶员侧后视镜调节电机
F243	驾驶员车门中央门锁SAFE功能电机执行元件	V122	副驾驶员侧后视镜内折电机
VX21	驾驶员车门闭锁单元	Z5	副驾驶员侧可加热式车外后视镜

迈腾车门有两种闭锁状态,即安全锁止状态和锁止状态。两者的区别是:在安全锁止状态下,从车内及车外均无法打开车门;在锁止状态下,车门无法从车外打开,但可以从车内打开。用户可通过观察车门上指示灯(中央门锁安全指示灯)的点亮情况,判断门锁的闭锁状态。

红色LED指示灯(中央门锁安全指示灯)快速闪亮2 s左右,然后慢速闪亮,表示处于"安全锁止"状态。指示灯闪亮2 s左右熄灭,30 s后再次开始闪亮,表示处于"锁止"状态。指示灯持续点亮30 s,表示中央门锁系统有故障,应尽快进行维修。在车外可实现上述的两种闭锁状态,即用遥控器或钥匙执行一次上锁,车门就处于"安全锁止"状态。如果连续进行两次上锁,车门则处于"锁止"状态。而在车内通过"锁按钮"锁车,门锁只能处于"锁止"状态。

(2) 控制电路。

① 左侧车门闭锁。

点火开关打到点火挡,驾驶员侧车内上锁按钮处于闭锁挡位。车门闭锁信息传输通路为:驾驶员侧车内上锁按钮T4bw/3端子→驾驶员侧车门控制单元T32/13端子→驾驶员侧车门控制单元T20/13和T20/11端子→驾驶员侧车门中央门锁电机T8t/7和T8t/6端子,来控制驾驶员侧车门闭锁。同时通过驾驶员侧车门控制单元T20/10端子→左前车门连接插头T27/6端子→左前车门连接插头T27 g/6端子→左后车门连接插头T27e/6端子→左后车门连接插头T27b/6端子→左后车门控制单元T20b/10→左后车门控制单元T20b/11和T20b/13端子→左后车门中央门闭锁电机T8w/5和T8w/6端子→搭铁→蓄电池负极,控制左后车门闭锁。

② 右侧车门闭锁。

按下驾驶员侧车内上锁按钮的同时,驾驶员侧车门控制单元通过T20/14和T20/15端子→左前车门连接插头T27/5和T27/4端子→左前车门连接插头T27 g/5和T27 g/4端子→副驾驶员侧车门控制单元T20a/14和T20a/15端子→副驾驶员侧车门控制单元T20a/13和T20a/11端子→副驾驶员侧车门中央门锁电机T8u/2和T8u/1端子,来控制驾驶员侧车门闭锁。同时通过副驾驶员侧车门控制单元T20a/10端子→右前车门连接插头T27a/6端子→右前车门连接插头T27d/6端子→右后车门连接插头T27f/6端子→右后车门连接插头T27c/6端子→右后车门控制单元T20c/10→右后车门控制单元T20c/11和T20c/13端子→右后车门中央门闭锁电机T8y/1和T8y/2端子→搭铁→蓄电池负极,控制右后车门闭锁。

2) 电动车窗

(1) 工作原理。

迈腾B8轿车驾驶员在前部驾驶室处对后左、后右及右前门窗的控制,是通过CAN数据总线的方式来进行控制的,由驾驶员侧车门控制单元根据驾驶员按下的开关信号,经编码后由CAN数据总线送到右前车门控制单元、左后车门控制单元、右后车门控制单元。控制单元经识别解码以后,就会输出相应的控制电压驱动相应的电动机工作。

当驾驶员按下左后电动车窗开关上升按键以后,J386经编码就会从其开关上的两个端脚

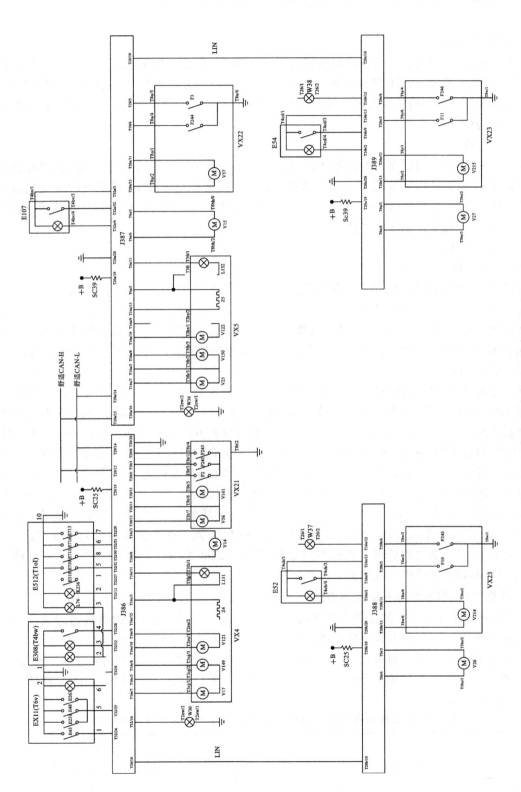

图 10-3-2 迈腾 B8 轿车舒适系统电路原理图

输出代表左后车窗控制电压的地址码和左后车窗上升的代码,该代码被左后车门控制单元接收后,就会输出相应的控制电压使左后车窗电动机运转带动车窗上升。

(2) 控制电路。

① 正常升降控制。

点火开关打到 ON 挡,车窗升降器按钮处于下降挡位,其控制线路为:驾驶员侧前部车窗升降器按钮 T101/5 端子→J386 驾驶员侧车门控制单元 T32/32 端子→J386 驾驶员侧车门控制单元 T16 r/6 和 T16 r/3 端子→驾驶员侧车窗升级电机 T3fl/2 和 T3fl/3 端子→搭铁→蓄电池负极,以此来控制车窗升降。

② 一键升降。

点火开关打到 ON 挡,车窗升降器按钮处于一键下降挡位后松开,其控制线路为:驾驶员侧前部车窗升降器按钮 T101/5 端子→J386 驾驶员侧车门控制单元 T32/32 端子→J386 驾驶员侧车门控制单元 T16 r/6 和 T16 r/3 端子→驾驶员侧车窗升级电机 T3fl/2 和 T3fl/3 端子→搭铁→蓄电池负极,以此来控制车窗升降。

3) 电动后视镜

(1) 工作原理。

迈腾 B8 轿车舒适系统电动后视镜控制电路中,有两个开关:一个来选择左侧或右侧后视镜,另一个用于调节后视镜的水平或垂直方向的位置。左侧或右侧后视镜的调节是由 J386、J387 控制单元输出的控制电压去驱动后视镜内部相应的电动机进行正转或反转来实现的。而 J386 与 J387 控制单元之间的联系是通过两根 CAN 数据传输线(CAN-H、CAN-L)来实现的。

(2) 控制电路。

点火开关处于 ON 挡或 ST 挡,后视镜调节开关处于折叠挡位置,后视镜折叠的控制线路为:后视镜调节开关 T6v/1 端子→J386 驾驶员侧车门控制单元 T32/25 端子→J386 驾驶员侧车门控制单元 T16 r/9 和 T16 r/10 端子→驾驶员侧后视镜折叠电机 T2u/1 和 Tu2/2 端子,来控制驾驶员侧后视镜的折叠;同时驾驶员侧车门控制单元通过 CAN 总线给副驾驶员侧车门控制单元发送折叠信号,其信息传输线路为:J386 驾驶员侧车门控制单元 T20/14 和 T20/15 端子→左前车门连接插头 T27/5 和 T27/4 端子→左前车门连接插头 T27 g/5 和 T27 g/4 端子→右前车门连接插头 T27d/5 和 T26d/4 端子→右前车门连接插头 T27a/5 和 T27a/4 端子→J387 副驾驶员侧车门控制单元 T20a/15 和 T20a/14 端子→J387 副驾驶员侧车门控制单元 T16 s/9 和 T16 s/10 端子→副驾驶员侧后视镜折叠电机 T2 rx/2 和 T2 rx/1 端子→搭铁→蓄电池负极,以此来控制副驾驶员侧后视镜折叠电机工作。

3. 迈腾 B8 汽车发动机系统控制电路

车辆发动机不能自行由静止转入工作状态,必须用外力转动曲轴,直到曲轴达到发动机开始燃烧所必需的转速,保证混合气的形成、压缩和点火能够顺利进行。发动机由静止转入工作状态的全过程,称为发动机的起动。结合迈腾 B8 轿车的发动机控制系统电路原理图,分析迈腾 B8 发动机起动工作原理及其控制电路。发动机起动控制系统如图 10-3-3 所示,各元件的代号及含义如表 10-3-3 所示。

表 10-3-3 迈腾 B8 轿车发动机起动控制系统电路图中的代号及其含义

代号	含义	代号	含义
J623	发动机控制单元	G185	加速踏板位置传感器 2
J519	车载电网控制单元	G79	加速踏板位置传感器
J906	起动机继电器 1	G31	增压压力传感器

续表

代号	含义	代号	含义
J907	起动机继电器2	F	制动信号灯开关
J757	发动机部件供电继电器	J743	双离合器变速器机电装置
J271	主继电器	E313	选挡杆
J965	进入及启动系统接口	J285	组合仪表中的控制单元
E378	启动装置按钮	J538	燃油泵控制单元
J533	数据总线诊断接口	J764	电子转向柱止锁装置控制单元

由于迈腾 B8 起动机受控于两个起动继电器,而起动继电器又受控于发动机控制单元,因此要想起动机能正常工作,除了起动机本身及其电源电路正常外,还要保证起动机的控制电路工作正常,即发动机控制单元能正常控制两个继电器的工作,从而向起动机发出正常的控制信号。而要想让发动机控制单元能正常地向继电器发出控制信号,除了具备模块工作所需要的电源以外,还需要发动机控制单元能接收到起动信号指令,否则起动机无法工作。因此,对于起动机控制系统无法正常工作的故障,一般重点分析两大因素:一是系统电源控制;二是起动继电器控制。

1) 系统电源控制

迈腾 B8 发动机控制单元电源主要由三条线路供给:分别是记忆电源、点火开关电源和主电源。记忆电源由熔断丝 SB17(7.5 A)提供,如果出现故障,将导致发动机控制单元内部 RAM 存储的信息(如故障码、节气门的匹配参数、发动机和变速器的匹配参数等)消失,造成发动机运行出现异常。点火开关电源通过车载电网控制单元 J519 中端子 T74a/14 提供点火开关电源,如果出现故障,将导致发动机控制单元无法获知控制单元起动运行时间,而一直进入休眠状态,这将导致通信中断,无法起动内部设定的传感器信号分析、执行器功能控制等操作。主电源通过蓄电池正极→主继电器 J271 触点→SB3(15 A)熔断丝来提供。出现异常将造成发动机控制单元电源功率丧失,无法执行内部设定的传感器信号分析、执行器功能控制等操作。

按下一键起动按钮 E378,进入及起动许可控制单元 J965 开始处理信号并唤醒舒适 CAN 总线系统,同时查询防盗锁止系统控制单元(J965 内部)是否允许接通 15 电源。为确定车内是否有授权钥匙,进入及起动许可控制单元 J965 通过车内天线发送一个查询码(125 kHz 低频信号)给已经匹配的钥匙,授权钥匙识别到该信号后进行编码并向 J519 返回一个应答器数据(433 MHz 高频信号),J519 将该数据发给防盗锁止系统控制单元(J519 内部),防盗锁止系统控制单元(J519 内部)通过对比确认是否为已授权钥匙。如果为授权钥匙,则防盗锁止系统控制单元(J519 内部)通过舒适 CAN 总线向电子转向柱锁控制单元 J764 发送一个解锁命令,以打开电子转向柱,转向盘可以转动。同时 J965 通过 CAN 总线向 J519 发送消息,J519 接通 15 电源。其他的 CAN 总线将通过数据总线诊断接口 J533 进行唤醒。

2) 起动继电器控制

在唤醒所有数据总线后,就可以进行跨总线的防盗锁止系统通信了。在成功完成发动机控制单元的数据比较后,防盗锁止系统控制单元(J519 内部)将颁发起动许可指令,如果安装有双离合变速器机械电子单元 J743,那么 J743 还会发送查询并提出释放防盗锁止系统控制单元(J519 内部)的请求。

如果有一个控制单元信息对比出现错误,发动机防盗将被激活,激活后的现象为起动机可以运转,车辆可以起动,但是起动之后会立刻熄火。

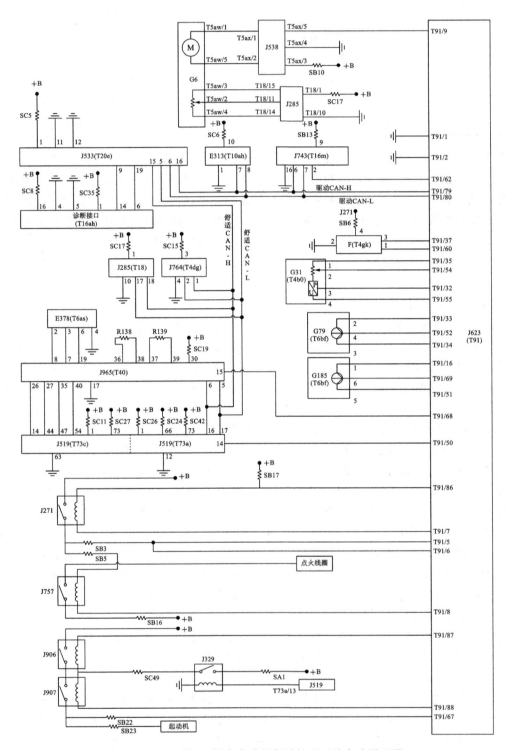

图 10-3-3 迈腾 B8 轿车发动机起动控制系统电路原理图

起动时，按压一键起动至 ON 挡，点火信号传输至进入及许可控制单元 J965，进入和起动许可控制单元 J965 将点火信号通过舒适 CAN 总线输入车载电网控制单元 J519，J519 接通端子 15 供电继电器 J329 使其工作，同时 J519 端子 T73a/14 向发动机控制单元提供点火开关电源，发动机控制单元 J623 工作，发动机控制单元 J623 接通主继电器 J271 和发动机部件供电继电器 J757 使其工作，发动机控制单元 J623 主电源通过蓄电池正极→主继电器 J271 触点→SB3(15 A)熔断丝来提供。

当变速杆处于 P 位或 N 位，踩制动踏板，按下一键起动按钮，起动信号传输给进入和起动许可控制单元 J965，J965 将起动允许信号通过 T40/15 至 T91/68 的独立导线发送给发动机控制单元 J623，J623 接通起动继电器 1(J906)和起动继电器 2(J907)线圈搭铁回路，线圈工作，触点闭合。

电源＋30 通过起动继电器 1(J906)触点进起动继电器 2(J907)触点，再通过 SB23(30 A)的熔断丝将电源供给起动机电磁线圈端子，起动机电磁线圈工作，带动单向离合器的小齿轮被推出，起动机电磁继电器触点闭合，蓄电池电压提供给起动机转子和定子，起动机运转，带动飞轮旋转进而起动发动机。

优秀学子技能成才榜样案例

郭顺技能大赛成长案例

刘飞技能大赛成长案例

徐本盛技能大赛成长案例

杨名昭技能大赛成长案例

张永恒技能大赛成长案例

纵建伟技能大赛成长案例

邹家鹏技能大赛成长案例

蔡志军技能大赛成长案例

余洪水技能大赛成长案例

参考文献

[1] 弋国鹏,魏建平,郑世界. 汽车发动机控制系统及检修[M]. 2版. 北京:机械工业出版社,2019.

[2] 弋国鹏,魏建平,郑世界. 汽车灯光控制系统及检修[M]. 2版. 北京:机械工业出版社,2019.

[3] 弋国鹏,魏建平,郑世界. 汽车舒适控制系统及检修[M]. 2版. 北京:机械工业出版社,2019.

[4] 安宗权,王爱国. 汽车电气系统检修[M]. 合肥:中国科学技术大学出版社,2017.

[5] 弋国鹏,赵宇,张颖,等. 汽车检测与维修竞赛案例例集[M]. 北京:机械工业出版社,2018.

[6] 上汽通用汽车有限公司. 汽车电子与电气系统及检修[M]. 北京:高等教育出版社,2016.

[7] 李伟,王军,刘强. 全程图解新款汽车电器维修[M]. 北京:机械工业出版社,2018.

[8] 王爱国,高光辉. 汽车电器构造与检修[M]. 北京:人民邮电出版社,2017.

[9] 任春晖. 汽车电器设备构造与检修[M]. 北京:机械工业出版社,2009.